菲波纳奇交易法

Fibonacci Trading: How to Master the Time and Price Advantage

［美］卡罗琳·伯罗登（Carolyn Boroden） 著
沈阳格微翻译服务中心 译
海通期货研究所 校订

地震出版社
Seismological Press

图书在版编目（CIP）数据

菲波纳奇交易法 /（美）卡罗琳 · 伯罗登
(Carolyn Boroden) 著 ；沈阳格微翻译服务中心译 ；海
通期货研究所校订 . -- 北京 ：地震出版社，2016.10
书名原文：Fibonacci Trading：How to Master the
Time and Price Advantage
ISBN 978-7-5028-4758-6

Ⅰ. ①菲… Ⅱ. ①卡… ②沈… ③海… Ⅲ. ①股票交
易-基本知识 Ⅳ. ①F830.91

中国版本图书馆 CIP 数据核字 (2016) 第 118603 号

Carolyn Boroden
Fibonacci Trading：How to Master the Time and Price Advantage
ISBN 978-0-07-149815-9

著作权合同登记 图字：01-2015-3230 号
地震版 XM3815

菲波纳奇交易法

［美］卡罗琳 · 伯罗登（Carolyn Boroden） 著
沈阳格微翻译服务中心 译
海通期货研究所 校订
责任编辑：朱 叶
责任校对：孔景宽

出版发行：地震出版社
北京市海淀区民族大学南路 9 号 邮编：100081
发行部：68423031 68467993 传真：88421706
门市部：68467991 传真：68467991
总编室：68462709 68423029 传真：68455221
证券图书事业部：68426052 68470332 http://www.dzpress.com.cn
E-mail：zqbj68426052@163.com
经销：全国各地新华书店
印刷：廊坊市华北石油华星印务有限公司

版（印）次：2016 年 10 月第一版 2016 年 10 月第一次印刷
开本：787×1092 1/16
字数：338 千字
印张：16.75
印数：0001 ~ 6000
书号：ISBN 978-7-5028-4758-6/F（5454）
定价：48.00 元
（图书出现印装问题，本社负责调换）

目 录

序 言 …… 1

致 谢 …… 1

引 言 …… 1

第 1 章 菲波纳奇数列与黄金比率 …… 1

第 2 章 菲波纳奇比率在市场价格轴上的应用 …… 3

第 3 章 菲波纳奇价格回撤位 …… 6

第 4 章 菲波纳奇价格扩展位 …… 24

第 5 章 菲波纳奇价格投影位或目标 …… 39

第 6 章 菲波纳奇价格“簇”结构：交易结构 1 …… 53

第 7 章 对称——有力的工具：交易结构 2 …… 86

第 8 章 “之”字形态结构：交易结构 3 …… 109

第 9 章 选择用于分析的波段 …… 126

第 10 章 菲波纳奇比率在市场时间轴上的应用 …… 133

第 11 章 菲波纳奇时间“簇” …… 148

第 12 章 使用动态交易者时间投影报告和柱线图 …… 164

第 13 章 时间和价格汇合 …… 176

第 14 章 触发器和指标 …… 186

第 15 章 理想交易结构 …… 212

第 16 章 从分析到交易进场——将二者相结合 …… 233

第 17 章 用交易计划提高概率 …… 248

作者简介 …… 256

序 言

大多数交易者或多或少都接触过菲波纳奇交易，尤其是菲波纳奇价格回撤位。多年来，交易者们一直通过这些回撤位来帮助他们确定价格支撑位和阻力位。但菲波纳奇回撤位仅仅是这些重要比率的初步应用而已。如何在不同的交易形势下使用这些比率是至关重要的。除此之外，你还将在本书中学到其他与此同等重要的几何比率和调和比率。

大多数交易者没有学过如何像用于价格目标一样，将这些比率用于支撑和阻力时间目标。当你将菲波纳奇时间和价格投影结合起来作为交易计划的一部分时，你就拥有了一套用来确定交易时机的强有力的方法。若论教授菲波纳奇时间和价格交易策略，我认为没有人比菲波纳奇女王本人（卡罗琳·伯罗登）更能胜任此项工作了。

在 1989 年芝加哥举办的首届《江恩·艾略特杂志》会议（自发展成《交易者世界》杂志以来）上，我第一次见到了卡罗琳。她是最早研究“江恩交易研究课程”的人之一，该课程在此会议上首次发布。但在 1989 年，她并不是金融市场和交易的新手。不像大多数的交易专家那样，成年之后的卡罗琳一直在金融市场工作，她从一个年轻的交易员到基金顾问，最终成为日内交易导师。当成为一名理性的市场研究人员时，她已经在交易事务的各个阶段拥有了多年的实践经验。

1989 年后，虽然我们分别居住于图森与芝加哥两地，但我们通过传真图表、分析和交易策略保持了多年联系。在 1993 年，我说服她搬到图森来同我一起工作。但她很快就被一家基金公司所吸引，为其提供分析和交易策略，因为他们支付的报酬远远超过我所能承担的水平，但此后我们仍然是朋友并且保持着联系。

近 20 年来，她一直研究我的动态交易方法，并从 1997 年动态交易软件第一版问世以来就一直使用该软件，在本书中，你会了解到这套软件。没有一种关系能像卡罗琳和我之间的关系那样形象地说明“青出于蓝而胜于蓝”。近几年来，我从她那儿学到的知识和她早年从我这儿所学到的知识几乎一样多，特别是你将在本书中学到的对称结构和交易策略。

我很荣幸能够在早些年担任她的导师，并成为她永远的朋友。我相信你手中的这本卡罗琳的书将成为你交易事业中最具价值的参考书之一。

动态交易者集团公司（Dynamic Traders Group，Inc.）

《以趋势交易为生》的作者（Steamboat Springs，CO）

罗伯特·迈纳（Robert Miner）

致 谢

我要感谢我多年来的老师们。首先，感谢我的导师罗伯特·迈纳（Robert Miner），我们是在1987年崩盘后不久于芝加哥中部旅馆举行的会议上相识的。也感谢多年来所有教授我知识的人，包括罗伯特·克劳兹（Robert Krausz）（他说服我参加了那次会议，因而我在会议上结识了我的导师）、拉里·斐萨文托（Larry Pesavento）、布莱斯·吉尔默（Bryce Gilmore）、大卫·帕特森（David Patterson）、马克·道格拉斯（Mark Douglas）以及伍迪（Woodie）。

感谢我新的事业伙伴约翰·卡特（John Carter）和休伯特·森特斯（Hubert Senters），以及Tradethemarkets.com团队，感谢你们在销售和事业发展方面给予我的帮助和支持。

我要感谢理查德·卡斯特（Richard Karst，又名RMK）对我聊天室的支持，使我可以不时的感受生活的美好！感谢约翰·海托（John Haytol）在计算机方面给予的忠告以及通过生动的图表为虚拟聊天室提供的清晰视觉效果；我也要感谢托德·菲利浦斯（Todd Phillips）通过计算机屏幕分享技术帮助我实现了这样的视觉效果，彻底改变了我的聊天室；感谢丹尼斯·波尔兹（Dennis Bolze）和理查德·劳伦斯（Richard Lowrance）对我的信任及对我工作的支持；感谢对冲基金研究所的朋友乔·尼古拉斯（Joe Nicholas），从为我保存商业档案起你就认为我“在做有意义的事情”！感谢“比尔叔叔”（Uncle Bill）——威廉姆M.基德（William M.Kidder），当我18岁在华尔街得到第一份工作时，你给了我一个在DLJ证明自己的机会。

我也要感谢我的朋友和委托人——菲洛兹·阿米帕维兹（Firouz Amirparviz）博士，他于2004年12月离开了我们。我要感谢他及其家人对我如家人般的照顾，或者正如他所说的，他们“配合”了我。

最后但并非最不重要的一点是，我要感谢整个金氏家族对我付出的爱与支持，特别是在我写这本书的过程中。毕竟，一个女王需要她的王夫！这个家庭给予我的真诚帮助使我在过度劳累甚至几乎到了精神崩溃的边缘时保持心智健全。我爱你们所有人！

卡罗琳·伯罗登

又名菲波纳奇女王

引 言

本书的目的是要向大家介绍菲波纳奇这个迷人的世界。同时本书也提供了一套专业的交易方法，各位可以将其纳入到现有的策略清单中。自从 1989 年起，我就一直使用这个方法来确定市场中重要的交易时机，并且从未失败过。

第 1 章介绍菲波纳奇数列和黄金比率——本套方法的基础。第 2 章至第 9 章逐步展示如何在市场的价格轴上应用菲波纳奇，包括通过本书建立的交易结构（这些正是我每天在网上聊天室里为我的客户提供的交易结构）。

第 10 章至第 13 章讲解如何将菲波纳奇应用到市场的时间轴上，然后将其与价格分析结合起来以找到最高胜算的交易结构。第 14 章至第 16 章有助于你对进场进行微调，最后提供一个由分析得到的交易结构例子来说明进场步骤。最后但并非最不重要的一点是，第 17 章重点讲述了交易心理学、纪律、资金管理以及拥有书面交易计划的重要性（保持良好的心态，遵守计划、纪律以及掌握正确的资金管理技术有助于实现你的交易计划）。

就像在得州扑克游戏中拥有好的起手牌一样，本书将教你如何在市场中提高成功的概率。

第 1 章
菲波纳奇数列与黄金比率

提起菲波纳奇这个名称，你可能有些陌生，但如果你看过 2006 年上映的影片《达·芬奇密码》，就一定会对它有些印象。年迈的雅克·索尼埃在巴黎罗浮宫博物馆被人杀害，尸体摆成了列昂纳多·达·芬奇名画《维特鲁威人》的姿势。这幅画解释了菲波纳奇比率与人体结构的关系，而片中的主人公将菲波纳奇数列作为某种线索或代码，这激起了人们对菲波纳奇的好奇。我只是暗笑并自语："现在该是人们认真了解菲波纳奇的时候了。"

著名的菲波纳奇数列及其特性是意大利数学家列昂纳多·达·比萨提出的。数列以 0 和 1 开头，下一个数字等于前两个数字之和，依次排列，直至无穷大。例如：55 + 89 = 144，89 + 144 = 233，144 + 233 = 377，……（见以下数列）：

0，1，1，2，3，5，8，13，21，34，55，89，144，233，377，610，987……无穷大

该数列最吸引人之处在于随数列向无穷大发展，数列中始终存在一常数：你会发现两个相邻数字间的比率总是约为 1.618，这就是所谓的黄金比率、黄金分割、黄金比例或神圣比例（例如 55 × 1.618=89，并且 144 恰好是 89 的 1.618 倍）。越过前几个数字后，取数列中任意两个相邻数进行计算，就会得到黄金比率。同时应注意到 1.618 的倒数为 0.618。

不少网站上都有对菲波纳奇数列及其特性的详细讲解，在你最钟爱的搜索引擎中输入菲波纳奇即可，随后你会惊奇地看到关于这个主题的大量信息。

我们生活的方方面面都存在黄金比率。建筑中采用被称作"黄金矩形"的 1.618 比率，这会令我们的眼球感到舒适。整形医生采用这个比率来塑造完美比例的脸型。你也能在自然界中找到这些比率。可

以在花朵、鹦鹉螺壳、菊化石和其他许多地方发现这个比率。我认为最吸引人的黄金比率事物要属隐藏神秘知识的五角星（图 1–1），因为我想到五角星中的黄金比率可能暗含着市场的玄机！

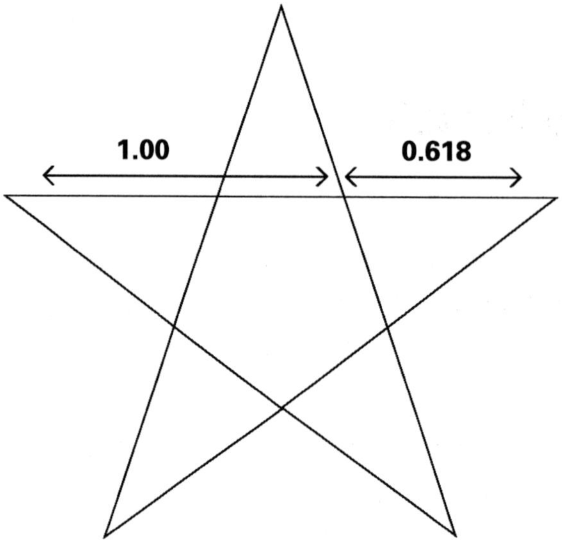

图 1–1

在学生时代，我曾学过犹太神秘主义。来自美国加州金色曙光神庙的一位老师给了我一份迪斯尼卡通片《唐老鸭漫游数学奇境》的拷贝，并预言我会喜欢这部卡通片。当卡通片中的唐老鸭在手上刻了一个五角星时，引起了另一个学生的注意。这部卡通片用于孩子们的数学教育，该片中，唐老鸭在数学奇境中冒险，在那里，他拜访了柏拉图和毕达哥拉斯，与他们谈论了神秘的数学社会，并学习了黄金分割。片中解释了自然界和建筑中存在的 0.618 和 1.618 比率。迪斯尼在 1959 年发行该片，现在仍然可在因特网上找到，很值得一看。片尾引用了伽利略的名言——“数学是上帝用来记载宇宙的字母表”。我对这句话深信不疑。如果你对菲波纳奇数列“密码”及由其得到的比率研究了足够长的时间，我认为你会赞同，至少也会理解这句话的含义。不要因为我已经证明了这句话的正确性而盲目地接受，这需要你自己在实践中去发现和论证！

对大多数交易者来说，重要的是应用这些比率可以确定市场中的关键支撑区和阻力区，从而决定关键交易时机或结构。我将向大家展示如何使用充足的数据将这些比率应用到市场中。这样，只要方法使用正确，你就可以应用这些比率在交易中获得巨大优势。

第 2 章

菲波纳奇比率在市场价格轴上的应用

在分析市场时，我们不会用到菲波纳奇数列，而是使用从中得到的比率。前面我们已经讨论了黄金比率及其倒数，即 1.618 和 0.618。在我每天的分析中主要用到的比率有 0.382、0.50、0.618、0.786、1.00、1.272 和 1.618。

有时我也会用到 0.236、2.618 和 4.236。

第 1 章已经详细讲述了如何从菲波纳奇数列中推得比率 0.618 和 1.618，那么剩下的这些比率是如何得到的呢？实际上，这些比率都存在一定的数学关系。

例如：

$$1.0 - 0.618 = 0.382$$

$$0.618 \times 0.618 = 0.382$$

$$1.0 \div 2 = 0.50$$

$$\sqrt{0.618} = 0.786$$

1.618 的倒数为 0.618

$$\sqrt{1.618} = 1.272$$

$$0.618 - 0.382 = 0.236$$

$$0.382 \times 0.618 = 0.236$$

$$1.618 \times 1.618 = 2.618$$

$$2.618 \times 1.618 = 4.236$$

现在我们应该用这些比率做什么？在交易上它们又能怎样帮助我们呢？

将主要的菲波纳奇比率应用在市场价格轴上，我们就会发现交易结构或交易时机。每天我在聊天室中用到的三种基本交易结构是：①价格簇结构，②对称结构，③“之”字形态结构。

作者建议

只要数据充分并能在图中确定出关键波段高点和低点，这种菲波纳奇价格分析就能用于任何市场，尤其在时间框架方面。不要试图把这种分析用于低价股票之类的事物上，因为你从中找不到任何有用的波段；在数据不足时也不要使用这种分析。在这些情况下，这种技术对你没有什么帮助。

交易工具

如果你想进行这种技术分析，我建议你最好准备以下工具：电脑；市场数据源，例如 e-signal、quote.com 或创世纪金融数据；技术分析程序，用来操作数据。你可以用图纸和计算器或比例规来完成上面的一些工作，尽管这很乏味且不够实用（我在技术分析的开始阶段使用的就是那些过时的工具，但在今天这个拥有各种现代化技术的时代，我不建议大家使用那些工具）。

我主要采用动态交易者软件作为进行时间和价格分析的技术分析程序，并采用 e-signal 反馈作为我的数据源。市场上有很多至少能够进行价格分析的程序，但如果你想从价格和时间两方面来分析市场，那么你能选择的程序就寥寥无几了。

除非另有说明，本书中的图例都由动态交易者软件制作。也许你会注意到有些图表不是很清晰，价格不能一目了然。别担心，我并没有使用质量差的制图程序来截图，而是因为价格关系是聚集的且基本上是相互重叠的，所以很难读出图中价位，但实际上这正是我们想要看到的。读完本书的前半部分，你就会理解这一点。

菲波纳奇价格关系

我们运用三种不同类型的菲波纳奇价格关系来确定交易结构。这些关系包括回撤位、扩展位和价格投影位（有时也称作价格目标）。首先，我们将分别讨论这些价格关系，随后会将它们放在一起来确定交易结构。每种价格关系都将用于确定所分析图表中的潜在支撑位或潜在阻力位。

支撑位：当前市价以下的价格区域，在这个区域交易者期待价格停止下跌并考虑成为买家。如果认为支撑位可能出现，并且市场不会再下跌，交易者会在支撑位或支撑位附近进场做多或了结空头仓位。

阻力位：当前市价以上的价格区域，在这个区域交易者期待价格停止反弹并考虑成为卖家。如果认为阻力位可能出现，并且市场不会再反弹，交易者会在阻力位或阻力位附近进场做空或了结多头仓位。

在接下来的三章中，你将发现三种价格关系在进行分析时的重要性。对于本书中所讲内容，请不要感到厌烦，多一点耐心。每次开始使用一个概念，你的坚持会为你带来满意的回报。

第3章
菲波纳奇价格回撤位

当市场从高点回调时，可以采用比率0.382、0.50、0.618和0.786（如果波段相对较长，在某些情况下会用到0.236）运算前期低点到高点波段的菲波纳奇价格回撤位，以确定可能的支撑位。也可以采用同样的比率运算前期高点到低点波段的回撤位，从而在市场反弹时寻找可能的阻力位。

在你选择了想要运算回撤位的波段，并从你使用的程序中选择了合适的菲波纳奇价格工具后，大多数基本技术分析软件都可以运算出回撤位。如果你想理解其中的数学关系，那么进行以下运算：当要运算低点到高点波段的回撤位时，就用高点值减去波段（低点到高点或高点到低点）长度与回撤率的乘积；当要运算高点到低点波段的回撤位时，就用低点值加上波段（低点到高点或高点到低点）长度与回撤率的乘积。

图3–1展示了动态交易者软件中价格回撤/扩展工具的结构，我就是用这个软件来运行下面的价格回撤例子的。请注意我在结构框中选择了用于运算价格回撤位和价格扩展位（在下一章会具体说明）的比率。因为回撤位和扩展位都是从图中两点（高点到低点或低点到高点）运算的，所以可以使用同一工具。由于程序中的数学运算仅使用这两点，所以我们可以使用同一个工具运算前期波段的价格扩展位。

注：所有动态交易者图例上的价格回撤位都被程序标记为RET。

现在，你已经对在工作中可能用到的菲波纳奇工具有所了解，下面让我们来看一些回撤例子来帮助你弄清从一张图中你要找到哪些信息。图3–2给出了一个2007年2月每日黄金期货合约的例子。我们运算2006年10月4日低点到2006年12月1日高点波段（为86.90点波段）的菲波纳奇回撤位，以寻找潜在的支撑位。请注意我们仅在

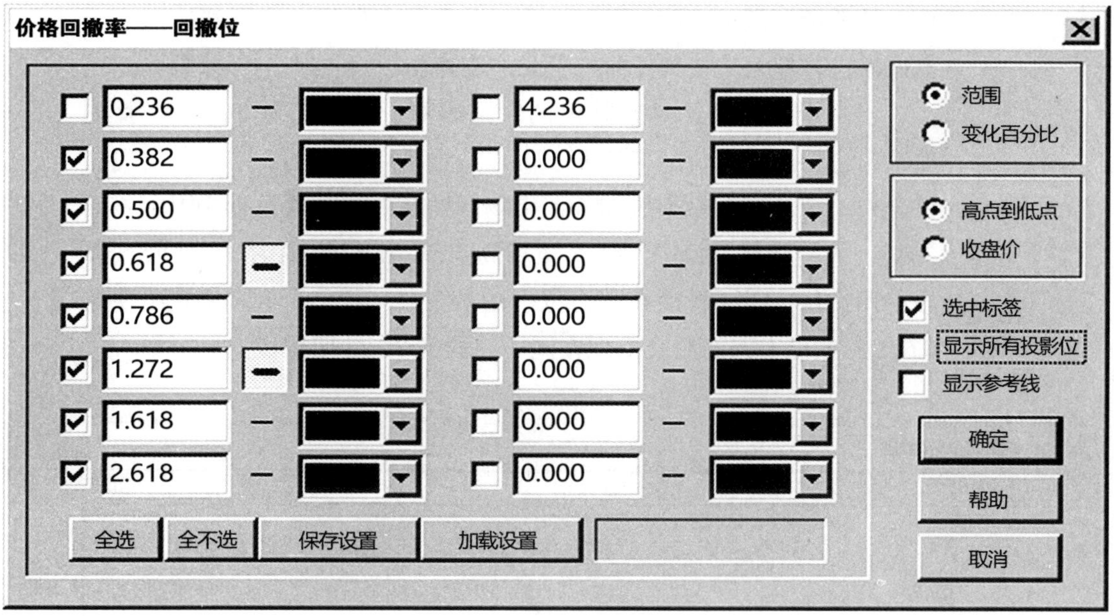
价格回撤率——回撤位
0.236
0.382
0.500
0.618
0.786
1.272
1.618
2.618
4.236
0.000
0.000
0.000
0.000
0.000
0.000
0.000
范围
变化百分比
高点到低点
收盘价
选中标签
显示所有投影位
显示参考线
确定
帮助
取消
全选
全不选
保存设置
加载设置

图 3-1

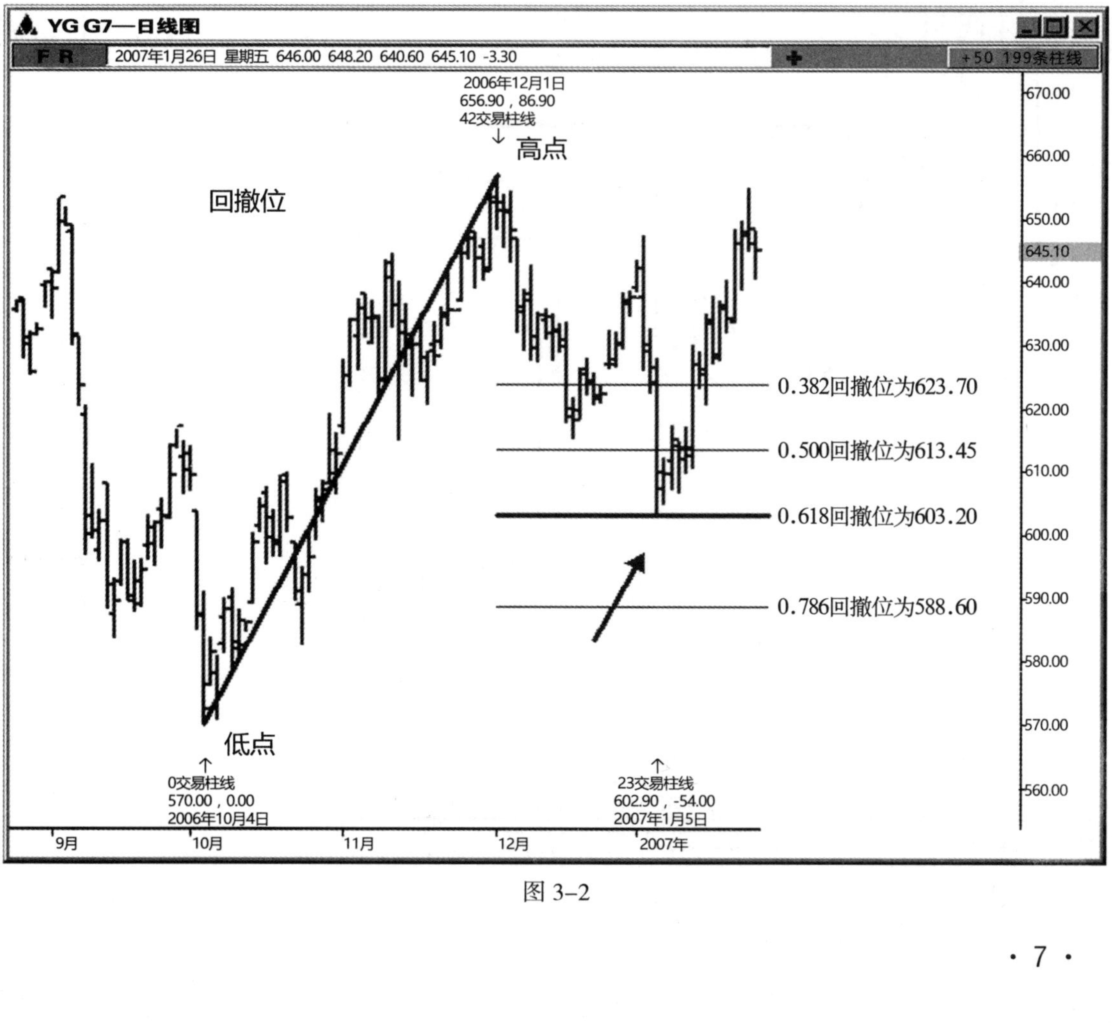
YG G7—日线图
F R
2007年1月26日 星期五 646.00 648.20 640.60 645.10 -3.30
+50 199条柱线
2006年12月1日
656.90，86.90
42交易柱线
高点
回撤位
0.382回撤位为623.70
0.500回撤位为613.45
0.618回撤位为603.20
0.786回撤位为588.60
低点
0交易柱线
570.00，0.00
2006年10月4日
23交易柱线
602.90，-54.00
2007年1月5日
9月
10月
11月
12月
2007年
670.00
660.00
650.00
645.10
640.00
630.00
620.00
610.00
600.00
590.00
580.00
570.00
560.00

图 3-2

该合约前期波段的 0.618 回撤位附近发现了支撑位，使用其他比率运算回撤位时却无法找到任何有意义的支撑位。

下一个回撤例子是在外汇图中阐述的。我在交易方面的经验主要来自包括商品期货的期货业，重点是金融期货市场。同时我发现这种分析对现货指数、个股和外汇市场同样有效。在欧元日线图中（图 3-3），我们运算 2006 年 12 月 4 日高点到 2006 年 12 月 18 日低点波段的回撤位，以寻找潜在阻力位。在本例中，欧元的阻力位先出现在 0.618 回撤位上，而后又出现在同一波段的 0.786 回撤位上。

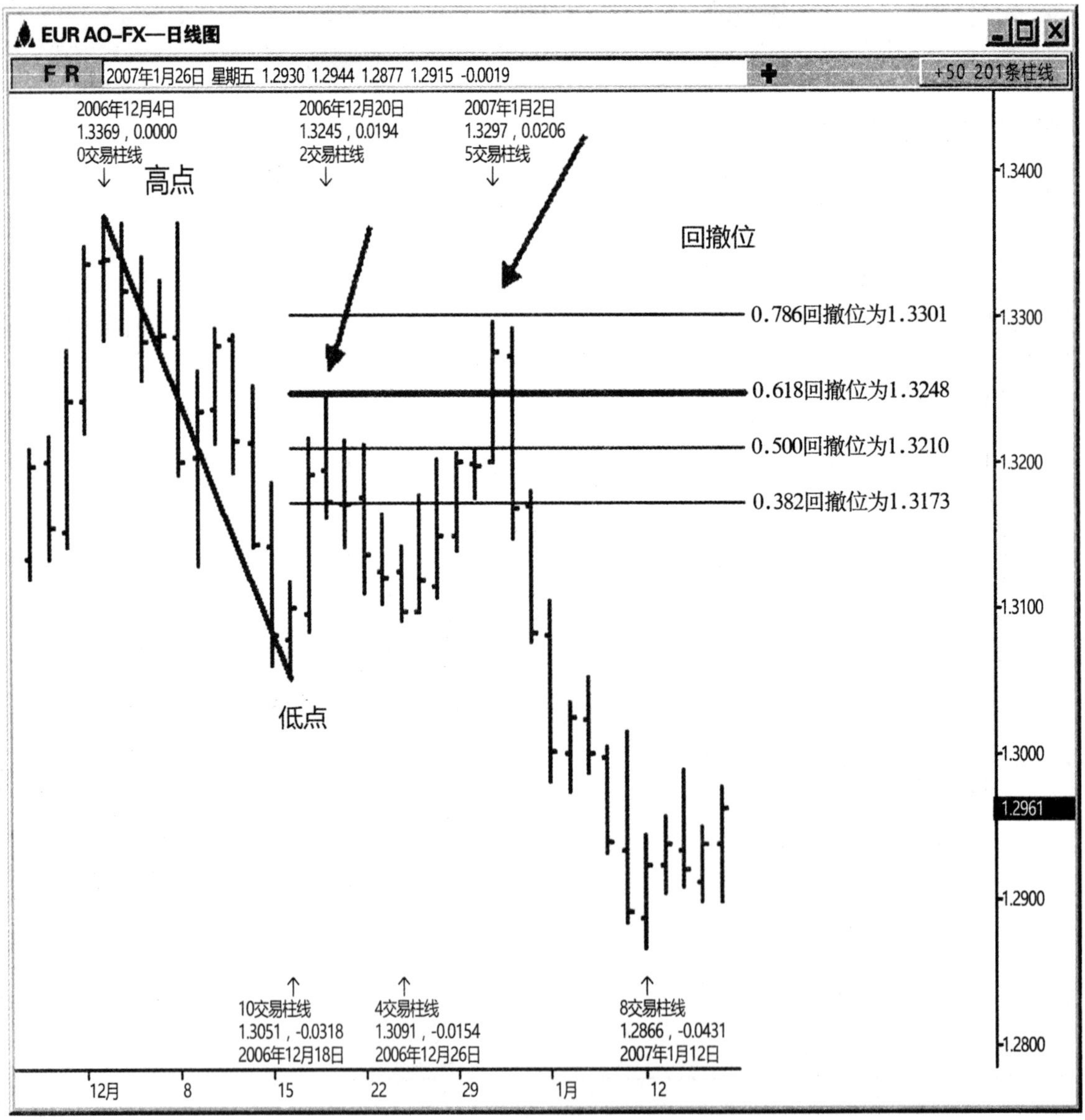

图 3-3

下一个回撤例子是在 15 分钟迷你道琼斯图上阐述的（图 3–4）。从 2007 年 1 月 17 日中部标准时间 13：15 的高点到 2007 年 1 月 19 日中部标准时间 8：45 的低点运算回撤位，从始于 1 月 19 低点的回调过程中寻找潜在阻力位。请注意为得到这些价格关系而测量的较大波段中存在多个小波段。在随后的例子中，我们会多次运算这些小波段的回撤位。在本例中，在回调过程中，从 0.382 回撤位开始出现一个较小波动，但是在 0.618 回撤位上却出现了一个更重要的反转。

图 3–4

图 3–5 阐述了另一个回撤例子，迷你道琼斯合约的 45 分钟图。所选取的波段足够长（243 点）以至能够运算出预测的 0.236 回撤位。这里我们要寻找的是潜在支撑位。在本例中，我们看到从 0.236 回撤位上出现了一个较小的反弹，而后在 0.382 回撤位上出现了比较理想的波动。本例也说明了我们并非总能看到实际水平完全达到菲波纳奇水平，但是只要二者相对接近，就认为菲波纳奇水平有效。

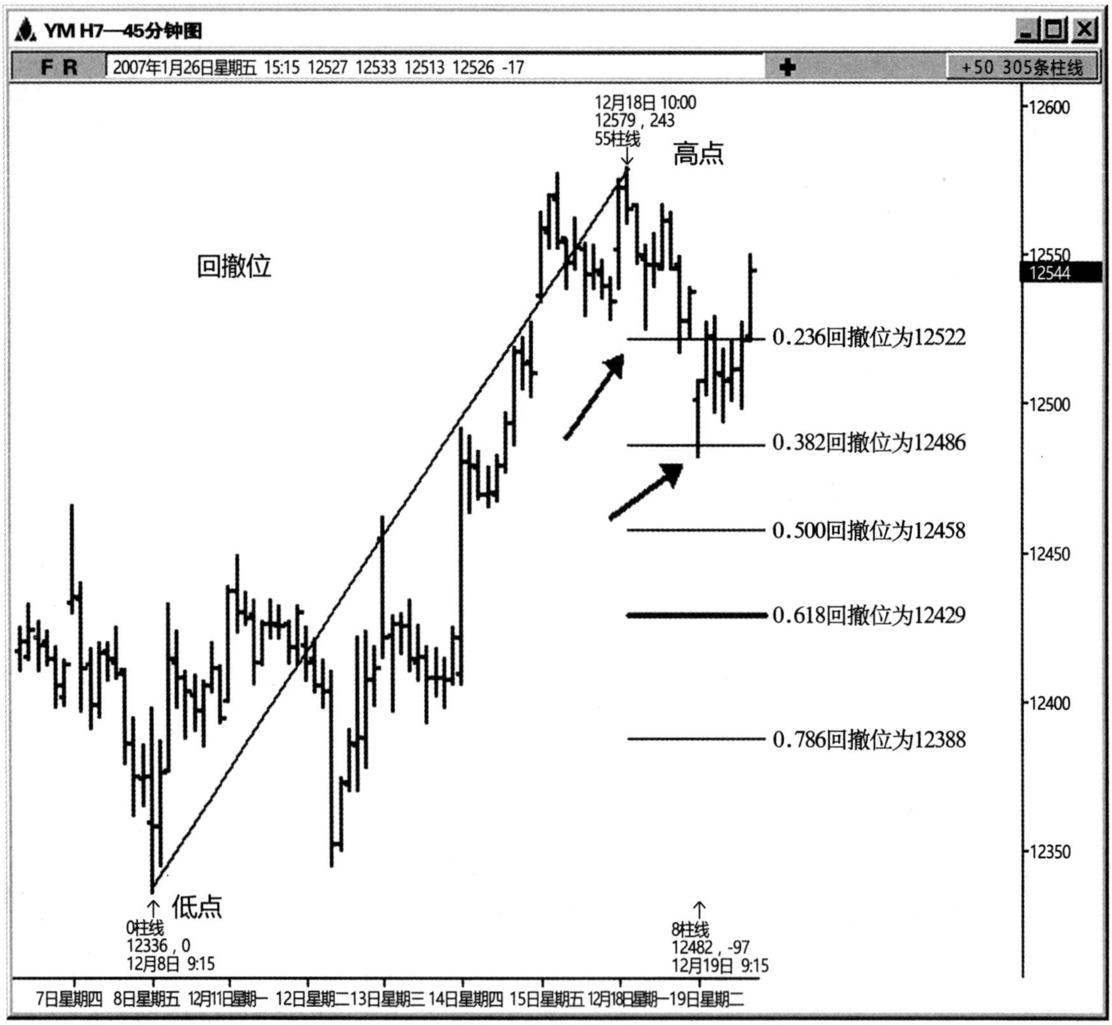

图 3–5

相对接近通常是指价格与实际投影位相差 3 ~ 4 个基点。例如在本例中，0.382 回撤位附近的 12482 低点比 12486 实际回撤位低 4 个基点。在外汇等其他市场中，尤其是运算较大波段的回撤位时，允许存在更大一点的偏差。

作者建议

一般来讲，判断水平是否有效的最好方法就是观察你正在分析的图表，如果该水平上没有出现明显的背离或不足，我还是会认为该水平是有价值的并将其保留在图上。

下一个回撤例子是在微软公司日线图上阐述的（图 3–6）。我们运算 2004 年 11 月 15 日的 27.50 高点到 2005 年 3 月 29 日的 23.82 低点波段的回撤位，以在回调过程中寻找潜在的阻力位。请注意在该图中仅在 0.618 回撤位上发生了趋势改变，26.09 高点正好在回撤位上。在运用这些价格关系时，你不能期望高点总是出现在回撤位上，但是当高点确实出现在回撤位上时，也不要感到惊讶！

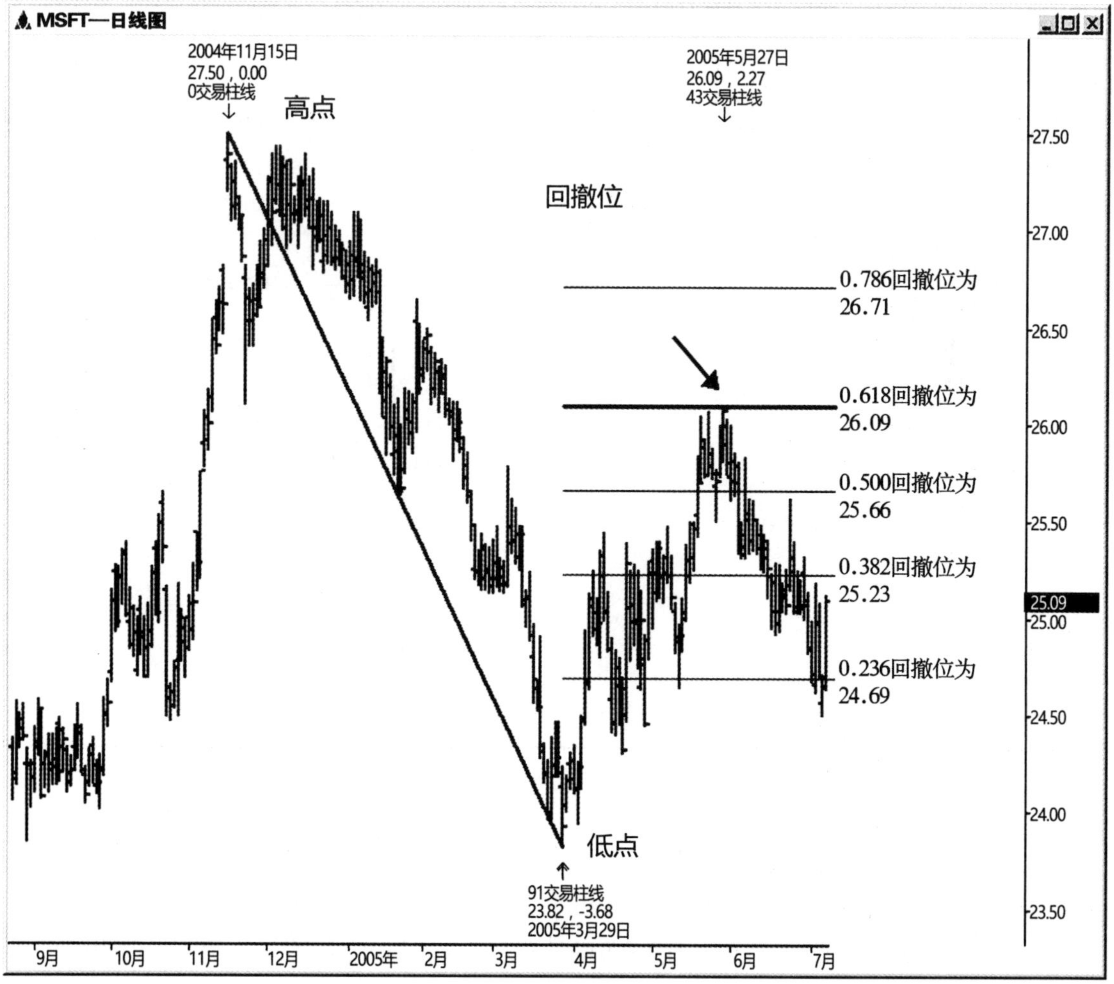

图 3–6

下一个回撤例子是在谷歌股价日线图（图 3–7）中阐述的。我们通过测量高点到低点波段来分析可能的阻力位，运算 2007 年 1 月 16 日的 513.00 高点到 2007 年 3 月 5 日的 437.00 低点波段的回撤位。在回调至高点的过程中，关键高点略低于 0.382 回撤位。

图 3–7

如果仔细看这张图，你就会注意到在我们测量的大波段中还包括多个小波段。我们可以运算出小波段的菲波纳奇回撤位，而这些回撤位最终与其他波段的价格回撤位重叠。当回撤位开始以这种方式互相重叠时，这种汇合暗示一个更重要的价格决策。

看一下另一张谷歌日线图（图 3–8），看看如何运算出较大波段（在先前图中已经运算出了它的回撤位）中小波段的回撤位。这次我们对 2007 年 2 月 22 日的 484.24 高点到 2007 年 3 月 5 日的 437.00 低点波段的回撤位进行运算。在本例中，在 466.19 点的 0.618 回撤位上发生了反转，其刚好与先前图中 466.03 点的 0.382 回撤位重叠。实际高点出现在 465.50——足够接近回撤位，可以发挥作用了。

图 3–8

随着对本书的深入了解，你会发现实际上还有几个价格关系在本区内重叠。预先确定的价格关系的理想汇合明确地提醒交易者在 2007 年 3 月 8 日高点处即将出现下跌反转！

图 3-9 是一个回撤例子，从中我们可以看到英镑外汇日线图。测量 2006 年 6 月 29 日低点到 2006 年 8 月 8 日高点波段以寻找可能的支撑位，只在 0.500 回撤位发生了趋势改变。虽然这个低点没有恰好出现在回撤位上，但是已足够接近，能够看到反转了。另一个重要低点出现在 0.618 回撤位之上，尽管这个低点也没有恰好出现在回撤位上，但人们仍可从中发现主要波段的重要回撤位。

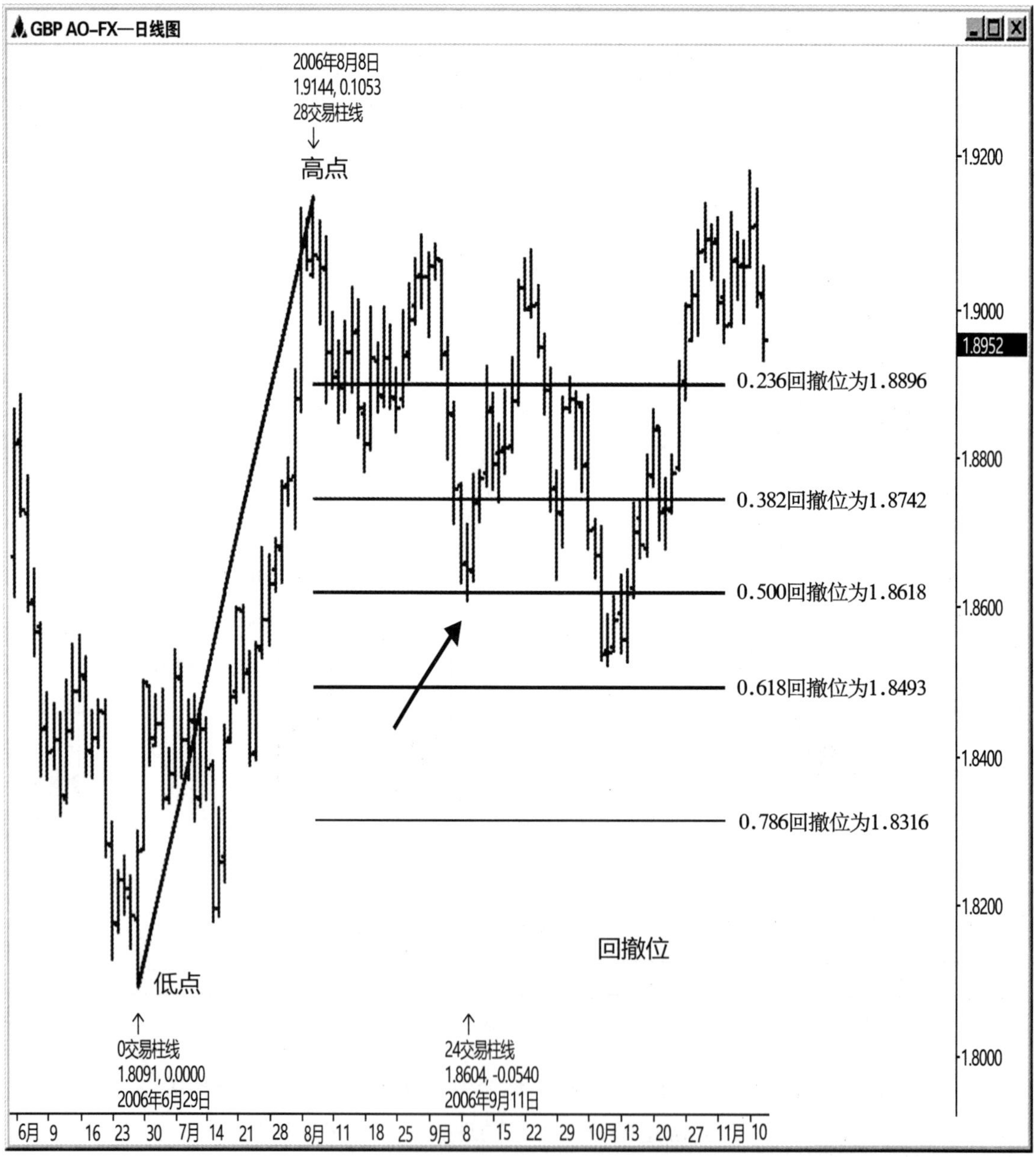

图 3-9

在下一个回撤例子中（图 3–10），让我们来看一下通用汽车公司日线图并运算出 2006 年 4 月 5 日低点到 2006 年 9 月 13 日高点波段的回撤位，以在回调过程中寻找可能的支撑位。在本例中，我们看到在股价恢复反弹之前只出现了较小的到 0.236 回撤位的回调。

图 3–10

下一回撤例子是在 15 分钟电子迷你纳斯达克期货图上阐述的(图 3-11)。我们测量 1822.25 高点到 1789.00 低点的波段，以在回调过程中寻找可能的阻力位。在本图的回调过程中，我们仅能在 0.618 回撤位上看到像样的反转。回撤位出现在 1809.55，而实际高点恰好在其下面，即 1809.00。

图 3-11

图 3-12 是 3M 公司的日线图，其显示了我们可以从何处运算 2006 年 7 月 25 日低点到 2006 年 9 月 19 日高点波段的回撤位，以寻找可能的支撑位。在本例中，股价回调至 0.382 回撤位，然后恢复反弹。

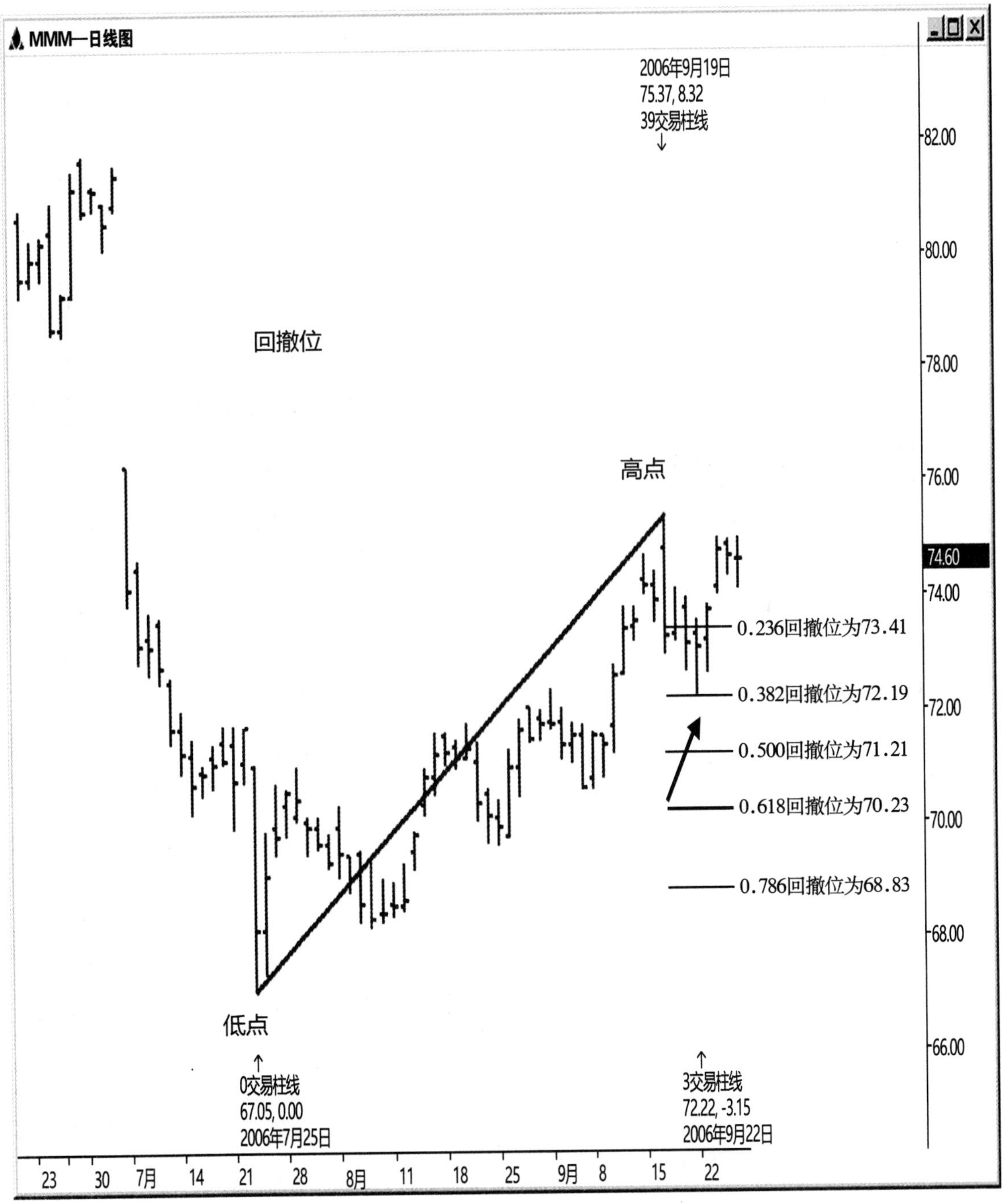

图 3-12

让我们看看另一个回撤例子，电子迷你罗素合约的 15 分钟图。在图 3–13 中，我们测量 815.60 高点到 796.80 低点波段，以在回调过程中寻找可能的阻力位。在本例中，我们仅在 0.786 回撤位上看到了反转。实际上，价格离 0.786 回撤位还差 2 个报价单位，但它们已经足够近了。在回撤高点之后，出现了一个理想的下跌。

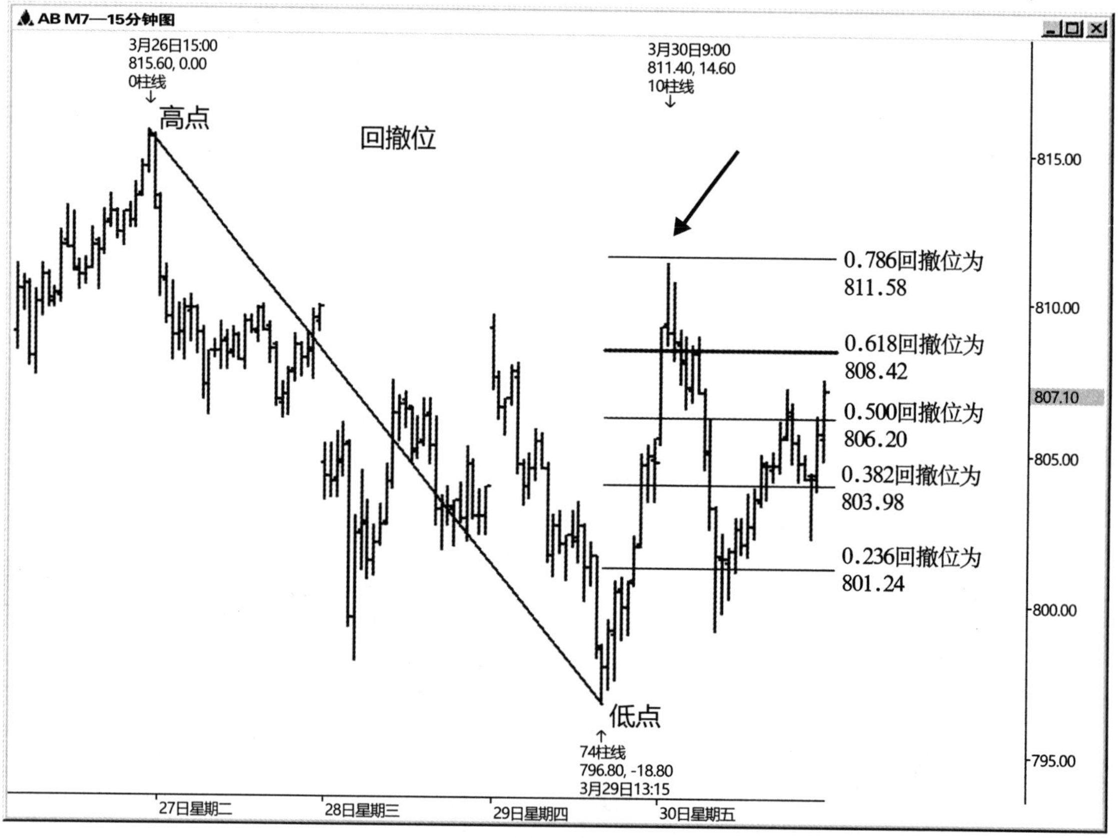

图 3–13

正确回撤位

建立菲波纳奇价格“簇”结构的方法之一就是运算出所分析图中多个波段的回撤位。多年来，我注意到我的学生由于在分析中使用了错误的波段而犯下错误。我希望下述例子可以帮助大家避免类似错误。

在图 3–14 中，我们看到的是家得宝日线图。为了运算出可能的支撑区，我已确定了多个用于分析的波段。当运算低点到高点波段的回撤位时，要从图中的低点到最高点逐步进行。例如，在本图中，除了运算 2006 年 10 月 20 日低点到 2007 年 1 月 3 日高点波段的回撤位

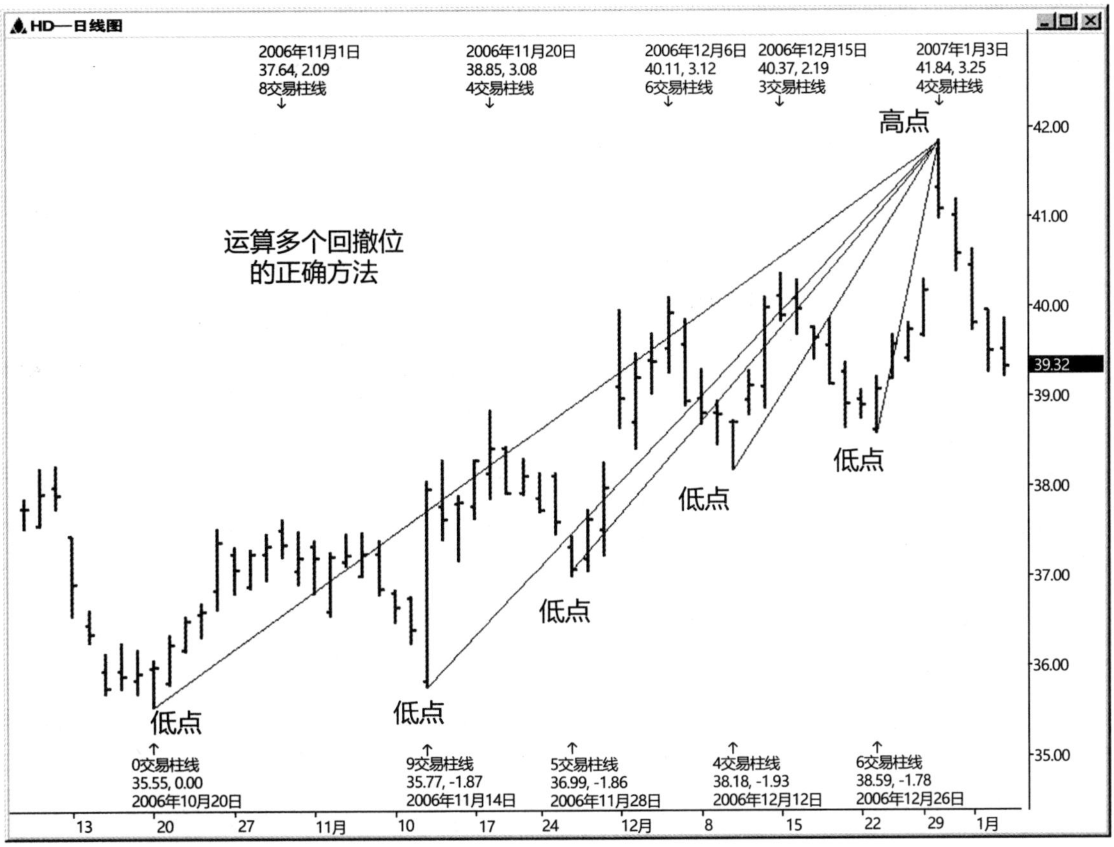

图 3–14

外，也可用同样的比率运算更高低点到 2007 年 1 月 3 日高点的回撤位。你还可以运算 2006 年 11 月 14 日低点到 2007 年 1 月 3 日高点波段、2006 年 11 月 28 日低点到 2007 年 1 月 3 日高点波段、2006 年 12 月 12 日低点到 2007 年 1 月 3 日高点波段以及 2006 年 12 月 26 日低点到 2007 年 1 月 3 日高点波段的回撤位。在市场从 2007 年 1 月 3 日高点下跌时，所有这些波段就可用于结构可能出现的支撑位。当运算多个价格回撤位时，你会发现一些回撤位很好地重叠在一起（这正是我们想要看到的）。

错误回撤位

图 3–15 中，在同一张家得宝日线图上，我标出了一些当市场从 2007 年 1 月 3 日高点下跌时不能用于确定可能支撑位的波段。也许在某些时候所标注的波段可以用于运算可能的支撑位，但它们与当前市场分析无关。换句话说，当我们在始于 2007 年 1 月 3 日高点的回调

图 3–15

过程中寻找支撑位时，运算 2006 年 10 月 20 日低点到 2006 年 11 月 20 日高点波段的回撤位与当前市场无关。当我们在始于 2006 年 11 月 20 日高点的回调过程中寻找支撑位时，运算该回撤位便与当前市场有关。一旦市场超越了 2006 年 11 月 20 日高点，你就应当使用新的高点找到可能的支撑位。根据上述推理，尽管运算出的 2006 年 11 月 14 日低点到 2006 年 12 月 15 日高点波段或 2006 年 11 月 28 日低点到 2006 年 12 月 15 日高点波段的回撤位在超过 2006 年 12 月 15 日高点前与当时市场分析有关，但现在却与当前市场分析无关。我希望这些形象的例子可使我的观点一目了然。

高点到低点的正确回撤位

让我们来看看迷你原油合约中的例子，其显示了从 2006 年 10 月 31 日低点为寻找可能的阻力位而运算多个回撤位的正确方法。当运算高点到低点波段的回撤位时，应记住选取所有高点并从最低点（在本例中为2006年10月31日低点）运算回撤位。至少要选用最高点到最低点的波段。然后，利用较低高点到最低点的波段来增加多个回撤位。图3–16中，你可以看到下述所有波段与预测的当前市场的可能阻力位有关。

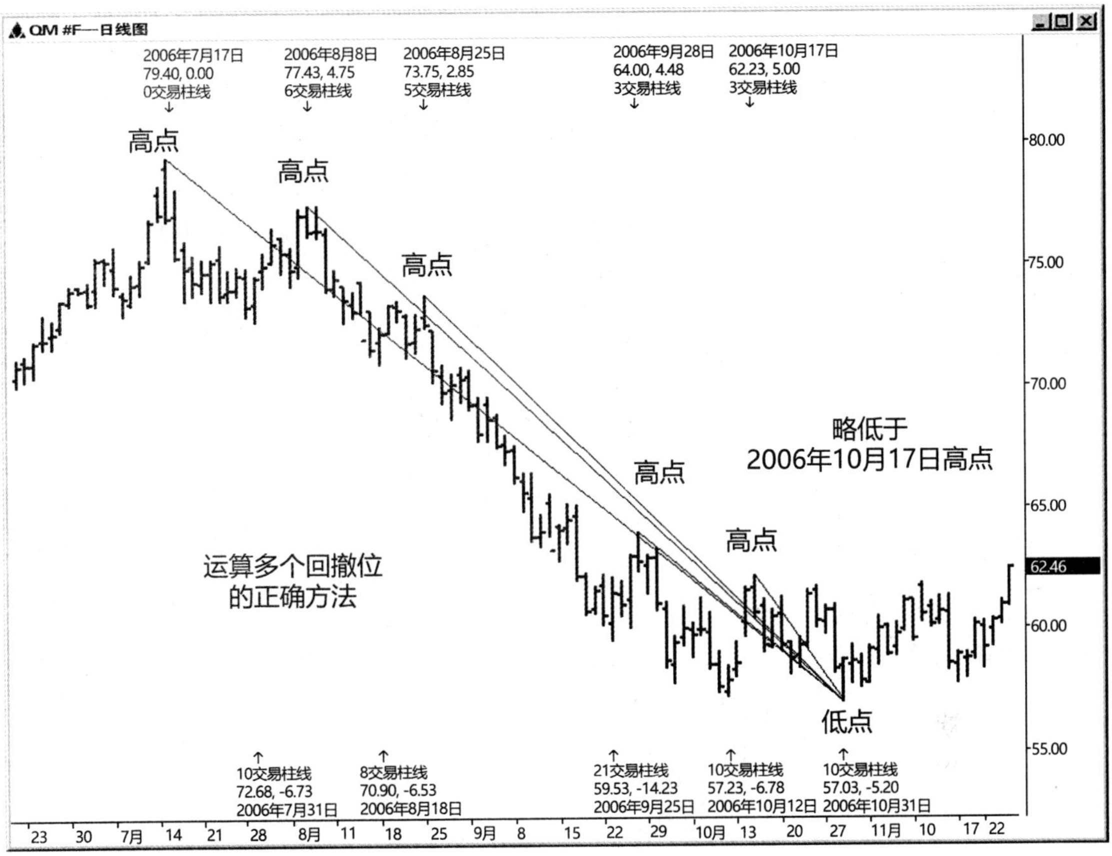

图3–16

2006年7月17日高点到2006年10月31日低点波段

2006年8月8日高点到2006年10月31日低点波段

2006年8月25日高点到2006年10月31日低点波段

2006年9月28日高点到2006年10月31日低点波段

2006年10月17日高点到2006年10月31日低点波段

在本例中，还可使用一较小波段，但其高点要稍低于2006年10月17日高点。虽然你可以选择使用它，但由于该高点与2006年10月17日高点相对接近，所以这一波段几乎是多余的。通过运算列出的所有回撤位能够确定阻力位可能出现的区域，该阻力位阻止从2006

年10月31日波段低点开始的反弹。如果该低点被击穿，就要从新的较低低点开始重新运算回撤位。

原油合约的第二张图标出了一些与当前市场活动无关的波段（图3-17），由于这些波段的回撤位不是从2006年10月31日最低点开始运算的，所以它们与市场活动无关。例如，因为2006年9月25日低点已被其他低点超过，所以运算2006年7月17日高点到2006年9月25日低点波段的回撤位对于当前市场的分析没有任何价值。但是，当2006年9月25日低点为最低点时，该波段可以用于市场分析。因为在进行市场分析时，2006年10月31日低点为最低点，所以2006年8月8日高点到2006年9月25日低点波段和2006年8月25日高点到2006年10月4日低点波段不能用于市场分析。

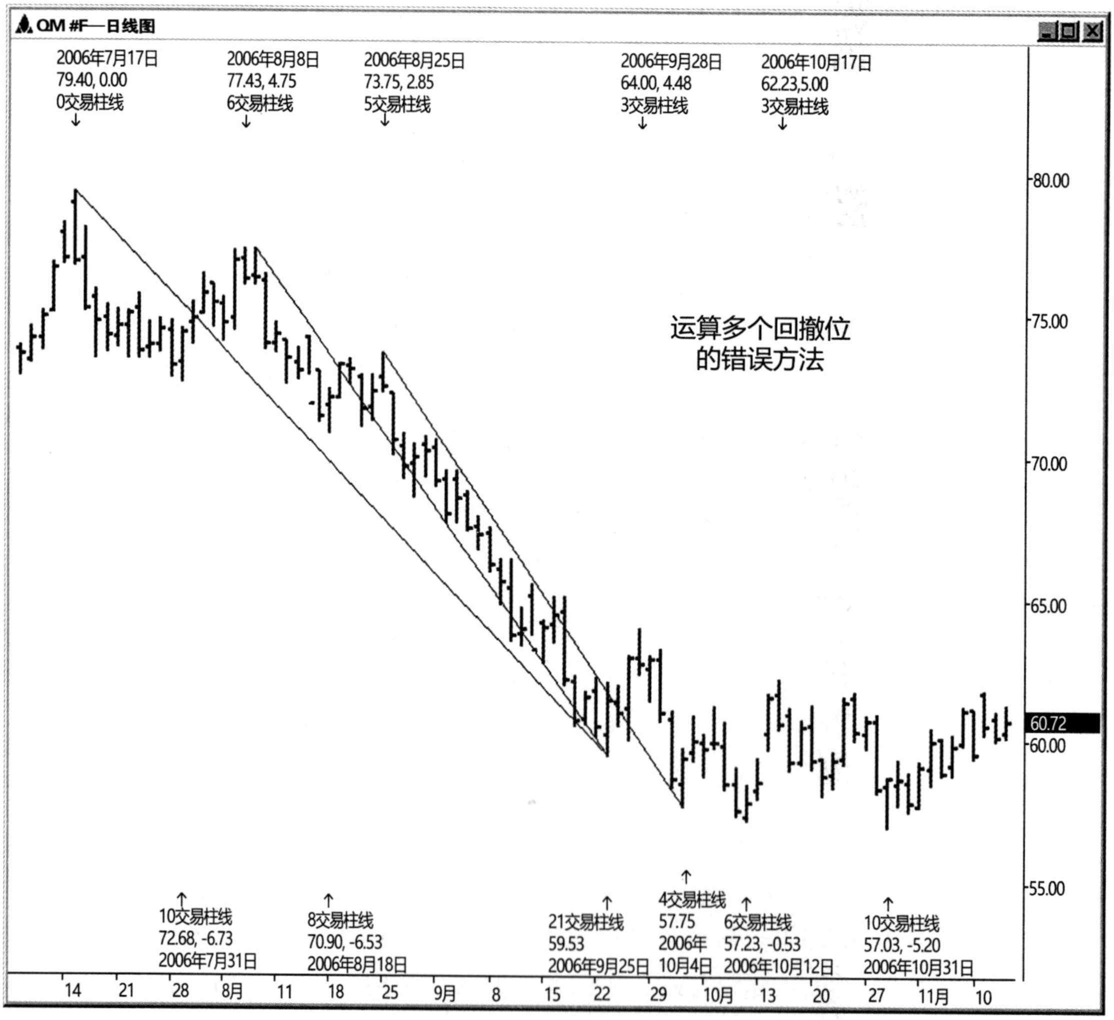

图3-17

在介绍菲波纳奇价格扩展位之前，我要提到一个几乎在我所有的演讲中都会被问到的问题。大家总问我旧的菲波纳奇支撑位是否会变为新的阻力位或旧的阻力位是否会变为新的支撑位，答案是不会出现这种情况，因为这根本不包括在此套方法之内。价格区被穿越后，市场趋于向价格区回调时，有时似乎会出现这种情况。然而，准确找到新的支撑位和阻力位的方法是运算最近价格波动的支撑位和阻力位。我们应当将市场看成一个动态的、有生命的且发展着的事物来对其进行分析。

第4章 菲波纳奇价格扩展位

在本章中，将为你展示多个菲波纳奇价格扩展位的例子，无论你在分析什么样的市场，都可以通过这些价格扩展位来设置可能的支撑参数或阻力参数。菲波纳奇价格扩展位与价格回撤位都是只使用两个数据点来得到价格关系的，即都是从前期低点到高点波段或前期高点到低点波段进行的，从这一点来讲，它们是相似的。唯一的差别在于，在运算回撤位时，我们用小于1.000的比率运算出前期波段的价格关系，或用小于1.000的比率运算前期波段的回撤位；而运算扩展位时，我们用大于1.000的比率运算前期波段的扩展位，以运算出价格关系。尽管你有可能使用交易分析程序中相同的价格工具，这些技术的命名也不尽相同，以此表明价格关系是出现在前期波段范围内还是扩展至波段以外。

采用比率1.272和1.618运算前期低点到高点波段的扩展位，以寻找潜在的支撑位；同样，使用比率1.272和1.618运算前期高点到低点波段的扩展位，以寻找潜在的阻力位。也可用比率2.618和4.236运算扩展位。我会将2.618扩展位作为交易结构的第三个目标，只有当我在市场中看到一个长期的波动并试图找到其最后终止位置时，我才会使用比率4.236。

我采用回撤章节中相同的动态交易者软件来运行下述价格扩展例子。因为波段都是只用图中两个价格点测量的，所以大多数分析程序会通过相同的程序工具运算扩展位。运算过程是相同的，唯一的差别在于：用小于1.000的比率运算前期波段的回撤位，却用大于1.000的比率运算前期波段的扩展位。

注：在以下例子中，本书我所谓的价格扩展位在动态交易者图中用EX Ret表示。我的导师罗伯特·迈纳将其称作外部价格回撤位，而不是价格扩展位。

第一个价格扩展例子是在罗素现金指数日线图上阐述的（图4-1）。运算2006年4月1日高点到2006年4月27日低点波段的1.272和1.618扩展位，以寻找可能的阻力位，该阻力位会阻止开始于2006年4月27日低点的反弹。在本例中，因为在测试该阻力位之后会出现理想的下跌，所以了解1.272扩展位的位置对于交易者来说是极其重要的。

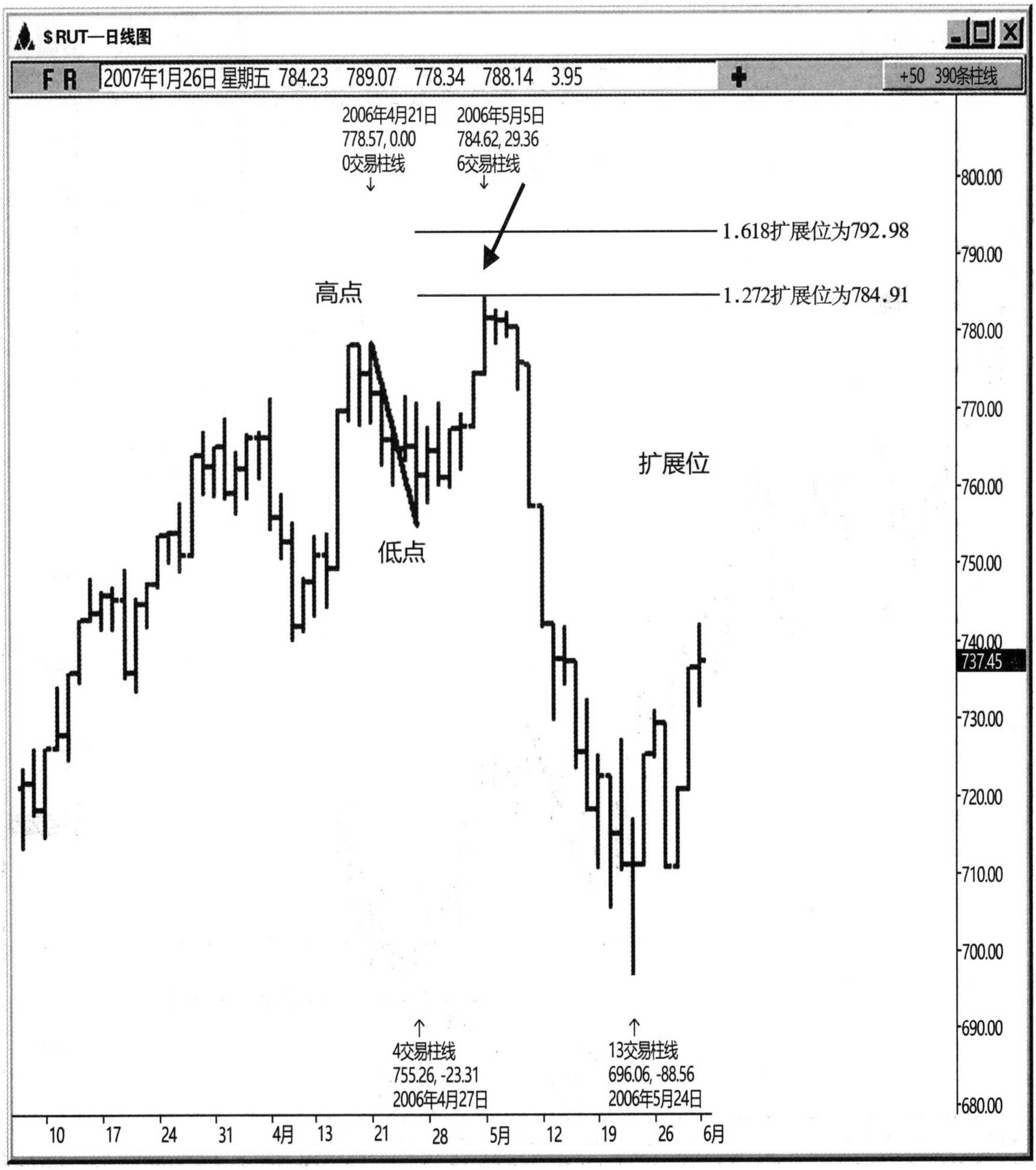

图 4-1

下一个价格扩展例子是在原油期货的 60 分钟图中阐述的（图 4–2）。在此，我们测量 2007 年 1 月 12 日的 51.58 低点到 2007 年 1 月 15 日的 53.38 高点波段，并运算 1.272 和 1.618 扩展位，以寻找可能的支撑位。请注意一个重要低点与 1.618 扩展位仅相差几个基点，从该低点会出现一个超过 2.00 点的反弹！多年来，我通过使用价格扩展位所学到的就是很多波动都趋于在扩展位上终止（即使是暂时的）。

图 4–2

让我们看看另一个迷你道琼斯的价格扩展例子。在图 4–3 中，我们在 15 分钟图中运算高点到低点波段的扩展位，以在回调的过程中寻找可能的阻力位。请注意从 1.272 扩展位开始了一次较小的下跌，然后从 1.618 扩展位开始了另一次较小的下跌。合约最终反弹到这两个扩展位之上。因为我们在一个理想的上升趋势中，所以这种情况很常见，但是这些扩展位为波动提供了暂时的阻力，这就是交易者要注意它们的原因。

图 4–3

下一个扩展例子是在电子迷你标准普尔合约的 15 分钟图中阐述的（图 4-4）。我们测量 1435.75 高点到 1429.25 低点波段，以在回调过程中寻找可能的阻力位。标准普尔不会在 1.272 扩展位上停止上涨，却会在 1.618 扩展位上停止并出现一个较小的下跌。因为 15 分钟图正呈现出理想的上涨形态，所以这并不令人感到十分惊讶。

图 4-4

图 4–5 是在电子迷你标准普尔合约的 15 分钟图中运行的另一个扩展例子。我们测量前期低点到高点波段（从 2007 年 1 月 17 日中部标准时间 14：15 的 1435.50 低点到 2007 年 1 月 18 日中部标准时间 9：00 的 1440.75 高点）并运算该波段的 1.272 和 1.618 价格扩展位，以寻找潜在的支撑位。标准普尔合约甚至不会在 1.272 扩展位上暂停下跌，然而，一个可交易低点出现在相同波段的 1.618 扩展位上。

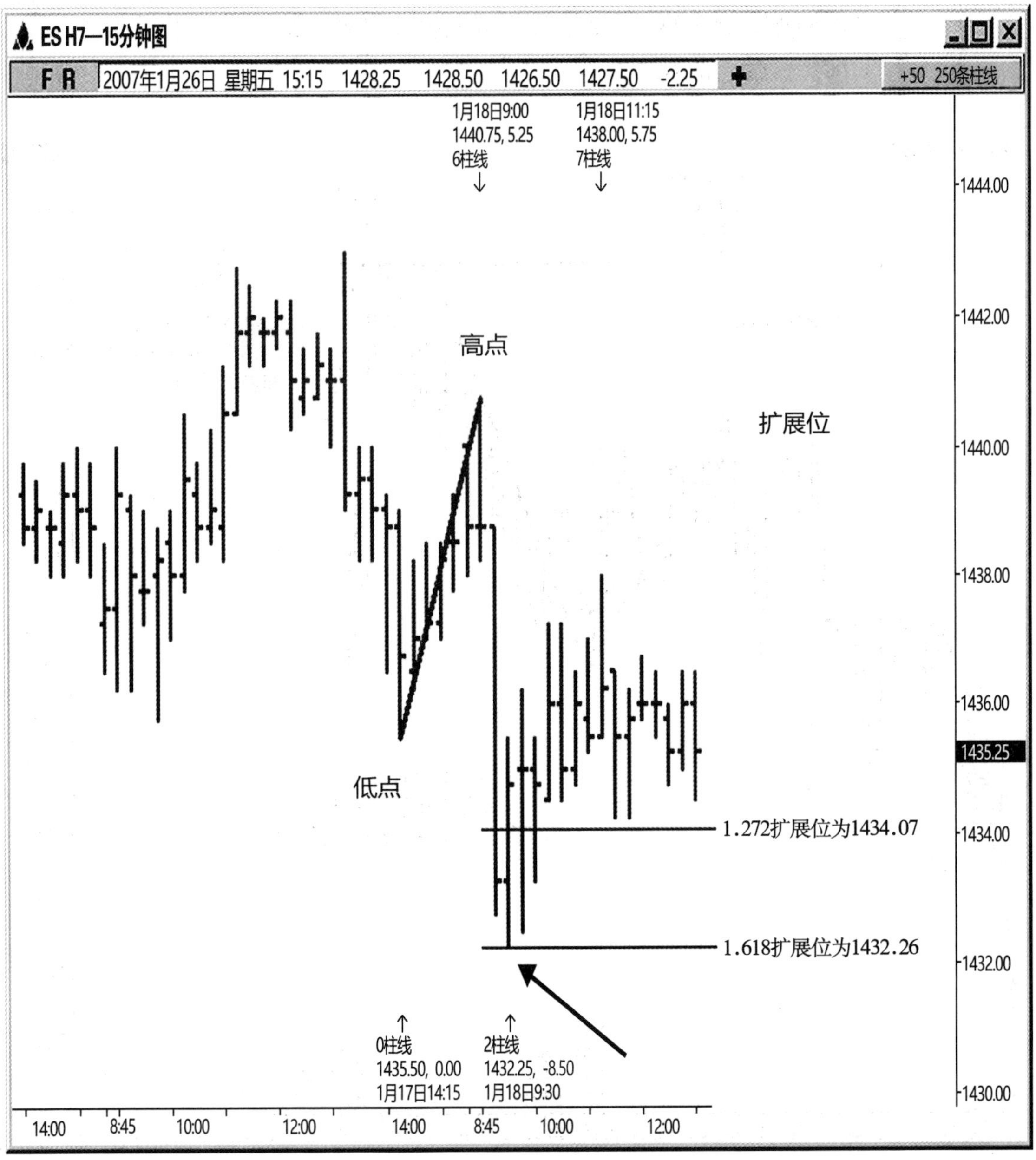

图 4–5

下一个价格扩展例子是在电子迷你罗素合约的日线图中阐述的（图 4-6）。在 1.272 扩展位被轻松超越后，2006 年 12 月 5 日高点到 2007 年 1 月 9 日低点的 1.618 扩展位出现在 832.10。动态交易者软件的特征之一是程序将自动删除被超越了一定差数的价格关系。这就是本例没有在该图中标出 1.272 扩展位的原因。实际高点出现在 831.90，恰好低于 1.618 扩展位 2 个基点。到目前为止，扩展位后面出现了 58.70 点的下跌。因为很多波动至少会暂时中止在扩展位附近，所以我不断地提醒我的交易者们在靠近或超过前期波段的 1.272 价格扩展位时，要收紧止损位 。

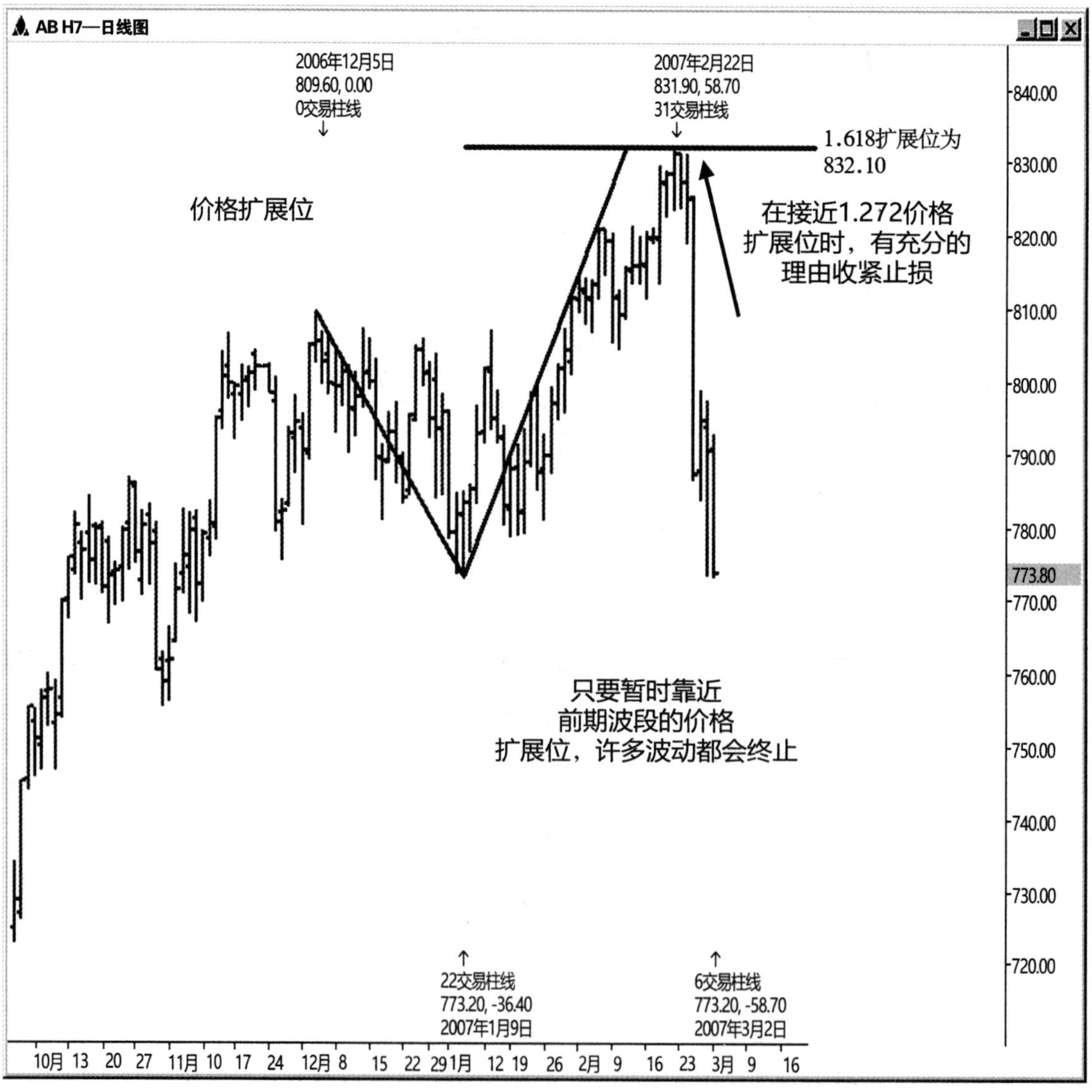

图 4-6

图 4–7 中，我们看到的是星巴克日线图中的一个扩展位。在此，我们测量 2006 年 12 月 1 日的 34.90 低点到 2006 年 12 月 5 日的 37.14 高点波段，以寻找可能的支撑位。尽管低点没有正好出现在扩展位上，但我们在该波段的 1.272 扩展位附近看到一个漂亮的反弹。低点出现在 2006 年 1 月 26 日，与 33.52 点的 1.618 扩展位相差几个基点。实际低点为 33.49。

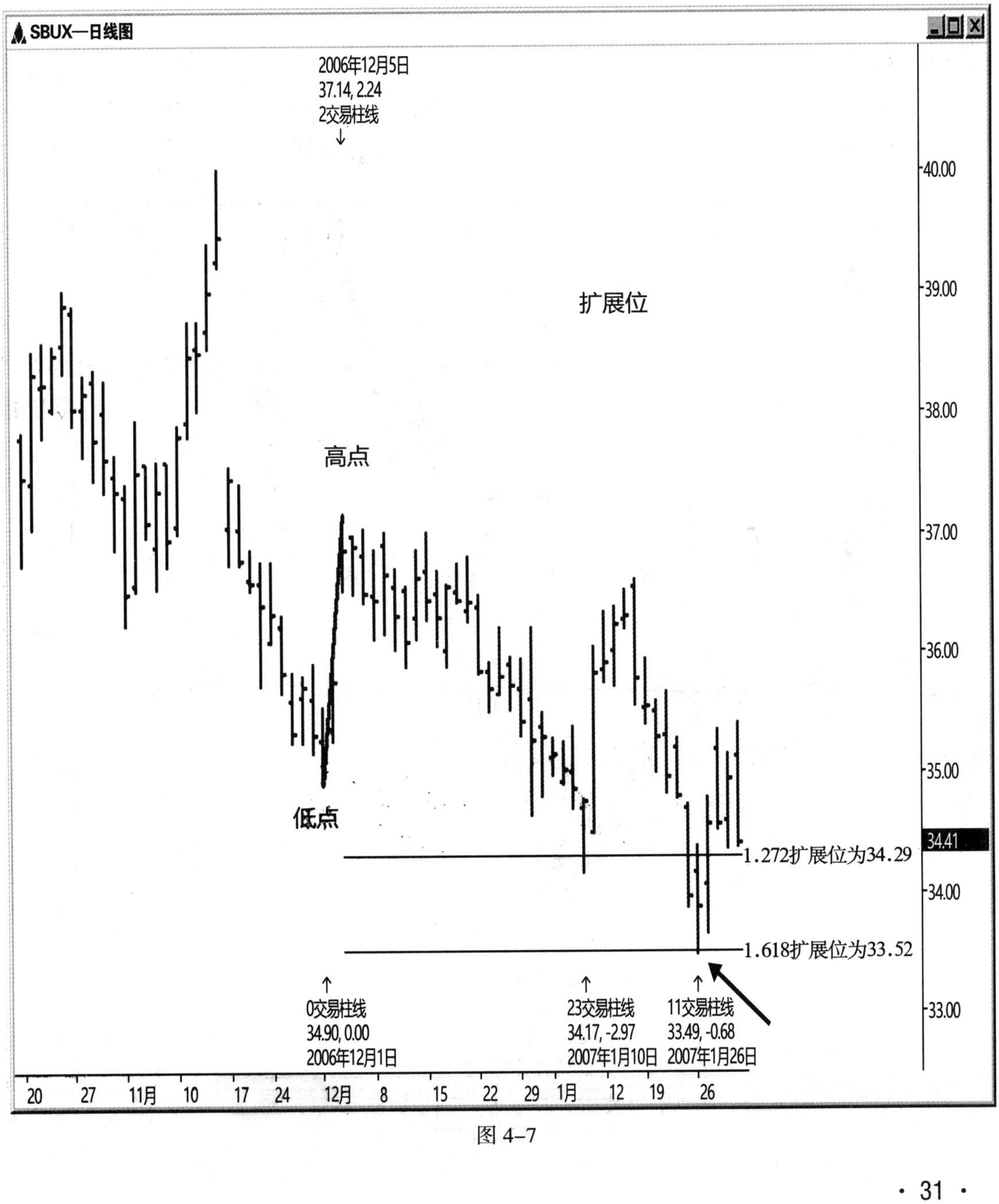

图 4–7

图 4-8 所示的 IBM 日线图中，我们测量 2005 年 11 月 29 日的 89.94 高点到 2006 年 7 月 18 日的 72.73 低点波段，以寻找可能的阻力位，该阻力位阻止从 2006 年 7 月 18 日低点开始的反弹。在本例中，1.618 扩展位成为这样的阻力位。再次注意该高点并没有正好出现在 1.618 扩展位上：扩展位出现在 100.58，而实际高点却出现在 100.90。尽管如此，只要实际高点与扩展位之间的差数不是特别大，我一般会从图上忽略该差数，并继续在扩展位附近寻找可能的反转。

图 4-8

谷歌的股价似乎更符合市场几何学。在图 4–9 中，我们测量 2007 年 2 月 12 日的 455.02 低点到 2007 年 2 月 22 日的 484.24 高点波段，以在价格扩展位上寻找可能的支撑位。尽管我们在测试 1.618 扩展位后会看到可交易的反弹，但该股价很少停滞在 1.272 扩展位上。

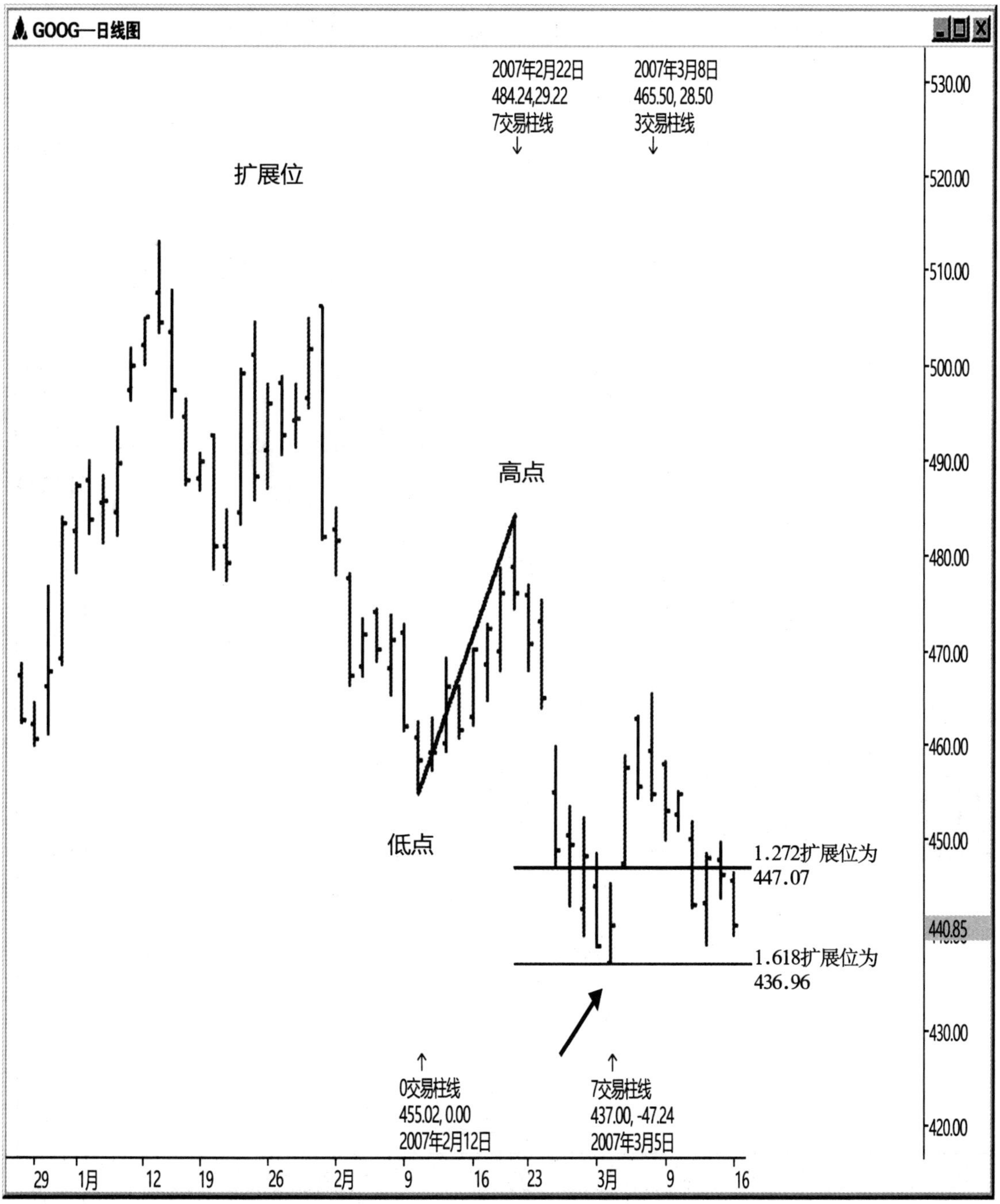

图 4–9

在图 4-10 中，我们在英特尔公司日线图中采用 2006 年 10 月 16 日的 22.03 高点到 2007 年 11 月 6 日的 20.32 低点的波动运算扩展位，以寻找可能的阻力位。1.272 扩展位就是阻力位并精确地保持在 22.50 水平上。高点之后出现了理想的下跌。

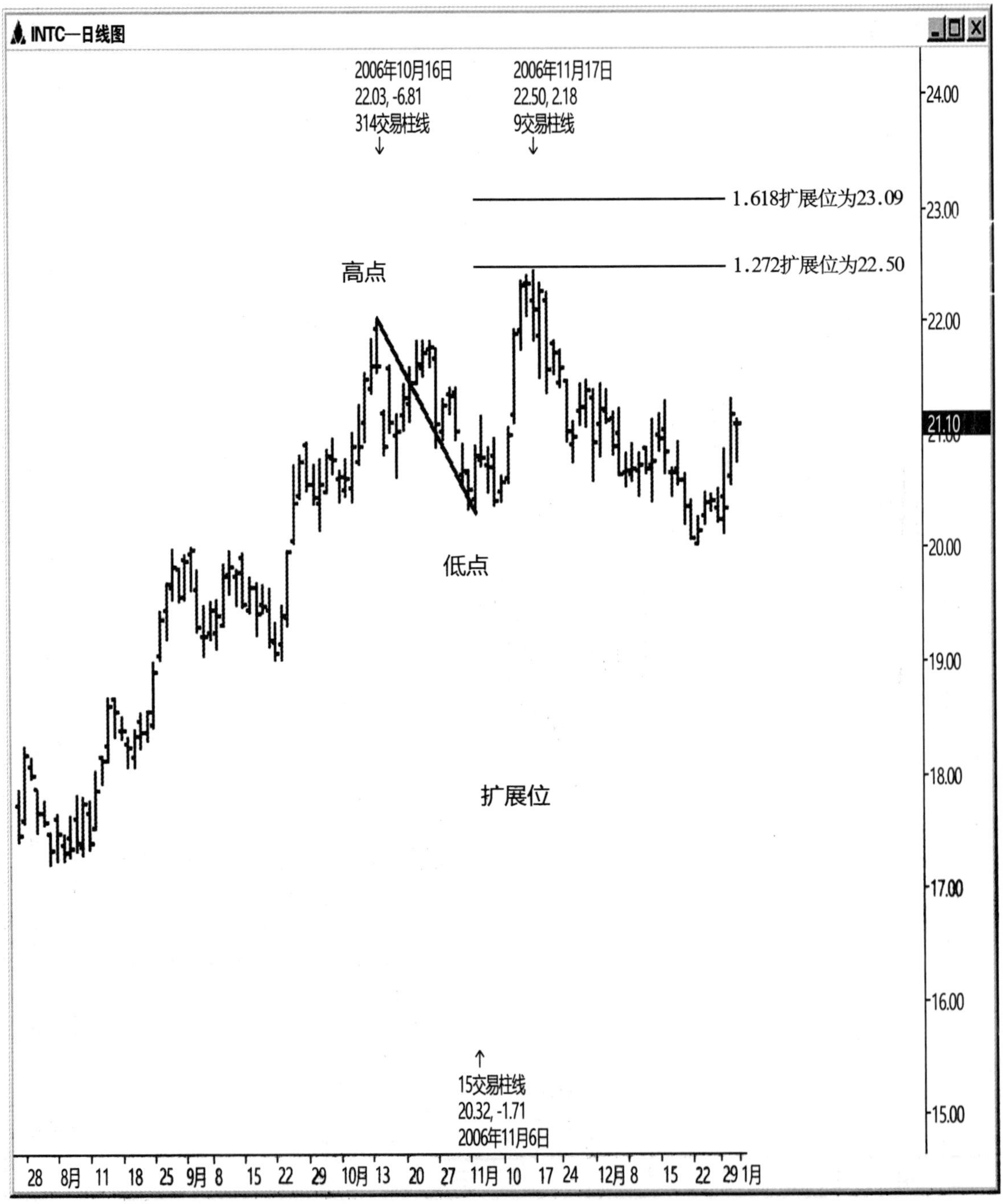

图 4-10

在图 4–11 所示的家得宝日线图中，我们运算 2006 年 11 月 1 日的 37.64 高点到 2006 年 11 月 14 日的 35.77 低点波段的扩展位，以寻找可能的阻力位。在本例中，在 1.618 扩展位上出现了一个可交易高点。在从 2006 年 11 月 20 日高点出现理想的回调后，该股价恢复上升趋势。请记住很多菲波纳奇价格关系不会产生趋势改变，并且每天都会被击穿。在后面的章节中，我将向你展示一些例子，这些例子中的价格关系“簇”未能产生任何趋势改变。本书并不是万能的，但如果你掌握了如何正确使用它，一定会在交易中占据优势。

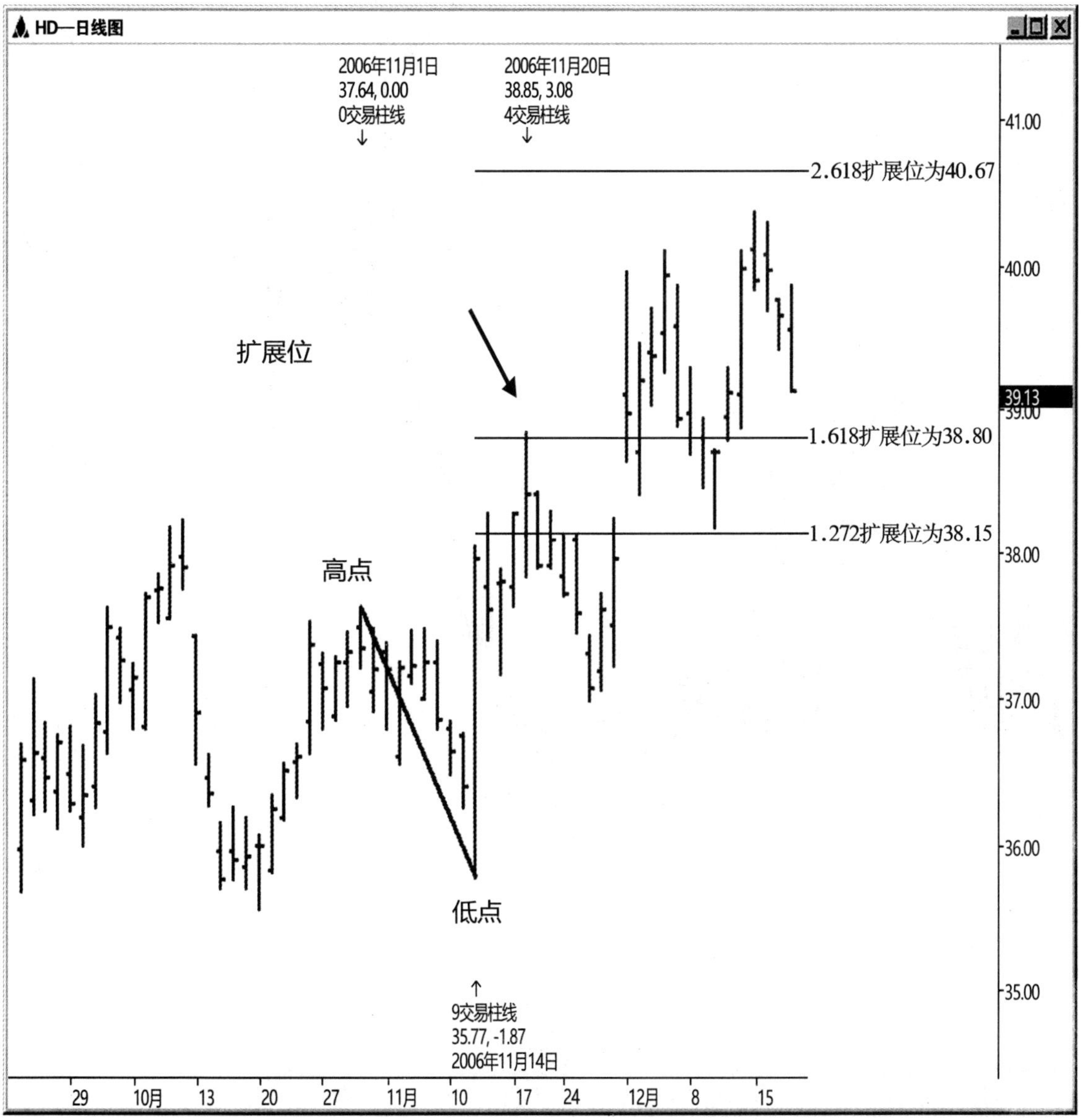

图 4–11

在图 4-12 所示的雅虎日线图中，我们运算 2005 年 6 月 7 日的 38.95 高点到 2005 年 9 月 21 日的 31.60 低点波段的扩展位，这个较大的波段中包括多个小波段。我们在该图的 1.272 和 1.618 扩展位上寻找可能的阻力位。可交易高点恰好出现在 1.618 扩展位 43.49 下面几美分的位置。

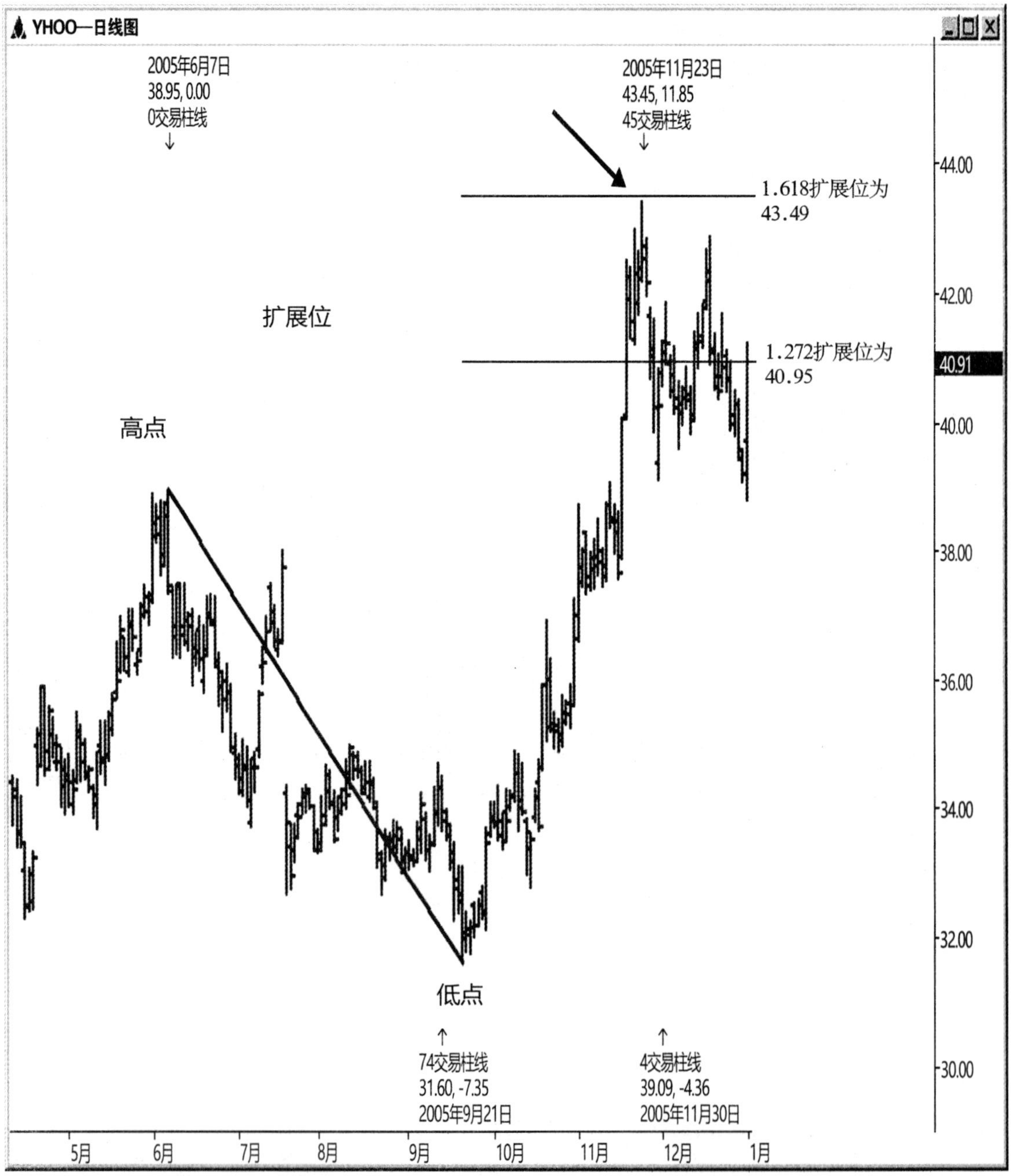

图 4-12

菲波纳奇价格关系可用于任何时间框架图。图 4–13 是电子迷你标准普尔的 3 分钟图。测量 1398.50 低点到 1403.50 高点波段，我们将在该波段的扩展位上寻找可能的支撑位。在本例中，可交易低点不出现在 1.618 扩展位上。

图 4–13

作者建议

在我的聊天室里，我采用抓图技术不断地提醒我的交易者们很多波动都在扩展位上终止，这是因为我常常看到这种状况的发生。

现金标准普尔日线图是另一个例子（图 4–14），用于说明当低点出现在 1.272 或 1.618 扩展位上时，市场快速反转。2007 年 3 月 5 日低点到 2007 年 3 月 9 日高点波段的 1.272 扩展位出现在 1364.13。实际低点出现在 1363.98。到目前为止，低点之后出现了一个 74 点的明显反弹。

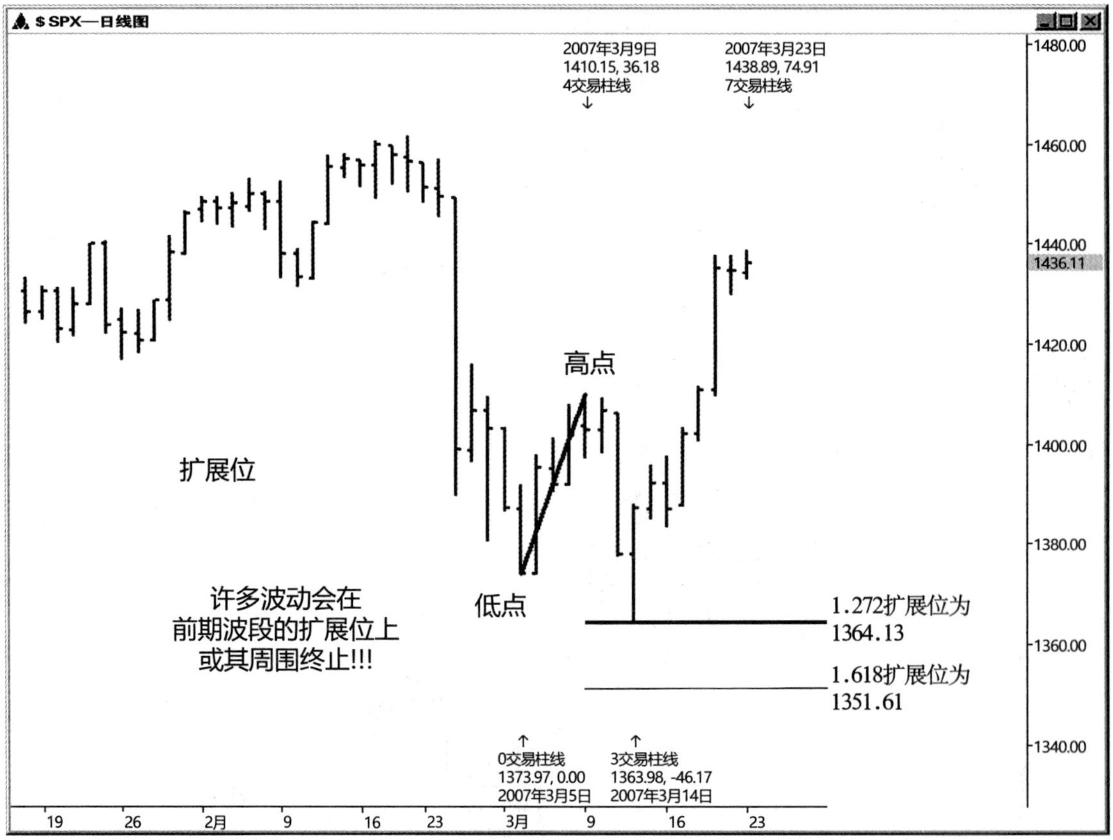

图 4–14

在本章中，图例中已经标出了许多波动都在前期波段的扩展位上趋于终止。这些扩展位非常值得交易者去了解。当你提前预测到了这些扩展位时，你就拥有了知道市场波动终止的概率要高于平常的优势。现在该是介绍下一章菲波纳奇价格投影位的时候了。

第 5 章
菲波纳奇价格投影位或目标

最后但并非最不重要的一点是，我将在本章向你展示如何将菲波纳奇价格投影位应用到我们所分析的图上。这些投影位有时也被称作价格目标。在图上，我倾向于用字母 PO 来表示价格目标而非价格投影位。

价格投影位是从三个数据点运算的，并对同一方向上的波段进行比较。从另一低点运算前期低点到高点波段的投影位，以寻找可能的阻力位，或从另一高点运算前期高点到低点波段的投影位，以寻找可能的支撑位。这里我们使用比率 1.000 和 1.618 运算投影位。

我们能在 1.000 投影位上找到对称（将在对称交易结构章节中详

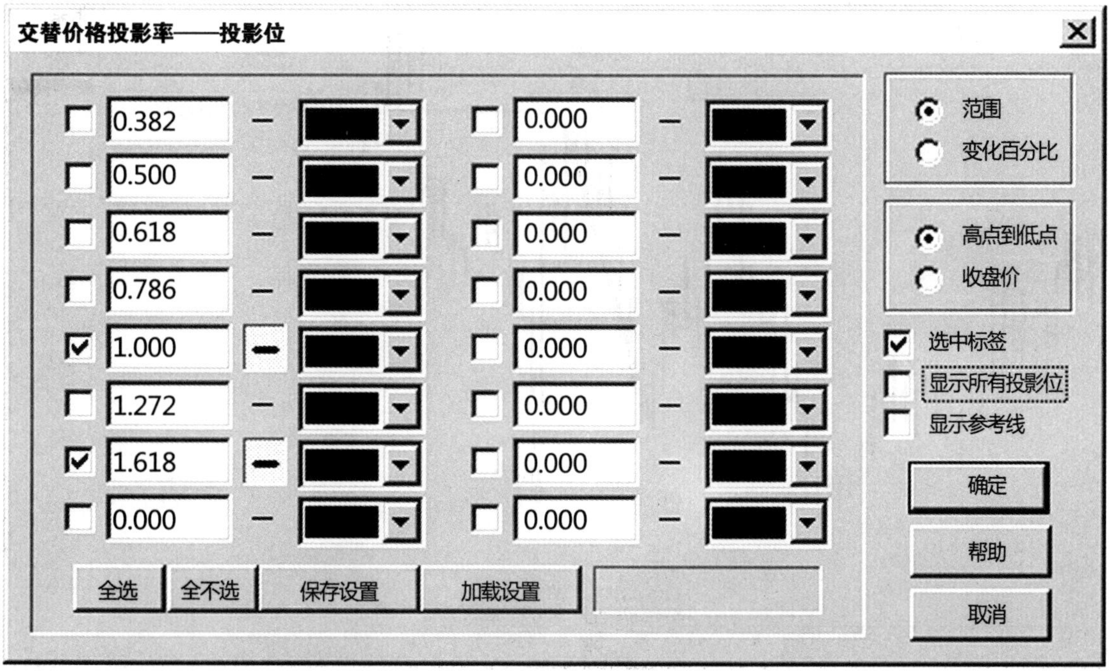

图 5-1　动态交易者价格投影工具

细讨论对称）。此时你需要了解的是对称就是相同方向上的波段相似或相同。我每天使用对称投影位在趋势的方向上建仓。当我们看过图例后，这一概念就会变得十分清楚了。

为了运算这些价格关系，你必须运用允许在图上使用三点的分析工具。在动态交易者软件中，这被称作交替价格投影工具。图 5-1 对该工具的结构进行了阐述。

因为在许多技术分析程序中，将使用三点的菲波纳奇工具称为扩展工具而非投影工具，所以当我教你如何运算价格投影关系时会出现一些混淆。记住运算投影位来比较相同方向上的波段时，你要使用允许选择三点运算投影位的工具，而不要理会它被称作什么。

注：在下述动态交易者图例中对本书所述的价格投影位或目标用 APPs或交替价格投影位表示。

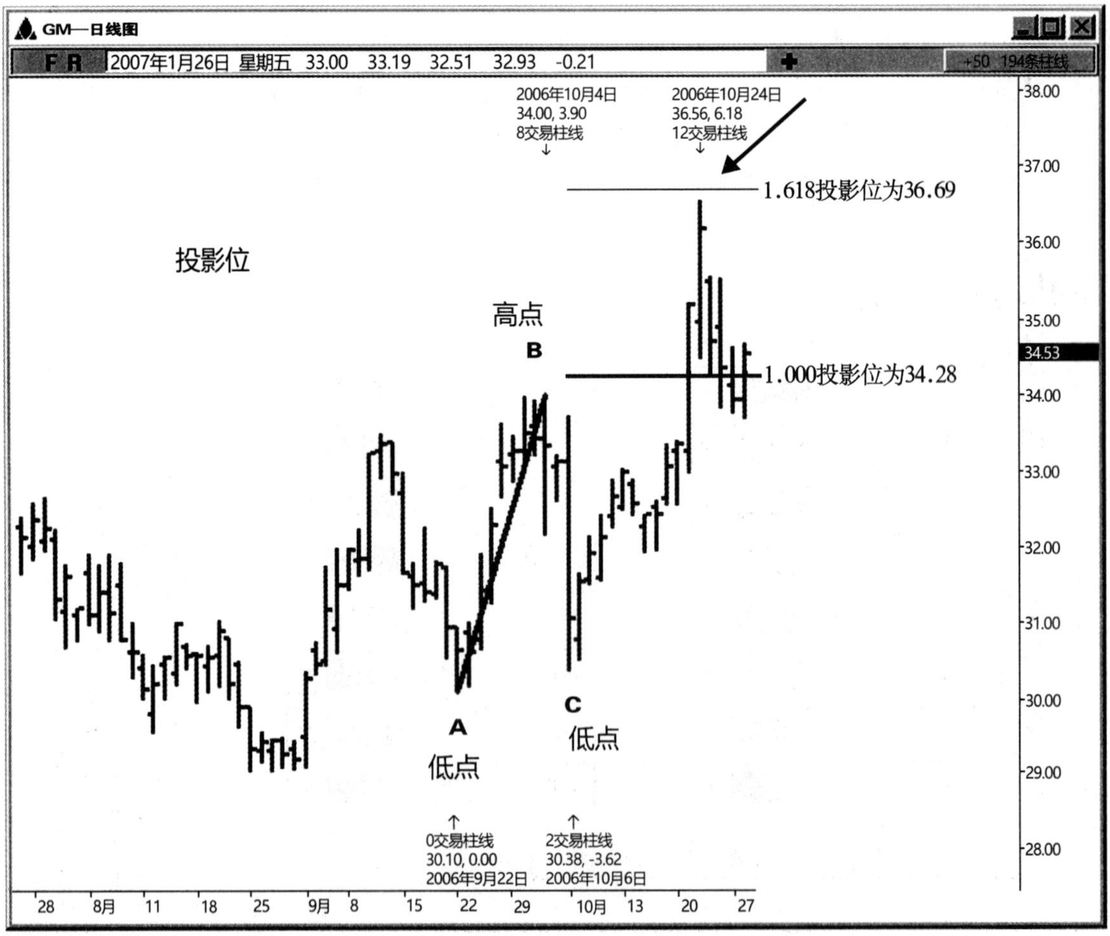

图 5-2

第一个投影例子是在通用汽车公司的股价日线图中阐述的（图5–2）。要记住运用使用三点的投影工具，我们可以比较相同方向上的波段。在此，我们测量点A到点B波段，即3.90点波段。然后，从点C运算第一波段的1.000和1.618投影位，以寻找潜在的阻力位。1.000投影位出现在34.28。在第一个投影位上没有出现反转。1.618投影位出现在36.69。请注意通用汽车公司股价的反弹恰好在第二个阻力投影位下方终止——至少是暂时终止。

第二个投影例子是在电子迷你标准普尔合约的3分钟图中阐述的。图5–3中，因为我们比较的是下跌趋势内的修正性反弹，所以我们只采用1.000投影位。我喜欢比较修正性波段，这是因为你常常会在其中找到相似或相同的波段。而这正是帮助我们在趋势方向进场的强大工具。

请注意图中所标记的第一个波段是从1434.25波段低点到1436.75

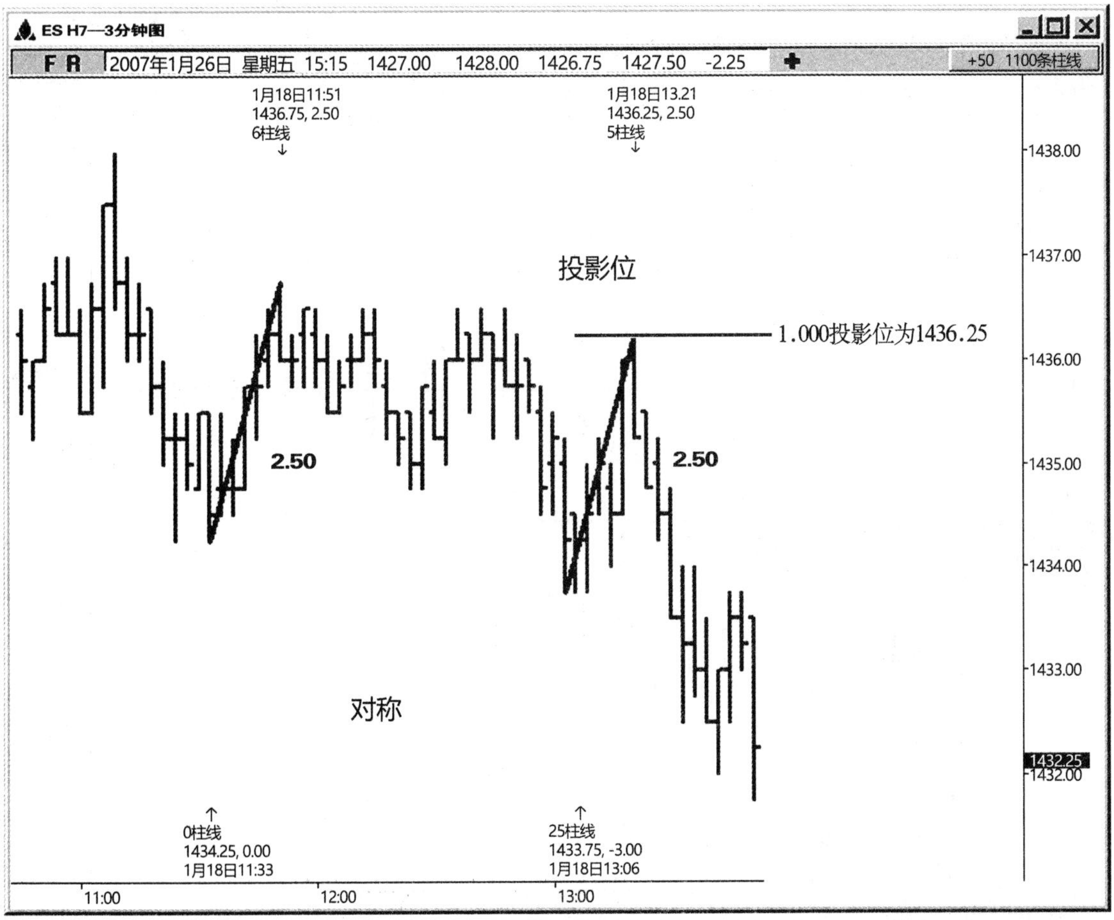

图5–3

波段高点的电子迷你标准普尔 2.50 点。我们从 1433.75 低点运算该波段的 1.000 投影位，这样我们就会知道 1436.25 位就是投影位和可能的阻力位。

实际高点正好出现在 1.000 投影位上。从该对称投影位开始出现一个多于 4 点的下跌。因为本例中的两个波段都正好是 2.50 点，所以这是完美对称（相同）。

让我们看一下谷歌股价中的另一个价格投影例子。图 5–4 中，我们测量点 A 到点 B 波段，然后从点 C 运算该波段的 1.000 和 1.618 投影位，以寻找可能的阻力位。1.000 投影位出现在 389.32。尽管高点没有刚好出现在该价格投影位上（实际高点出现在 390.00），但最终一定会出现一次像样的下跌反转。本例中的 402.50 点的 1.618 投影位根本没有提供任何阻力。

某些菲波纳奇价格关系需要几天的时间才会刚好出现在投影位上，这看上去是不可思议的。但是不要期望使用本书就总会看见完美

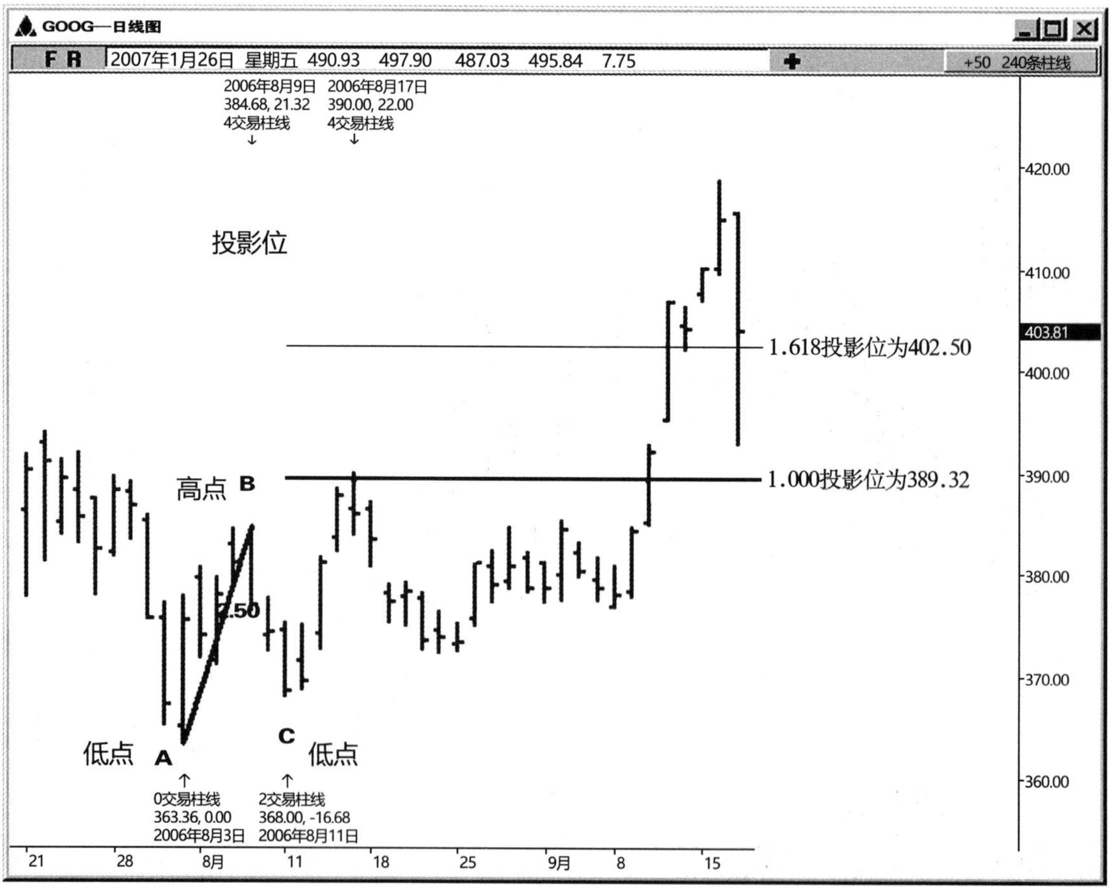

图 5–4

的重叠。只要价格没有过分远离投影位，那么投影位作为价格决策仍具意义。就个人而言，我因为过快地删除菲波纳奇水平而深感内疚，我聊天室中的交易者们首先让我注意到了这一点。

图 5-5 是英特尔公司股价日线图。在此，我们测量点 A 到点 B 波段，其是一个 2.55 点的下跌。然后，我们从点 C 运算这次下跌的 1.000 投影位，以在 19.95 点寻找可能提供支撑的投影位。本例中实际低点出现在 20.03，只略低于该支撑位。因为第一个波段是 2.55 点的下跌，而第二个波段是 2.47 点的下跌，所以这两个波段一定相似（对称）。

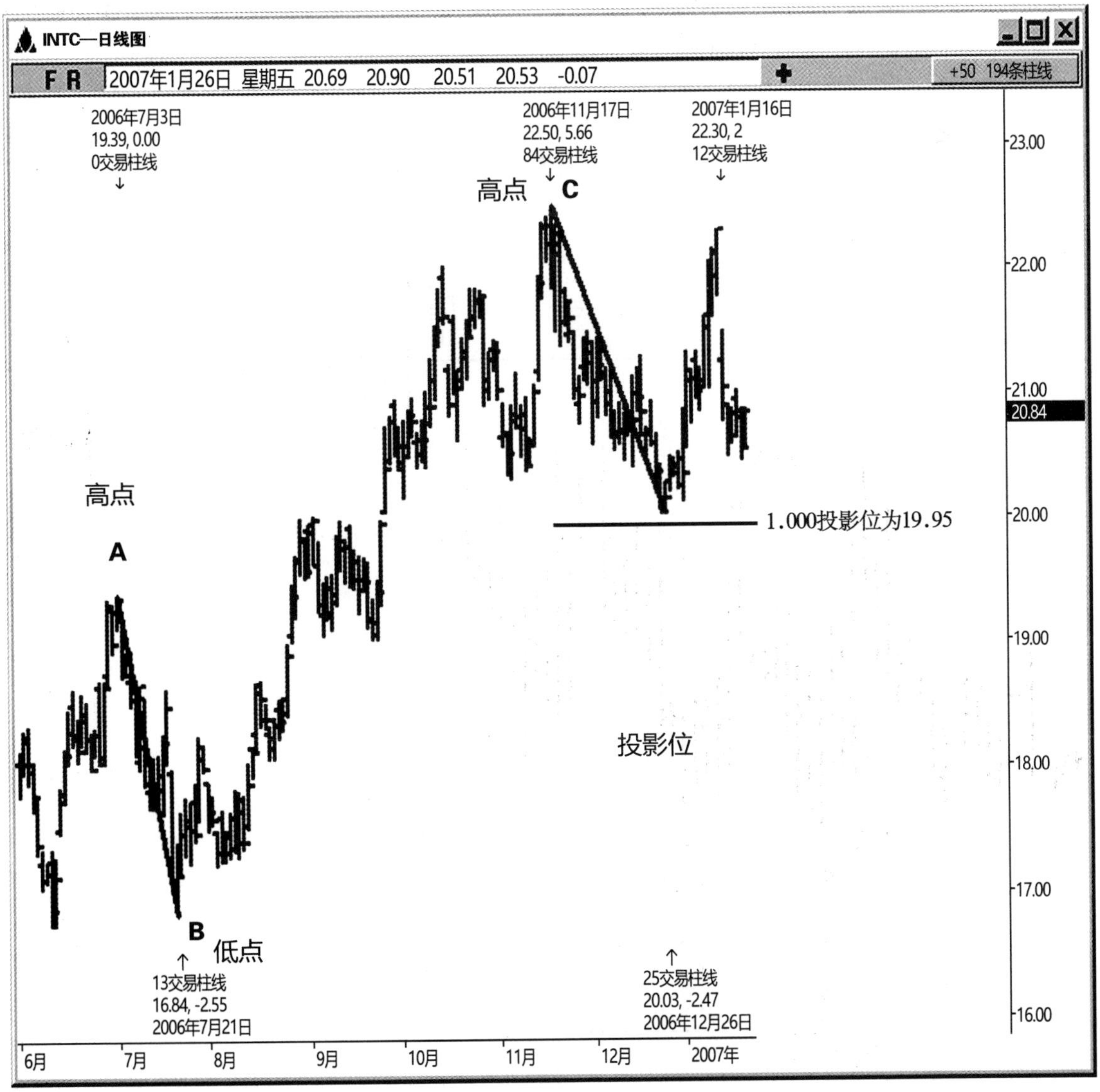

图 5-5

让我们在迷你道琼斯合约中看一下另一个价格投影位的例子。在15分钟图中（图5-6），我们从一个点A到点B的反弹（32点）开始。我们用比率1.000和1.618乘以第一个波段的长度（实际上这是由计算机程序完成的），然后从点C运算该结果的投影位。在本例中，我们只能看到在1.000投影位附近出现的短期停滞。除此之外，投影位实际上并没有对反弹形成太多阻力（记住很多价格关系将被击穿并且不再具有任何预测价值！）。

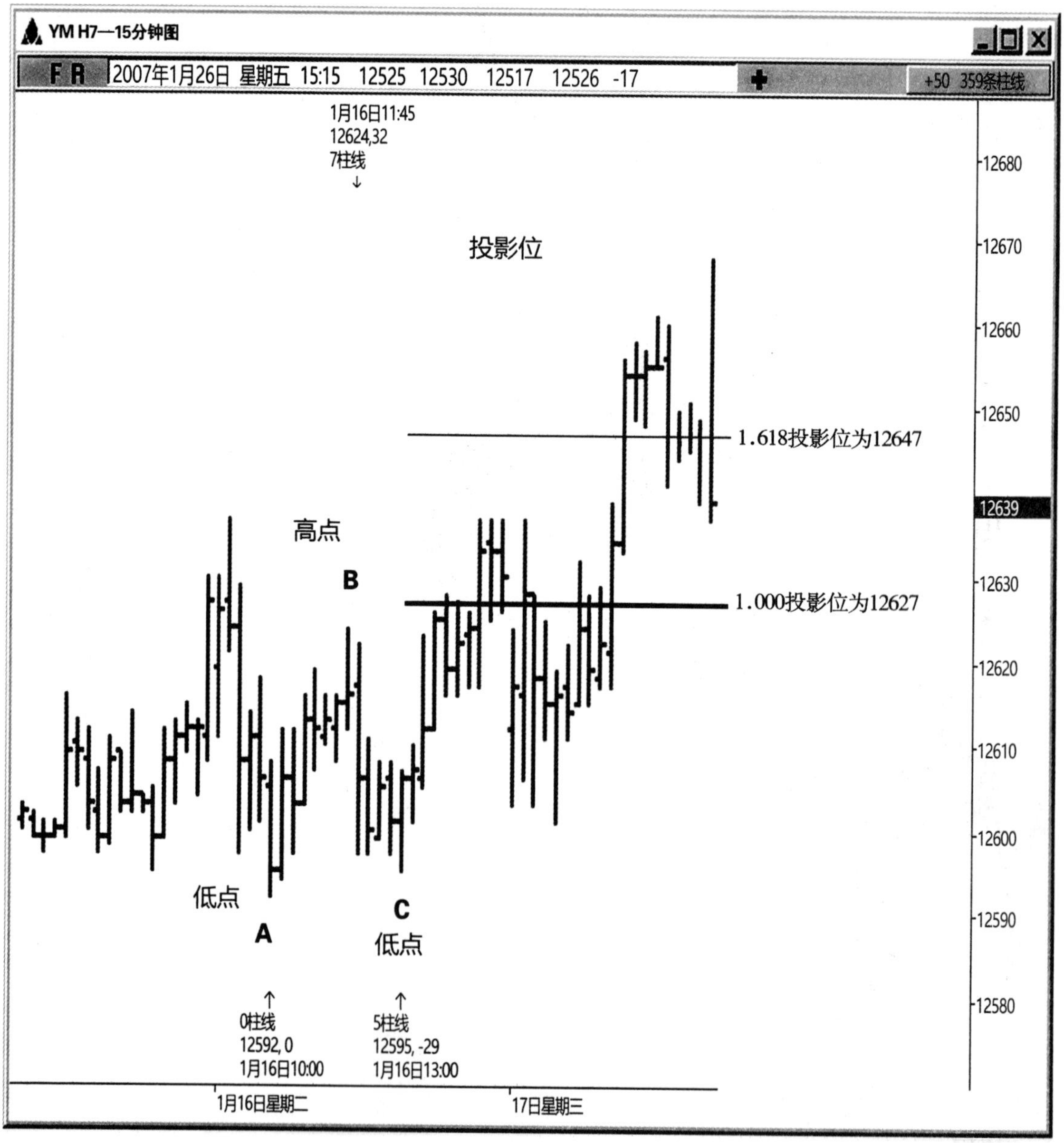

图5-6

再次强调，我不想给出菲波纳奇价格关系总是保持不变的这样一种观点，因此，我要与大家分享谷歌的一个例子，这个例子中的价格投影位根本没有导致任何改变（图 5-7）。作为作者，仅向你展示投影位有效的例子是不负责任的。作为一名交易者，不仅要知道没有一种方法或分析可以在任何时候都 100% 奏效之外，还要知道如果在测试时没有看到任何的反转迹象或进场触发器，就不可以根据这些价格区域进场交易。

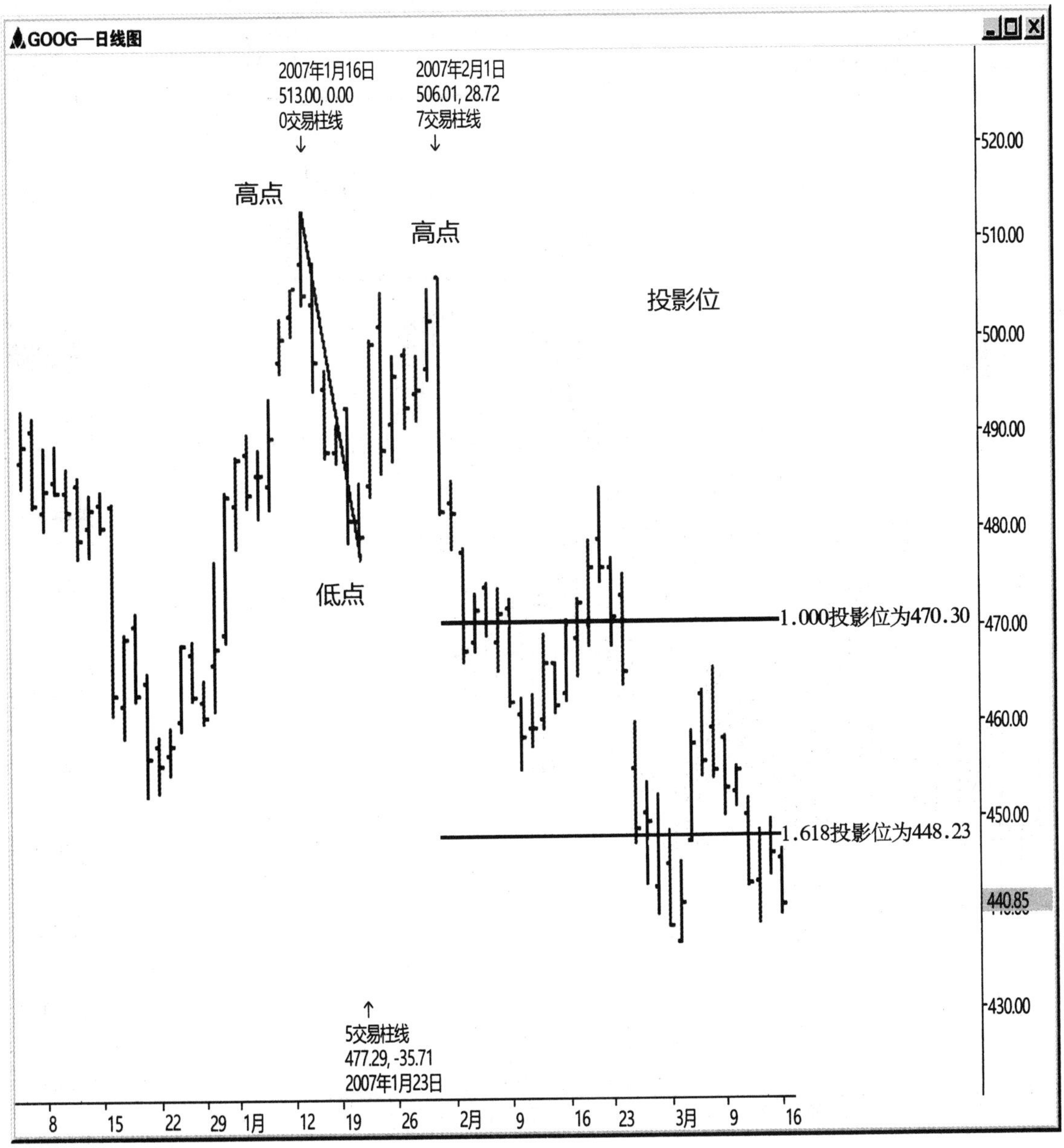

图 5-7

图 5–8 是罗素指数现金日线图中的价格投影位例子。我们测量 2006 年 2 月 14 日低点（点 A）到 2006 年 3 月 3 日高点（点 B）波段，并从 2006 年 3 月 8 日低点（点 C）运算该波段的投影位，以寻找可能的阻力位。请注意在 1.000 投影位出现的较小反转，以及略低于该波段 1.618 投影位的理想下跌。

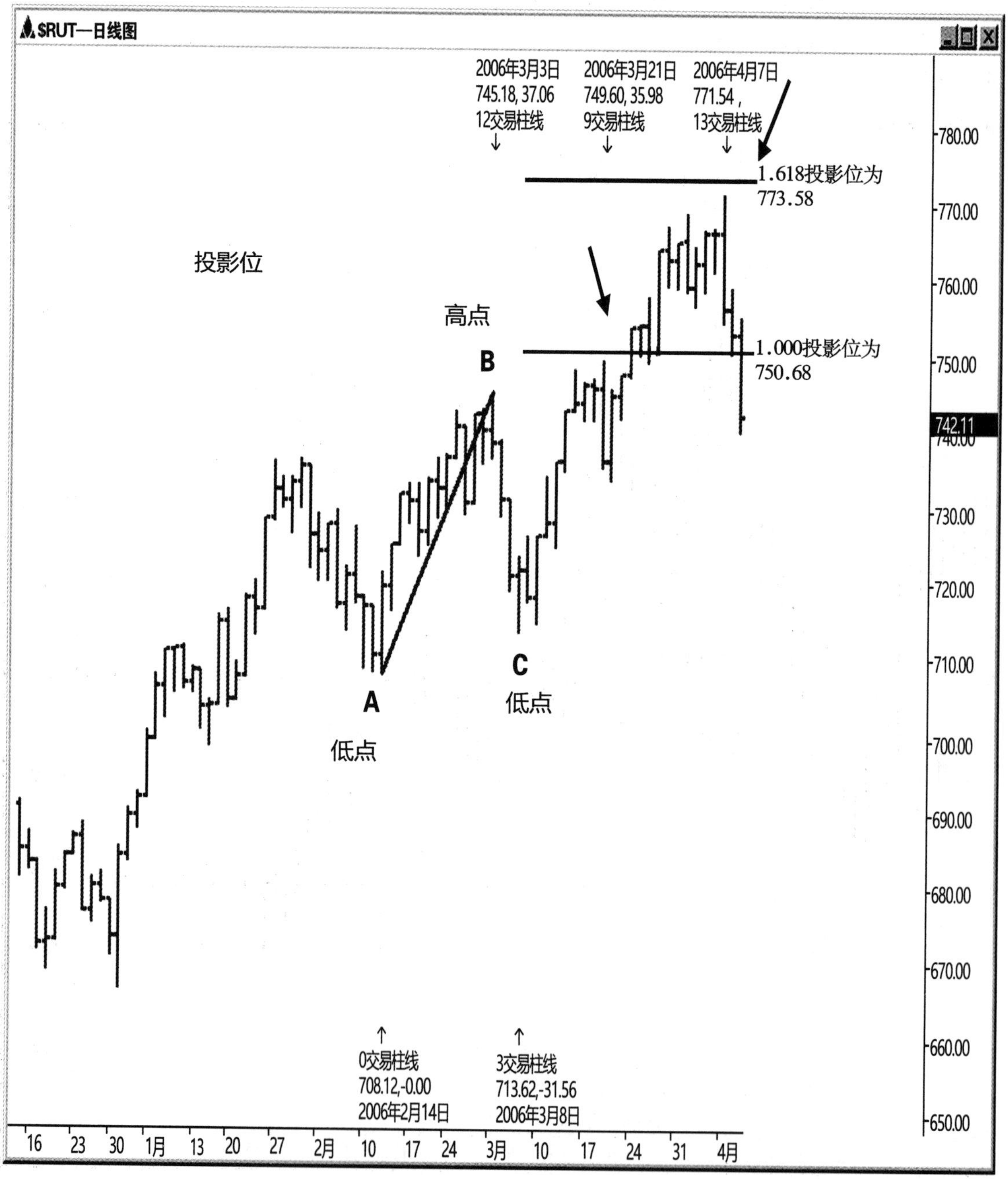

图 5–8

在标准普尔现金日线图中（图 5-9），我们测量 2004 年 8 月 13 日的 1060.72 低点（点 A）到 2004 年 10 月 6 日的 1142.05 高点（点 B）波段，然后从 2004 年 10 月 25 日的 1090.19 低点（点 C）使用比率运算该波段的投影位，以寻找可能的阻力位。在本例中，我们在点 A 到点 B 波段的 1.000 投影位上看到了暂时停止上涨。另外，我们在略低于 1.618 投影位的位置看到了较为理想的下跌反转。

图 5-9

在下一个例子的现金标准普尔日线图中（图5-10），我们测量2007年1月8日的1403.97（点A）低点到2007年1月25日的1440.69（点B）高点波段，然后从2007年1月26日的1416.96（点C）低点使用比率运算该波段的投影位，以寻找可能的阻力位。在略低于1.000投影位的位置可以看到一个可交易的高点（我们没有测试本例中的1.618投影位）。

图5-10

下一个例子是关于外汇市场中的加元的（图 5-11）。因为在本例中我们看到了理想的上升趋势，所以我们就想用投影工具在上升趋势中寻找可能的对称支撑位。当我们测量 2006 年 12 月 18 日高点到 2006 年 12 月 20 日低点波段，然后从新的 2007 年 1 月 11 日高点运算该波段的投影位时，从 2007 年 1 月 11 日高点开始的 1.000 投影位（1.1644）为我们展示了可能的支撑位。实际低点出现在 1.1646，距离投影位仅几个点。低点之后出现了上升至 1.1851 位的反弹，这是一个始于 2007 年 1 月 16 日低点的 205 点的反弹。请注意该反弹稍微超过 1.272 扩展位，然后停滞下来。

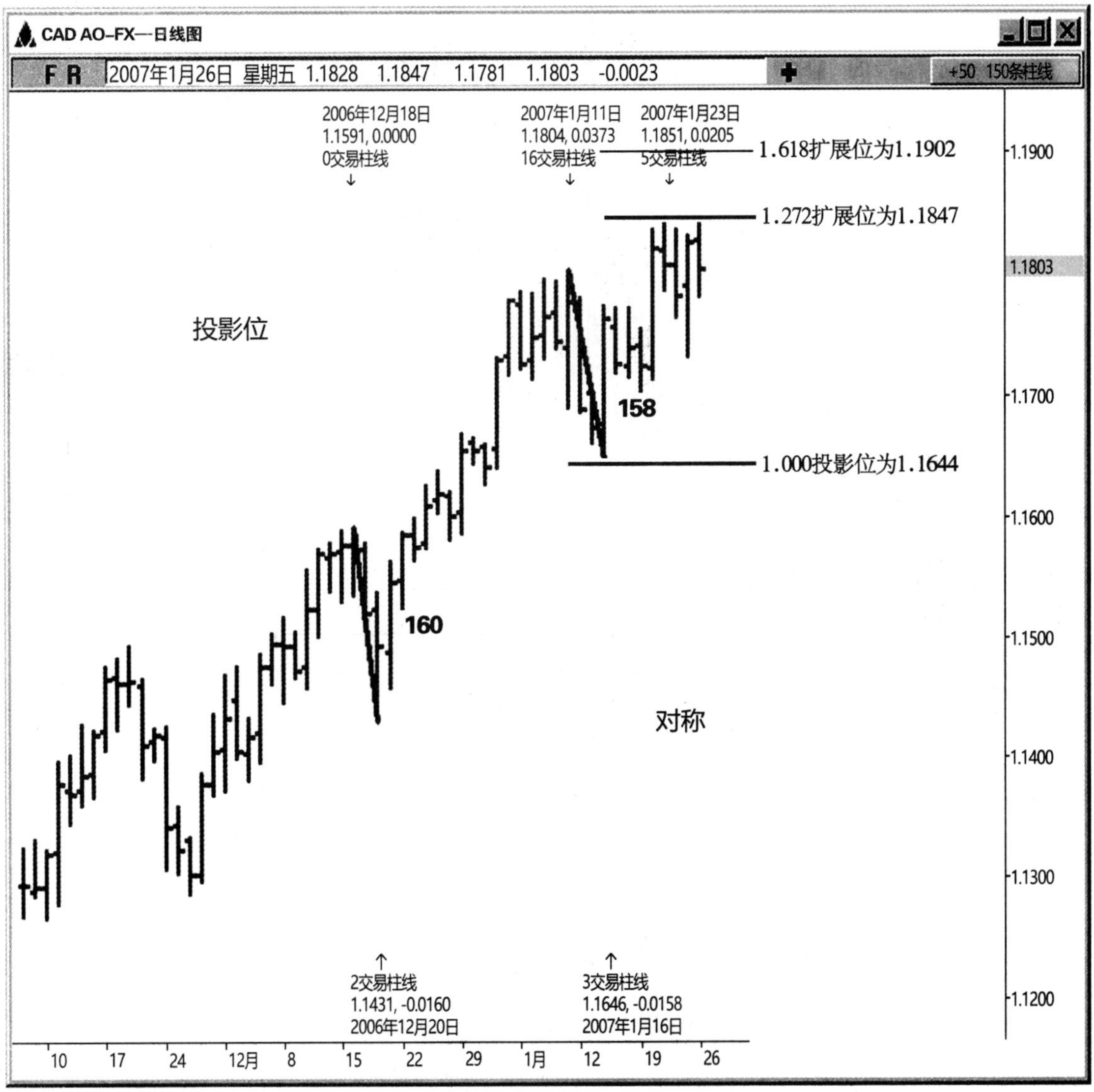

图 5-11

接下来，让我们看看杰西·彭尼股票的日线图（图 5–12）。在此，我们测量 2006 年 11 月 13 日高点到 2006 年 12 月 1 日低点（点 A 和点 B）波段，并从 2006 年 12 月 15 日高点（点 C）运算该波段的投影位，以寻找可能的支撑位。在本例中，11.95 点反弹出现前，低点几乎出现在前期波段的 1.000 投影位上（未测试 1.618 投影位）。

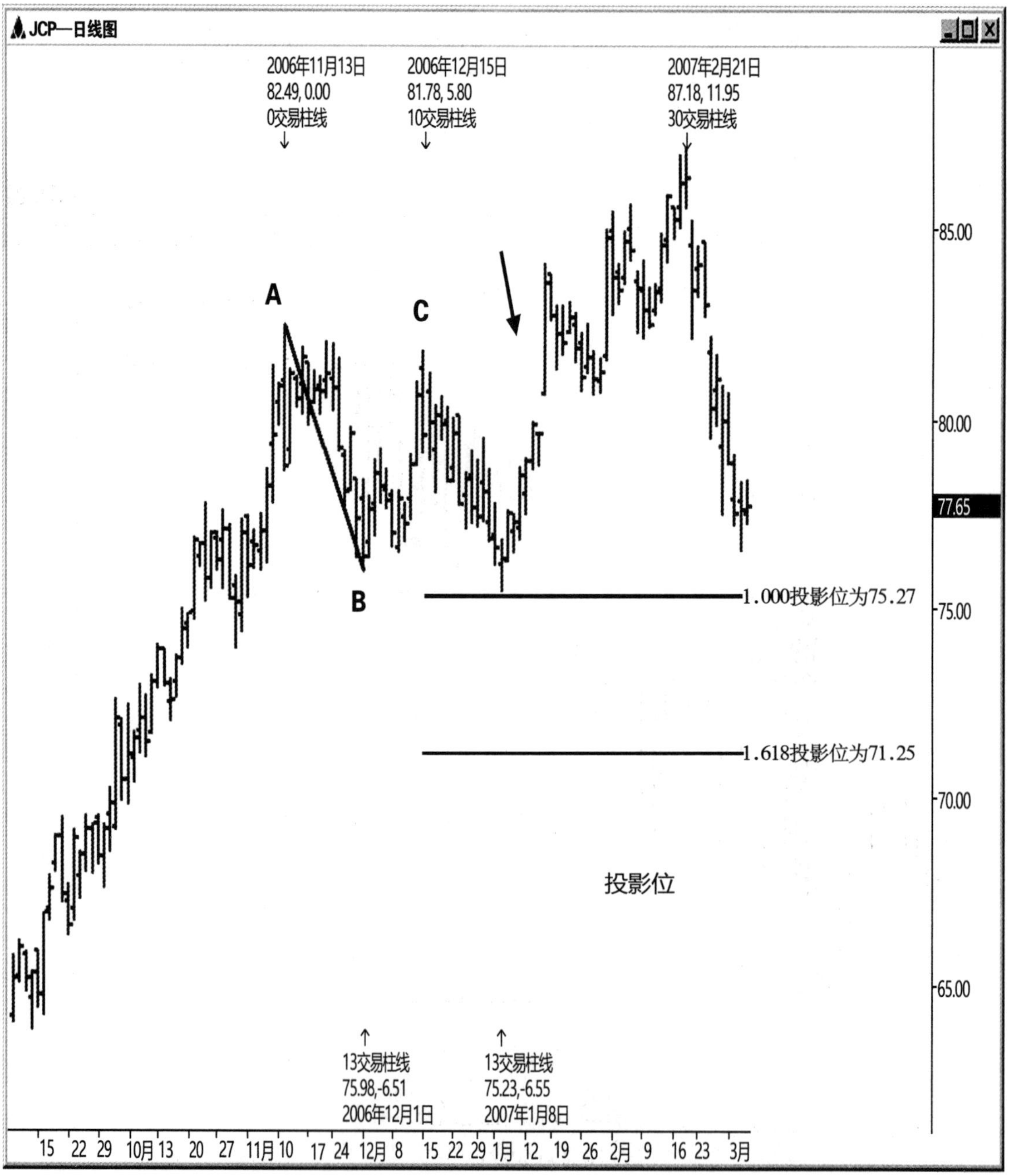

图 5–12

在雅虎的股价日线图中（图 5-13），不容易看到明显的可进行投影的地方。波段低点 C 不如目前为止所看到的其他例子中的低点界定的那样好。在图中运算菲波纳奇价格关系有时更像一门艺术而非科学。在做出分析时，很多时候我们只能运用常识和直觉。尽管本例中的波段在日线图中并不十分明显，但是如果将其转变成 60 分钟图，它们就会变得明显。如果你对是否在计算中使用某个高点或低点感到怀疑的话，可以将其转换成短期图进行计算并对其做出评估。

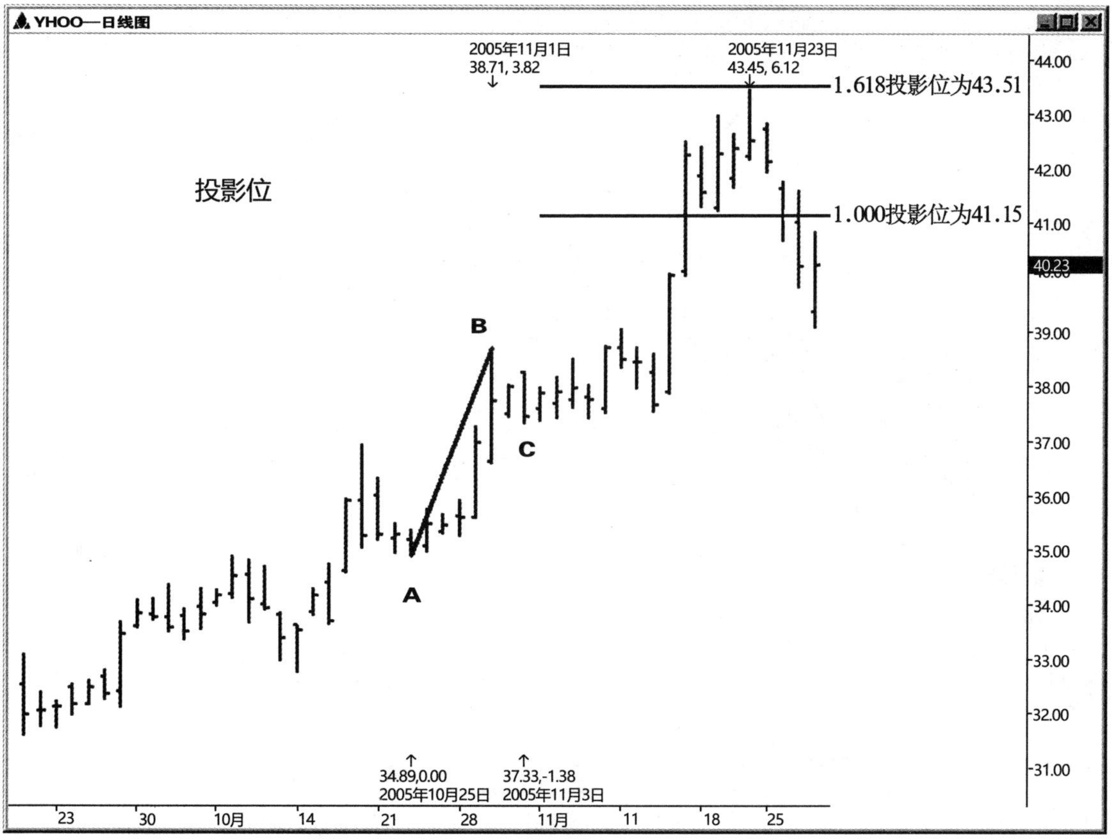

图 5-13

我们测量 2005 年 10 月 25 日低点到 2005 年 11 月 1 日高点（A 点和 B 点）波段，然后从 2005 年 11 月 3 日低点（点 C）运算该波段的投影位，以寻找可能的阻力位。尽管我们恰好在该前期波段的 1.618 投影位附近看到可交易高点，但我们没有在前期波段的 1.000 投影位上看到任何反转。

图 5-14 展示了通用汽车公司（GM）日线图，我们测量 2006 年 6 月 8 日低点到 2006 年 6 月 30 日高点（点 A 和点 B）波段，然后从

2006年7月14日低点（点C）运算该波段的投影位，以寻找可能的阻力位。在该图中，我们看到在前期波段的1.000投影位上出现了漂亮的反转（正好在1.618投影位下的反转的确不足以被完美主义者称作命中，但在你要做出重要的价格决策时，根据当前市场波动进行跟踪止损仍然是一个好习惯。本书后面的章节将对采用跟踪止损指令的策略进行讨论）。

图5-14

前几章为你展示了如何运算三种不同类型的用于交易结构的菲波纳奇价格关系：价格回撤位、价格扩展位和价格投影位。下一章将探讨这些价格关系的“价格‘簇’效应”或“汇合”，这些构成了第一类交易结构——菲波纳奇价格“簇”。

第6章 菲波纳奇价格“簇”结构：交易结构1

我将“价格‘簇’”定义为：至少三个菲波纳奇价格关系在一个相对较小的区间内聚集在一起形成的重合。价格“簇”可以用来确定主要的支撑区和阻力区，这种行为可看作是交易结构。价格“簇”可以由三个回撤位、三个扩展位、三个投影位或任何价格关系的组合形成。

价格“簇”也可由三个以上价格关系重合在一起形成。根据定义，价格“簇”至少需要三个价格关系。你可能会看到5 ~ 10个价格关系聚集在一个相对较小的区间内。当你看到许多价格关系聚集在一起时，并不意味着该聚集区不会被击穿，而是意味着该区是非常重要的价格决策区。若该区不被击穿，大部分时间你可能会看到价格在该区中的漂亮反转。若这个关键区被击穿，如果你发现原来的趋势正加速进入该区，不要感到惊讶。很多时候我发现这些大“簇”的发展并没有远离当前的市场活动，而且这些“簇”就像是价格的磁石。

趋势

当我在市场中设置价格“簇”的时候，就交易进场而言，我想重点研究设置在我们所分析的图的趋势方向上的“簇”。这些“簇”将会成为高胜算设置。我将趋势简单定义为图中的形态。我们看到的是以较高高点和较高低点为一般形态的上升趋势，还是以较低低点和较低高点为一般形态的下跌趋势？

我相信我们应顺势而为，而不是像许多进行反向趋势交易的交易者那样试图逆流而上。如果我在图中看到了上涨形态（较高高点和较高低点），我会为可能的买入进场设置“簇”，并使其顺应趋势。如果我在图中看到了下跌形态（较低低点和较低高点），我会为卖出进场设置“簇”，以帮助我在下跌趋势的方向上进场。我寻找与趋势相反的“簇”以帮助管理利润和制定出场策略。例如，如果我们是多头并且在上升趋势中看到了阻力“簇”，我会建议我的交易者们收紧止损并且/或者获取部分利润。

尽管你需要认识到与当前趋势相反的“簇”成为成功交易的概率要低于顺应趋势的“簇”，但是这样的价格“簇”仍然是交易结构。当这些反向趋势结构形成时，使用适当的交易过滤器和触发器将会提高交易成功的概率。

1. 拥有较高高点和较高低点的上升趋势/一般形态的图表——聚焦买入“簇”的结构

图 6-1 是现金标准普尔日线图。该市场的一般形态是从 2006 年 7 月的低点升至 2007 年 2 月的高点。我所说的“一般”是指该图主要

图 6-1

显示了拥有较高高点和较高低点的形态。然而，尽管该市场的整体发展方向趋于上升，但你仍然可以在图中找到前期波段低点。另一种方法是以 4 岁孩子的眼光来看这张图。让一个 4 岁的孩子来帮你看这张图，然后问他价格会上涨还是下跌。孩子一般会退一步来观察，而且会给出正确的答案，因为他所观察的是整个森林而不是单独的树木。

2. 拥有较低低点和较低高点的下跌趋势 / 一般形态的图表——聚焦卖出“簇”的结构

图 6–2 是现金标准普尔日线图。该市场的一般形态是从 2001 年 5 月的高点降至 2001 年 9 月的低点。我所说的“一般”是指该图主要

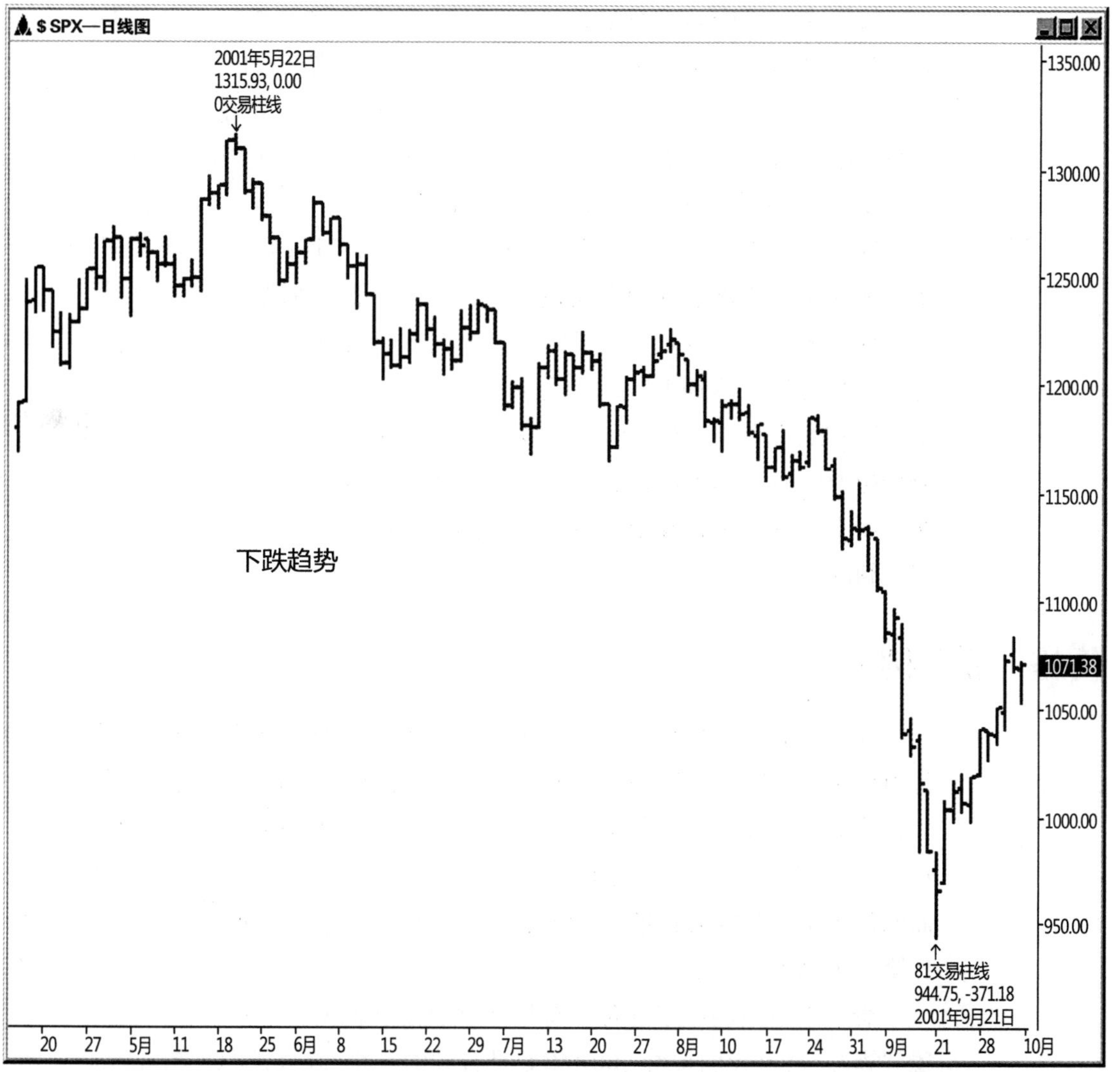

图 6–2

显示了拥有较低低点和较低高点的形态。然而，尽管该市场的整体发展方向趋于下跌，但你仍然可以在图中找到前期波段高点。记得以 4 岁孩子的思维看这张图！

资金管理

在研究实际“簇”结构的例子前，让我们先讨论一下一般应如何通过它们在市场上获利。首先，确定风险。当你用价格“簇”结构进场时，最大的风险存在于价格“簇”区极值之上或之下的一些基点。你也可以采用其他方法来制定风险较小的止损指令（附加策略将在下文进行讨论）。

接下来，你应该对交易的潜在利润有一个大体认识。一直以来，我对价格“簇”结构的最小交易目标是“簇”区内波段的 1.272 扩展位。大多数情况下，这一目标可以实现，特别是在趋势好的市场中，但我们必须清楚这并不是总能实现。我为同一波段结构的第二个目标总是 1.618 扩展位，第三个目标是 2.618 扩展位。

这里需要指出一些关于交易目标的问题。由于目标并不总能实现，所以要确保你的资金管理决策正确。这意味着要么在盈亏平衡点处设置止损，要么在交易向有利于你的方向发展时进行跟踪止损。这种情况下，即使没有达到 1.272 目标，你也没有遭受损失。同样要注意的是 1.272 目标经常会被超越，这也是至少要保留高于第一个目标的部分仓位的原因。你可以设置跟踪止损，然后在波动失去动力时自动出场，而不是试图预先确定市场会发展到什么程度以及交易会为你带来多少利润。

价格“簇”例子

现在来看一些价格“簇”设置例子。为了方便理解这些例子，我将引用正在使用的前期高点和低点的日期或价格来分析价格关系。

在第一个价格“簇”设置例子中，我将会向你介绍每一个步骤，首先让我们观察一个空白图并决定在市场的哪一边设置“簇”。在下面的例子中，我还要说明开始投影价格“簇”关系的位置，但是图会比第一个例子的少。

看一下空白的电子迷你道琼斯图并决定我们要在市场的哪一边设置“簇”。这里我们来看 2007 年 6 月合约的一张 30 分钟图（图 6–3）。

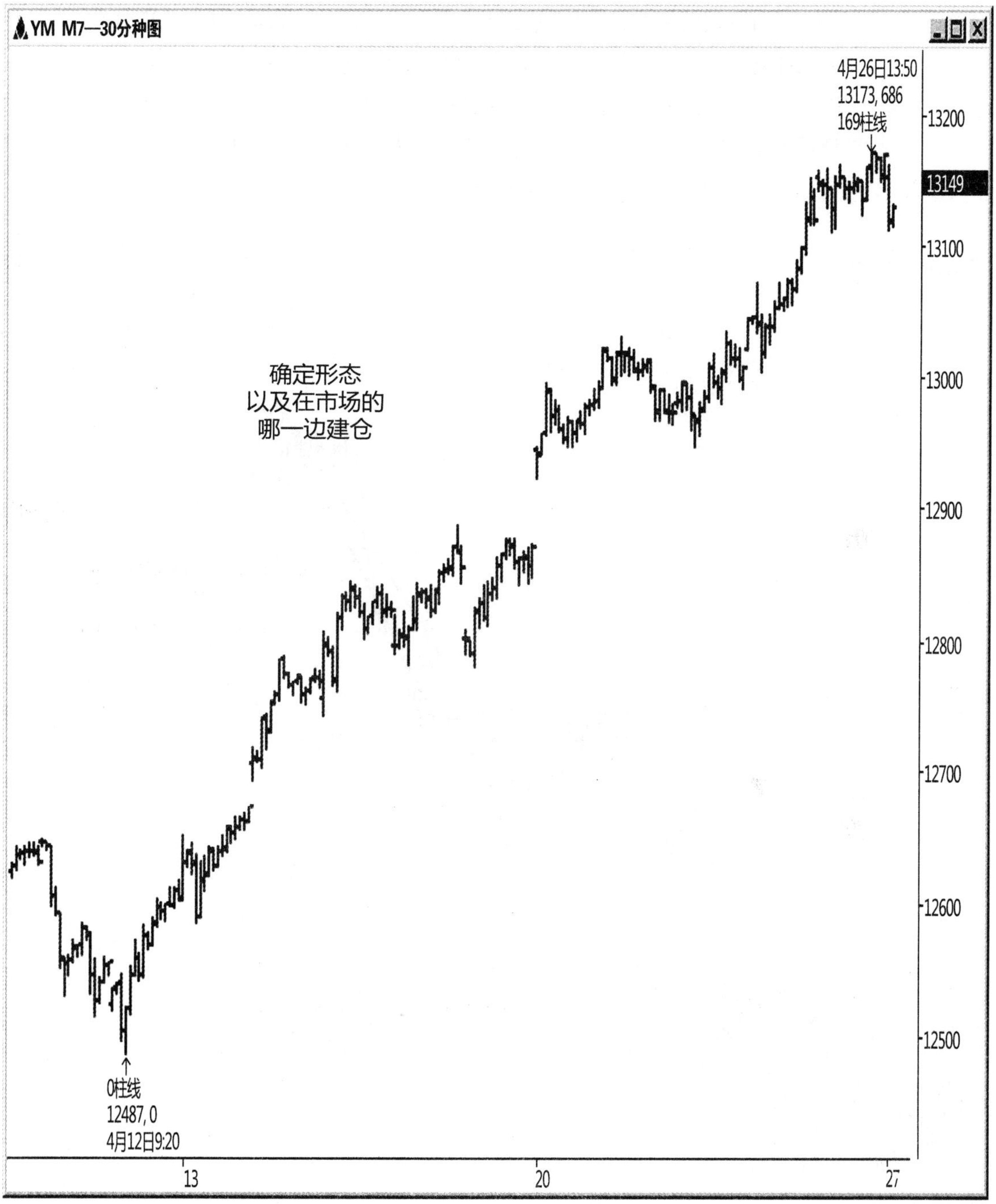

图 6-3

在我看来，该形态明显是上涨的，因为这是一个拥有较高高点和较高低点的一般形态。由于重点是要在所分析图的趋势方向上设置“簇”，所以我打算在本例中设置所有可能的价格支撑关系。然后，我将会寻找能确定交易结构的价格关系的汇合或“簇”。

图中有两处适合运算菲波纳奇价格回撤位的明显波段：12781 低点到 13173 高点波段和 12948 低点到 13173 高点波段（图 6–4）。你可以看到一些可能的支撑位出现的位置（如果你不明白我为什么偏偏选择那些波段，不用担心。当你看过了这本书里的所有例子后，就会知道如何选择用于这项分析的波段了）。

图 6–4

每当运算回撤位时，我都会观察并思考运算前期波段的价格扩展位以寻找可能的支撑位是否有意义。在本例中，我运算 13112 低点到 13173 高点波段和 13124 低点到 13173 高点波段的扩展位，其中这些波段的 1.272 和 1.618 扩展位在图 6–5 中已标出。

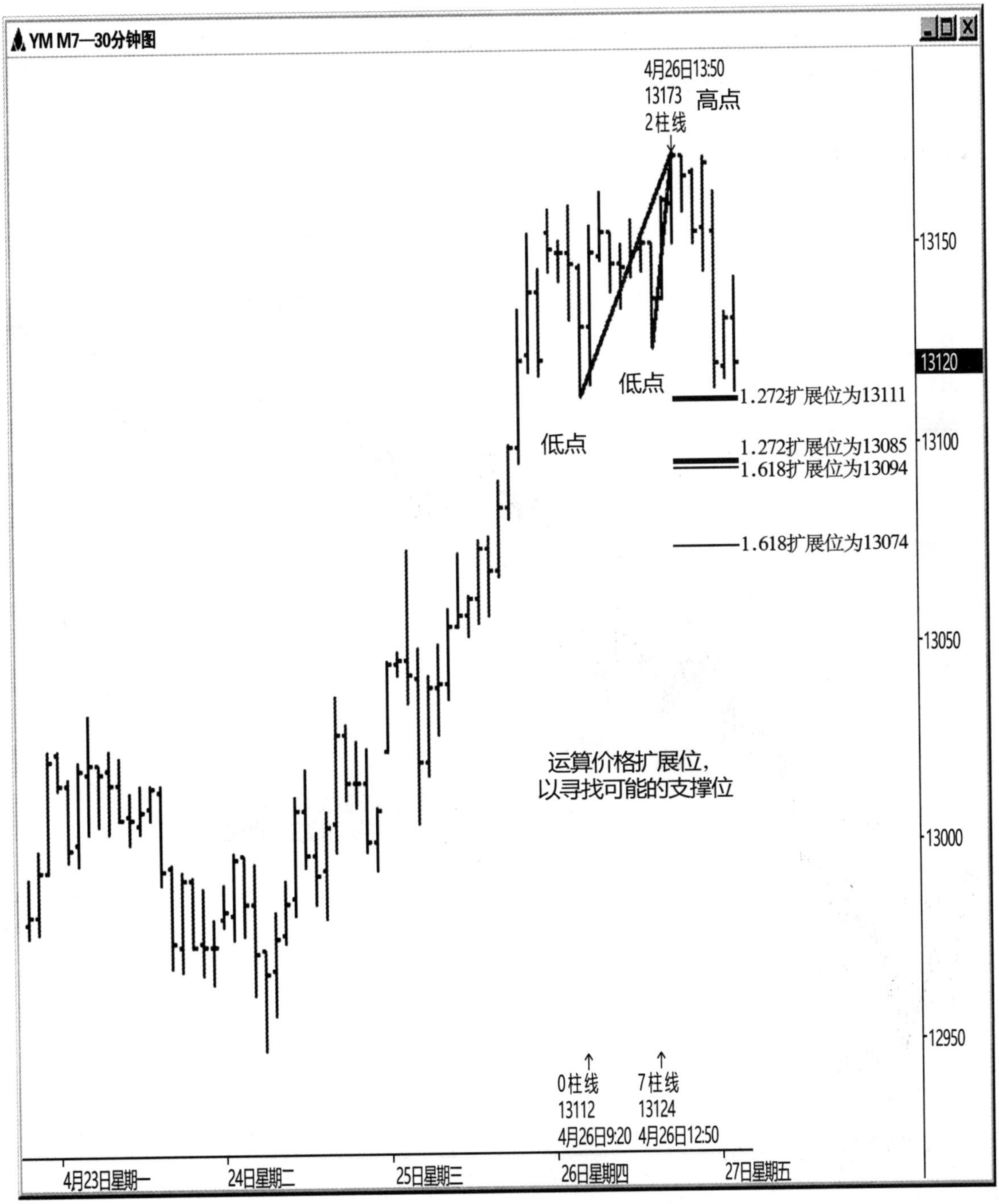

图 6–5

最后但并非最不重要的一点是，我需要确定可以运算什么样的投影位来寻找可能的支撑位。在本例中，因为 2007 年 4 月 12 日低点出现在 12487，所以我只想运算该上涨波段中前期下跌的对称投影位或 1.000 投影位。由于我只想将前期的修正性下跌和新的下跌做比较，因此我只运算 1.000 投影位，而不使用比率 1.618。在图 6–6 中，我已标出了前期下跌，我将从 13173 高点开始对这些下跌进行测量和投影。图中已标出这些投影位。

图 6–6

作者建议

菲波纳奇价格关系的计算过程不一定要按特定顺序进行。你可以根据自己的意愿选择先计算投影位还是扩展位。更重要的是你应该先计算出所有的投影位或扩展位，然后再去寻找“簇”效应。

图 6–7 标出了道琼斯例子中聚集在一起的所有价格关系。让我们重点研究该图中拥有很好的“簇”的前两个区域。第一，在 13107 ~ 13112 区域内，我们有一个关键的价格“簇”决策 / 交易结构。第二，在 13087 ~ 13095 区域内，我们有另一个关键的价格“簇”决策 / 交易结构。只有当我们开始违反这些前期主要决策的时候，我才会开始关注其他区域。

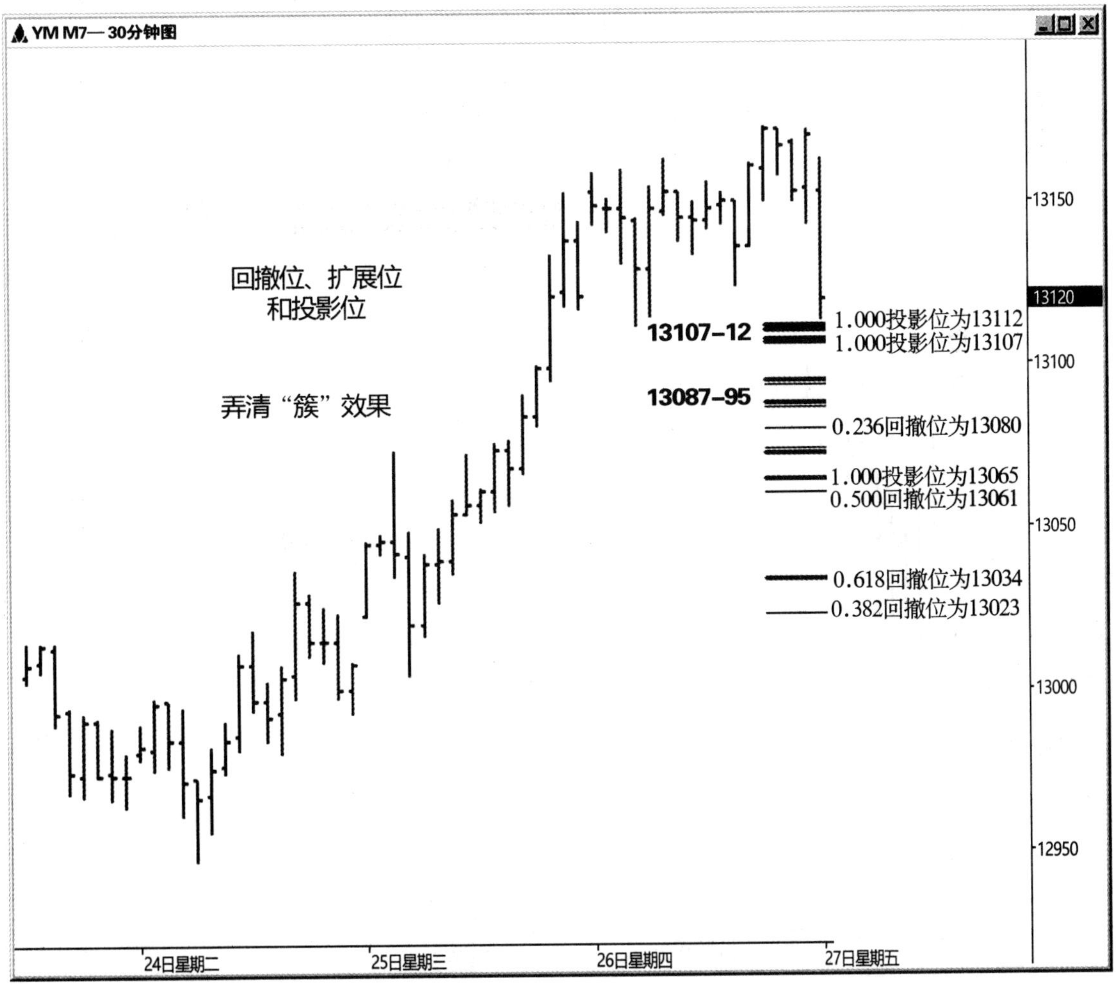

图 6–7

图 6–8 标出了分析结果。这项交易实际上是 2007 年 4 月 27 日在我的聊天室中建立的。低点出现在 13113，其恰好比第一个价格“簇”区的最高位高一个基点。我们最终看到了从该价格“簇”低点开始的一个 75 点的反弹。尽管交易者可能只想抓住“簇”低点和反弹终止点中间的某些波动，但是这笔交易中每份合约是 375.00 美元。

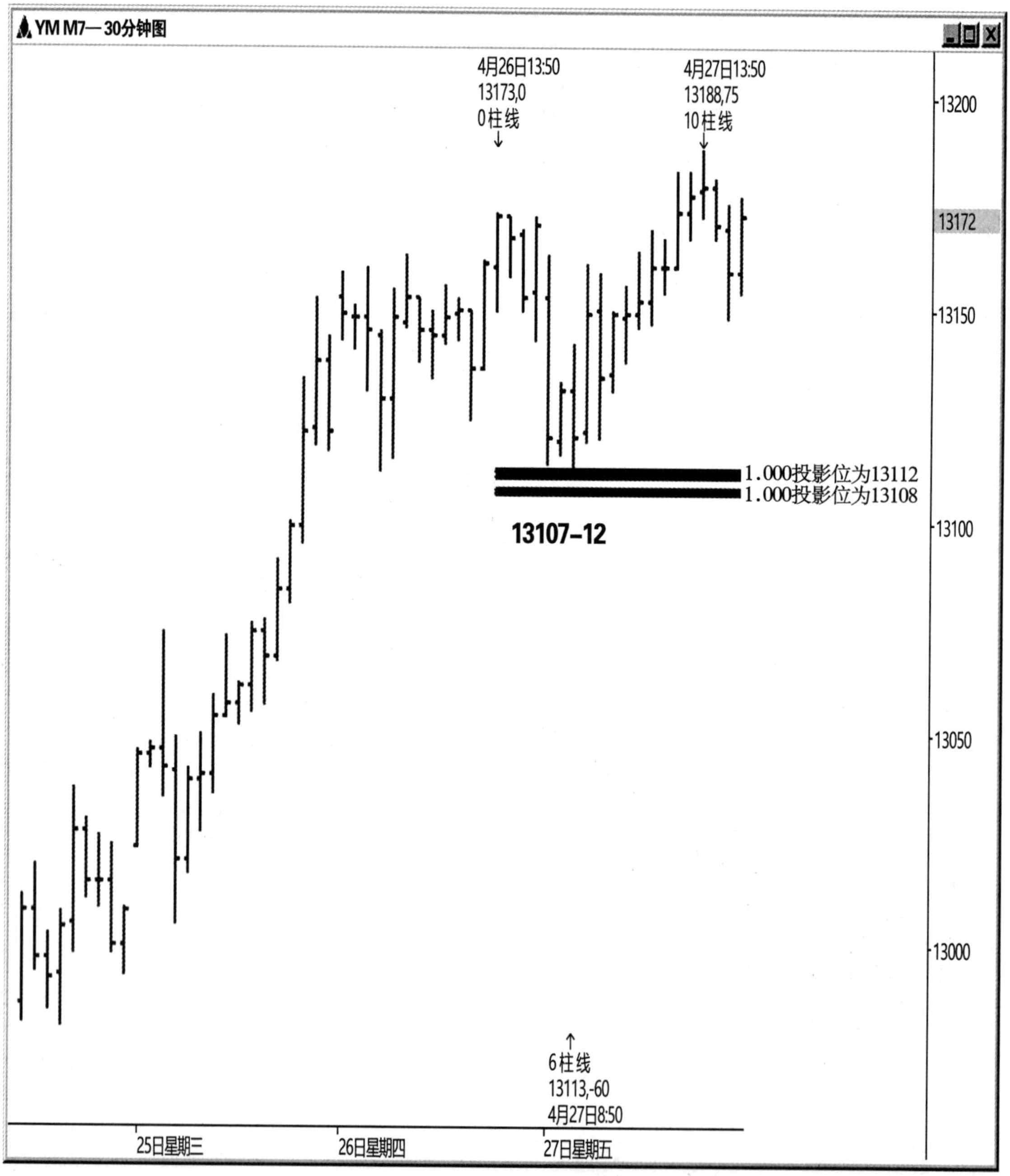

图 6–8

由于“簇”区域的最高位没有被击穿，所以我将会展示聚集在13107和13112之间确切的价格关系，让我们从图6–9中标出的价格投影位开始。

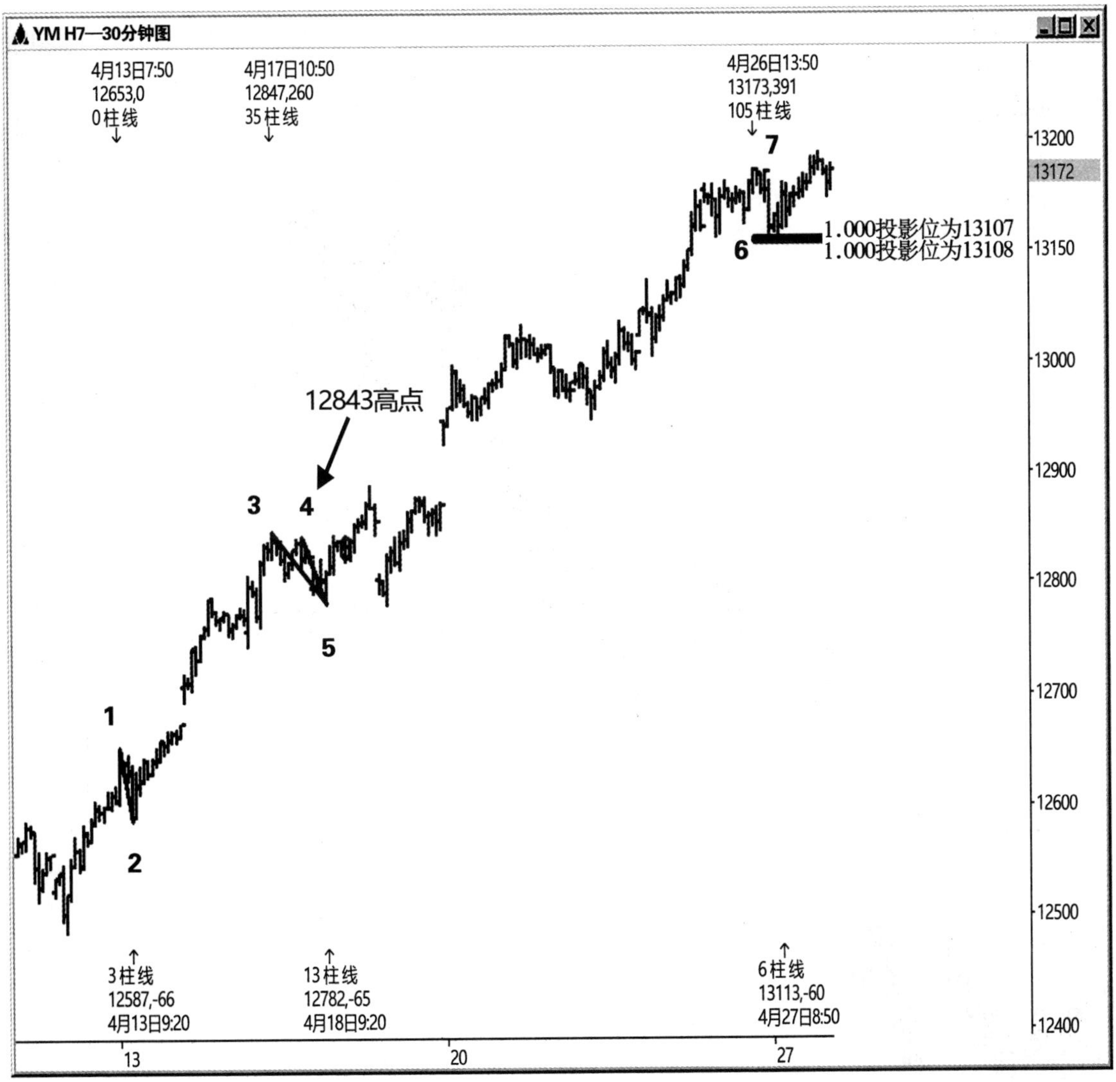

图 6–9

从13173高点开始，运算12653高点到12587低点波段的1.000投影位得到13107（从点7开始，运算点1到点2波段的投影位）

从13173高点开始，运算12847高点到12782低点波段的1.000投影位得到13108（从点7开始，运算点3到点5波段的投影位）

从13173高点开始，运算12843高点到12782低点波段的1.000投影位得到13112（从点7开始，运算点4到点5波段的投影位）

图 6–10 标出了与前期对称投影位重叠的价格扩展位。

运算13124低点到13173高点（点6到点7）波段的1.272扩展位得到13111

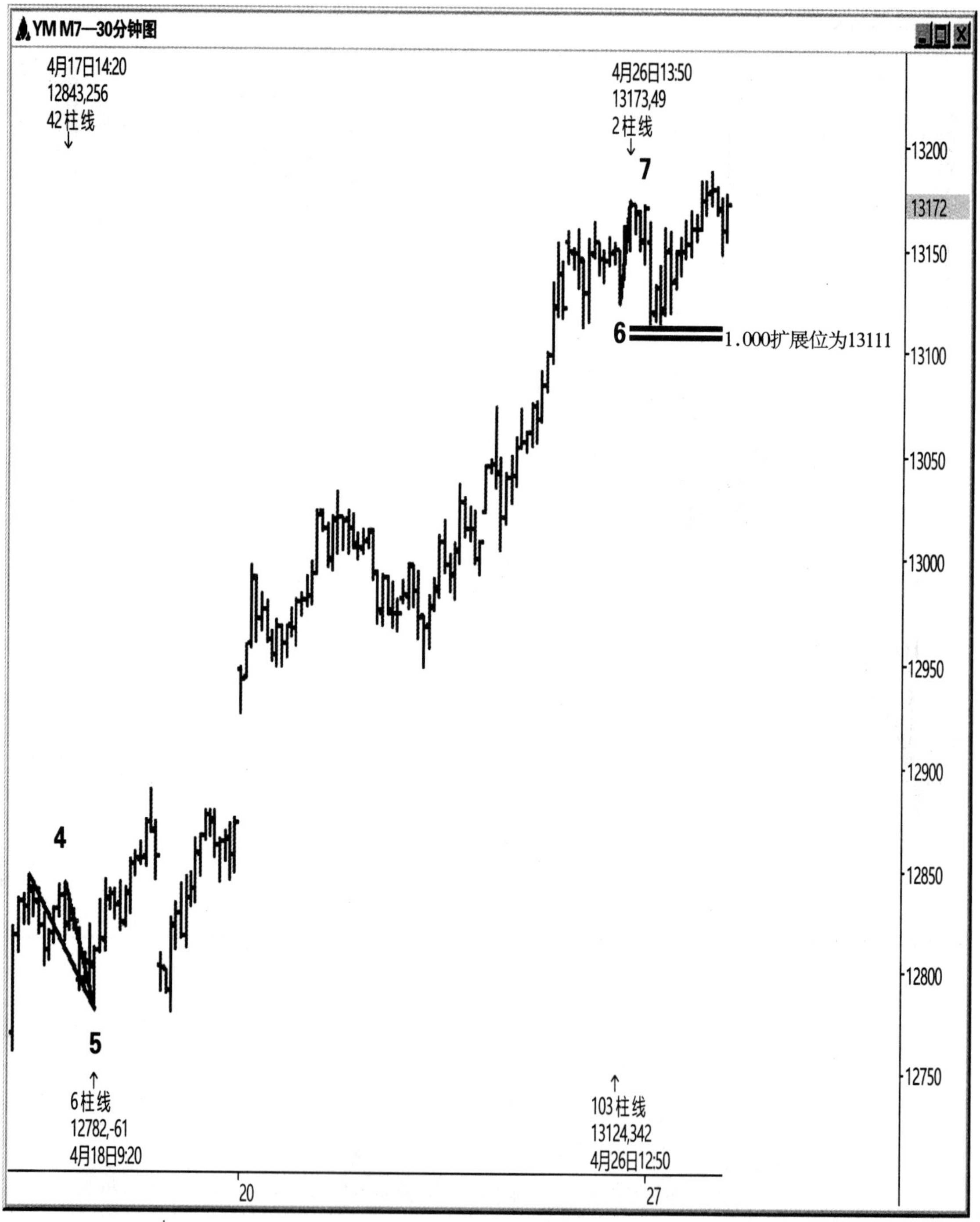

图 6–10

接下来看迷你道琼斯的另一个例子，这次是 15 分钟图。图 6-11 中的一般形态是下跌的，这也是我要在本例中做空的原因。重要的价格“簇”高点出现在 12622。让我们来讨论一下“簇”的产生和实际波段，然后考虑如何将这些信息变为你的优势。

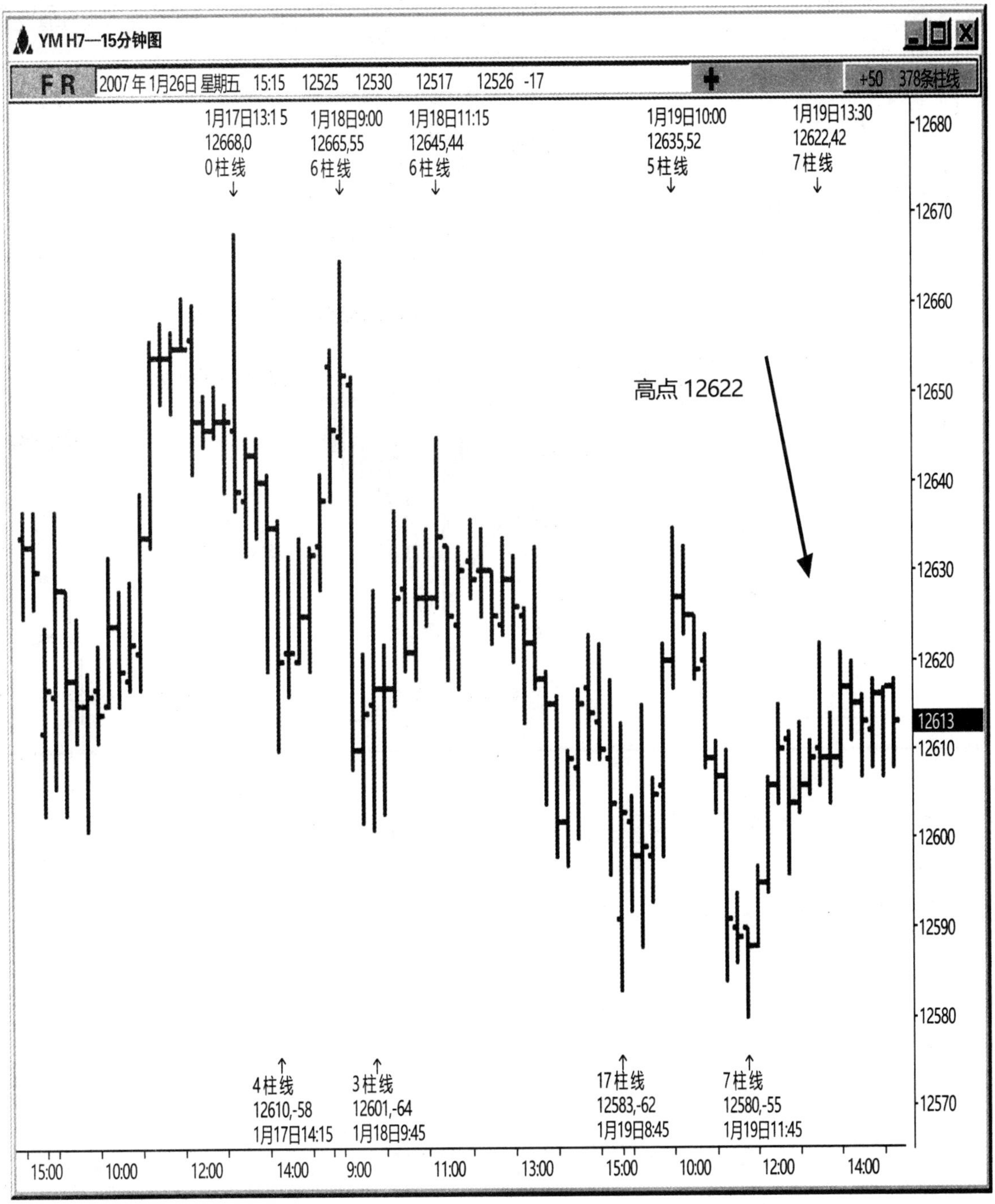

图 6-11

在本例中，价格关系的一个理想“簇”出现在12620 ~ 12627区域。图6–12展示了组成该“簇”的单一的价格关系。在本例中，我已对关键的波段高点和低点进行编号以方便分析。

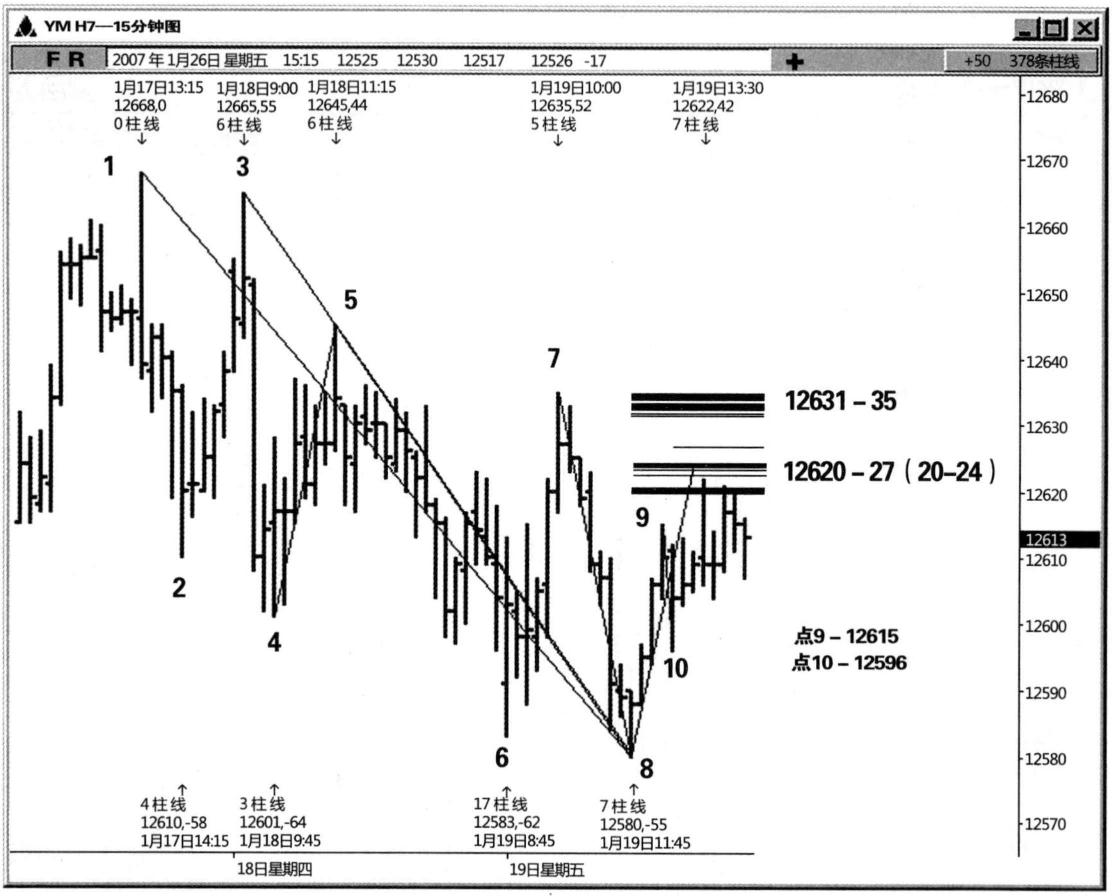

图6–12

运算12668高点到12580低点（点1到点8）波段的0.500回撤位得到12624

运算12665高点到12580低点（点3到点8）波段的0.50回撤位得到12623

运算12645高点到12580低点（点5到点8）波段的0.618回撤位得到12620

运算12635高点到12580低点（点7到点8）波段的0.786回撤位得到12623

从12580低点开始，运算12601低点到12645高点波段的1.000投影位得到12624（从点8开始，运算点4到点5波段的投影位）

运算12615高点到12596低点（点9到点10）波段的1.272扩展位得到12620

运算12615高点到12596低点（点9到点10）波段的1.618扩展位得到12627

需要注意的是，与大多数用于分析的波段相比，点 9 到点 10 波段相对较小。如果刚开始接触这项工作，你会发现很难确定该波段。我从事这项工作已经很久了，所以意识到了解该波段会很好地确定“簇”区域，当然该波段在 5 分钟图中更加清晰。

在该特殊图中，我也在第一个例子中 12631 ~ 12635“簇”区的正上方保留了投影位。在一张分析图中出现一个以上“簇”区是正常的。尽管如此，在我书中的大部分例子中，我会删除其他的价格关系以方便每次重点分析一个结构。

因为价格“簇”结构是建立在 15 分钟图的下跌趋势方向上的，

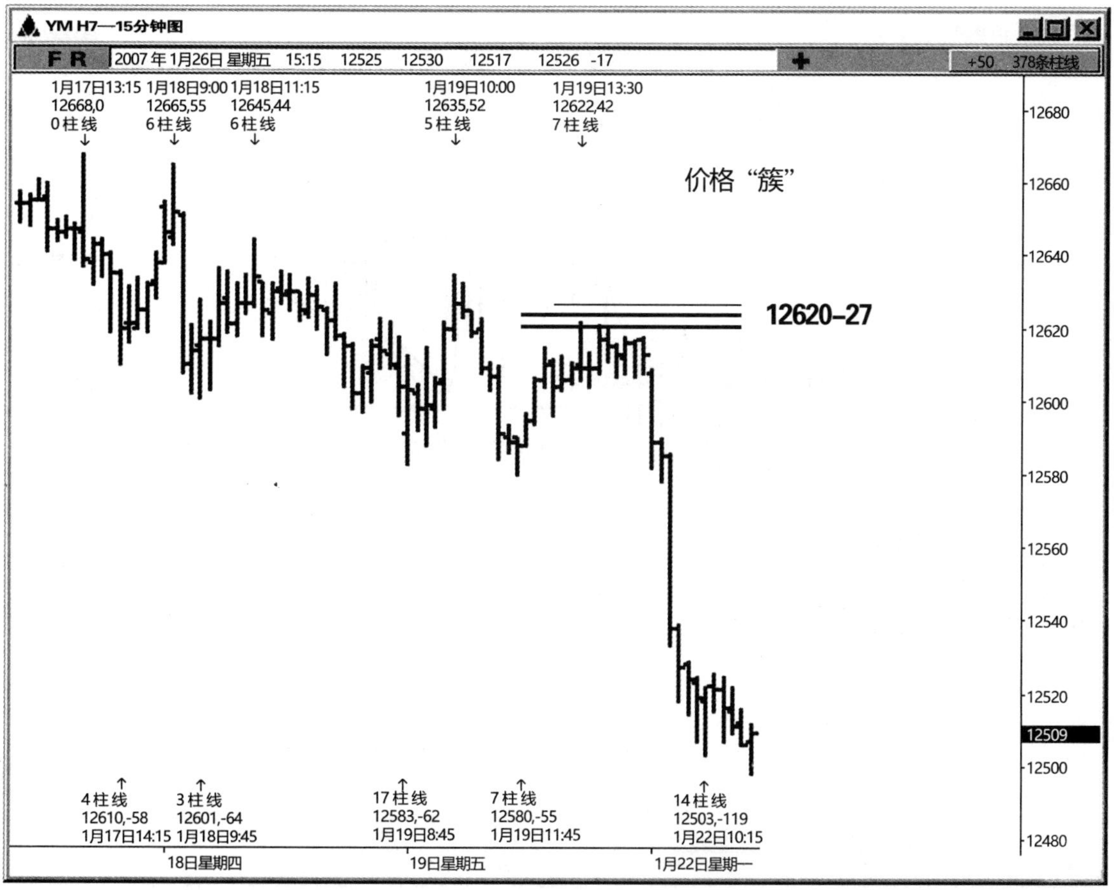

图 6–13

所以该结构是一种高胜算结构。因为在 12620 ~ 12627 区域中确定了明显的阻力位，所以只要市价没有以有效的差数击穿该阻力位，你就需要采取与该交易结构配合的卖出触发器（图 6-13）。从 12622 高点开始的初始下跌是 119 点。触发进场似乎需要一些时间，但是如果你有足够的耐心，而且运用正确的资金管理技巧，那么你会赚很多。

下一个例子是在电子迷你罗素合约的 2007 年 3 月的日线图中阐述的（图 6-14）。价格“簇”出现在 774.60 和 775.20 之间，并且包括三个关键价格关系：

运算723.10低点到806.50高点（点1到点4）波段的0.382回撤位得到774.60

运算755.50低点到806.50高点（点3到点4）波段的0.618回撤位得到775.00

从806.50高点开始，运算786.80高点到755.50低点波段的1.000

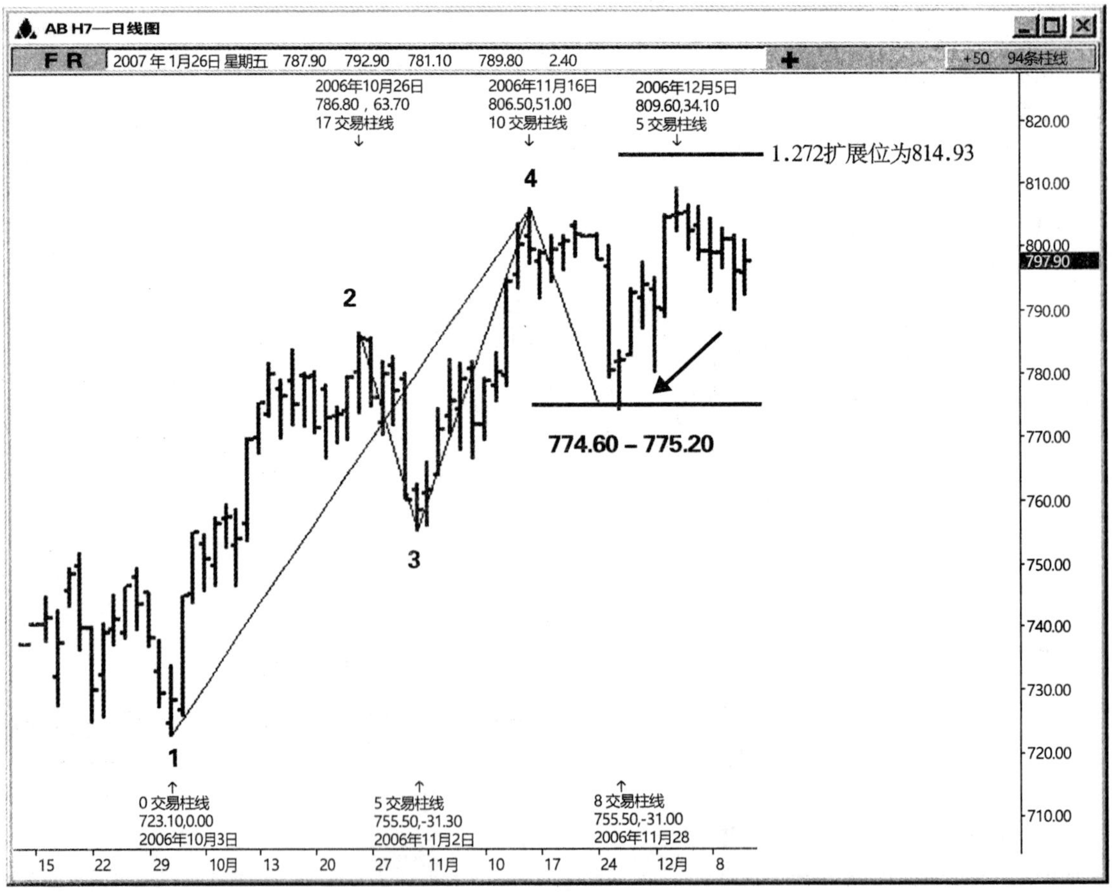

图 6-14

投影位得到775.20（从点4开始，运算点2到点3波段的投影位）

实际低点出现在 775.50，与“簇”区域顶部相差 3 个基点，是可接受的差数。在该“簇”结构之后有一个整整 34 点的反弹。

图 6–15 中标出的是在现金标准普尔 500 指数日线图中形成的“簇”。该价格“簇”出现在 1401.75 ~ 1405.07 区域，该区域包括至少五个重合的价格关系：

运算1360.98低点到1431.81高点（点2到点5）波段的0.382回撤位得到1404.75

运算1377.83低点到1431.81高点（点4到点5）波段的0.500回撤位得到1404.82

运算1410.28低点到1429.42高点（点6到点7）波段的1.272扩展位得到1405.07

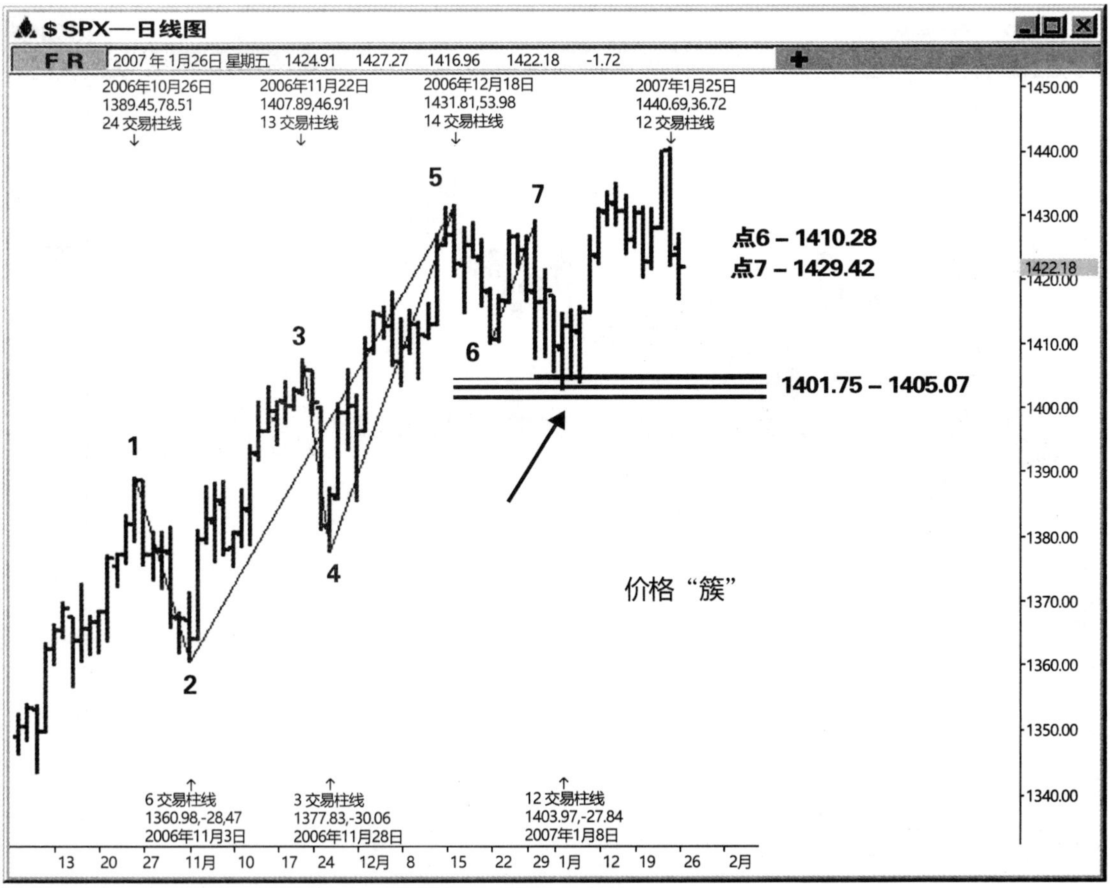

图 6–15

从1431.81高点开始，运算1407.89高点到1377.83低点波段的1.000投影位得到1401.75（从点5开始，运算点3到点4波段的投影位）

从1431.81高点开始，运算1389.45高点到1360.98低点波段的1.000投影位得到1403.34（从点5开始，运算点1到点2波段的投影位）

低点直接出现在“簇”区域中的1403.97位，接着是一个36.72点的反弹。

下一个例子是在2007年3月电子迷你标准普尔合约的5分钟图中阐述的（图6–16）。在1443.75 ~ 1444.25区域有一个由3个菲波纳奇价格关系形成的“簇”：

运算点2到点4波段的0.618回撤位得到1444.25

运算点3到点4波段的1.272价格扩展位得到1444.00

从点4开始，运算点1到点2波段的1.000投影位得到1443.75

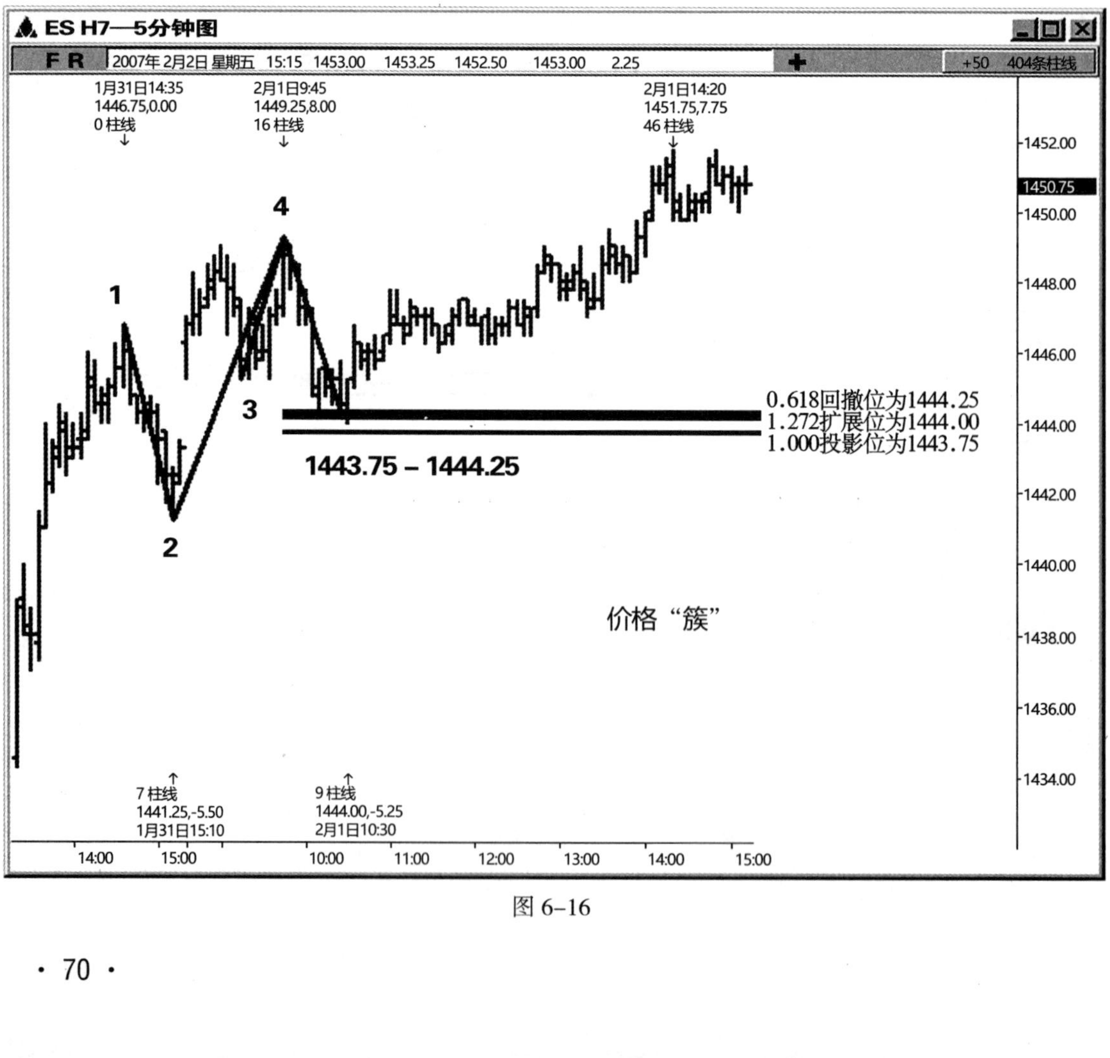

图6–16

在该图中，市场总体呈现上升趋势。本例中实际低点出现在 1444.00。从该低点开始的初始反弹是 7.75 点或 387.50 美元。

下面来看一个通用汽车公司股价的例子（图 6–17）。3 个价格关系在 30.00 和 30.07 之间汇合：

运算点1到点5波段的0.382回撤位得到30.07
运算点4到点5波段的0.786回撤位得到30.00
从点5开始，运算点2到点3波段的1.000投影位得到30.06

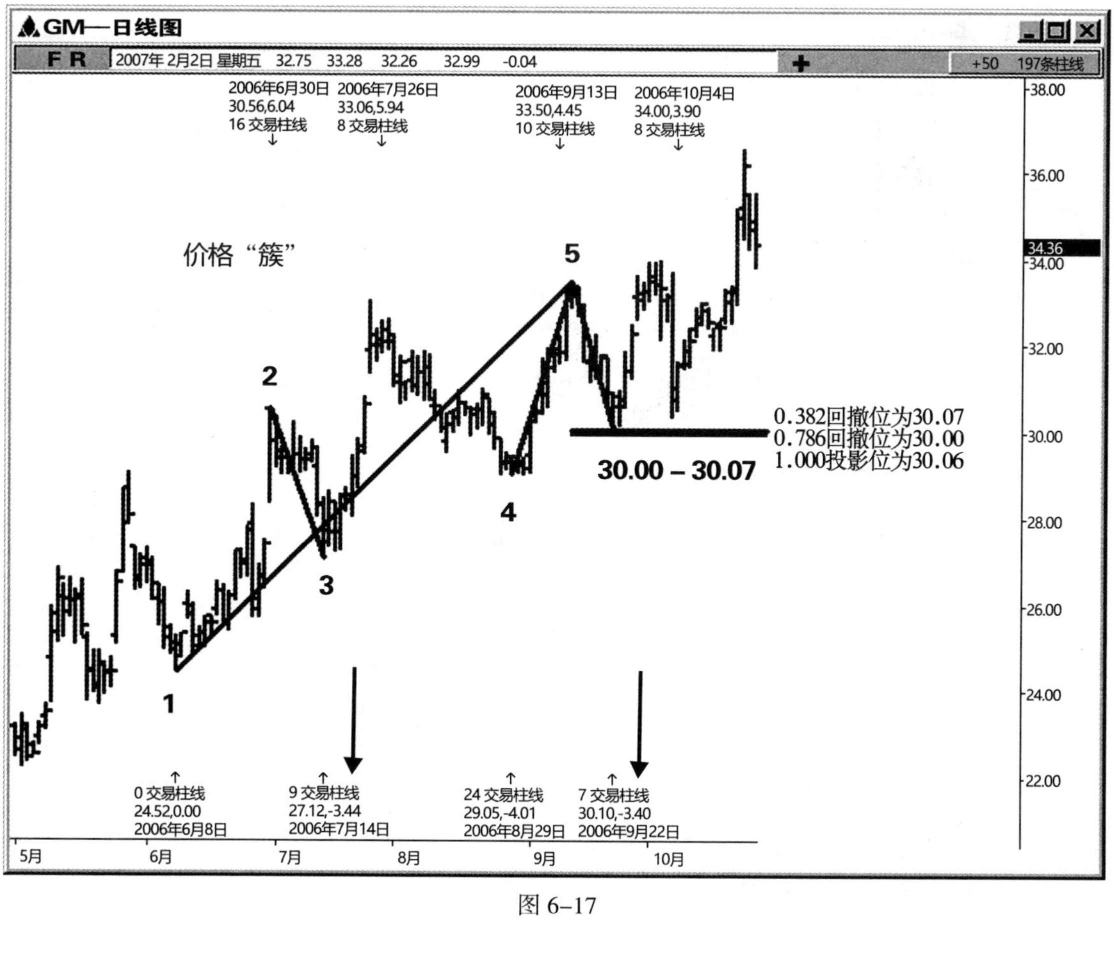

图 6–17

因为日线图中"簇"明显是沿着上升趋势的方向形成的，所以这是一个高胜算设置。实际低点出现 30.10，恰好比"簇"的最高位多几美分。接下来是一个 3.90 美元的初始反弹。

图 6–18 是 2007 年 2 月迷你原油期货合约中 60 分钟图的例子。这是一个处于下跌趋势的市场，所以我们理想的做法是设置阻力位或

“卖出”“簇”。价格关系在 61.48 ~ 61.58 区域汇合。

运算64.13高点到59.85低点（点2到点4）波段的0.382回撤位得到61.48

运算61.15高点到59.85低点（点3到点4）波段的1.272扩展位得到61.50

从59.85低点开始，运算62.40低点到64.13高点波段的1.000投影位得到61.58（从点4开始，运算点1到点2波段的投影位）

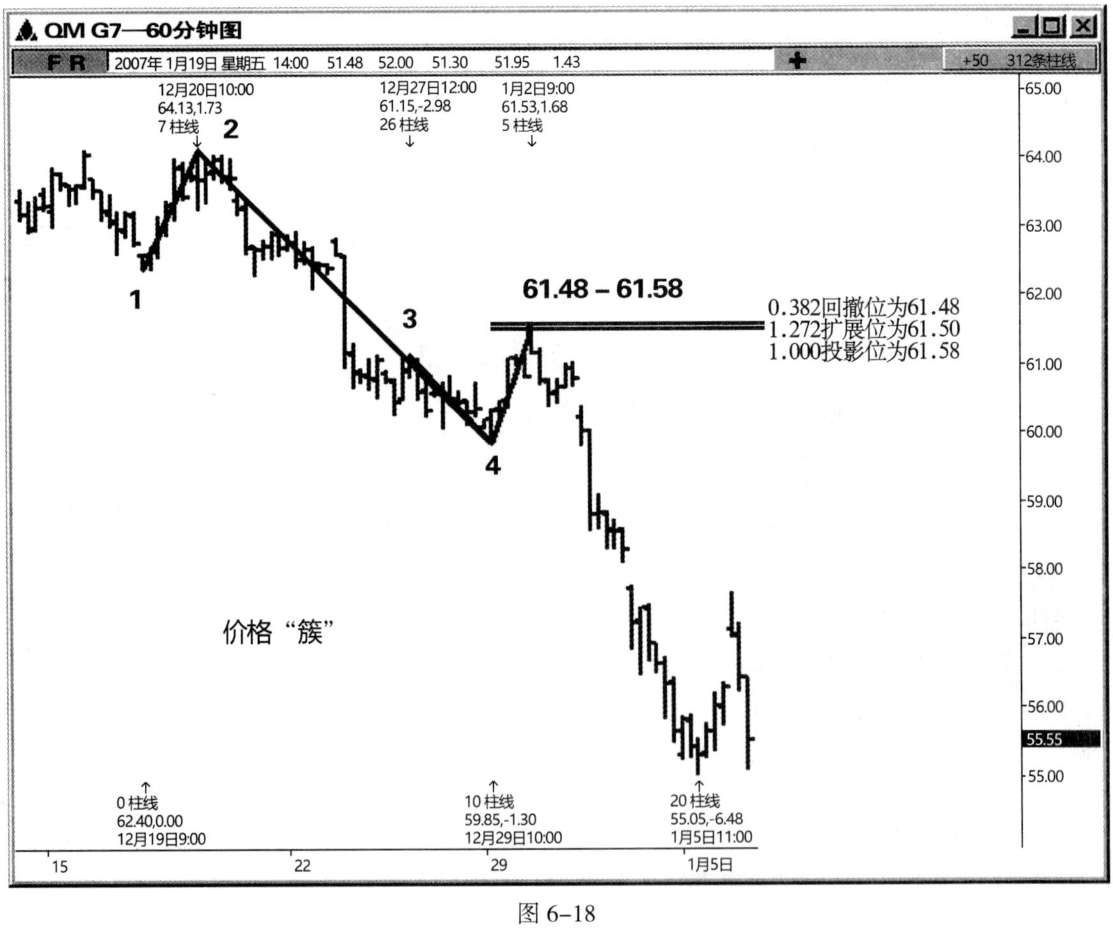

图 6–18

本例中实际高点出现在 61.53。在几个交易期中，“簇”高点之后紧跟着一个 6.48 美元的下跌。

迄今为止，我对我的惠普电脑很满意，所以我决定看一下惠普公司的股价日线图中的市场几何学。在图 6–19 中，我们只需要 4 个点来运算价格关系。在 32.66 ~ 32.83 区域形成一个价格“簇”。在大多

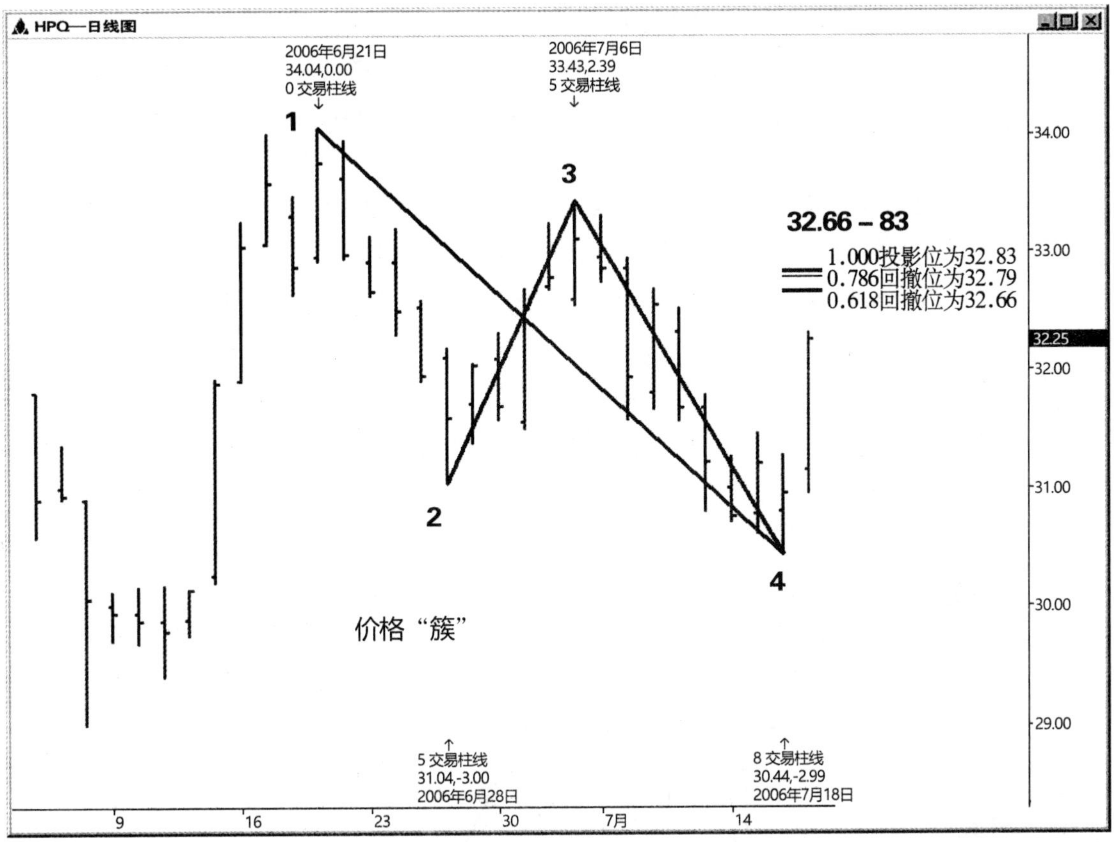

图 6–19

数图例中，我尝试使图看起来清晰并避免展示重叠的价格关系，这些重叠的价格关系一般会给价格的读取带来困难。然而，这些价格关系的重叠正是我们在价格"簇"中要寻找的东西。我们希望看到价格很好地重叠在一起，这就意味着我们拥有价格关系的完美汇合（尽管很难向编辑解释为何希望价格模糊不清，但我依然决定不对这个例子做任何修改，以展示一个真实的例子）。

组成该"簇"的价格关系是：

运算2006年6月21日高点到2006年7月18日低点（点1到点4）波段的0.618回撤位得到32.66

运算2006年7月6日高点到2006年7月18日低点（点3到点4）波段的0.786回撤位得到32.79

从2006年7月18日低点开始，运算2006年6月28日低点到2006年7月6日高点波段的1.000投影位得到32.83（从点4开始，运算点2到点3波段的投影位）

市场很好地反弹进入该关键的阻力决策区。图 6–20 显示了该结果。

惠普公司的高点是 32.76，直接出现在价格“簇”区内。紧接着是一个 2.78 美元的快速下跌。如果仔细观察图 6–20，你会发现除了价格“簇”区内的对称例子以外，还有另一个对称例子。事实上，从 2006 年 6 月 21 日高点到 2006 年 6 月 28 日低点的下跌是 3.00 美元，该下跌与从 2006 年 7 月 6 日高点到 2006 年 7 月 28 日低点的 2.99 美元的下跌非常相近。这个简单对称投影位之后是一个 2.32 美元的反弹。

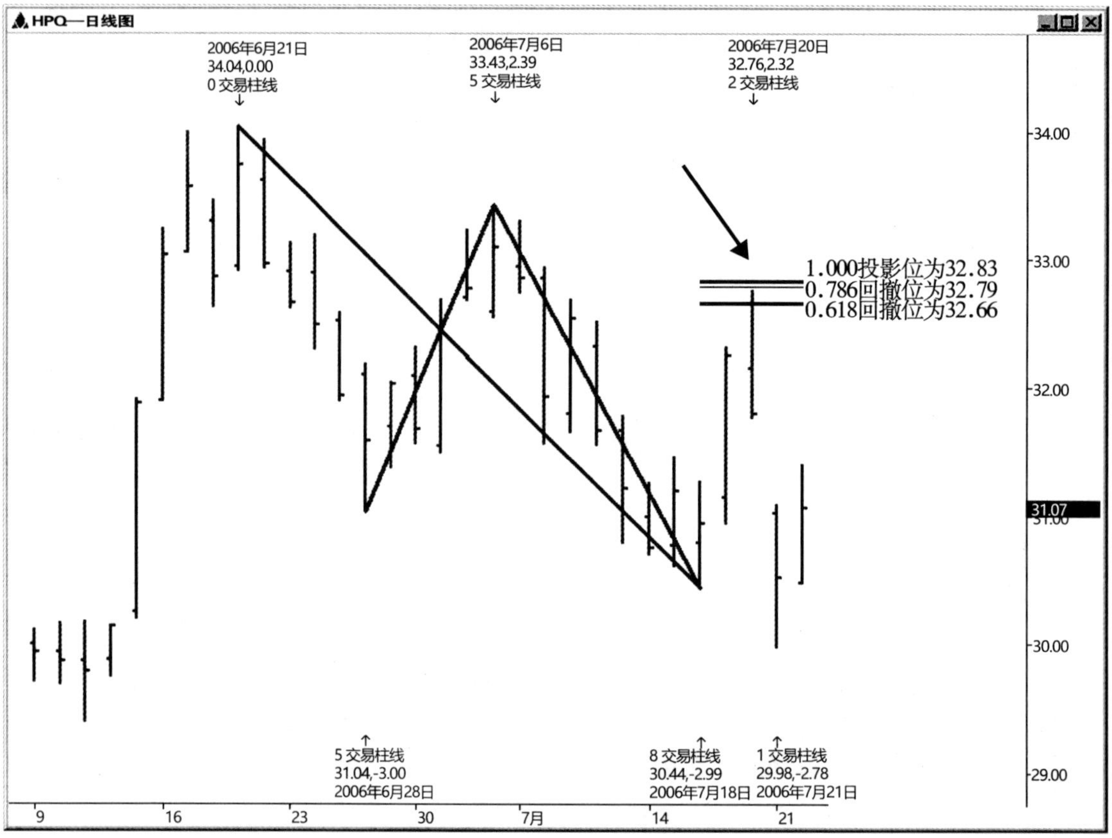

图 6–20

作者建议

当有人告诉我市场是无规则的时候，我总是不能苟同。与那些拒绝进行准备工作并且没有真正研究市场中几何学和形态的人争论是没有意义的。除了我的导师和其他老师，市场在过去的大约 20 年里也教会了我许多。迄今为止，市场从来没有欺骗过我，而且教会了我很多东西。我仍然是一名虚心的学生，并且随着时间的推移在不断地学习。

从惠普公司的图中还可以看出另一点（图 6–21）：尽管我们看到最初的价格“簇”例子在 32.66 ~ 32.83 区域有很好的反转，但是不要被方向观念所欺骗。当你的交易结构正确时，应用跟踪止损来保障你的利润。不要以为结构会无限期地为你服务或者至少会实现 1.272 扩展位的初始目标（本例中 29.81）。市场给你的也能很快拿回去。换句话说，要懂得变通。

最后的价格“簇”结构没能实现 1.272 扩展位的目标 29.81，而终止下跌的低点是 29.98。在该低点之后有一个相当重要的趋势改变。只要在该交易中运用了跟踪止损，你就会获得满意的利润。然而，如果你以为价格会达到 1.272 扩展位的目标，你可能已经失去了先前辛苦获得的利润。

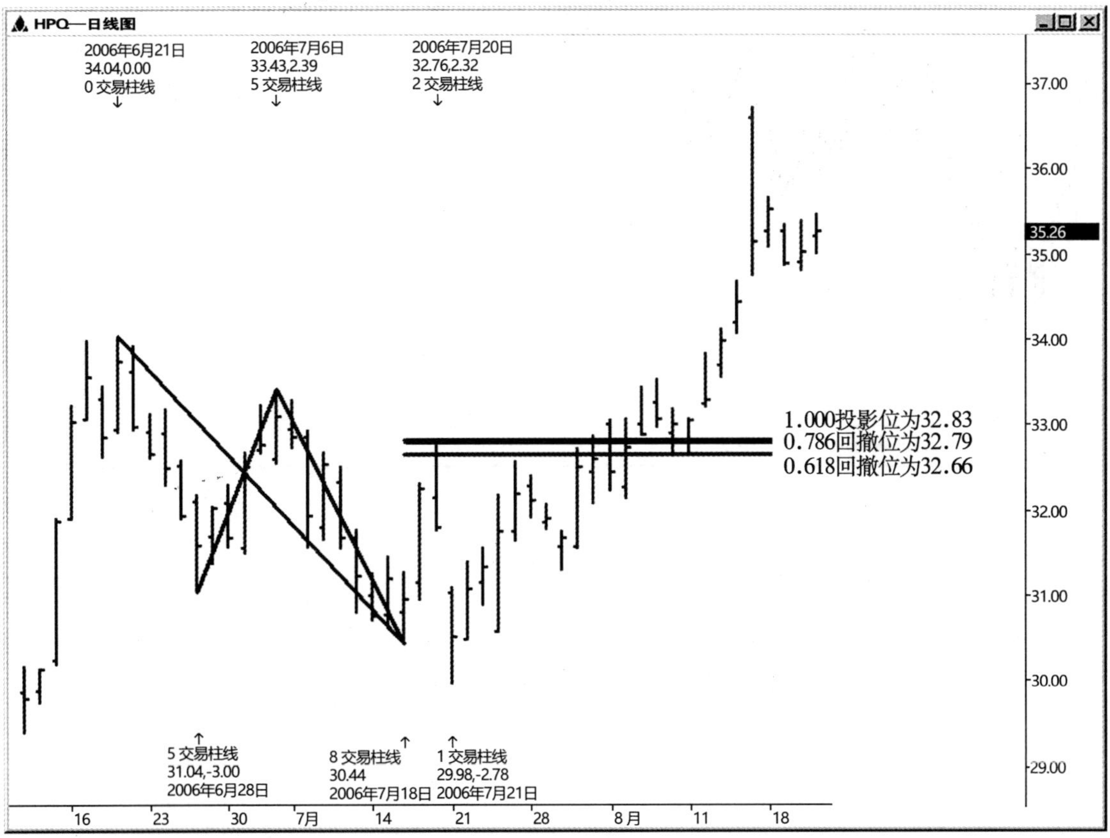

图 6–21

接下来的例子是关于 2007 年 3 月迷你道琼斯的 15 分钟图中的价格“簇”的（图 6–22）。该“簇”包括至少 5 个在 12648 ~ 12655 区域内重合的菲波纳奇价格关系。

图 6-22

运算点3到点7波段的0.236回撤位得到12654

运算点6到点7波段的0.382回撤位得到12648

从点7开始，运算点1到点2波段的1.000投影位得到12655

从点7开始，运算点4到点5波段的1.000投影位得到12653

运算12667低点到12698高点波段的1.618扩展位得到12648

由于很难看出如何运算得到最后的投影位，所以将最后的投影位在图 6-23 中标出。尽管最后的投影位是从图中相对较小的波段运算出的，但它与“簇”完美重叠，是一个很好的确认扩展位。

请注意在图 6-22 中有 3 个相似或相同的修正性下跌（43 点、45 点和 43 点）。当对称投影位与其他价格关系重叠时，价格“簇”的价值便提高了。

本例中的实际低点出现在 12655，紧接着是一个至少 59 点的反弹。迷你道琼斯中每个点的价值是每份合约 5.00 美元。

图 6–23 是迷你道琼斯的 15 分钟图，该图展示了如何得到较小扩展位 12648（由于与其他价格关系重叠，所以在上面的图中很难看出该扩展位）。

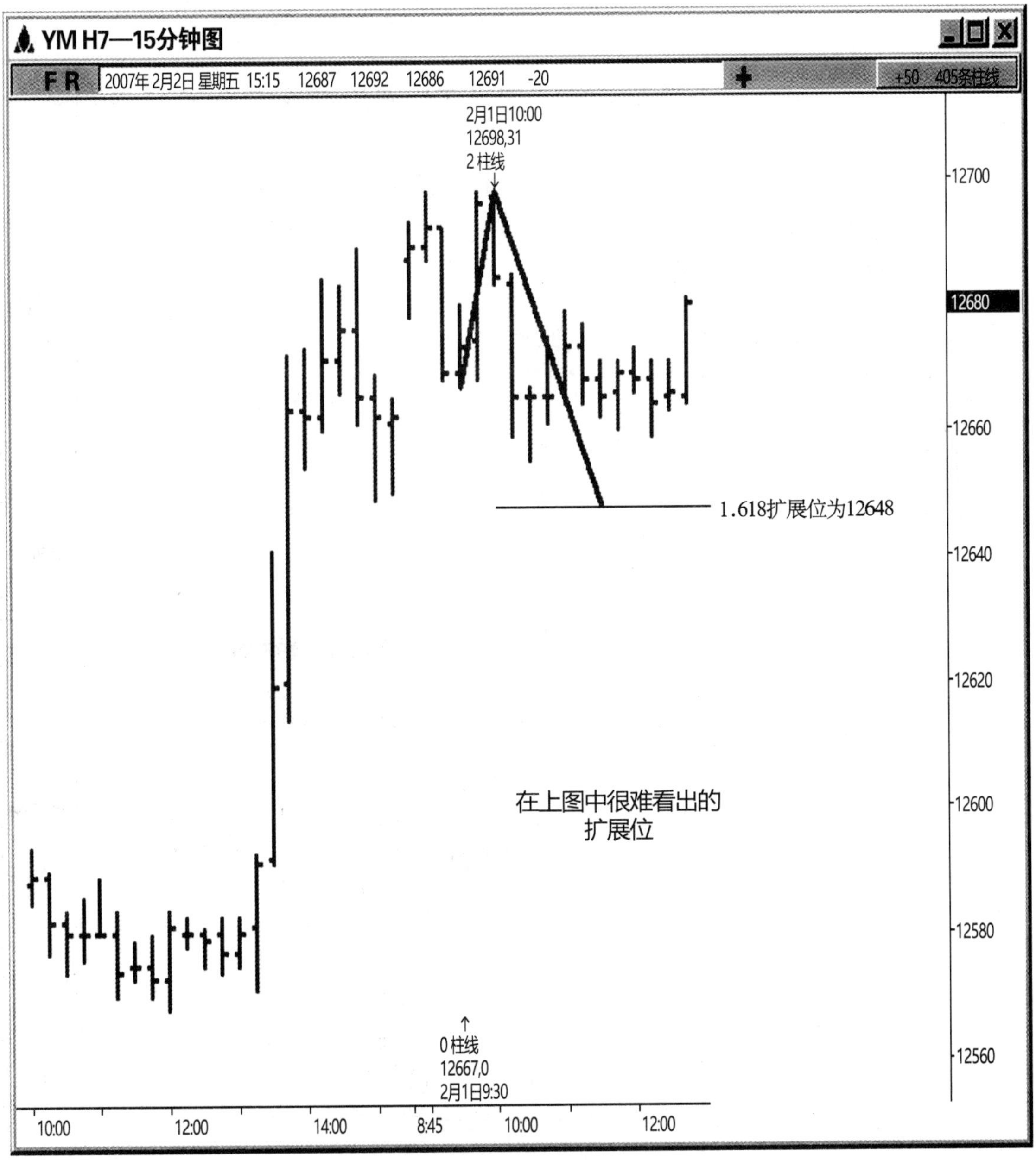

图 6–23

在图 6-24 中，下一个价格“簇”例子是在谷歌日线图中阐述的。由于我们看到了一个拥有较低低点和较低高点的下跌形态，所以在此我想要设置一些阻力位。在 483.74 ~ 486.53 区域有 4 个重合的价格关系。

运算513.00高点到455.02低点（点1到点5）波段的0.5000回撤位得到484.01

运算506.01高点到455.02低点（点3到点5）波段的0.618回撤位得到486.53

运算474.35高点到455.02低点（点4到点5）波段的1.618扩展位得到486.30

从455.02低点开始，运算477.29低点到506.01高点波段的1.000投影位得到483.74（从点5开始，运算点2到点3波段的投影位）

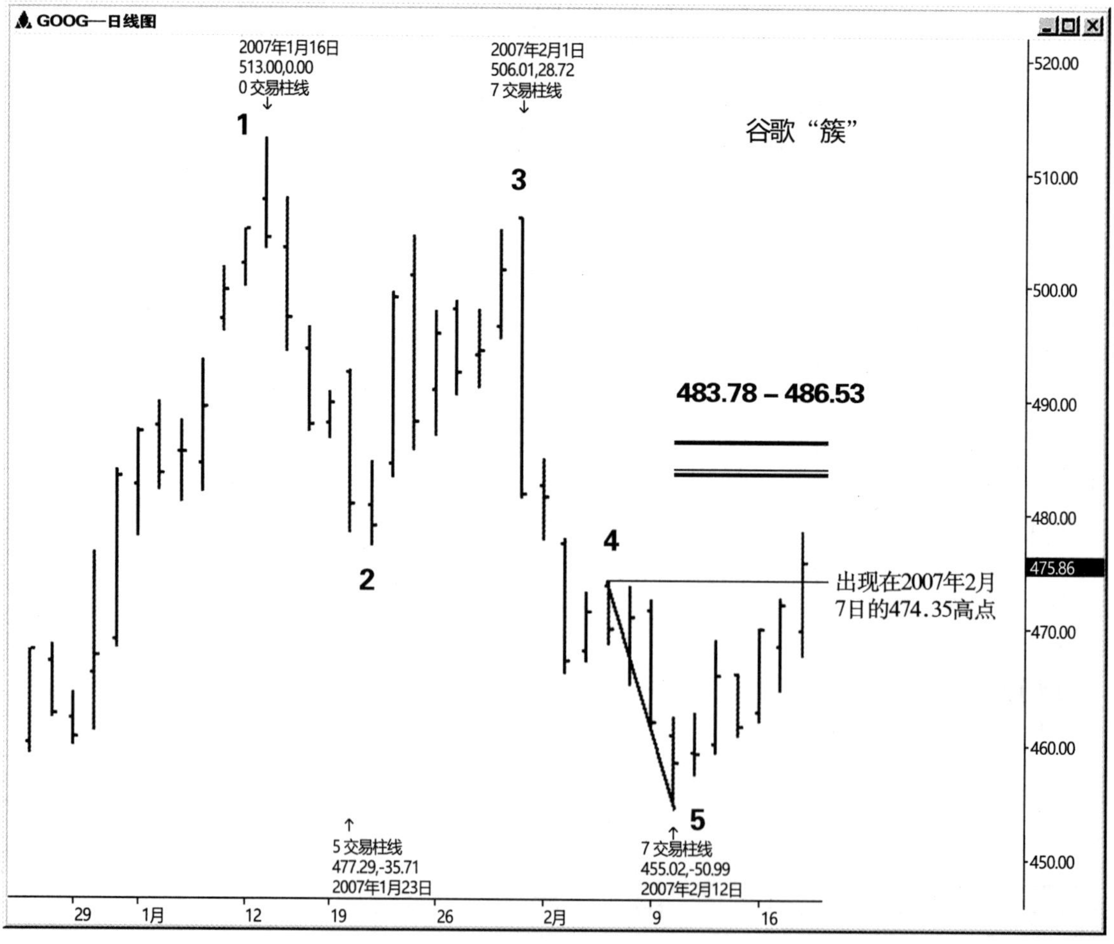

图 6-24

看到或理解从何处开始预测 1.618 扩展位有些困难。实际上，该波段在一张 60 分钟图中可能会更明显。最后，你会发现所有可以用来确定重要决策价格区域的波段。

图 6–25 展示了谷歌日线图中在关键价格“簇”决策附近发生的情况。高点出现在 484.24，紧接着是一个 45.56 美元的快速下跌。一旦谷歌股价达到这一阻力位并且未能越过阻力位，交易者将开始寻找卖出触发器以利用该价格“簇”阻力位达成空头交易。

图 6–25

美光科技有限公司的日线图给出了一个很好的价格“簇”例子。2005 年 10 月 12 日，对图 6–26 中标出的支撑“簇”进行首次测试。12.34 ~ 12.43 区域的“簇”由以下价格关系组成：

运算2005年7月1日低点到2005年10月3日高点（点1到点5）波段的0.382回撤位得到12.36

运算2005年8月18日低点到2005年10月3日高点（点3到点5）波段的0.500回撤位得到12.37

运算2005年9月29日低点到2005年10月3日高点（点4到点5）波段的0.618回撤位得到12.43

从2005年10月3日高点开始，运算2005年8月2日高点到2005年8月18日低点波段的1.000投影位得到12.34（从点5开始，运算点2到点3波段的投影位）

重要低点直接出现在价格“簇”区内的 12.37 上。我们看到了从

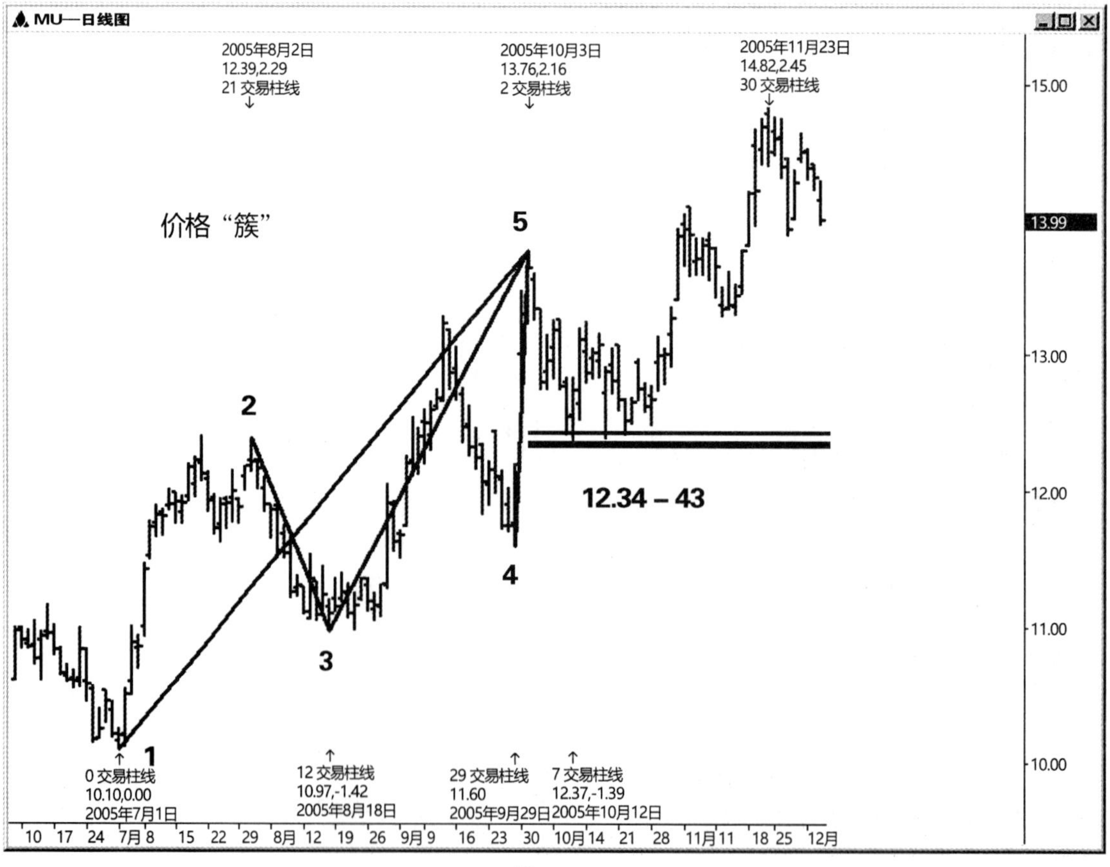

图 6–26

该低点到14.82的最终波动。

作者建议

请注意我没有给接下来的例子中的高点和低点编号。现在你应该知道我们在做什么了，而且通过图中的日期你还可以看到开始预测价格关系的位置。

下面是霍尼韦尔股价日线图中一个很好的小“簇”，该“簇”形成于41.38～41.56区域（图6-27）。该“簇”包括4个重合的价格关系：

运算2006年9月11日低点到2006年12月5日高点波段的0.382回撤位得到41.56

运算2006年10月19日低点到2006年12月5日高点波段的0.786回撤位得到41.42

运算2006年11月28日低点到2006年12月5日高点波段的1.272扩展

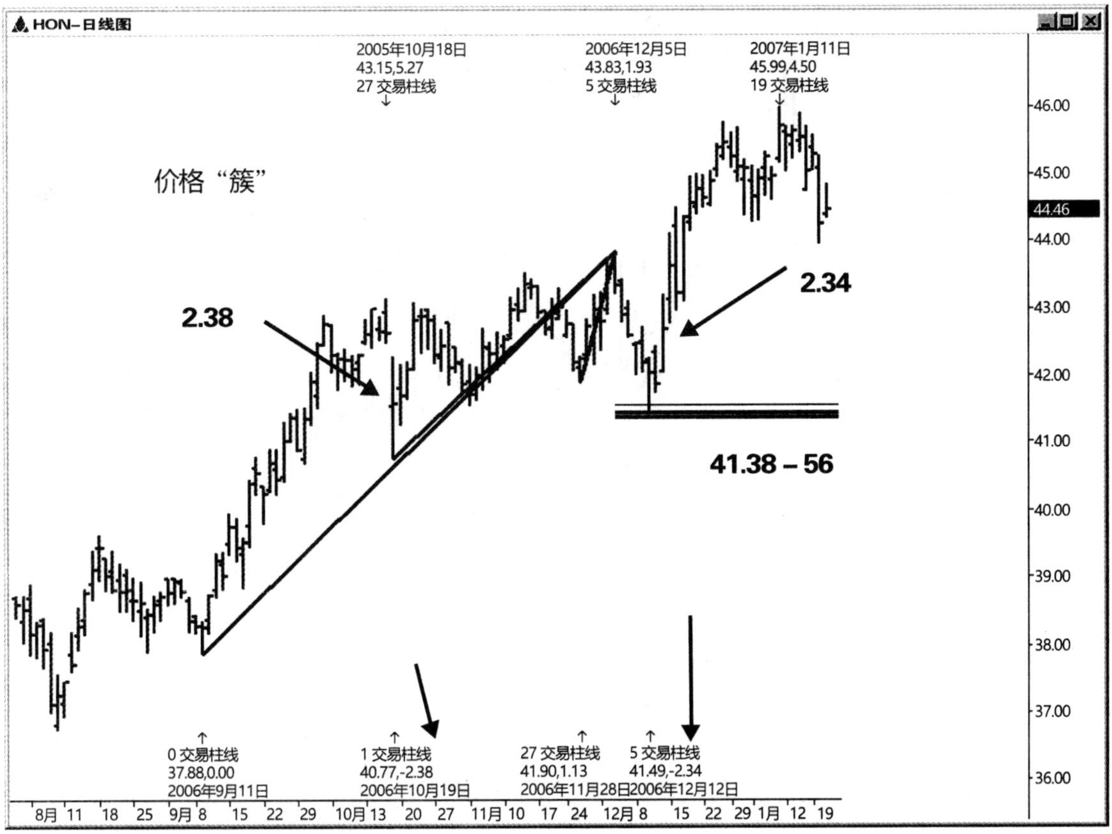

图6-27

位得到41.38

从2006年12月5日高点开始，运算2006年10月18日高点到2006年10月19日低点波段的1.000投影位得到41.45

在该图中需要注意的另一点是两个标出的修正性波段的相似情况。一个波段是2.38美元，第二个2.34美元的波段进入"簇"区域。霍尼韦尔股价日线图中的低点出现在41.49，低点之后最终是一个4.50美元的反弹。

下一个价格"簇"例子是在默克公司的股价日线图中阐述的（图6–28）。在拥有较低低点和较低高点的一般形态下，站在卖方的角度建立价格"簇"是有利的，而且符合当时默克公司股价的趋势。由至少3个价格关系组成的"簇"在29.44 ~ 29.76区域形成。

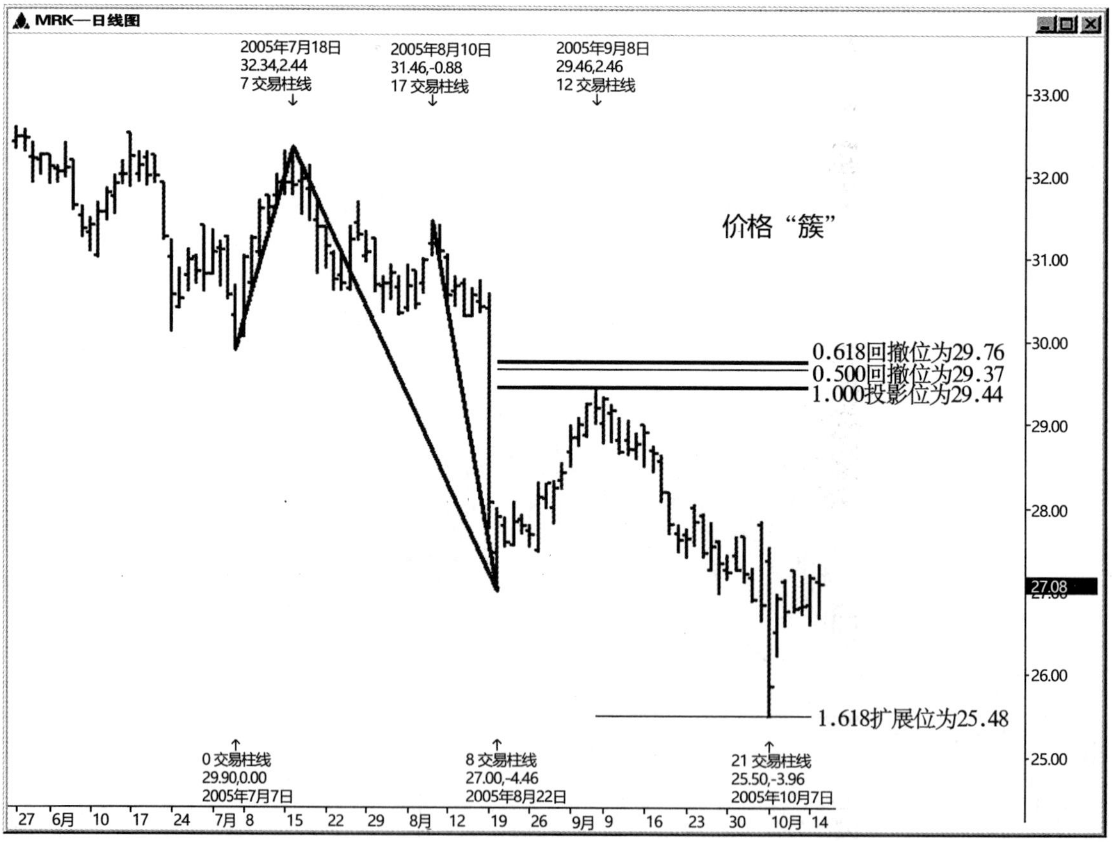

图6–28

运算2005年7月18日高点到2005年8月22日低点波段的0.618回撤位得到29.76

运算2005年8月10日高点到2005年8月22日低点波段的0.500回撤位得到29.67

从2005年8月22日低点开始，运算2005年7月7日低点到2005年7月18日高点波段的1.000投影位得到29.44

请注意“簇”区域中回调到2005年7月18日高点的前期修正性反弹（2.44）和回调到2005年9月8日高点的反弹（2.46）之间的对称（相似或相同）。本例中的高点是该价格“簇”区域最低位之上2005年9月8日的29.46，与该最低位仅相差几美分。当从价格“簇”高点出现一个3.96美元的下跌时，该交易结构从本质上实现了第二个价格目标。第二个目标是在25.48位的1.618扩展位上实现的。25.50低点与25.48位仅相差2美分。

下一个通用汽车公司股票的价格“簇”由 3 个在 30.00 ~ 30.08 区域重合的主要价格关系形成（图 6–29）。你可能会认出这张图，因为我曾在前面关于回撤的章节中单独在该图中标注过 0.236 回撤位。

图 6–29

尽管一些交易者倾向于利用单一价格回撤位进行交易，但我想你更愿意看到在那个区域中存在至少两个其他重叠的价格关系。

该区域中的价格关系是：

运算2006年4月5日低点到2006年9月13日高点波段的0.236回撤位得到30.08

运算2006年8月29日低点到2006年9月13日高点波段的0.786回撤位得到30.00

从2006年9月13日高点开始，运算2006年6月30日高点到2006年7月14日低点波段的1.000投影位得到30.06

低点出现在30.10，仅比“簇”区域的最高位多2美分。低点之后是一个3.90美元的反弹。

图6-30表明价格“簇”有时会被击穿。这是一张罗素指数的现金日线图。该图中有两个关键支撑“簇”：755.40 ~ 757.57区域中的

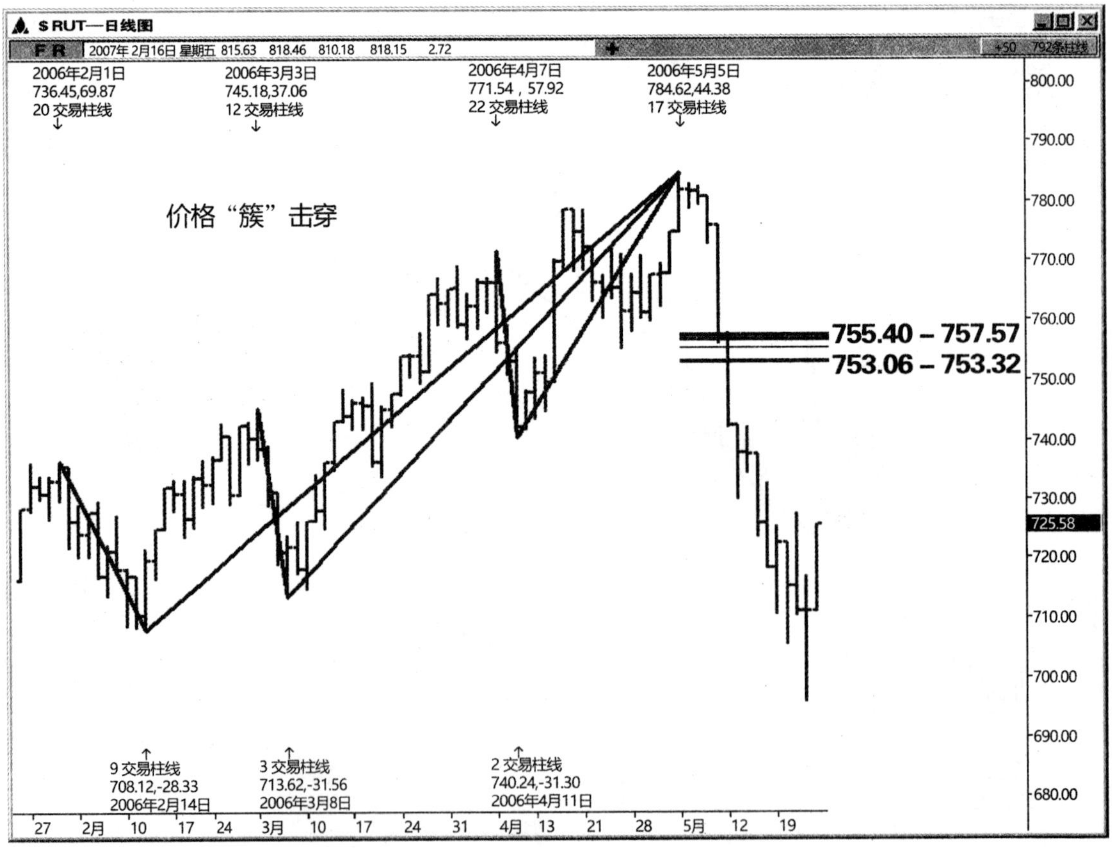

图6-30

“簇”与 753.06 ~ 753.32 区域中的“簇”。“簇”是由标记在图中的前期修正性下跌的对称投影位和前期波段的多个回撤位组成的。没有一个“簇”区永远不会被击穿。

事实上，在该市场中每天都有许多价格“簇”被逐一击穿。你不能期待每一个“簇”区域都能保持有效。我们只想利用没有被击穿的“簇”进行可能的进场，并找到实际进场触发器的位置（进场触发器将在后面的章节中讨论）。

本章介绍了建立菲波纳奇价格“簇”的过程。通过考虑风险并定义触发交易进场后你能追求的最小交易目标，可以很好地定义这些交易结构。尽管每天有许多价格“簇”区被击穿，能保持并能触发的价格“簇”会为你提供有良好的风险／收益参数以及相对低风险、高胜算的交易结构。

第7章
对称——有力的工具：交易结构2

让我们深入探讨一下对称的概念以及如何将其作为交易结构。重申一下，比较同一方向的波段时，相似或相同就是对称。这是一个简单的、非常有力的并且不容忽视的交易工具。我的目的不是要告诉你我发现了这项技术，许多市场大师已经使用了这些对称投影位（大多数情况下也称其为标准波动）。

作者建议

我们已经将对称投影位应用于一些前期价格“簇”例子中。请注意一个对称的价格“簇”很可能是一个较强的价格“簇”区。

为了确定对称，我使用了运用1.000设置的价格投影工具（在许多其他分析程序中有时称为扩展工具）。进行投影时，我们利用该工具比较相同方向上的波段，你能够选择三个价格点来运算投影位。为了能够在趋势方向上进场，我经常进行对称投影，以寻找可能的支撑位或阻力位，由此产生了交易结构2。为了创建这种结构，我运算前期修正性波段的1.000投影位来帮助确定沿趋势方向进场的区域。修正性波段是指在大体上升趋势中的反向趋势或短暂下跌，或者是大体下降趋势中的反向趋势或短暂反弹。

随着我的交易计划的进行，只有在大体趋势中从前期的修正性波段开始投影的对称才是合格的交易结构。我根据图中的形态确定趋势。如果我看到了拥有较高高点和较高低点的形态，我会考虑站在买方的立场上建立对称交易。如果我看到了拥有较低低点和较低高点的形态，我会考虑站在卖方的立场上建立对称交易。尽管有时你会看到多个对称投影位重叠在同一个整体区域内，但一个结构拥有一个投影位已足够。

对称投影也可以从大体趋势方向上的波段开始进行，以帮助确定趋势波动可能终止的区域。我只将这些对称投影应用于出场交易中，或作为我开始推荐收紧止损位的区域。就个人而言，我不考虑将这些对称投影位应用于交易结构中，这是因为主要趋势的投影位实际上建立了一项反向趋势的交易。

作者建议

一些交易者可能仍然会使用这些投影位来进行交易；然而，反向趋势交易是不适合初学者和那些不够机智的人的。就个人而言，我更倾向于在一个修正性波动之后沿主要趋势方向的进场结构，因为这可以保证获利的概率。

对称结构与价格“簇”结构的交易目标和止损在本质上是相同的。

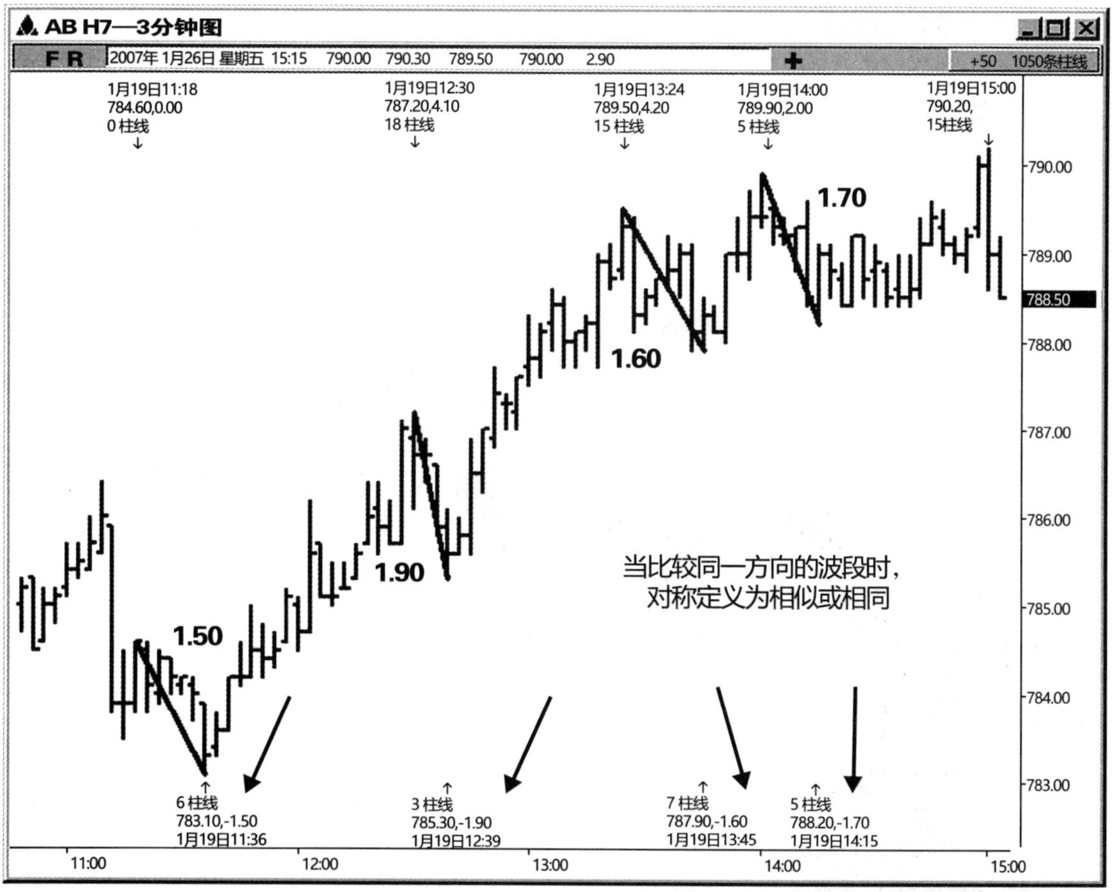

图 7-1

我们把前期波段的 1.272 对称投影位作为最小目标，最大的风险存在于对称投影位以上或以下的几个基点。

对称例子

第一个对称例子是在一张 2007 年 3 月电子迷你罗素合约的 3 分钟图中阐述的（图 7–1）。我已对图中相似的波段进行了标记。在该合约的一个较大的上升波段（783.10 ~ 790.20）中，我们可以看到分别下降了 1.50 点、1.90 点、1.60 点和 1.70 点的波段。因为这些波段都是相似的，所以它们符合对称的定义。由于这些波段在上升趋势中，因此我认为它们是修正性波段。因为可以从任何新高点运算前期修正性下跌的投影位，以确定可能的买入进场，所以在该图的几个地方都可以创建交易结构。

图 7–2 阐述了 USD / CAD（美元 / 加元）的外汇日线图中的对

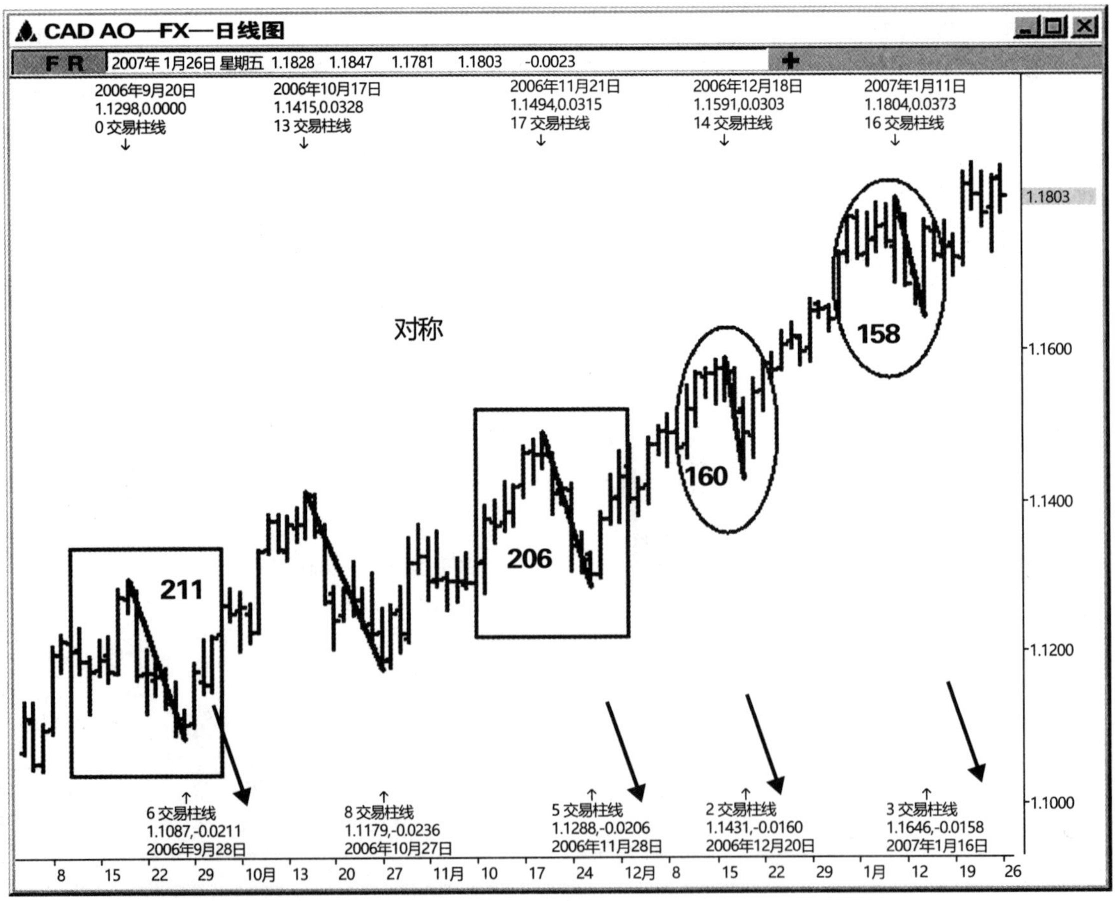

图 7–2

称例子。我已经对图中的相似波段进行了标记。211 点的波段与 206 点的波段相似，160 点的波段与 158 点的波段相似。在本例中，该图中有两个单独的对称例子。该图中进行比较的波段在每日上升趋势中也被看作是修正性波段。该图中对称结构的例子是：从 2007 年 1 月 11 日高点开始，利用 1.000 投影工具运算 2006 年 12 月 18 日高点到 2006 年 12 月 20 日低点波段（160 点）的投影位。这有可能将 1.1644 投影位结构为可能的支撑位和买入进场区。实际低点出现在 1.1646，紧接着是一个相对理想的反弹。

图 7–3 是关于 2007 年 3 月债券合约的 60 分钟图。请注意该图中标记的第一个波段是 26/32。一旦从 110 08/32 波段低点开始运算该波段的投影位，在 111 02/32 区域会出现可能的“对称阻力位”，这就是交易结构。在本例中，从 110 08/32 低点开始的反弹恰好在对称投影位上终止。请记住，对称是相似或相同。债券从该高点下跌了差不多

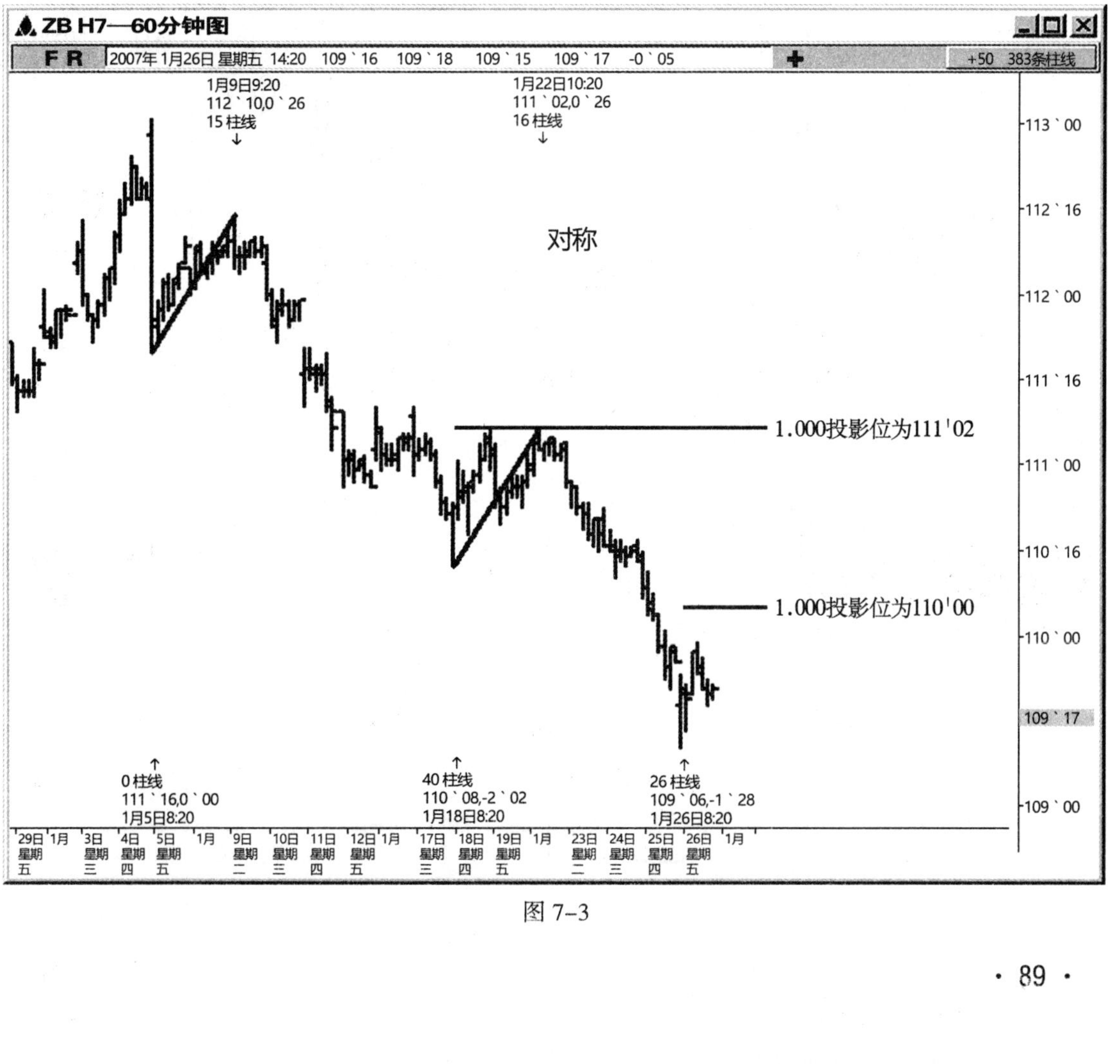

图 7–3

2 个点。

主要低点出现在 2006 年 7 月 18 日的纳斯达克现金日线图中。在该低点出现后，我们可以在图 7–4 中发现不少对称例子。在这里我已经标出的修正性波段包括 48.08、53.56、42.15、46.85、42.96 和 52.60。请注意上升趋势中一些波段之间的相似性。在该图中有至少两个潜在的对称交易结构。

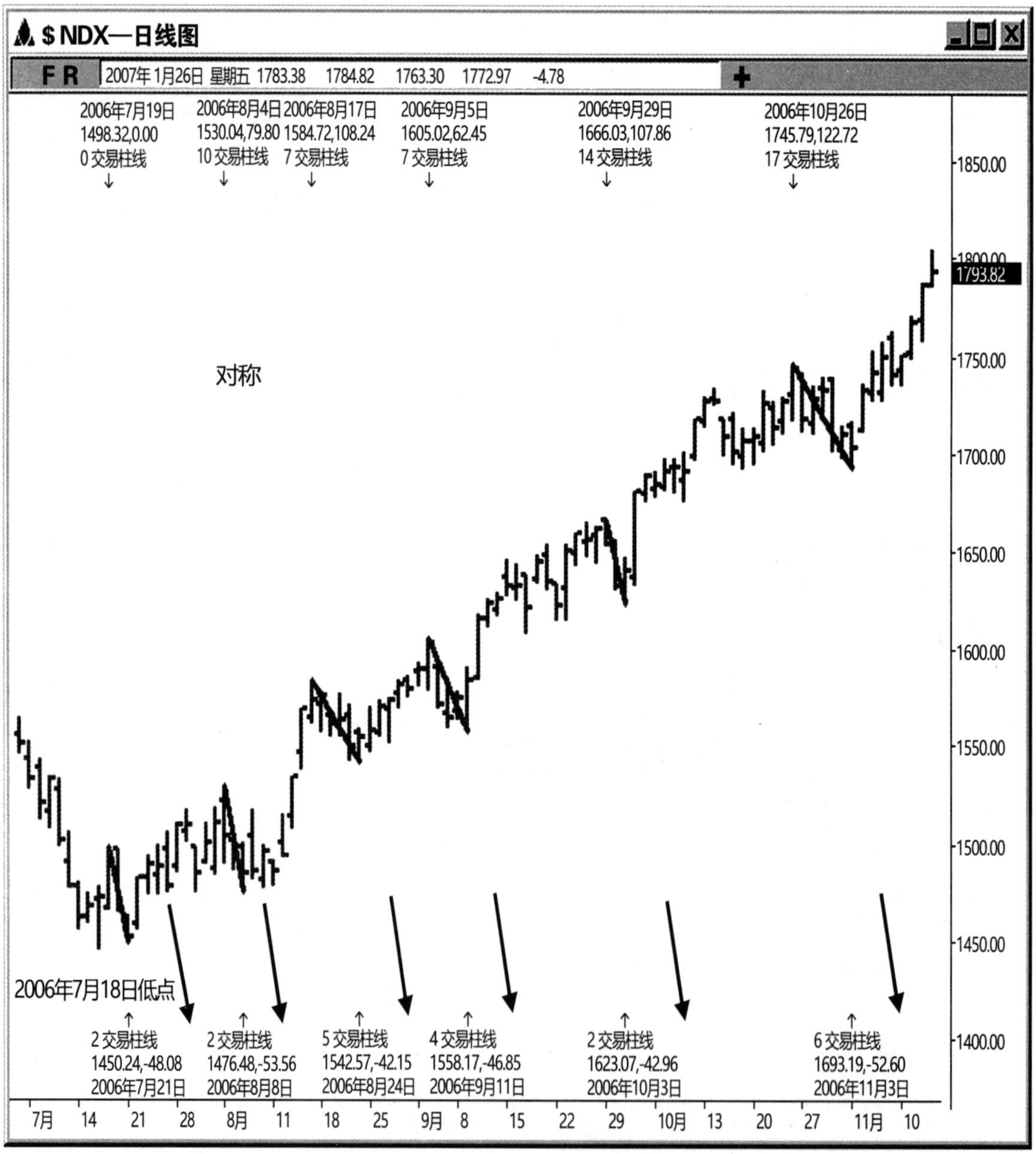

图 7–4

下面来看同一个纳斯达克图中的对称例子。本例被证实为趋势方向上理想的交易结构（图 7–5）。尽管可能会有其他价格关系与该对称投影位重叠，但在本例中我们只想研究对称本身。如果你测量从 2006 年 8 月 4 日高点到 2006 年 8 月 8 日低点的修正性波段，并且从 2006 年 10 月 26 日高点运算该波段的 1.000 投影位，1692.23 位将成为可能的支撑决策和结构。实际低点略高于关键投影位。紧接着是一个很好的反弹，初始上升是从 1693.19 到 1824.21，或 131.02 点。

图 7–5

我们应注意长期图中的对称投影位。图 7–6 是欧元（欧元 / 美元）的外汇周线图。对称有利于确定市场中的主要波段低点。图中标记的第一个下跌是 1167 点。然后，从 2004 年 2 月 20 日这星期的高点开始运算该 1167 点下跌的投影位。结果在 1.1761 区域附近产生一个可能提供支撑的投影位，这就是交易结构。实际低点是 1.1760，与对称投影位相差一个万分位点。最终，低点之后是一个 1907 点的大幅反弹。

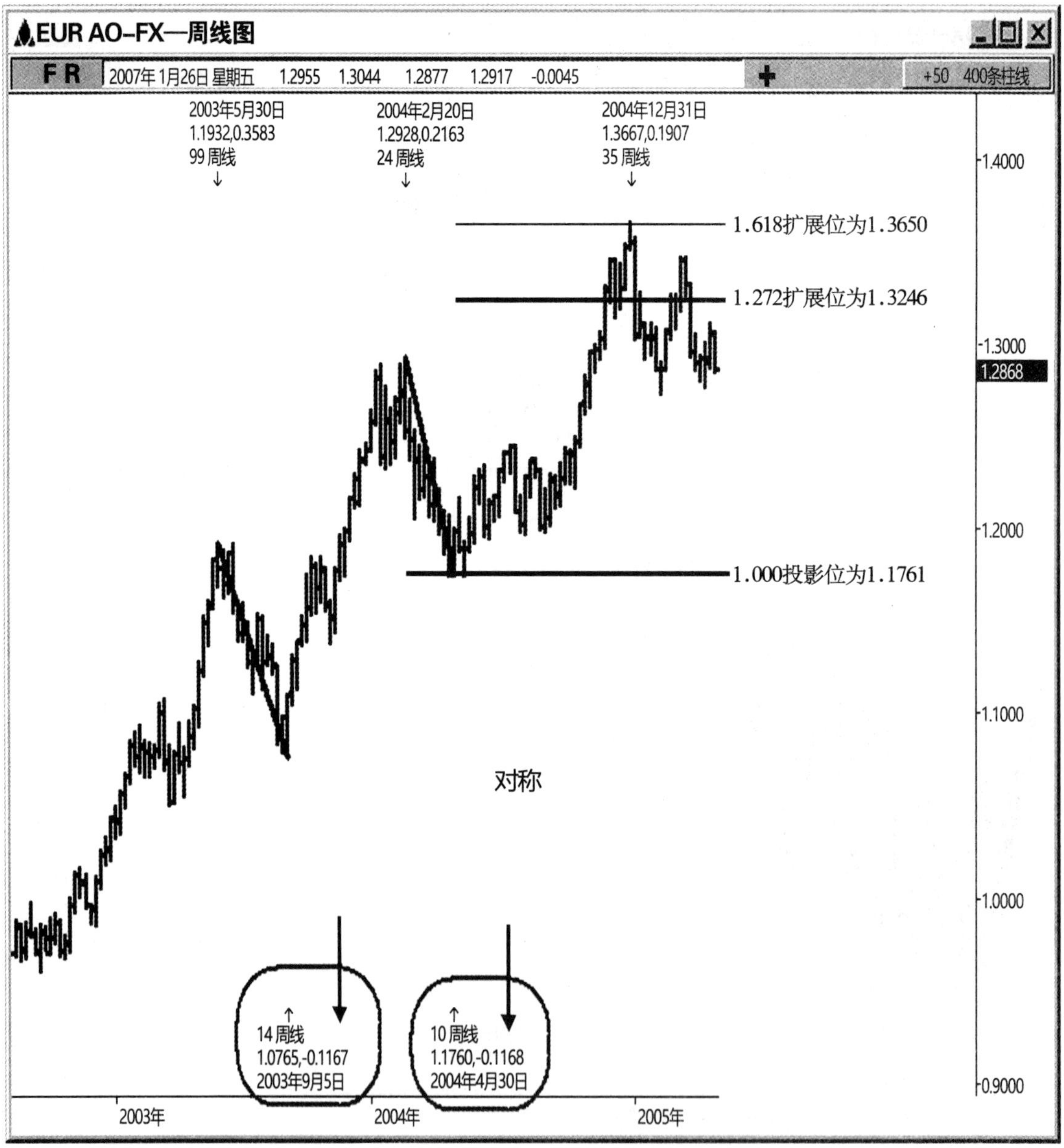

图 7–6

图 7–7 是现金道琼斯工业平均指数的日线图。在 2005 年 3 月 11 日这星期和 2005 年 4 月 22 日这星期之间，道琼斯指数从高点到低点共下降了 984.00 点。在 2006 年 5 月 12 日这星期和 2006 年 7 月 21 日这星期之间，道琼斯指数从高点到低点共下降了 986.87 点。从 2006 年 5 月高点开始的对称投影有助于确定道琼斯指数中的支撑位，最终在支撑位之后出现了理想的反弹。该投影位也是一个很好的对称结构。

图 7–7

下一个对称例子是在现金标准普尔日线图中阐述的。图 7–8 标出了主要趋势方向上波段的对称投影位，而且该主要趋势是上升趋势。该投影位确定了可能的反弹阻力位。因为阻力位区域中的主要趋势是上升趋势，所以当第一次测试阻力位区域时，利用该区域进入市场的空头方被认为是反向趋势交易。如果你测量 2006 年 3 月 8 日低点到 2006 年 4 月 7 日高点（45.65 点）波段，而且从 2006 年 4 月 17 日低点开始运算该波段的 1.000 投影位，你会在 1326.39 区域得到可能的对称阻力位。实际高点出现在 1326.70。

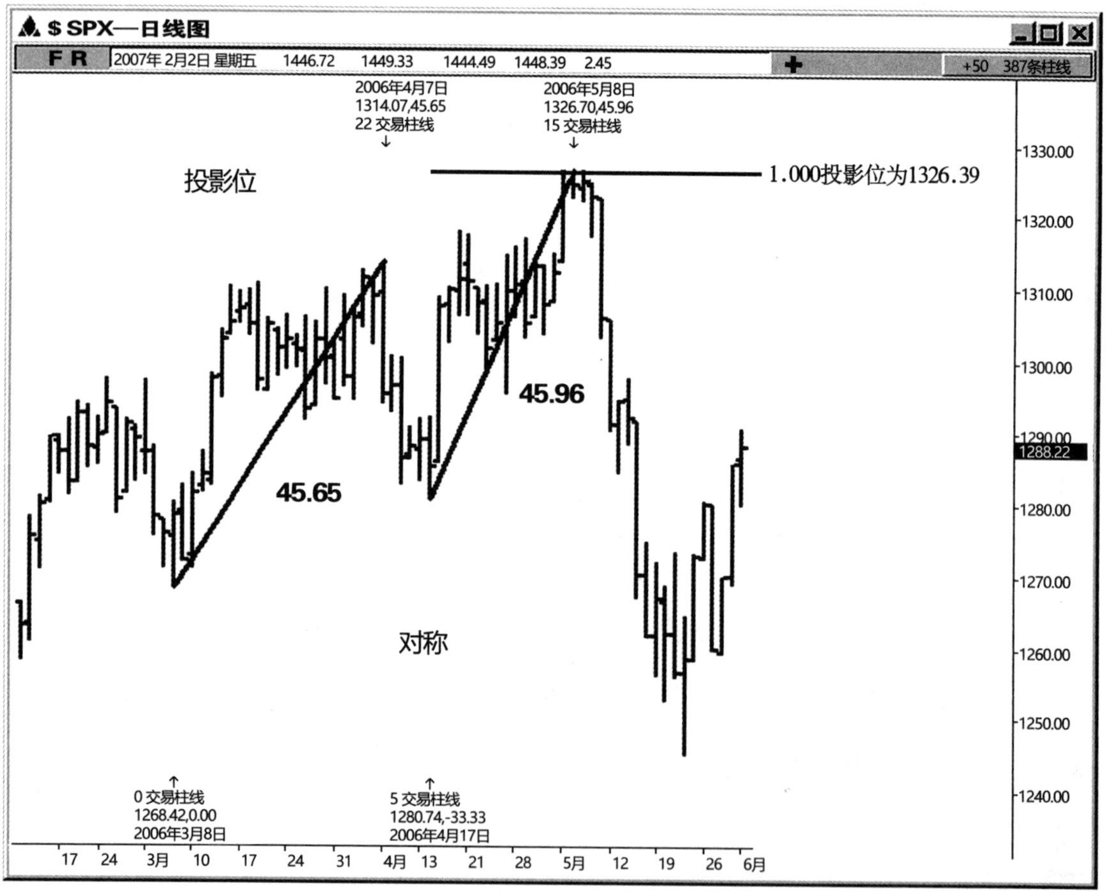

图 7–8

这些波段是非常相似的，而且它们指出了反弹可能终止的区域。在这种情况下，你就会想要收紧所有多头的止损位了。尽管利用反向趋势投影位进场的成功概率比利用顺势投影位时要低，但这些投影位还是非常有价值的。等待短期图中明显的反转迹象是非常有意义的，因为这样你就不会承担很大的风险。

对于日线图，我希望看到15分钟图中或更长期图中的形态转变，以指示趋势反转。因此，根据我的交易计划，在本例中，我不能在第一次测试该区时做空。如果15分钟图展示形态反转（在本例中形态趋于较低低点和较低高点），那么我就可以根据我的交易计划进场做空。

图7-9是在2007年3月电子迷你罗素合约上阐述的对称例子。在此我测量2006年11月28日低点到2006年12月5日高点，得出34.10点的波段。然后，以同样的距离从2007年1月9日低点开始运算投影位，以寻找可能的阻力位。对称投影位出现在807.30。实际高点出现在807.10，第二个波段长33.90点。该阻力位上出现了一个可交易高点。根据我的计划，我不认为这是交易结构。如果你是多头，该阻力位是一个很好的目标位或出场的位置。

重申一下，我的交易计划不允许我使用该投影位来承担较大的风

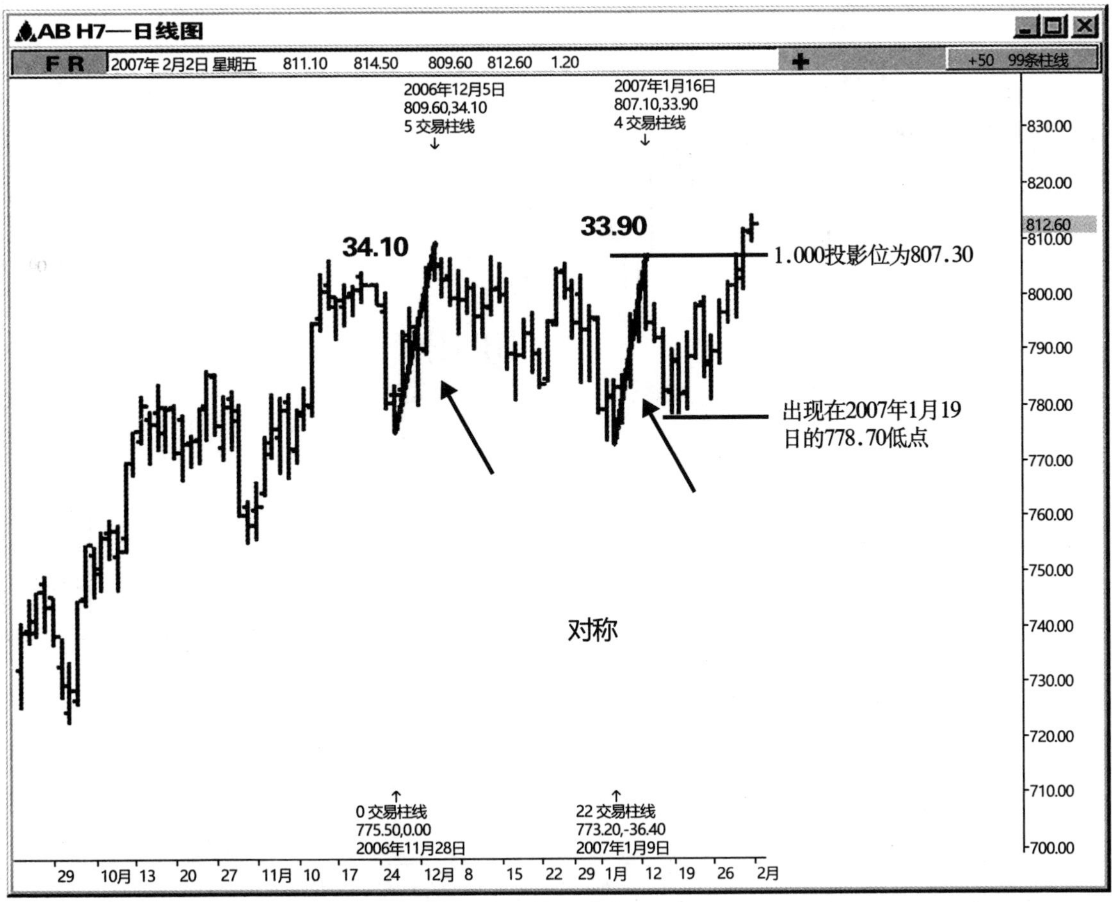

图7-9

险。一旦 15 分钟图中的形态转变为较低低点和较低高点，我可以在考虑 2007 年 1 月 16 日高点的基础上最终安全地做空。

作者建议

请记住利用反向趋势投影位进场时的成功概率比利用顺势投影位时要低。

图 7–10 是瑞士法郎（美元 / 瑞士法郎）的日线图。请注意图中波段的对称。标记展示了 334 点、324 点和 323 点的反弹。这符合对称的传统定义。

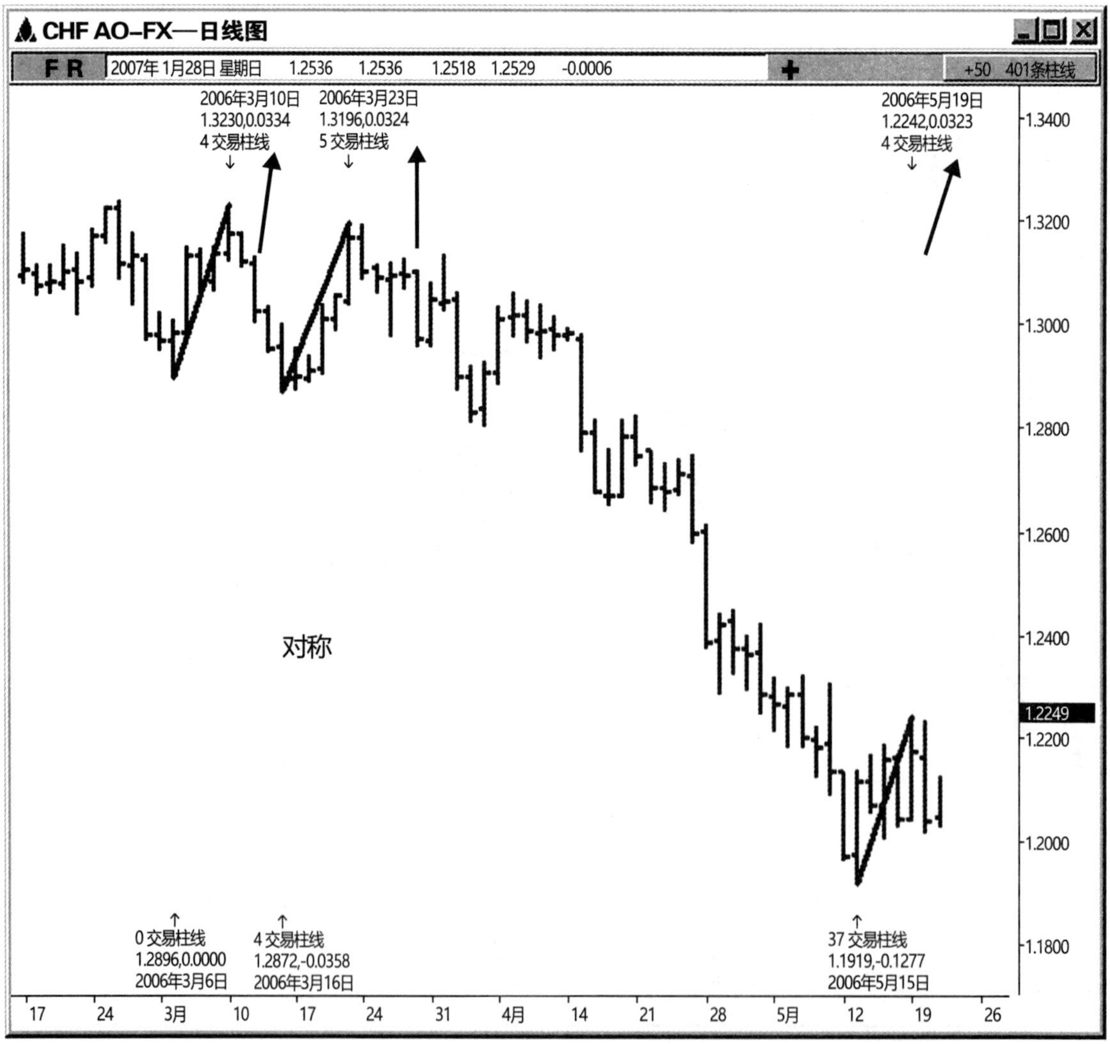

图 7–10

我在小麦市场发现了一些很好的对称例子。这些例子是在 2007 年 3 月每日小麦合约中阐述的。谁说市场是没有条理的？请看第一张小麦图（图 7–11）。看一下该合约中反弹的相似之处。标记的波段分别为 43 1/2 分、39 1/2 分、43 分、43 分和 39 分。

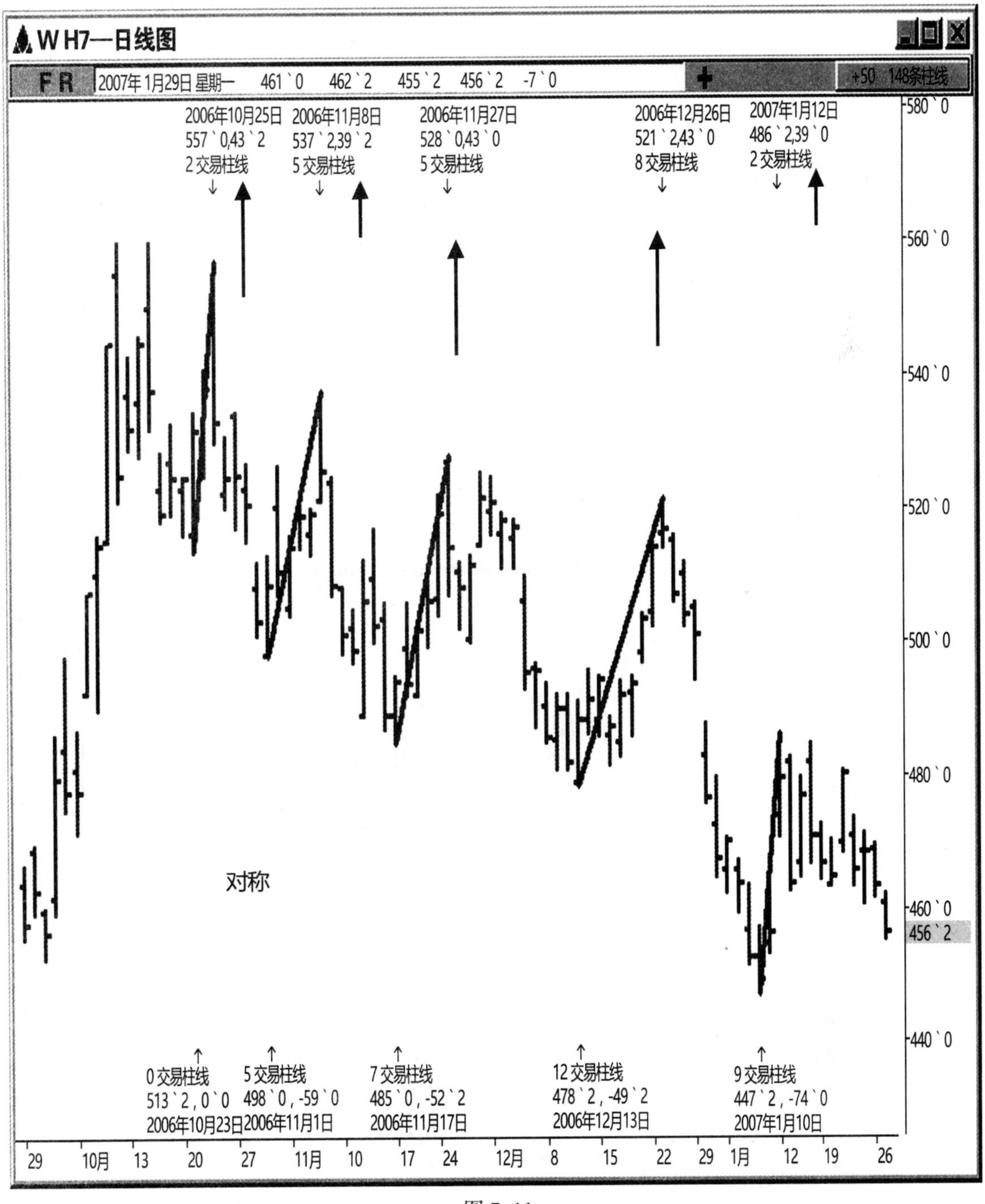

图 7–11

请看另一张小麦图（图 7–12）。上图中的两个前期波段有利于产生理想的价格“簇”结构，该结构包括 518 ~ 522 区域的对称。随后是一个几周内 74 美分的下跌，谷物交易者将从中获得巨大利润。该“簇”中的两个价格关系仅是前期反弹的 1.000 投影位，一个波段是 43.5 分，另一个波段是 43 分。这两个价格关系恰好与其他几个菲波纳奇价格关系重叠，产生了一个理想的价格“簇”。对称投影位本身被看作是交易结构。其他价格关系的加入巩固了该结构。

图 7–12

图 7-13 阐述了出现在 2007 年 3 月迷你纽约原油合约中的 45 分钟图中的另一个简单的对称结构。在本例中，图中标出的第一波段与第二波段完美对称。这两个波段都是 2.58 美元。投影位告诉我们要在 52.08 区域寻找可能的支撑位；这就是结构。低点出现在 52.08，紧接着是一个每合约刚刚超过 3.00 美元的反弹。

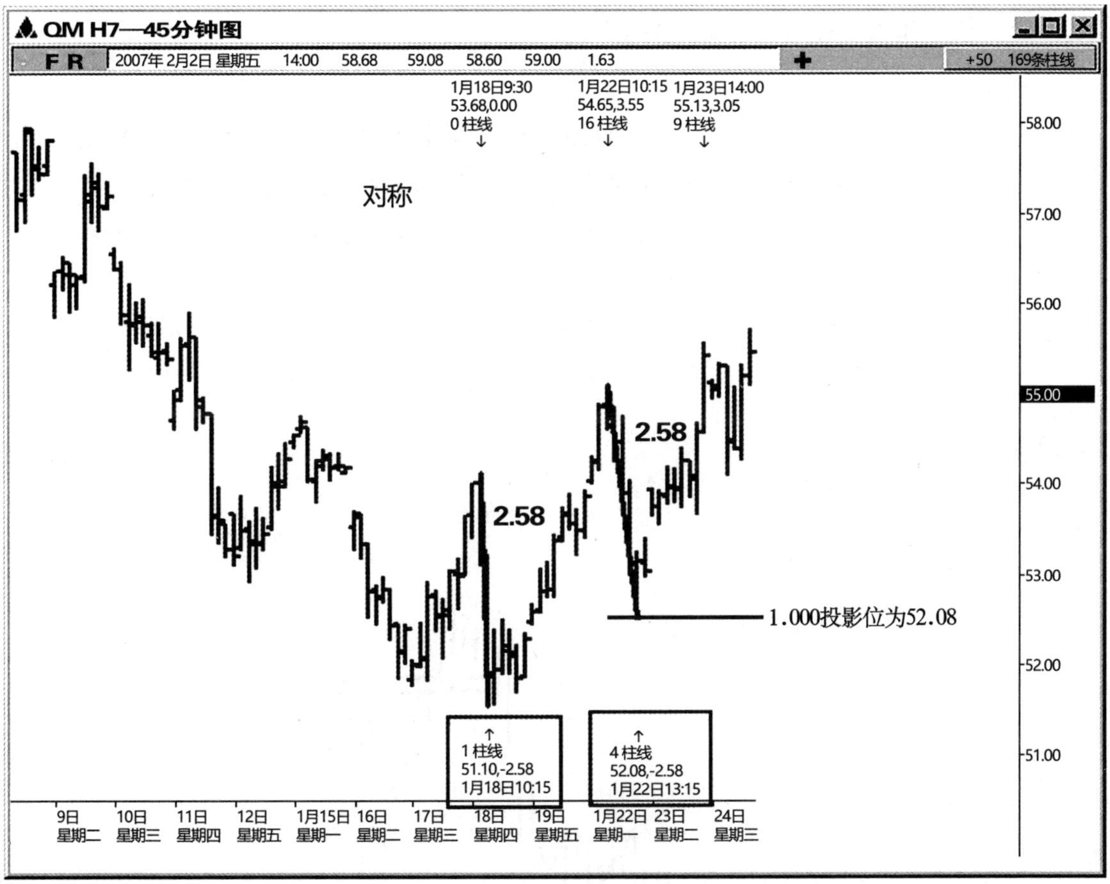

图 7-13

对称的破坏或突破

对称确定了一些很好的交易结构。当没有破坏对称时，我们就得到了出场的信息。当突破或破坏了对称时，它也会向你提供有利于交易的信息。我所说的突破或破坏是指市场没有保持在与前期修正性波段的对称投影位相差几个基点的位置。下面的图例将阐述这些破坏行为的重要性以及它们将在市场中引起的变化。

当突破或破坏了对称时，如图 7-14 的通用汽车公司日线图所示，大多数时间你会看到至少一个较大幅度的下跌修正，有时你也会看见更重要的趋势改变。

作者建议

你需要牢牢记住：在重要的趋势改变之前总是有对称被突破。实际上在我的聊天室中有一些交易者会将短时间架构的对称破坏作为更长时间架构交易的触发器。

注意在图 7-14 中，一旦该日线图中通用汽车公司的 35.21 ~ 35.91 区域上所有的对称投影位都被击穿，就会出现一个相对急剧的下跌反转。虽然不会经常看到这样的迅速反转，但是你应该清楚当对称突破时它发生的可能性。

由于前期的主要反弹波段是从 11 月下旬开始的，所以我使用的对称投影位是由所有明显的修正性下跌得到的。我已在图 7-14 中标

图 7-14

记了这些修正性下跌。所以当我在本例中提到对称被突破或破坏时，我指的是市场的跌幅已经超过了前期所有的修正性下跌（1.59、1.34、2.03 和 1.33）。本例的意思是说，一旦从 2007 年 2 月 13 日高点下跌的幅度大于 2.03，最后上涨波段的对称就会被破坏。

在美元 / 瑞士法郎外汇日线图上（图 7–15），你可以看到前期的主要高点到低点波段的对称阻力投影位被击穿时，市场开始较大幅度的上调修正。

图 7–15

图 7-16 说明了前期图中的对称突破实际上是一个更加重要的趋势改变的开始。在对称突破后，你可以看到形态向较高高点和较高低点转变。对称突破后是一个相当理想的反弹。

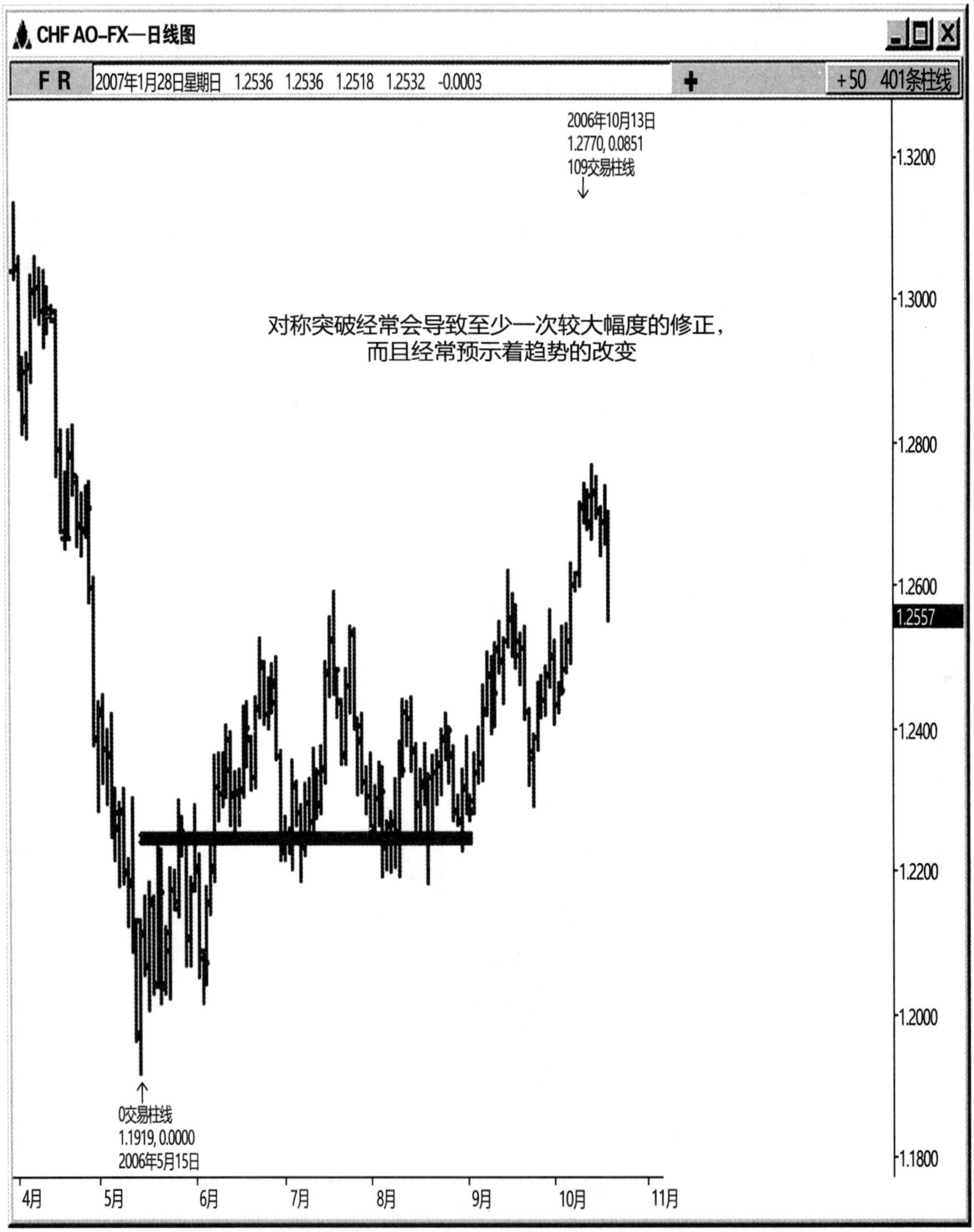

图 7-16

下面来看一个 2007 年 3 月迷你道琼斯合约的 15 分钟图中的对称突破例子（图 7–17）。注意图中左边标记的修正性下跌，它们分别是 31 点、25 点、44 点、28 点和 32 点。当新高点出现在该图中时，从该高点开始运算这些波段的投影位，我们一般会从该高点开始在回调过程中寻找可能的支撑位。一些投影位在一个相对较小的区域内形成“簇”，其中一个投影位在“簇”下方不远处。当该图中前期主要的低点到高点波段的所有对称投影位被击穿时，我们知道那表明至少有一个较大幅度的下跌修正和一个可能的更重要的趋势改变（认识到这一点会有助于交易者更加有效地管理他的仓位）。在上涨的对称投影位被击穿后，出现了一个相当急剧的反转。

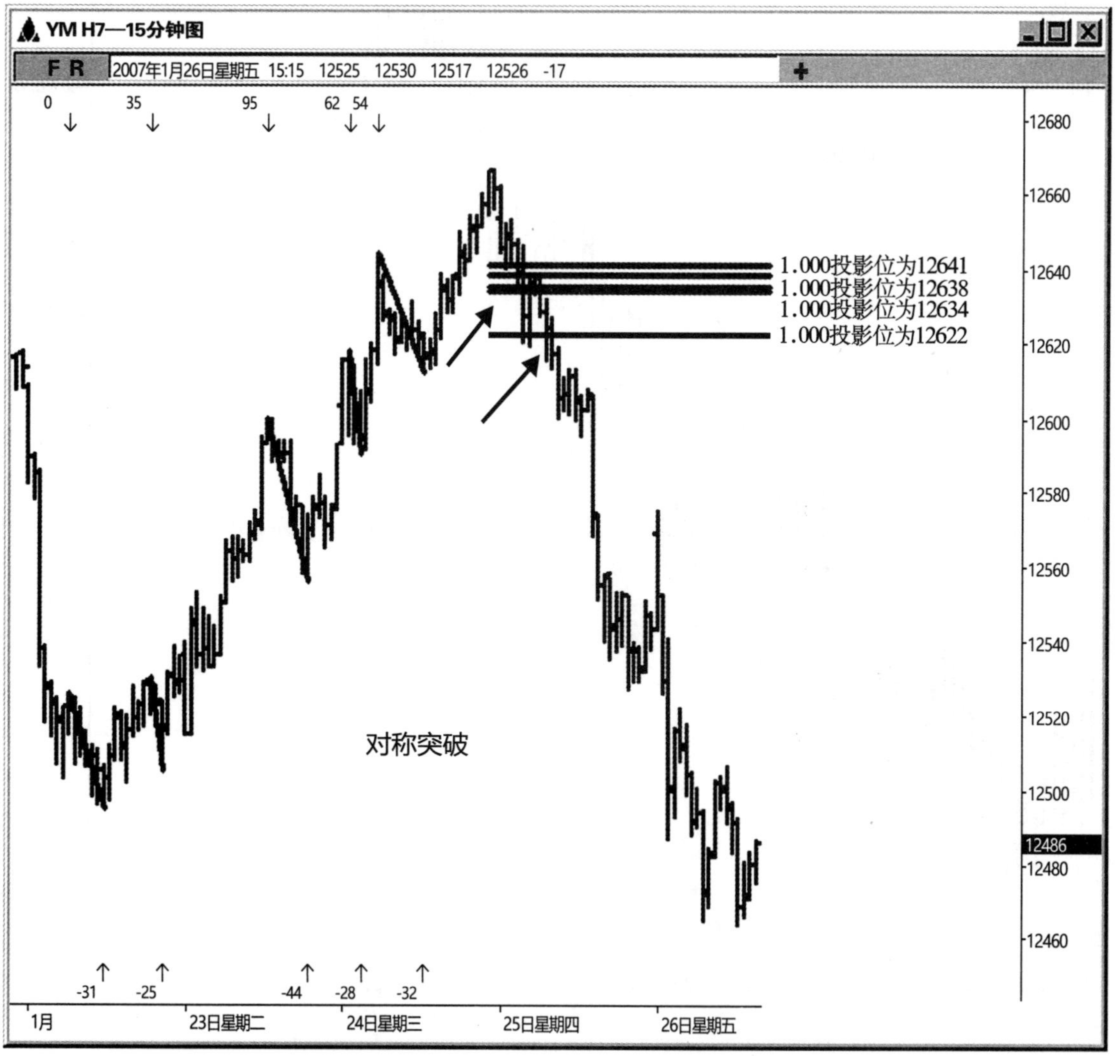

图 7–17

下一个对称例子是在一张电子迷你标准普尔的 15 分钟图中阐述的（图 7–18）。在本例中，在原始趋势恢复前，我们只看到了少许较大幅度的修正。第一次下跌是 4.00 点，对称突破后的第二次下跌是 6.50 点。所以请记住这些突破并不总是预示一个更重要的趋势改变。

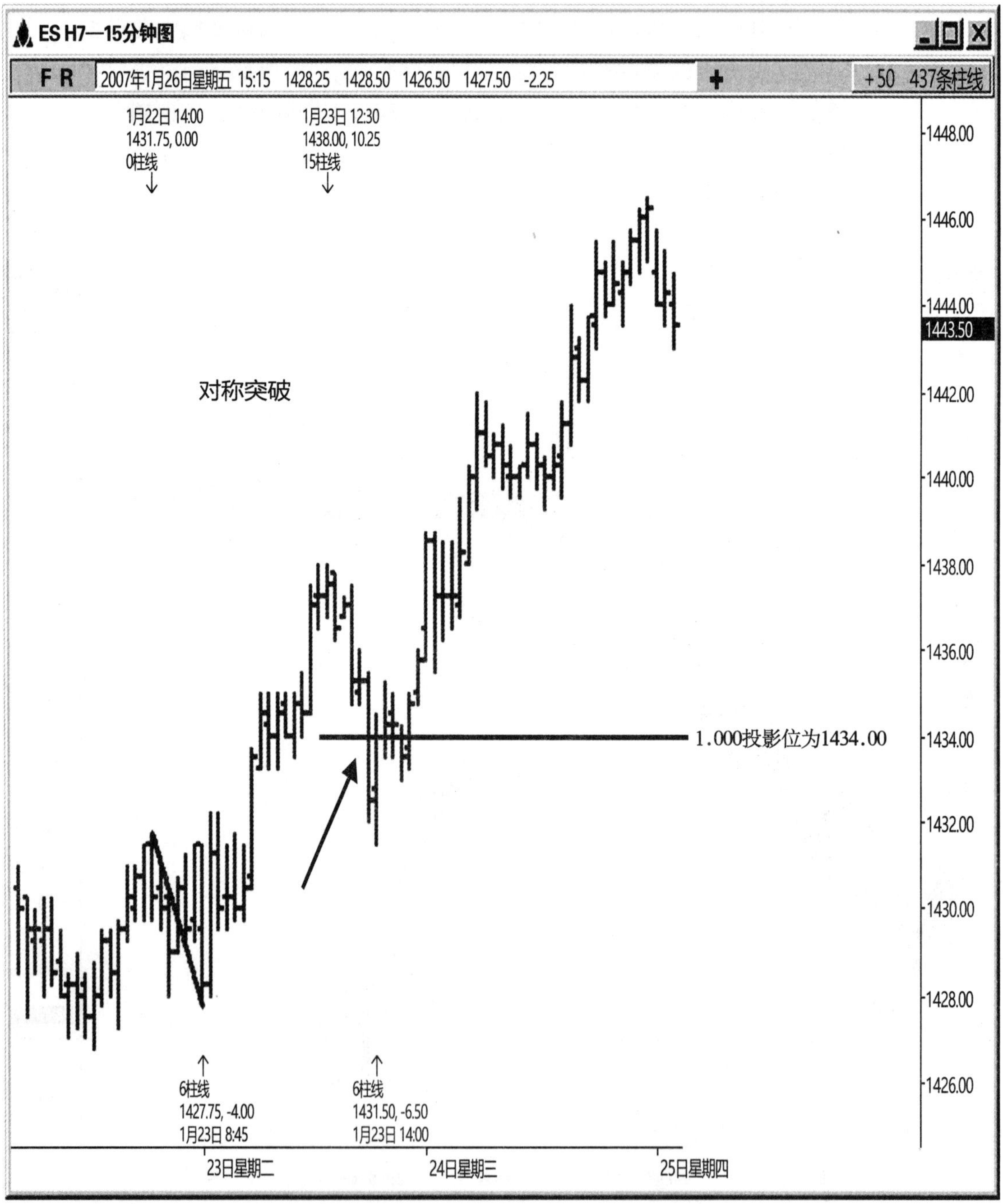

图 7–18

在哈利·戴维森的日线图中（图 7–19），通过目视该图你就能够发现在 2006 年 11 月 12 日高点之后对称被破坏。我们正在运算 2006 年 6 月 7 日低点到 2006 年 11 月 12 日高点的前期主要上升波段的修正性下跌的对称投影位。在本例中，也包括恰好在 2006 年 6 月 7 日低点之前下降的波段。我发现有时恰好在新的主要趋势开始之前的波段的投影位可能是有价值的投影位。为了精确的定义对称破坏，一旦该股价从任何高点向下修正的幅度大于 3.57 时，就认为该图中所有的对称投影位均被击穿。注意最大幅度的修正性下跌是 3.57，其他波段是相似的，分别下跌了 3.36、3.55 和 3.32。一旦以一定的幅度击穿了最高的对称投影位，我就认为对称被破坏了。

图 7–19

尽管该股价很好的向高点回撤，在对称突破后最终还是出现了一个相当理想的下跌。在对称被破坏并且市场回调后，你应该等待可能的失效并沿着对称突破的方向进场。

作者建议

尽管我们分析的大多是前期的修正性下跌的对称投影位，如哈利·戴维森图的例子所示，然而有时我也会运算刚好在新趋势发展之前的波段的投影位。在该特殊图中，我们要分析的波段是从2006年5月26日高点到2006年6月7日低点。虽然该投影因为发生在从2006年6月7日低点开始的新趋势之前而不被看作是从2006年6月7日低点到2006年11月22日高点的修正性波段，但该投影位仍然是可以用于相同方向上相似波段的比较。

在该纳斯达克期货日线图上（图7-20），请注意我标记了两个前期下跌，一个下跌了50.50点，另一个下跌了46.75点。我从2007年2月22日高点开始运算这两个下跌的投影位，得到了可能的对称支撑位，该支撑位之后可能会重新出现反弹。1807.00 ~ 1810.75的投影位作为关键对称支撑位并没有将价格支撑于其上，而是被击穿，紧接着

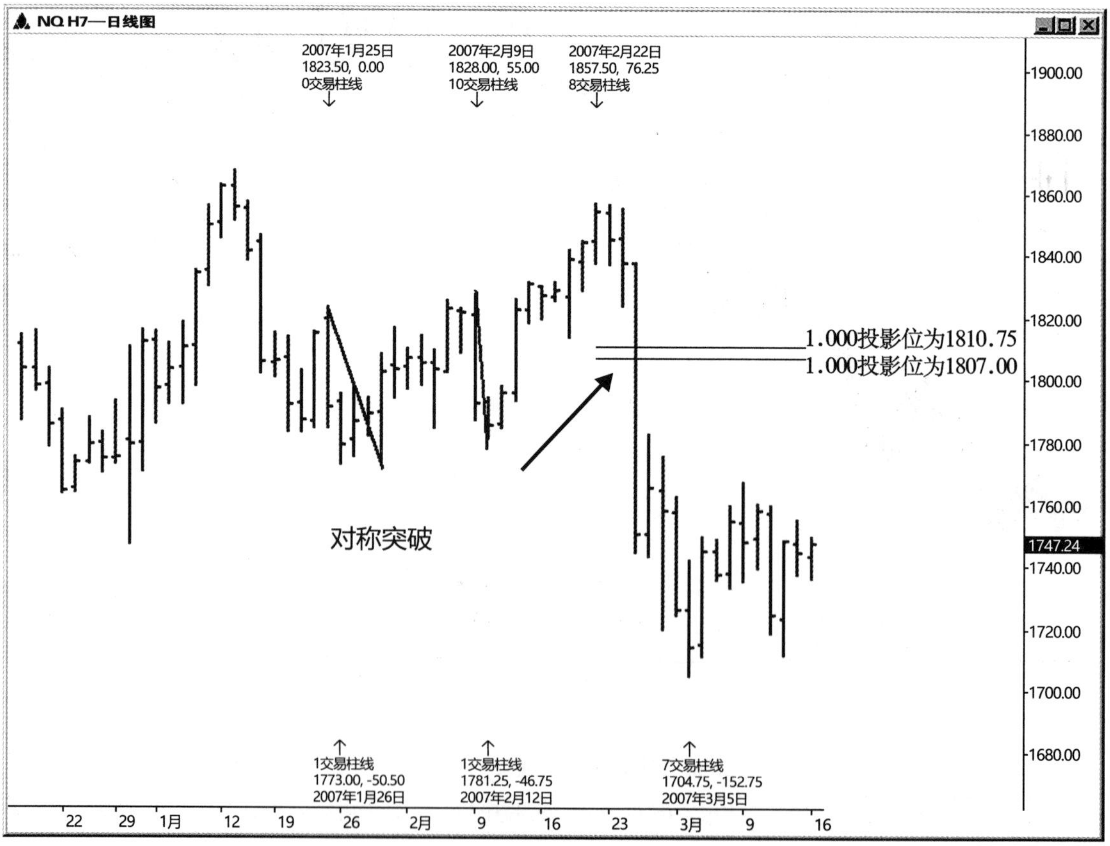

图7-20

是一个相对急剧的下跌。另外，不是在每次对称被破坏之后都会出现这种情况，但是我们必须时刻意识到会有这种可能性。

下一个例子是在电子债券合约的日线图中阐述的，展示了另一个对称被破坏的情况（图 7–21）。最初的破坏并不是很明显，但是对于在开始于 2006 年 12 月 1 日高点的下跌趋势中找到可能的改变，却是足够清晰的。对称被破坏后，由于趋势改变经常会出现在对称突破后，所以我会经常观察下一个回调，以寻找可能的进场机会。

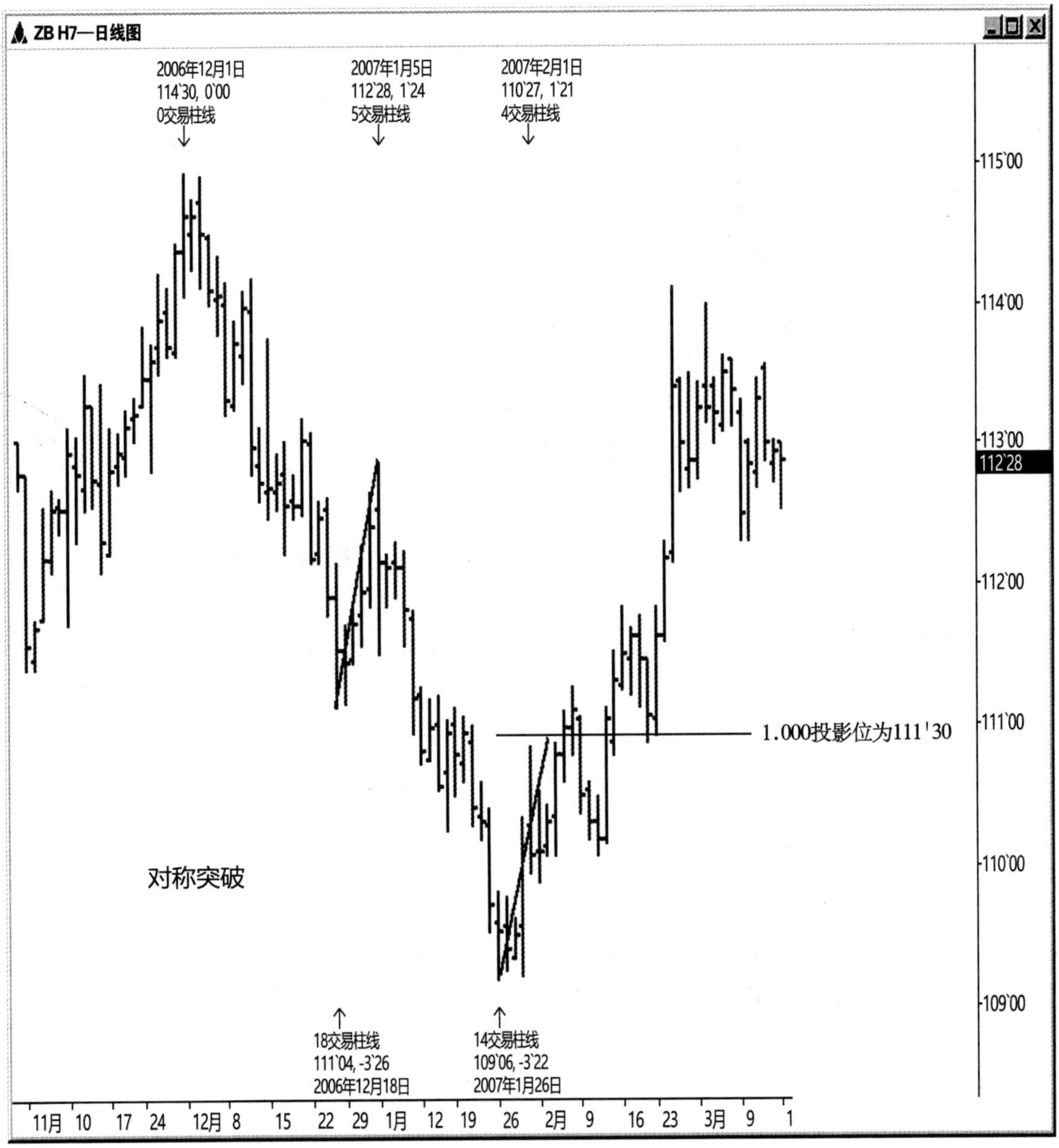

图 7–21

下一张债券图展示了对称突破后可以发现回调的位置（图 7–22），以进行可能的买入进场。在本例中，债券回调到仅高于 0.618 回撤位几个基点的位置。在该回撤位之上重新出现反弹，这是债券出现理想的趋势反转的开始。

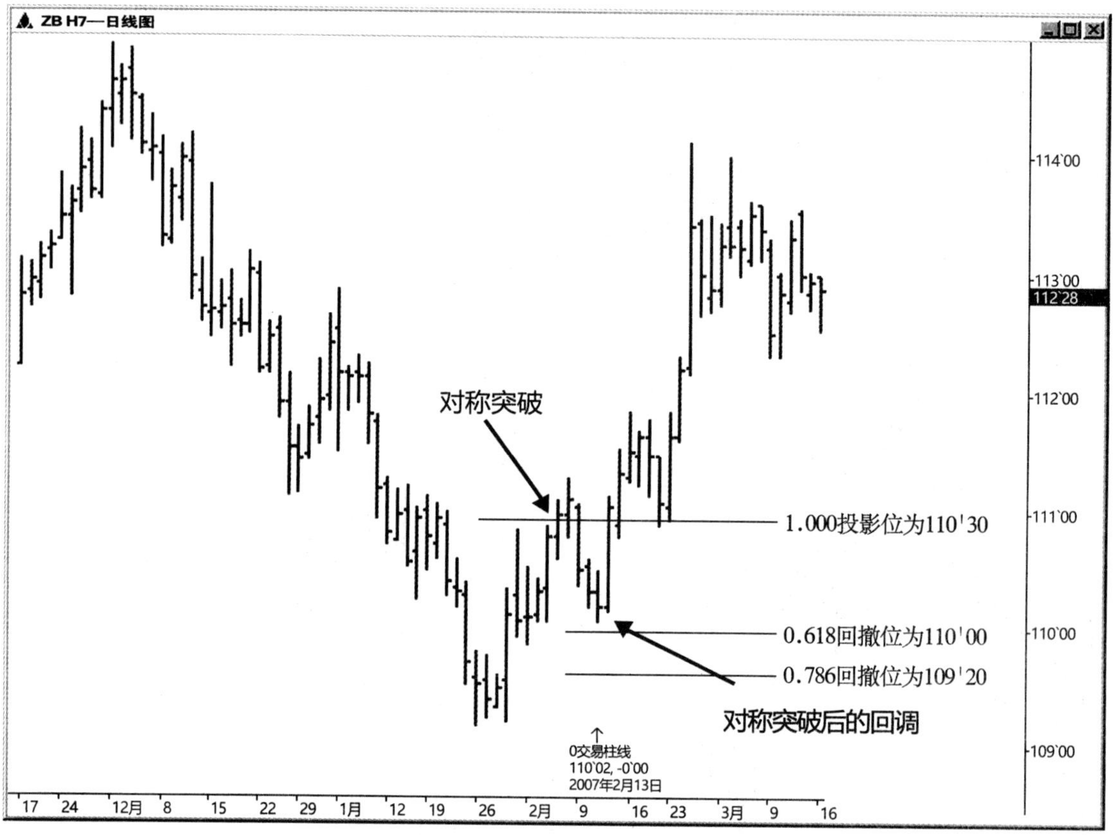

图 7–22

本章是关于对称的，向我们展示了怎样将这些对称或1.000价格投影位作为简单而有力的交易结构。本章也讨论了当市场波段的对称被破坏时我们应该寻找什么。同价格“簇”结构一起，对称交易结构也提供了有良好的风险/回报率且相对较低风险的交易机会。

第 8 章
"之"字形态结构：交易结构 3

无论是在生活中还是在市场中，形态都有重复性。我想要在所有市场中寻找的一种特殊形态是——"之"字形态。我是在研究艾略特波浪分析的基本因素时第一次接触这种形态的，该形态被看作是趋势恢复前的修正性或反向趋势波动。

"之"字形态也可称为 Gartley 形态，取决于形态中的比率。当根据形态中出现的比率定义时，Gartley 形态的定义会更加明确。因此，尽管所有 Gartley 形态都被看作是"之"字形态，但不是所有的"之"字形态都符合 Gartley 形态的定义（有关 Gartley 形态的更多信息，参考拉里·斐萨文托的《菲波纳奇比率与形态识别》）。

"之"字交易结构是一个修正前期趋势波动的锯齿形态。如果我们正确确定了该形态，该形态最终会在锯齿形态转变之前沿着趋势方向发展。我们将在该形态中寻找具体的菲波纳奇价格关系，这些价格关系重叠或"簇"以确保该形态符合正确的"之"字形态的定义。这些价格关系将在本章中确定。

"之"字形态可以是上涨的结构（图 8–1），也可以是下跌的结构（图 8–2）。因此，交易结构 3 实质上是一个价格"簇"加入锯齿形态，巩固了该结构。

我们想要确定的实际锯齿形态出现在点 b 和点 e 之间。我们要用来寻找"簇"的比率有：

运算点a到点b波段的回撤位时所用的比率（0.382、0.500、0.618和0.786）

运算点c到点d波段的扩展位时所用的比率（1.272和1.618）

从点d开始，运算点b到点c波段的价格投影位时所用的比率（1.000）

相同的比率既应用于上涨的“之”字形态，也应用于下跌的“之”字形态（图 8-1 和图 8-2）。

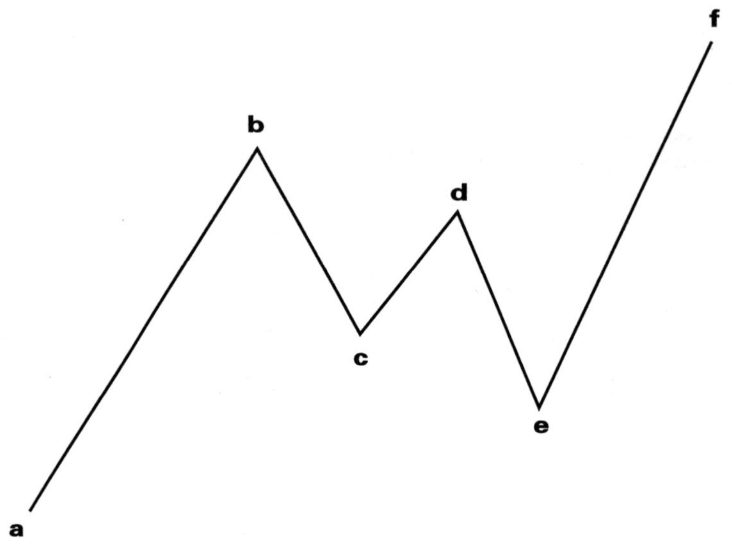

图 8-1

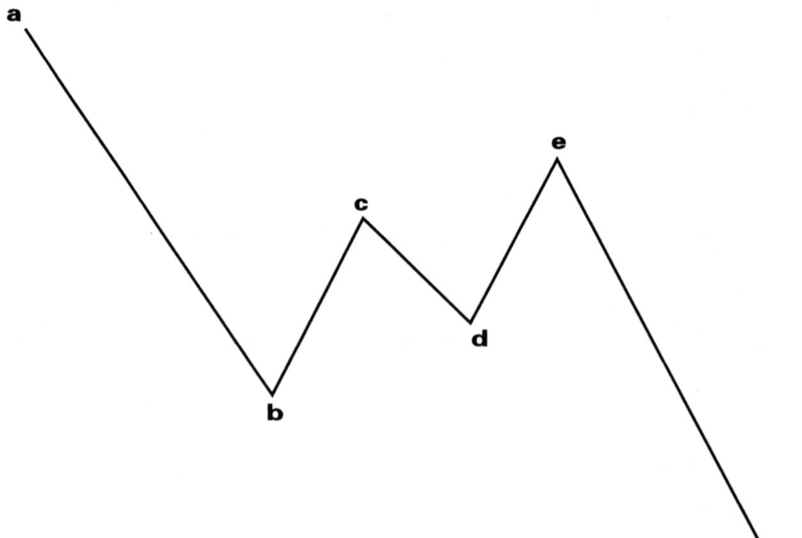

图 8-2

应用这些比率一般将产生由三个很好地重叠在一起的非波纳奇价格关系组成的价格"簇"。任何价格关系都可以重叠；然而，建立了理想形势的"之"字形态一般有一个用于运算点 a 到点 b 波段的回撤位的比率 0.618 或 0.786，该回撤位与点 c 到点 d 波段的 1.272 或 1.618 扩展位重叠，该扩展位与锯齿形态第一波段的 1.000 投影位重叠，这意味着 bc=de。我相信该理想的"之"字形态符合 Gartley 形态更严格的定义。你也可能会看到市场中形成的"之"字形态，在该形态中，de 的长度是点 b 到点 c 波段长度的 1.618 倍。我发现这种情况并不常见，所以我决定不将这种形态纳入到我在"之"字形态结构中寻找的形态的定义中。

在运算这些初始价格关系之后，图中其他波段会展示额外的非波纳奇价格关系。这将恰好巩固该结构并将其确定为重要的价格决策。

为什么这是一个好的形态?

我对为什么这种形态能获利的最好解释来自一般波段理论。当研究基本技术分析时，我们一般知道击穿或找到前期的波段低点表明下跌趋势的削弱和改变。同理，击穿或找到前期的波段高点表明上涨趋势的加强和改变。让我们在检查"之"字形态时记住这些基本的技术概念。

在锯齿形态中，当找到点 c 时，你就找到了前期的波段高点或低点。像之前讨论的那样，这通常标志着趋势的改变。例如，如果点 c 是低点并且市价低于点 c，遵循波段理论的交易者可能会由于低点被击穿而了结多头头寸并出场。他们也可能在了结多头仓位后创建新的空头仓位。在很多情况下，市场将继续下跌，因为就像波段理论表明的那样，前期波段低点的突破经常标志着趋势改变。

如果你运算"之"字价格关系，而且价位最终保持在价格关系上方，那么你必须要考虑到该形态可能是"之"字形态，而且会恢复原始趋势而非出现趋势反转。

因此，当你开始看到锯齿形态时，你必须要考虑一个问题：这是趋势反转还是"之"字形态？刚开始你不知道答案。找到答案的基本要点是：如果要实现"之"字形态，你要知道哪些价格关系不能被击穿，而不是这些价格关系是否会被击穿。判断"之"字形态是否会消失的最重要线索来自你的交易过滤器和触发器，交易过滤器和触发器将在后面章节进行讨论。

现在请记住本例中所有在前期波段低点被击穿时了结多头仓位或

做空的交易者。如果“之”字价格支撑参数最终稳定下来并且牛市重新出现，出场的交易者可能会进场买入以重新建立多头仓位，做空的交易者也会进行买入以摆脱不能令人满意的空头交易。这将有望促进价格上涨并且对你确定的正确的“之”字形态结构给予回报。

“之”字形态结构的最高止损点与价格“簇”结构的最高止损点相同（与价格“簇”极值仅相差几个基点）。然而“之”字形态的初始价格目标则有点不同。初始交易目标总是整个锯齿形态的 1.272 扩展位，由点 b 到点 e 波段代表这一锯齿形态。

如果你对“之”字形态结构的概念感到有些困惑，下面的例子会为你做出解释。先来看一个下跌“之”字形态的例子。图 8–3 实际上是 2007 年 2 月 9 日在我的聊天室中建立的电子迷你标准普尔 3 分钟图的例子。组成该“之”字形态“簇”的价格关系包括点 a 到点 b 波段的 0.618 回撤位、点 c 到点 d 波段的 1.272 扩展位和从点 d 开始的点 b 到点 c 波段的 1.000 投影位。

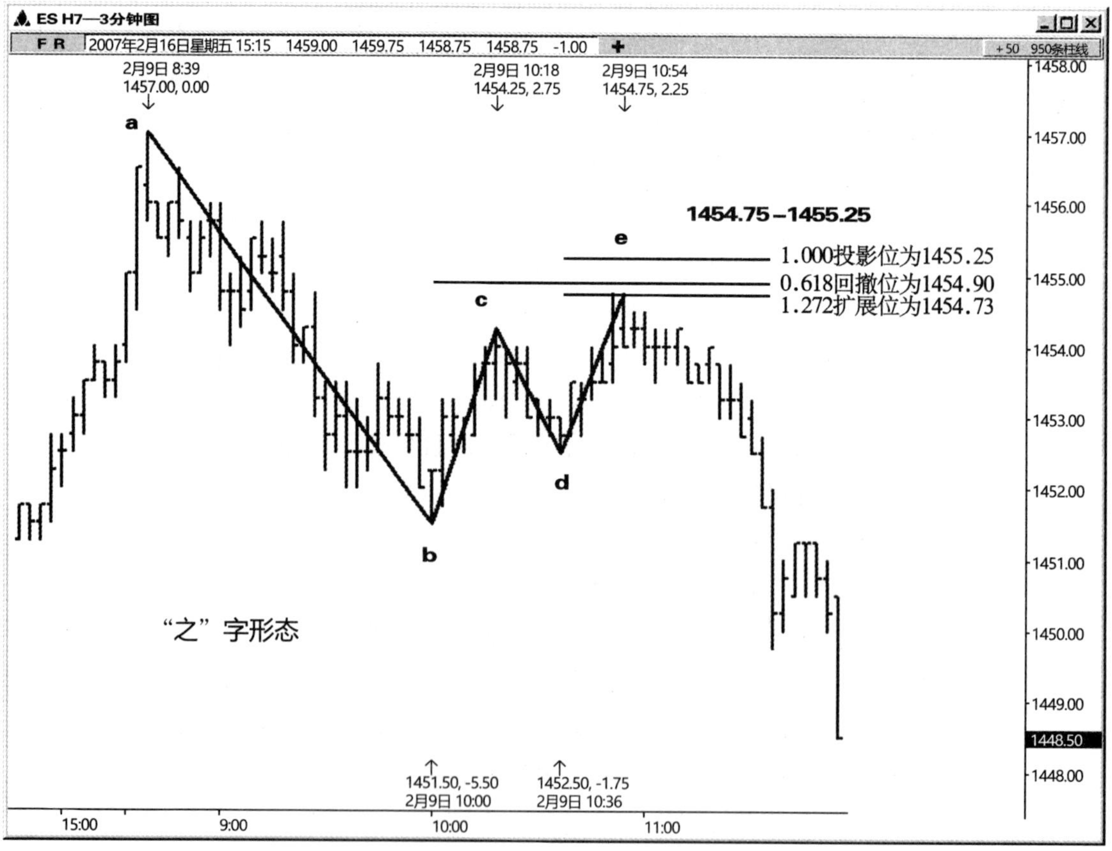

图 8–3

运算1457.00高点到1451.50低点（点a到点b）波段的0.618回撤位得到1454.90

运算1454.25高点到1452.50低点（点c到点d）波段的1.272扩展位得到1454.73

从1452.50低点开始，运算1451.50低点到1454.25高点波段的1.000价格投影位（从点d开始，运算点b到点c波段的投影位）得到1455.25

我对这些预测的数字进行四舍五入得到最接近的期货价格，并对 1454.75 ~ 1455.25 区域的"簇"进行标记。实际高点出现在 1454.75，在"簇"的最低位。点 b 到点 e 波段的初始下跌目标（1.272 扩展位）在 1450.75 位实现。第一个目标与作为第二个目标的 1.618 扩展位和作为第三个目标的 2.618 扩展位同时实现。

图 8-4 显示了在第一个例子的"之"字形态高点后出现了一个 17.75 点的最终下跌，该图也说明了什么是锯齿形态。

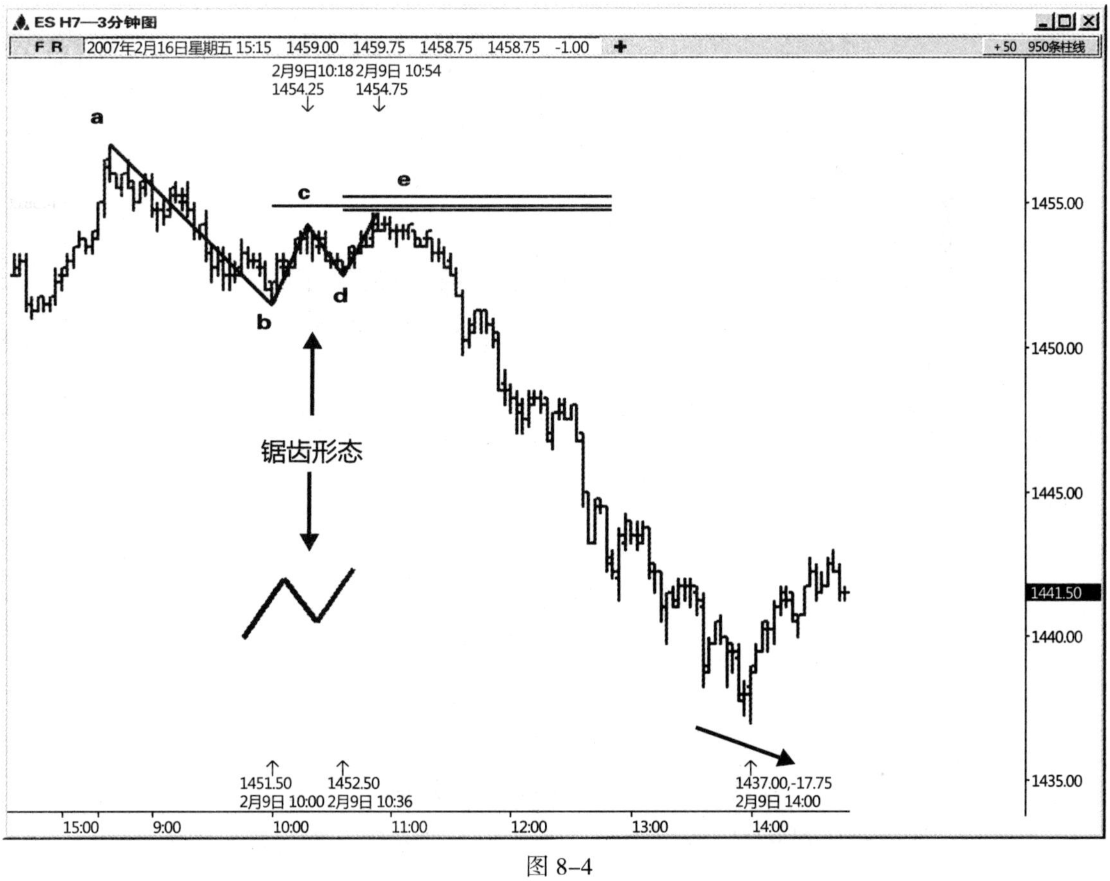

图 8-4

图 8-5 是电子迷你罗素合约中 45 分钟图中上涨“之”字形态结构的例子。价格“簇”包括点 a 到点 b 波段的 0.382 回撤位、点 c 到点 d 波段的 1.272 扩展位和从点 d 开始的点 b 到点 c 波段的 1.000 投影位。

运算795.80低点到814.10高点（点a到点b）波段的0.382回撤位得到807.11

运算808.00低点到813.20高点（点c到点d）波段的1.272扩展位得到806.59

从813.20高点开始，运算814.10高点到808.00低点波段的1.000投影位得到807.10（从点d开始，运算点b到点c波段的投影位）

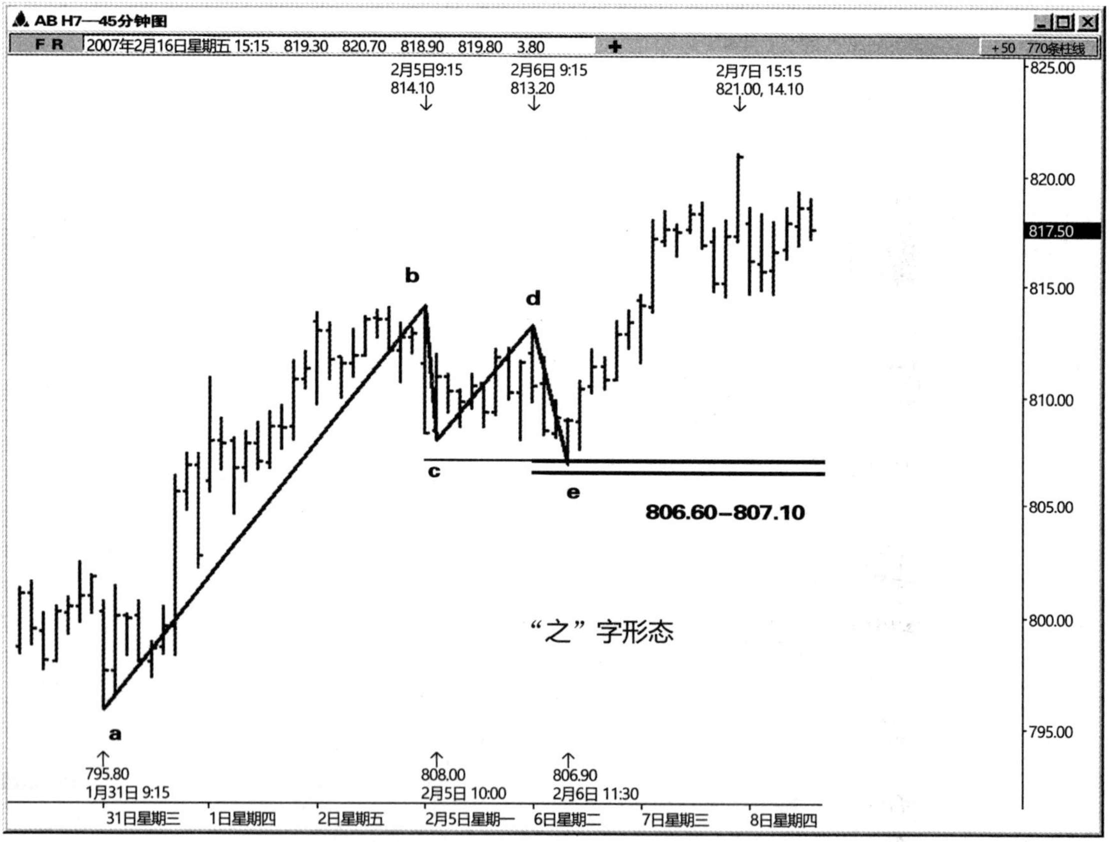

图 8–5

我仍然对从程序中得到的数字进行四舍五入得到最接近的可用期货价格，并在 806.60 与 807.10 之间得到一个“簇”区。实际低点出现在 806.90，从“之”字形态低点开始的初始反弹上升了 14.10

点。注意该"之"字例子并不像你在市场中看到的其他一些例子那样对称。从时间上看，点 b 到点 c 波段和点 d 到点 e 波段比点 c 到点 d 波段要短得多。通常，这些波段在时间上看有些相似（尽管你只看到锯齿形态和价格关系重叠在一起形成的"簇"，但对本书中的交易结构来说已经足够了）。

让我们看一下另一个形成于 2007 年 3 月电子迷你标准普尔合约的 3 分钟图中的"之"字形态（图 8-6）。在该图中标记了锯齿形态。"之"字形态"簇"是由点 a 到点 b 波段的 0.500 回撤位、点 c 到点 d 波段的 1.618 扩展位和从点 d 开始的点 b 到点 c 波段的 1.000 投影位构成的。在 1444.75 ~ 1445.00 区域形成了一个"簇"。

运算1441.75低点到1448.00高点（点a到点b）波段的0.500回撤位得到1444.88

运算1445.75低点到1447.25高点（点c到点d）波段的1.618扩展位得到1444.82

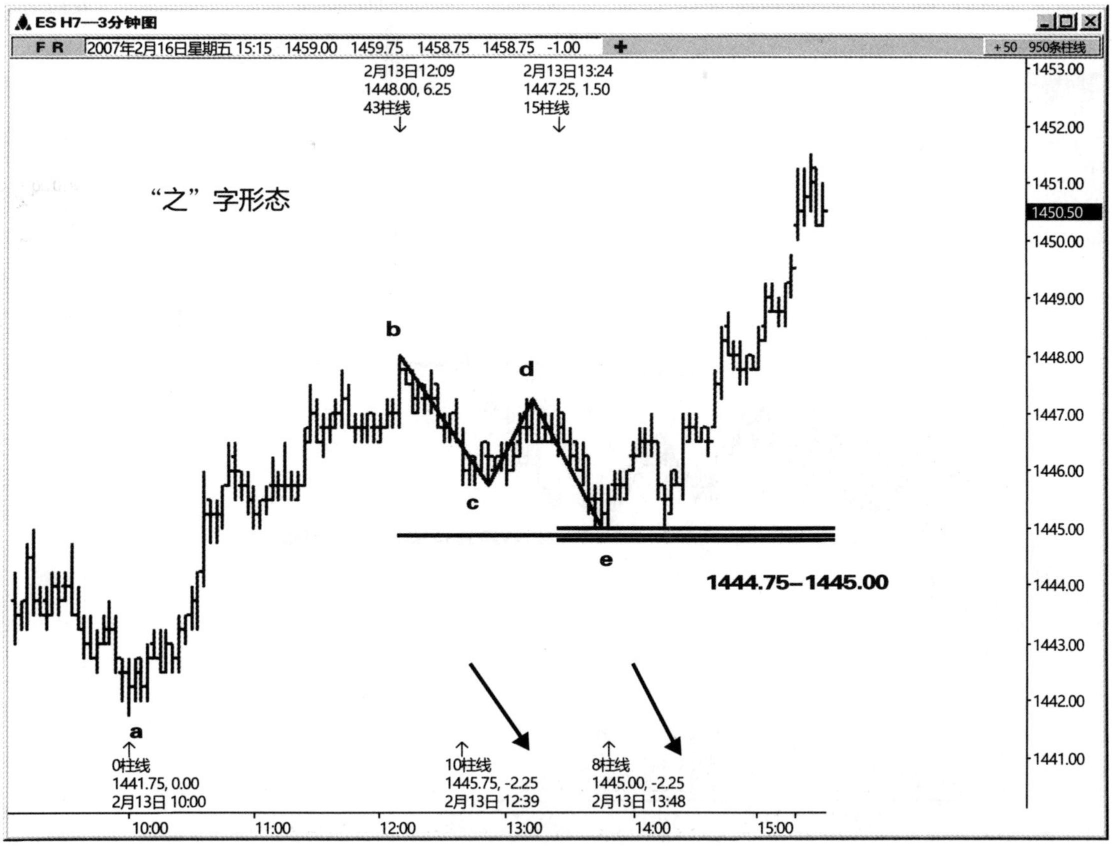

图 8-6

从1447.25高点开始，运算1448.00高点到1445.75低点波段的1.000投影位得到1445.00（从点d开始，运算点b到点c波段的投影位）

注意点b到点c波段与点d到点e波段的相同性——这两个波段都正好是2.25点。对称是理想"之"字形态很重要的一部分。

如图8-7所示，实际低点出现在1445.00。该交易结构达到了全部三个上涨目标并继续上涨。该低点之后出现了一个13.50点的快速反弹。因为市场多次超越所有交易目标，所以，我建议你至少在部分交易仓位中使用跟踪止损，这样你就能够充分利用以极低风险交易结

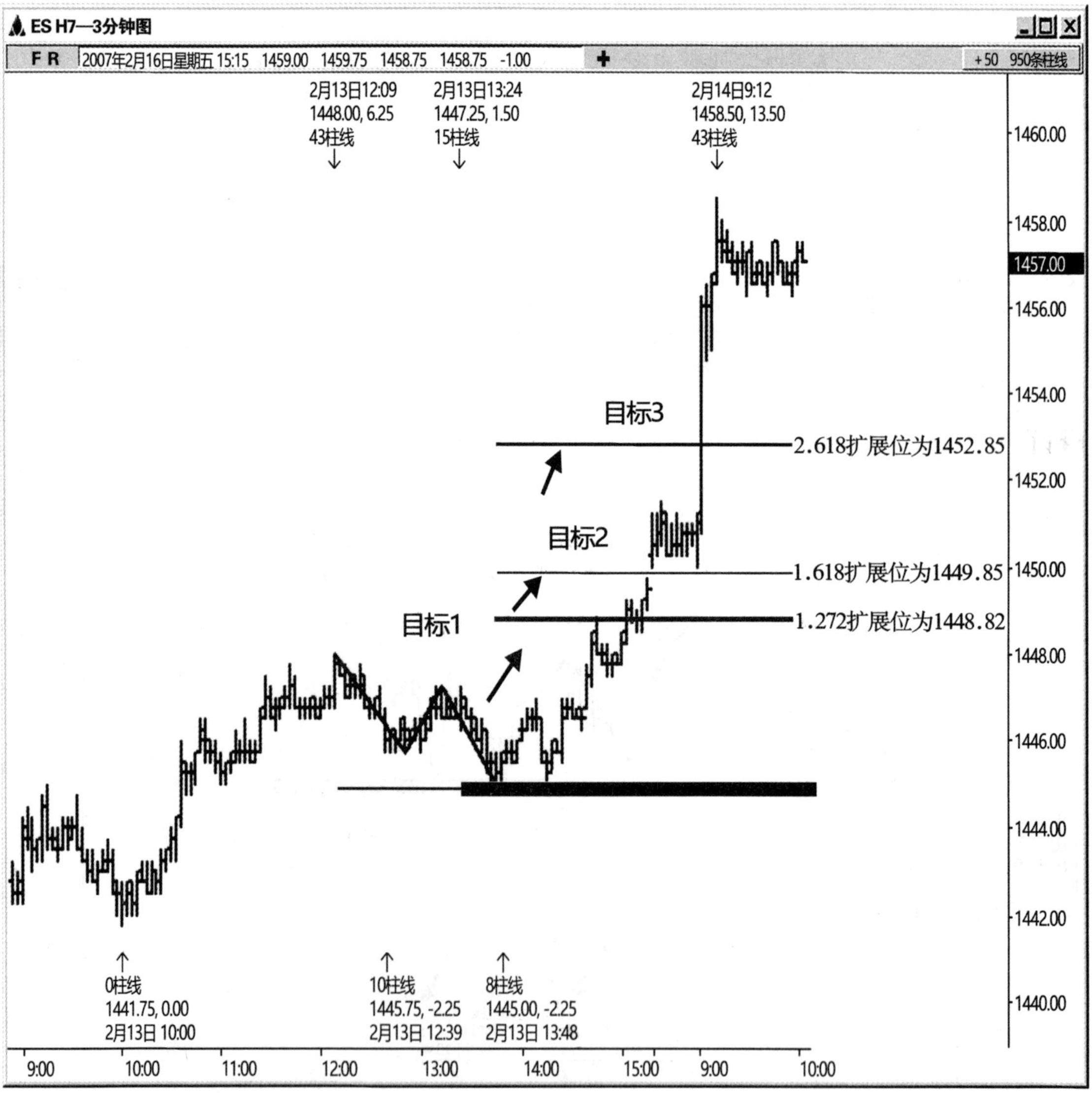

图8-7

构开始的一些长期波动。

在图 8–8 中，我们可以看到迷你道琼斯合约的 3 分钟图中的"之"字形态。价格"簇"出现在 12753 ~ 12757 区域。

价格关系是：

运算12780高点到12733低点（点a到点b）波段的0.500回撤位得到12757

运算12750高点到12739低点（点c到点d）波段的1.272扩展位得到12753

运算12750高点到12739低点（点c到点d）波段的1.618扩展位得到12757

从12739低点开始，运算12733低点到12750高点波段的1.000投影位得到12756（从点d开始，运算点b到点c波段的投影位）

从12733低点开始，运算12760低点到12780高点波段的1.000投影位得到12753（从点b开始，运算点x到点a波段的投影位）

图 8–8

在本例中，我们不仅有在“之”字形态中寻找的一般价格关系，而且还有另一个前期低点到高点波段的对称投影位，该投影位恰好与其他关系重叠。而且，点c到点d波段只有11点。由于11点波段的1.272扩展位与1.618扩展位的差别不大，所以点c到点d波段的1.272扩展位和1.618扩展位都与其他价格关系重叠。当其他价格关系也与“之”字形态结构重叠时，特别是当它们是对称投影位时，结构就会得到巩固。在该“之”字形态“簇”中，高点之后是一个87点的下跌。

图8-9展示了一个迷你道琼斯3分钟图中的“之”字形态。价格“簇”在12762 ~ 12764区域形成。

价格关系是：

运算12816高点到12732低点（点a到点b）波段的0.382回撤位得到12764

运算12757高点到12737低点（点c到点d）波段的1.272扩展位得

图8-9

到12762

从12737低点开始，运算12732低点到12757高点波段的1.000投影位得到12762（从点d开始，运算点b到点c波段的投影位）

实际高点出现在 12761，仅比"簇"区域的下限低 1 个基点。高点之后是一个 38 点的快速下跌。

下一个"之"字形态例子是在 OEX 现金日线图上描述的（图 8-10）。在本例中，点 a 到点 b 波段的 0.382 回撤位、点 c 到点 d 波段的 1.272 扩展位和从点 d 开始的点 b 到点 c 波段的 1.000 价格投影位重叠在一起。

运算542.77低点到548.33高点（点a到点b）波段的0.382回撤位得到568.45

运算571.96低点到582.67高点（点c到点d）波段的1.272扩展位得到569.05

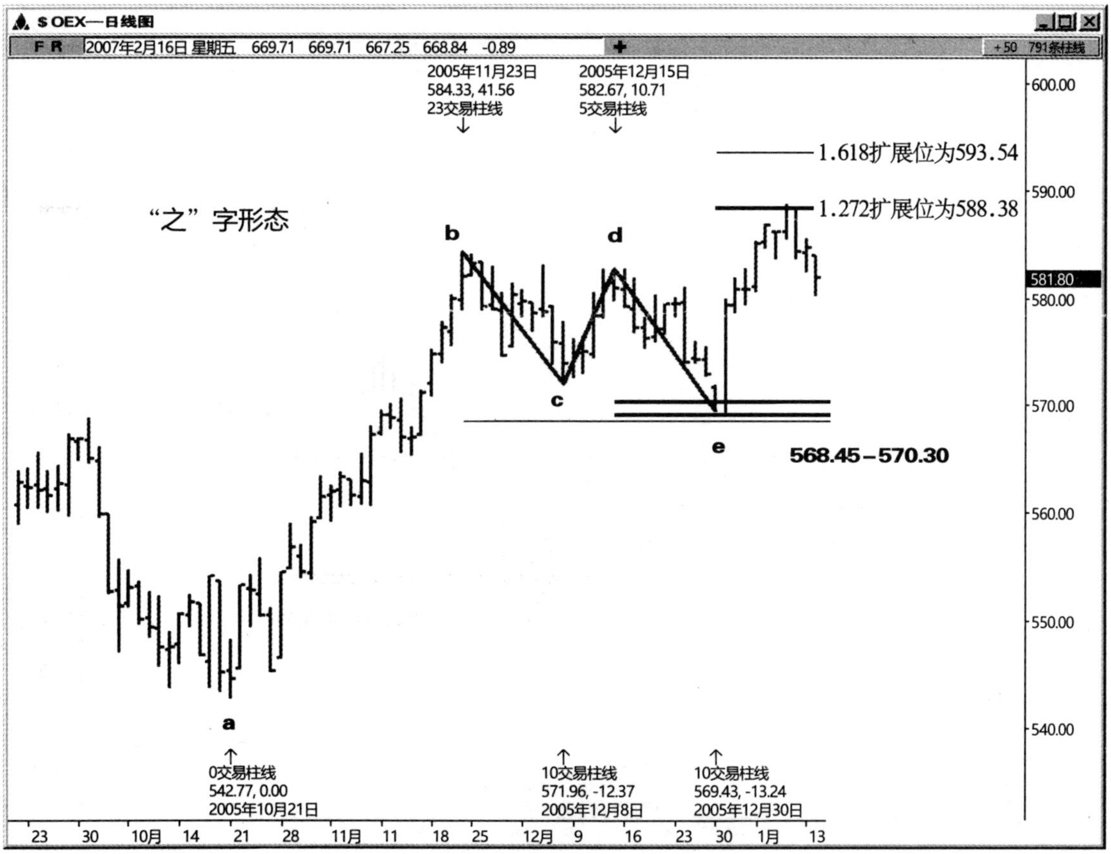

图 8-10

从582.67高点开始，运算584.33高点到571.96低点波段的1.000投影位得到570.30（从点d开始，运算点b到点c波段的投影位）

实际低点出现在569.43，紧接着是一个超过19点的反弹，在1.272扩展位上实现了该形态的初始上涨目标。

下一个“之”字“簇”例子是在黄金市场的连续日线图中阐述的（图8-11）。该“簇”包括点a到点b波段的0.500回撤位、点c到点d波段的1.272扩展位和从点d开始的点b到点c波段的1.000投影位。“簇”区域出现在456.70和457.70之间。

运算430.70低点到483.10高点（点a到点b）波段的0.500回撤位得到456.90

运算462.00低点到477.80高点（点c到点d）波段的1.272扩展位得到457.70

从477.80高点开始，运算483.10高点到462.00低点波段的1.000

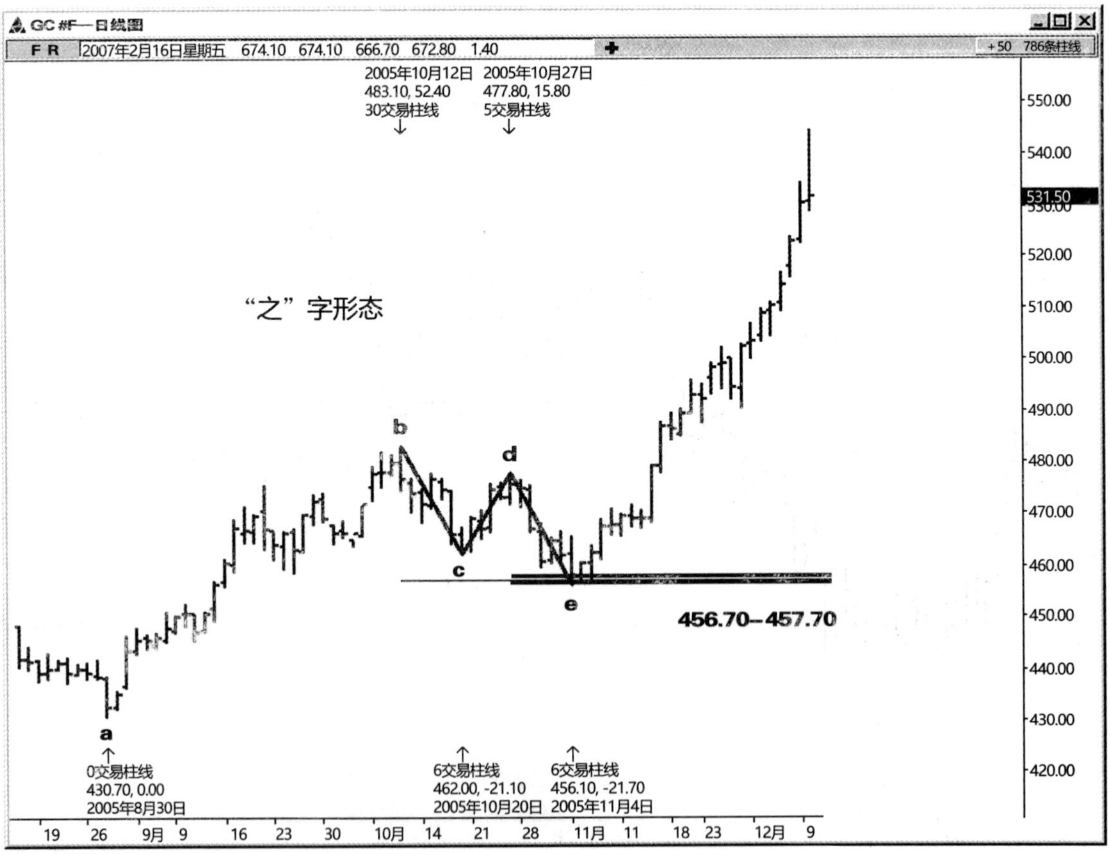

图8-11

投影位（从点d开始，运算点b到点c波段的投影位）得到456.70

本例中的低点出现在 456.10，只略低于 456.70（60 美分）位的"簇"最低位。记住不要总是期待预测会是准确无误的。低点之后是一个 88 美元的反弹。

不是每个"之"字形态都能有效。事实上，每天都有许多"之"字形态被破坏，就像正常价格"簇"结构那样，而且有些"之"字形态只有部分有效。来看一个形态未完全发挥作用的例子。本例是在电子迷你罗素合约的 3 分钟图中阐述的（图 8-12）。"之"字"簇"区域出现在 826.40 与 827.10 之间，"簇"主要集中在 826.40 ~ 826.60 区域（三个价格关系集中在该较小的范围内）。

价格关系是：

运算829.20高点到823.60低点（点a到点b）波段的0.500回撤位得到826.40

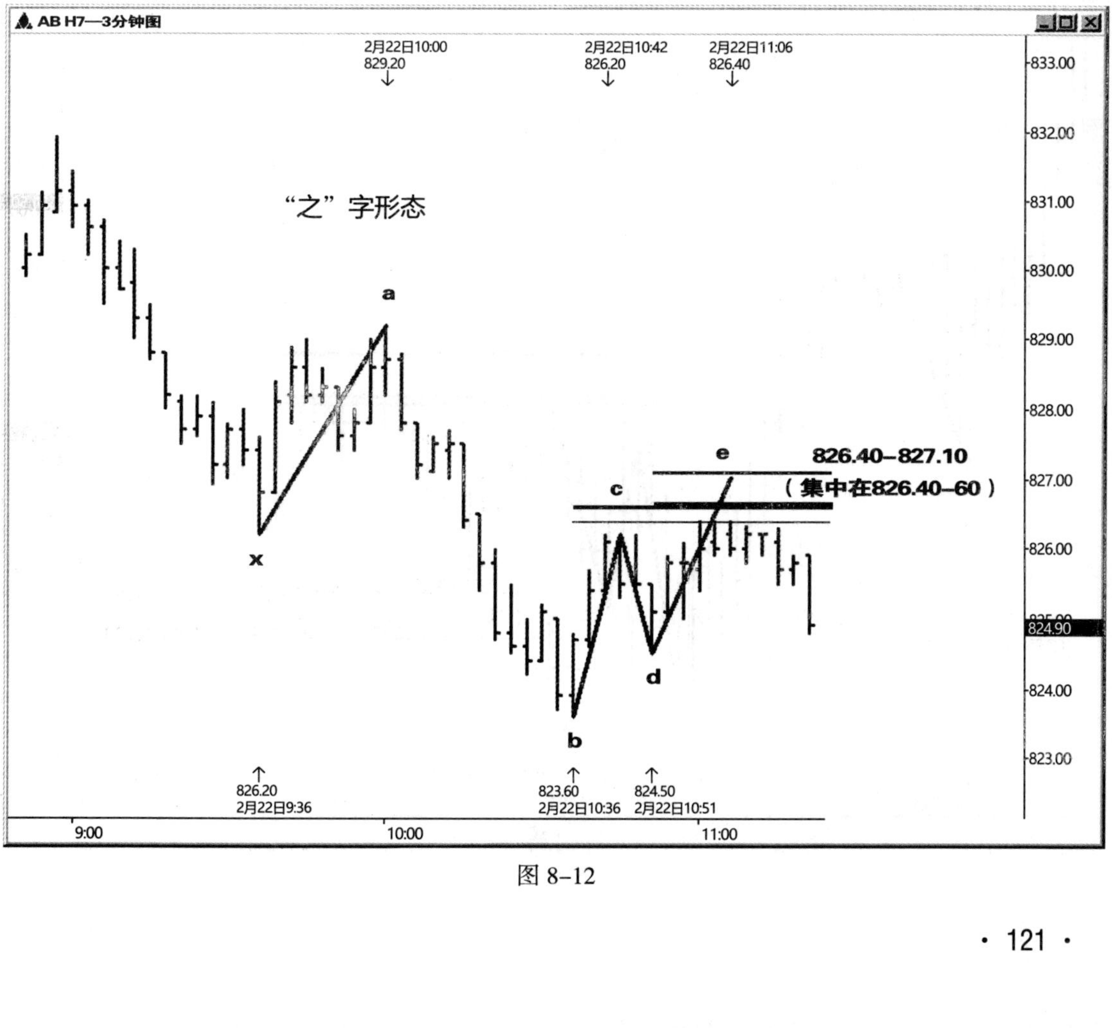

图 8-12

运算826.20高点到824.50低点（点c到点d）波段的1.272扩展位得到826.66

从824.50低点开始，运算823.60低点到826.20高点波段的1.000投影位得到827.10（从点d开始，运算点b到点c波段的投影位）

从823.60低点开始，运算826.20低点到829.20高点波段的1.000投影位得到826.60（从点b开始，运算点x到点a波段的投影位）

高点出现在该“之”字“簇”的最低位，而且开始出现略微下跌。然而，图8–13说明了该形态绝不会完全保持。当下跌稍稍穿过0.618回撤位要回到823.60低点时，反弹重新开始，而不是朝822.84区域的典型下跌目标发展，该目标是点b到点e波段的1.272扩展位（点b和点e在图8–12中标出）。

图 8–13

作者建议

有时这些"之"字形态结构以教科书中的形态出现，直到至少实现整个锯齿形态的 1.272 扩展位的初始交易目标。然而，不要认为情况是不变的。尽管许多"之"字形态实现了初始目标而且远远不止于此，但还是有很多"之"字形态不是完全有效。因此，为以防万一我建议使用跟踪止损。

让我们看一下建立在现金道琼斯 $INDU15 分钟图中的例子（图 8–14）。在 12384.20 ~ 12396.92 区域形成了"之"字形态和价格"簇"结构。该结构包括四个主要的价格关系。

运算12510.81高点到12257.58低点波段的0.500回撤位得到12384.20

运算12470.52高点到12257.58低点波段的0.618回撤位得到12389.18

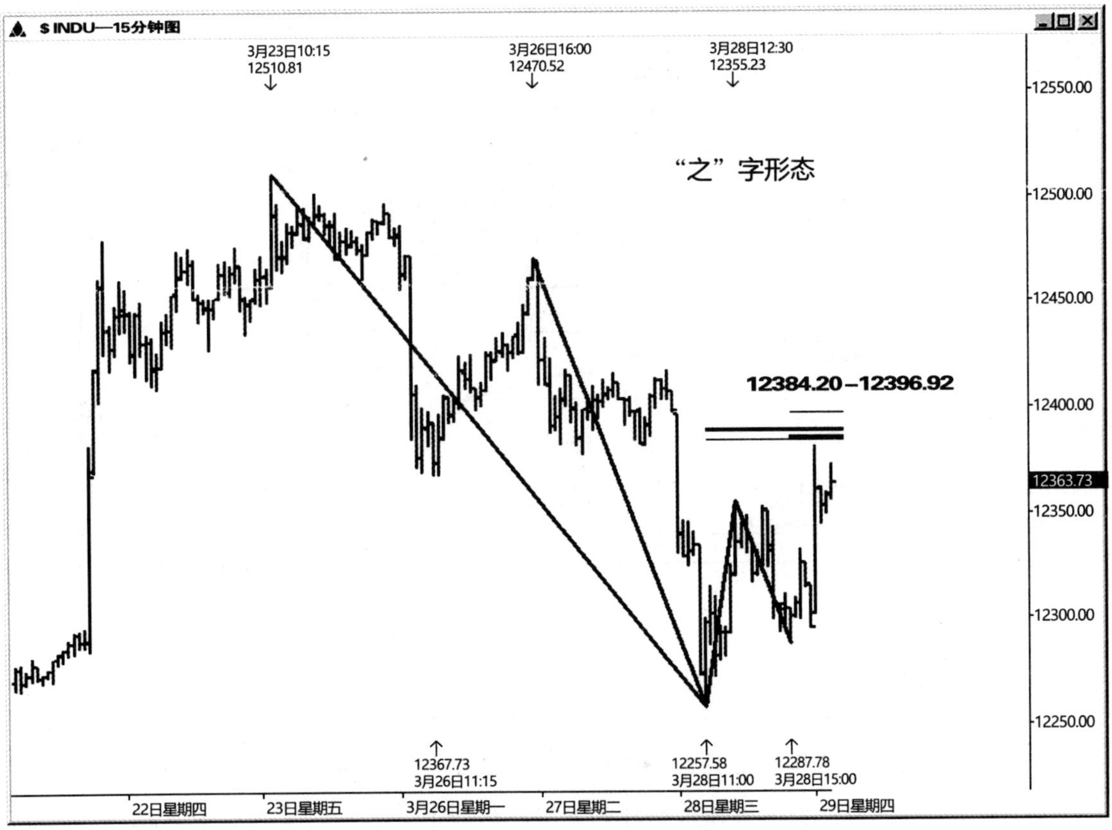

图 8–14

运算12355.23高点到12287.78低点波段的1.618扩展位得到12396.92

从12287.78低点开始，运算12257.58低点到12355.23高点波段的1.000投影位得到12385.43

如图 8-15 所示，在 12381.43 位的高点只略低于该“之”字“簇”。一个理想的下跌从该形态开始，但是当下跌交易刚刚穿过 0.618 回撤位要回到 12257.58 波段低点时，反弹就重新开始，这样 1.272 扩展位的目标也就不会实现了。但这仍是一项很好的交易结构，只是没能帮我们实现通常要寻找的目标而已。

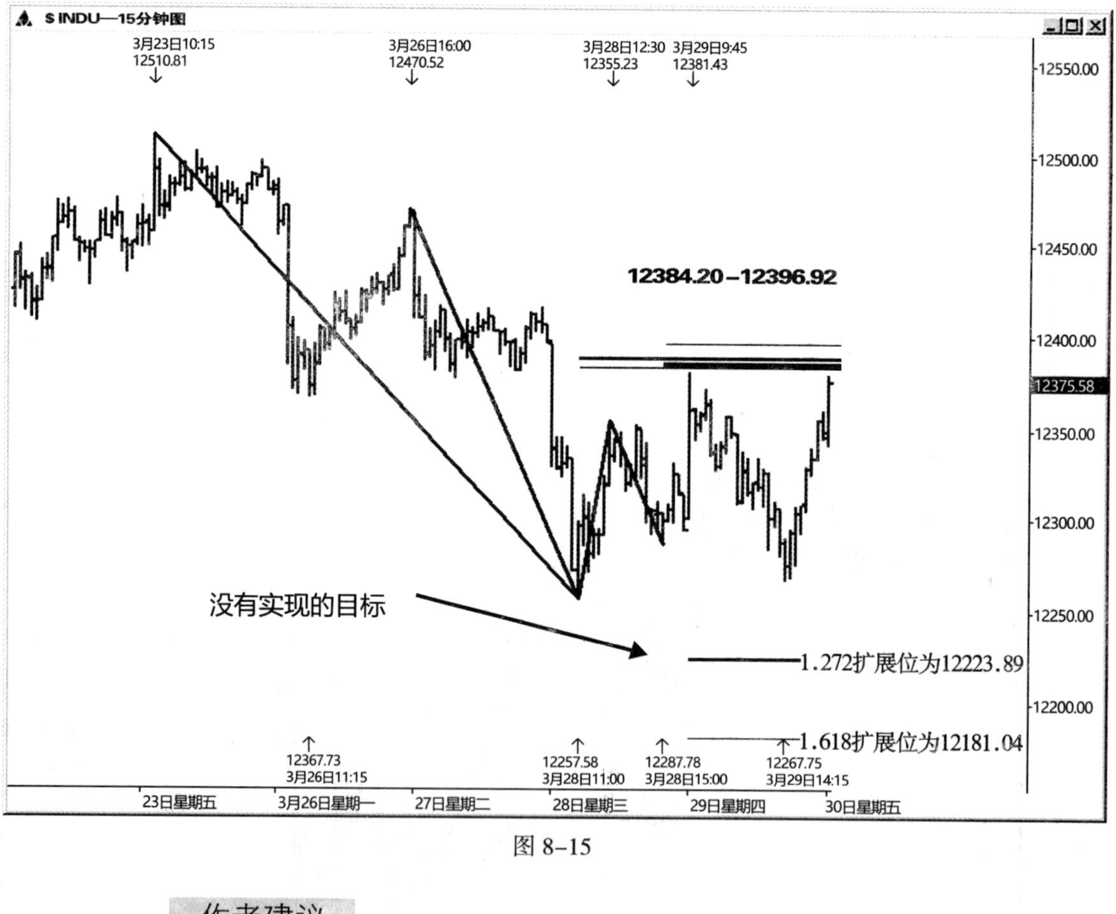

图 8-15

作者建议

如果你发现一个锯齿形态在所分析的特殊图上开始形成，那么就可以运算价格关系并观察是否达到了“簇”效应。能按计划进行到最后，那么这些结构可能会帮你获利很多。

在本章中，你了解了"之"字形态结构，"之"字形态有时也称为Gartley形态。该结构连同价格"簇"和对称交易结构提供了一个低风险、高回报的交易机会。

如果你学习了本书前 8 章的内容，那么你现在就应该知道如何建立交易结构1、2和3了（注意不是所有这些交易结构都会引起可交易机会）。许多交易结构将被破坏或否定。为了提高成功交易的概率，这些结构需要经过一套指标和价格触发器的筛选，并且最理想的状态是建立在趋势方向上。在后面的章节中，我们会讨论交易结构中可能使用的触发器和指标，以及一些其他的触发器和指标。

第9章 选择用于分析的波段

我的学生经常问我一个问题，那就是：你选择哪些高点和低点或价格波段进行分析呢？除了学习下面的例子外，我希望你们会利用一些常识。当你看图并考虑选择哪些高点和低点进行价格关系分析时，试问自己通过你所使用的高点和低点所得出的结果是否与当前的市场密切相关。

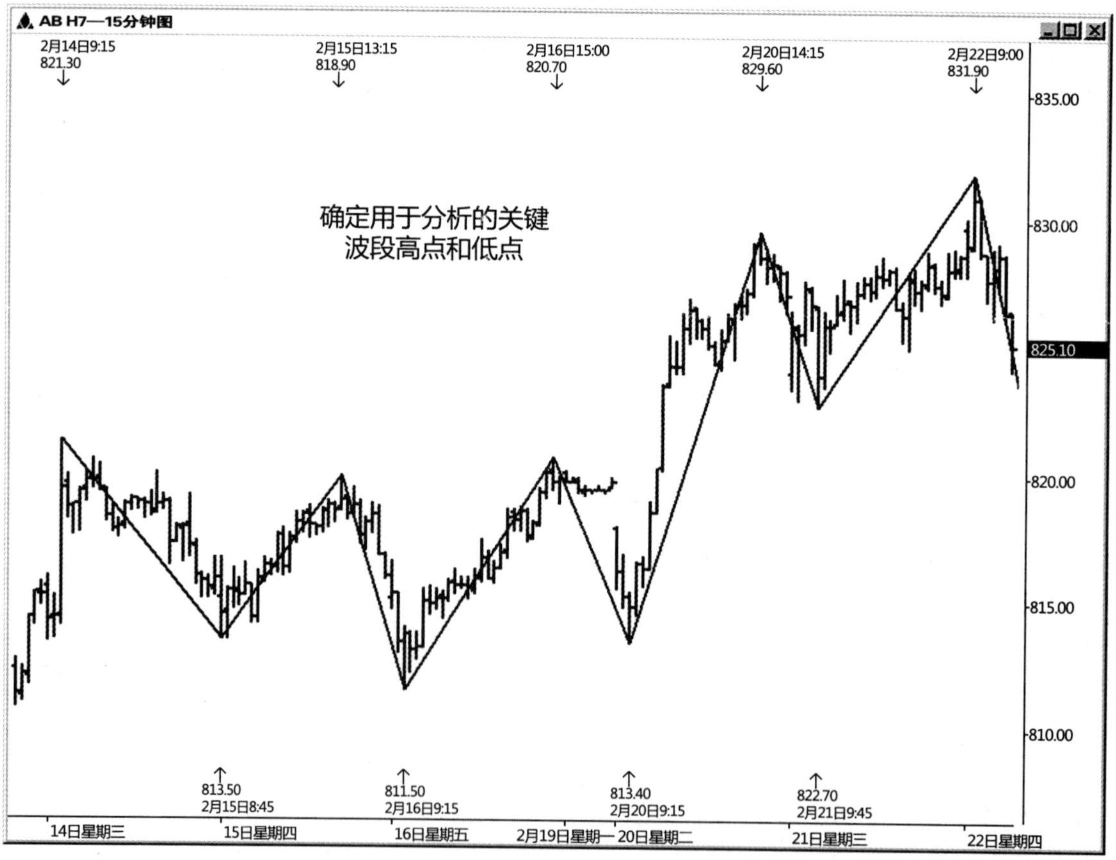

图 9-1

图例

第一个例子是在电子迷你罗素合约的 15 分钟图（图 9–1）中阐述的。我所选的用于时间和价格分析的高点和低点已在图中标出。我所选择的点是清晰界定的波段高点和低点，它们会帮助我确立交易结构。通过使用我在图中确定的高点和低点，我可以在脑中找到多个运算价格回撤位、价格扩展位和价格投影位的机会。

在图 9–2 所示的欧元外汇日线图（欧元 / 美元）中，我标出了那些明显的可用于分析的波段。在本例中，只要 a 点和 b 点间的波段还有意义，我就还会使用它。例如，在市价下跌超过前期下跌波段的 100% 之前，从 2006 年 12 月 4 日高点运算该波段的对称投影位会一直有意义。在那点，市价会击穿从那个波段投影出的对称支撑位。

图 9–2

图 9-3 为通用汽车公司的日线图。我已在图中标出了会用于对该股票进行时间和价格分析的波段。

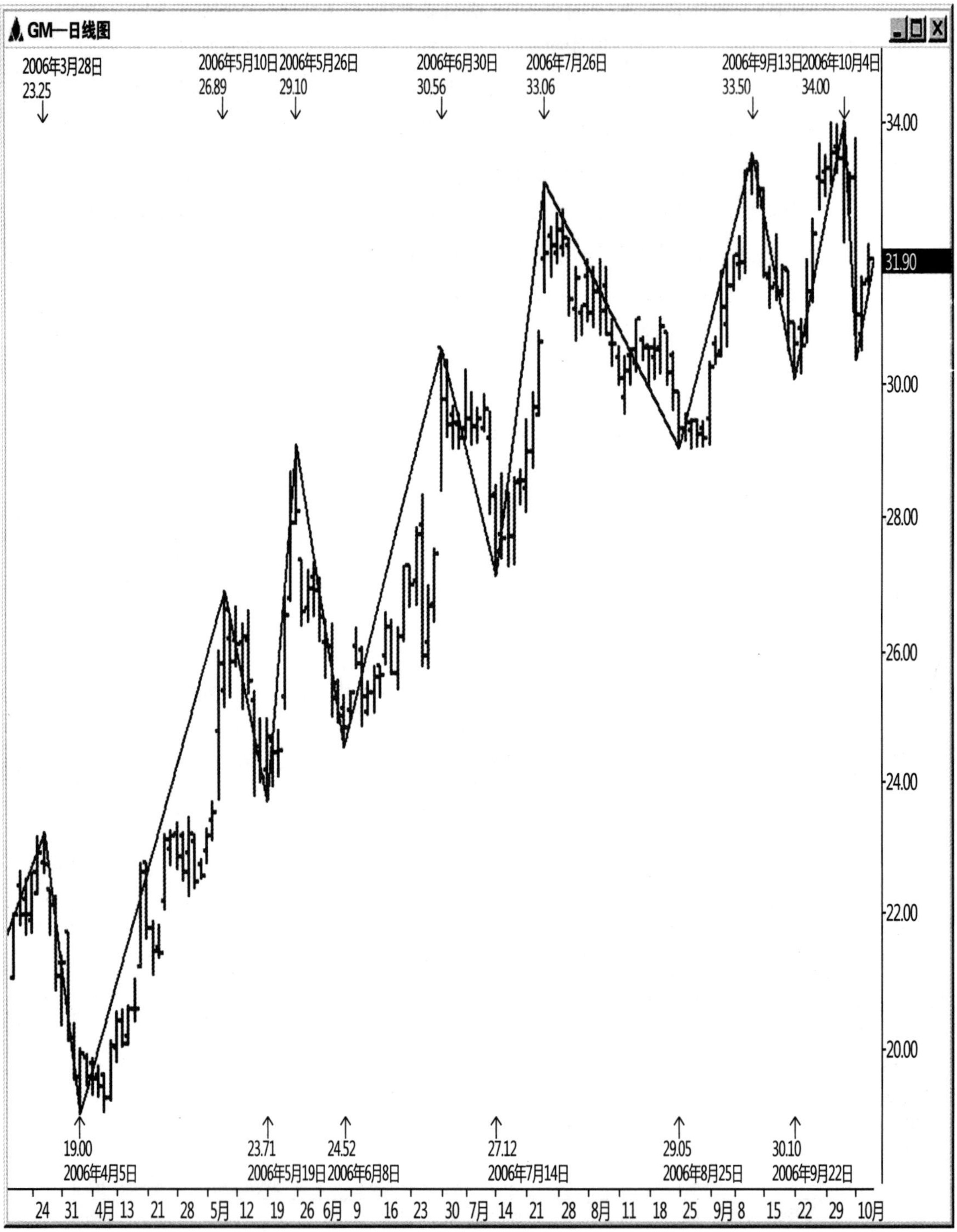

图 9-3

图 9–4 是谷歌的日线图。我已经标出了会对分析有用的波段。就个人而言，可用于分析的高点和低点非常明显。

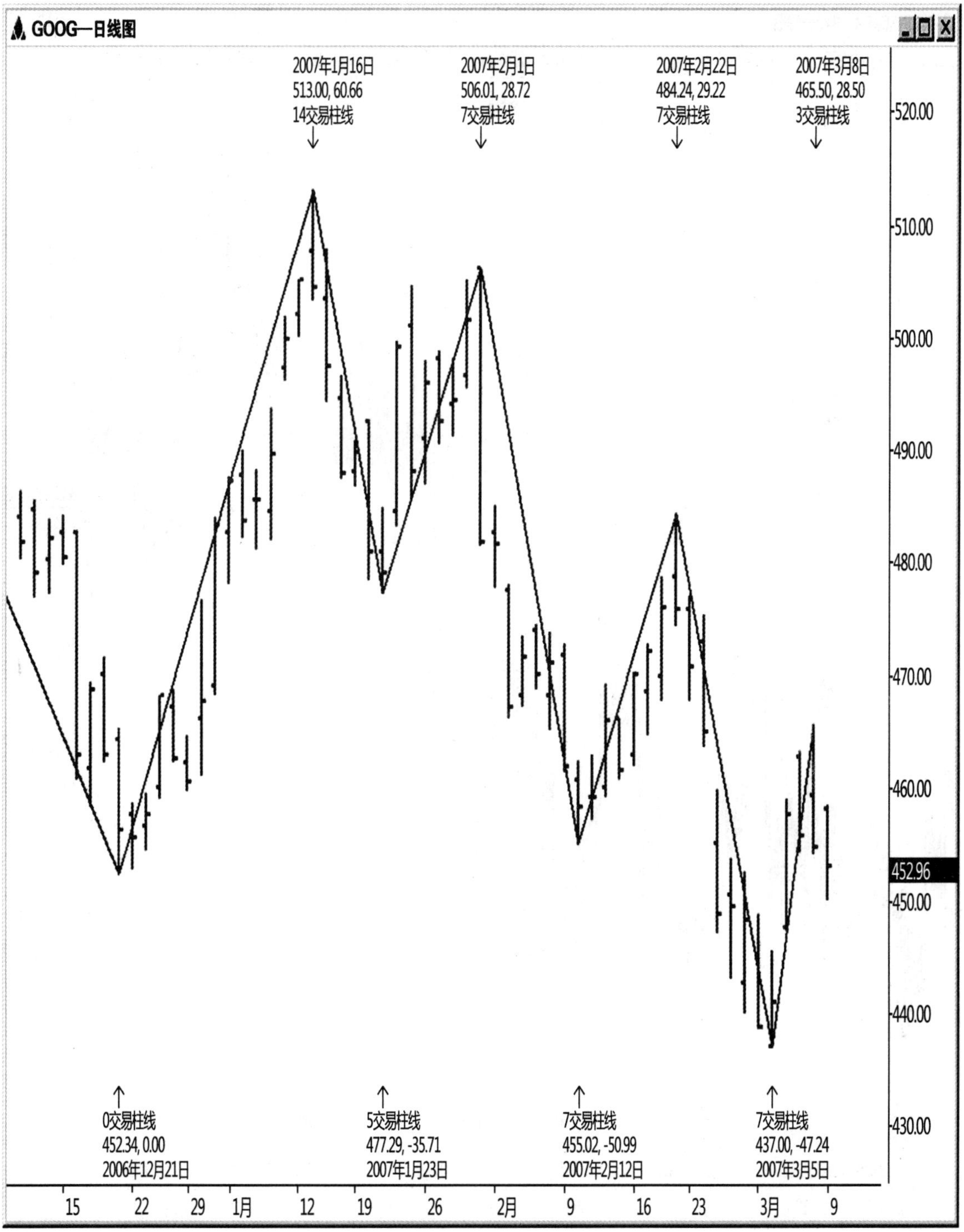

图 9–4

在图 9–5 所示的欧元外汇的 240 分钟图（欧元 / 美元）中，所标出的波段用于该图的时间和价格分析非常有效。

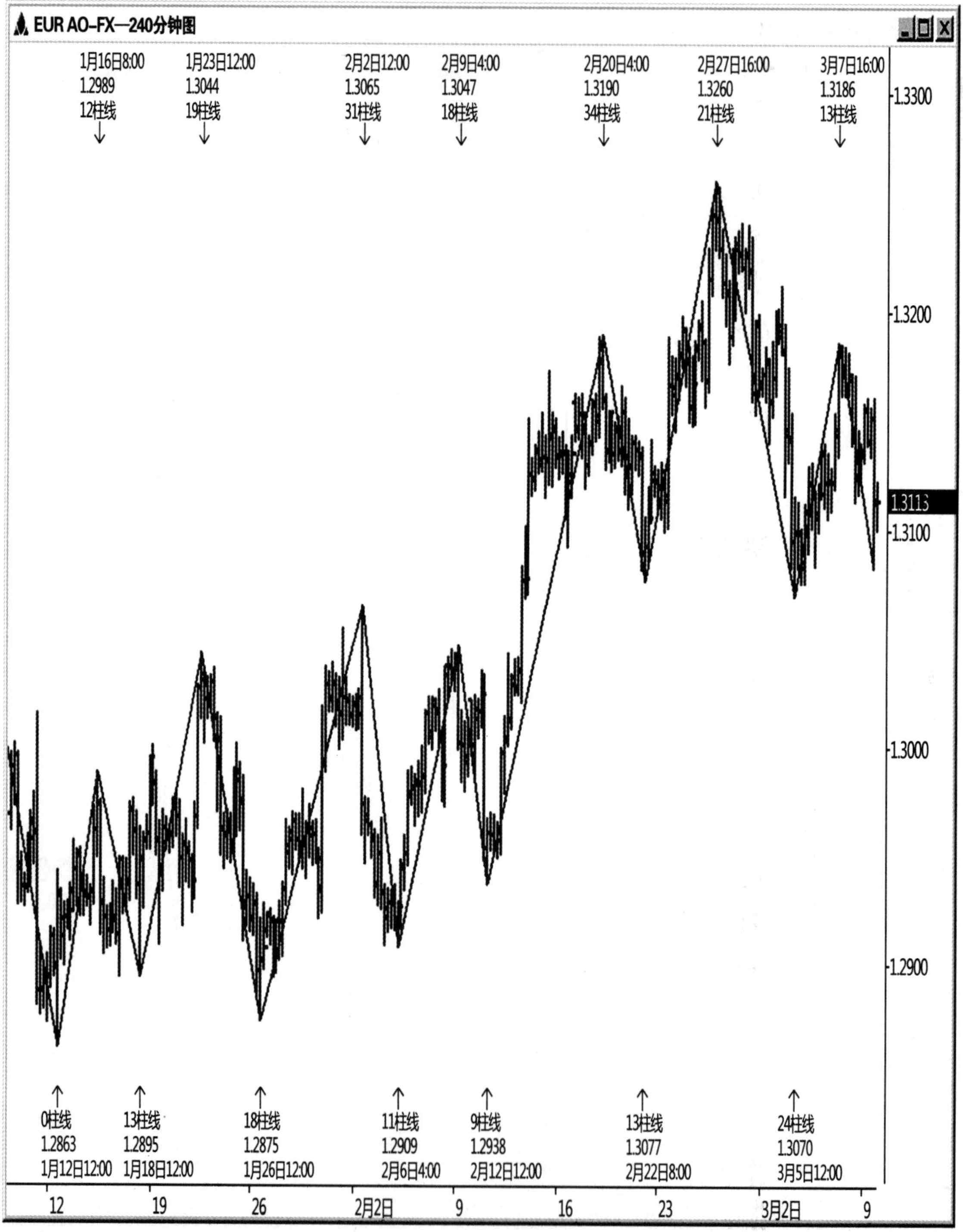

图 9–5

在图 9-6 所示的“Cable”日线图（英镑 / 美元）中，我已标出可用于分析的波段。

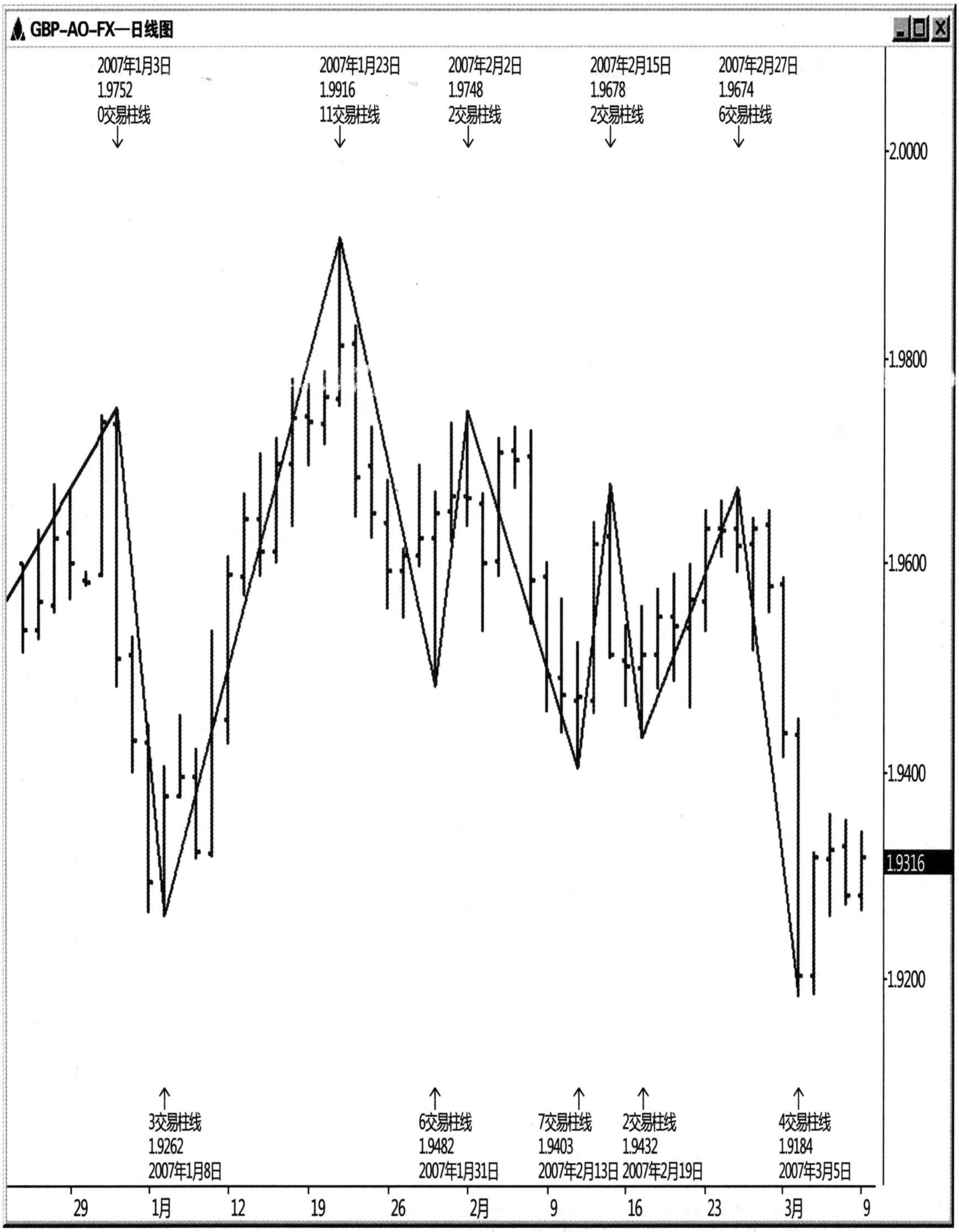

图 9-6

图 9-7 所示的为 2007 年 4 月的迷你黄金合约的 15 分钟图，我已标出了会用于分析的波段。

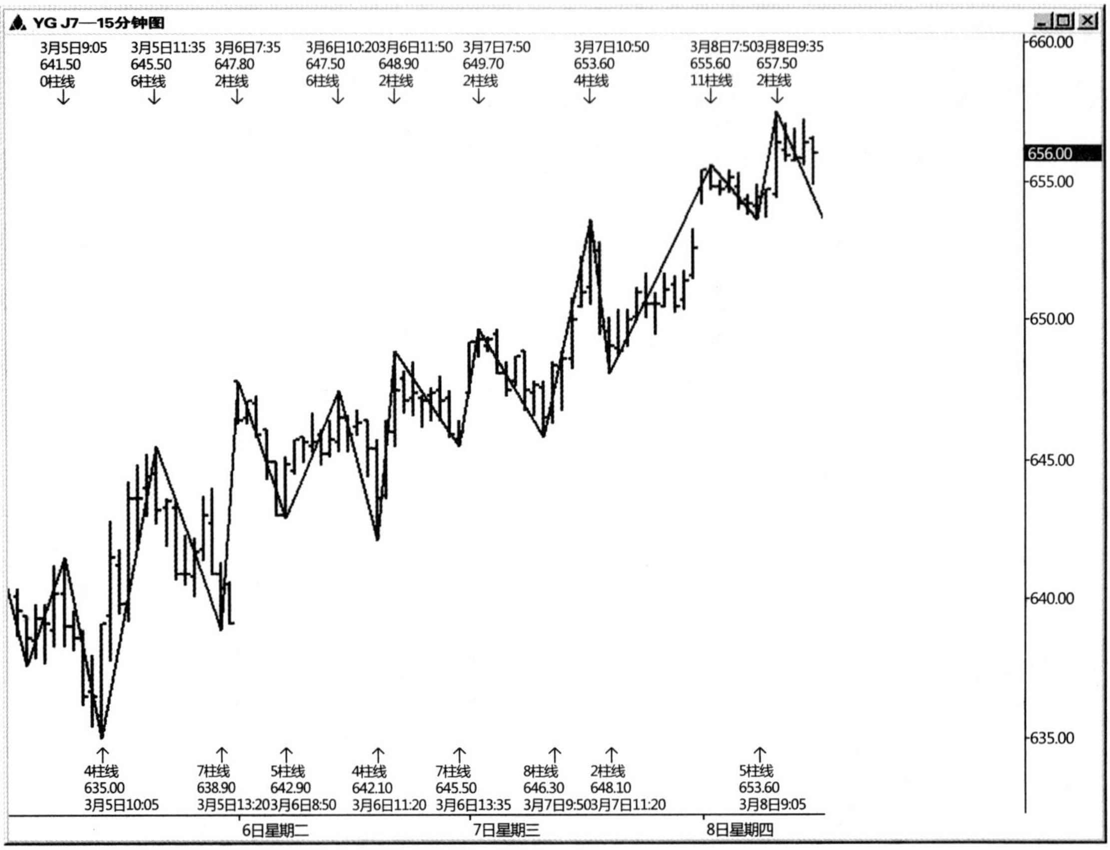

图 9-7

本章目的在于直观地指导你选择怎样的波段或高点和低点进行分析。一旦你很清楚从哪里开始进行价格分析，并且有了好的分析程序，剩下的工作就相对容易了。

你们已经听我提过时间分析了。既然我们已经知道了所有价格分析的步骤，现在就让我们看看怎样将菲波纳奇比率应用于市场时间轴上，如果你能够协调好时间周期与价格分析之间的关系，那么完成交易结构的概率就会提高很多。

第 10 章 菲波纳奇比率在市场时间轴上的应用

交易者可以将菲波纳奇价格分析和结构作为完成一个强有力的交易计划的基础。为了增加这些结构的可信度和力度，可以将用于市场价格轴的菲波纳奇比率也用于时间轴上。那么现在你就要真正地对市场进行时间分析了，不要像其他的分析者那样，口上说着正在对市场进行时间分析，而事实上却只是在参考价格摆动反转。我们利用这些时间周期来确定更有可能出现市场反转的时间窗。当时间和价格参数同时聚集时，会显著地提高触发和完成交易结构的概率。

进行时间分析

我有两种方法对市场进行时间分析。第一种方法是使用动态交易者进行时间周期投影。很多交易者也可以将这种菲波纳奇时间分析工具用于他们的技术分析软件。最近，Ninja Trader 和 Genesis Financial 也新增了这种工具。

第二种方法是在动态交易者程序中利用专项报告进行时间分析。当我选择了用于时间投影的波段高点和低点后，动态交易者程序会自动地使用我在价格分析中所用的相同比率，并在价格图下创建柱线图。这个柱线图会直观地显示出时间投影的汇合，对此我们要非常注意，因为趋势有可能会发生改变。

应用时间周期投影

通过菲波纳奇时间周期投影，无论当时市场为怎样的情形，我们都可以期待可能的趋势反转。例如，如果市价反弹入一个 0.618 时间周期，我们可以在这个周期附近寻找可能的高点和趋势反转，如果出现的话，则表示市价会下跌。与菲波纳奇价格关系相似，我们也要寻找时间关系的汇集或“簇”来确认可能发生趋势改变的有效时间窗。单一周期表明市场可能反转，但如果出现时间周期“簇”，则反转发生的可能性会更高。为了找到这些汇集，我们需测量关键波段高点和低点之间的时间，并使用分析市场价格轴时采用的比率向前做出时间投影。开始分析时，我们要使用菲波纳奇时间分析工具从图中的两点进行投影来确定一些时间关系。

可以从两点投影出的时间关系如下：

低点到低点

高点到高点

低点到高点

高点到低点

从两点进行时间投影时，我主要使用的比率为：0.382、0.500、0.618、0.786、1.000、1.272、1.618 和 2.618，有时我也会使用 0.236 和 4.236 进行确认。我的意思是说通过这两个比率计算出的投影位本身并不重要，但如果它们与其他投影位重叠，则可证实那些投影位很重要。

图 10-1 显示的是对动态交易者软件中使用两个点的时间投影工具所进行的设置。让我们回顾一下提到的所有时间周期投影位。大部分第一个时间分析的例子都是在迷你石油合约的连续日线图中说明的（你们会发现我会使用很多迷你期货合约，那是因为我的很多客户都是在线交易这些合约的）。

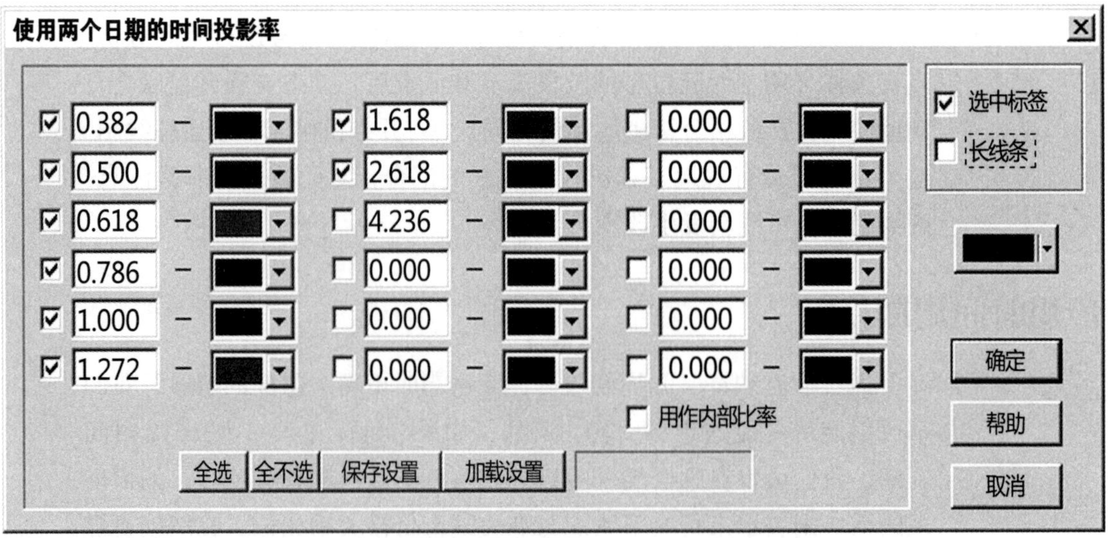

图 10-1

作者建议

我总是使用交易日而不是日历日计算时间周期投影位。然而，当我使用动态时间报告（会在下文提到）时，动态交易者软件会自动使用日历日投影。交易日和日历日投影位会相差 1 天或 2 天。个人认为交易日的投影位更加准确。如果要计算两种时间投影位也无妨，但你一定要知道这两种投影位的差别。

图 10–2 为原油日线图，用来说明怎样计算前期高点到高点波段的时间周期。使用动态交易者软件时，我会选择两个点来测量时间，然后程序会使用之前提到的价格分析中使用的比率从第二个点开始向前进行投影。

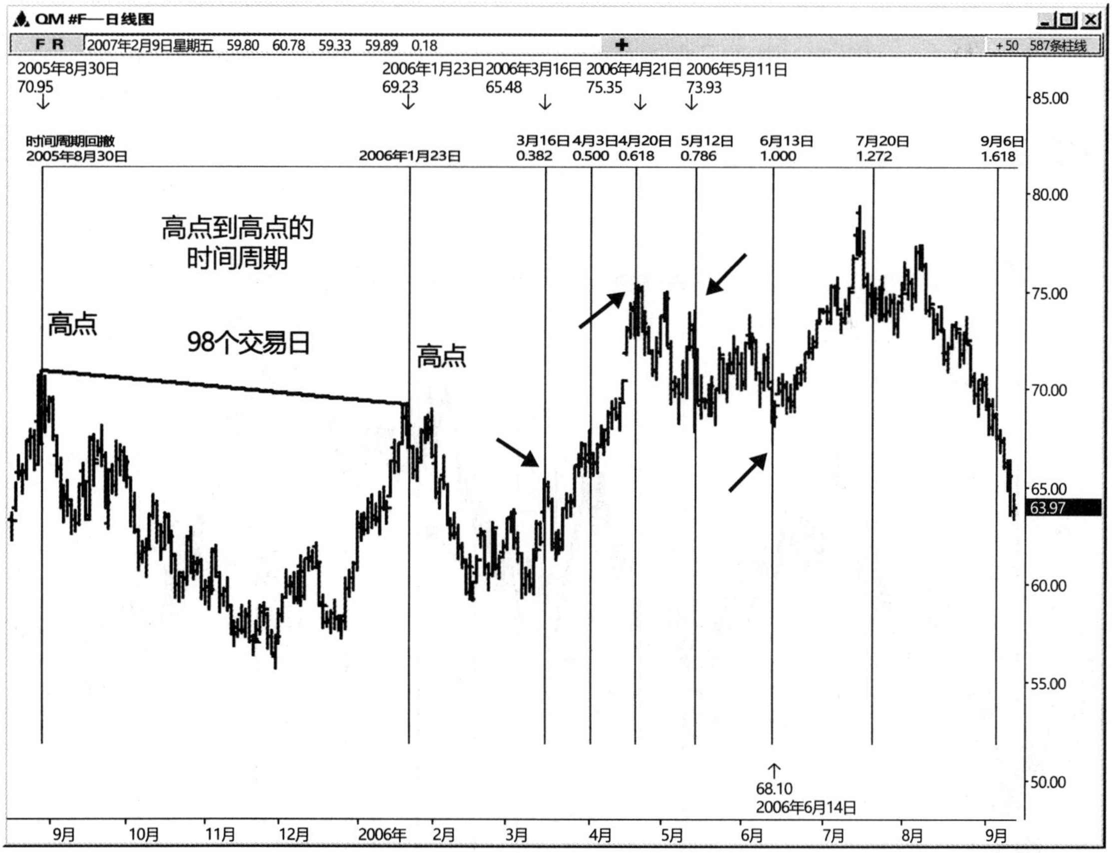

图 10–2

在本例中，我会选择 2005 年 8 月 30 日的高点作为图中的第一个锚点，然后选择 2006 年 1 月 23 日的高点作为第二个点。程序会测量所选两点间的时间距离，在本例中为 98 个交易日。用这 98 天乘以合适的比率并向前进行时间投影。在本图中，一般在投影周期的一个交易日内，你可以看见一些拐点或趋势改变。在 3 月 16 日（0.382）、4 月 20 日（0.618）、5 月 12 日（0.786）和 6 月 13 日（1.000）的周期处，发生了可交易的趋势反转。这些高点或低点的实际日期为 3 月 16 日、4 月 20 日、5 月 12 日和 6 月 13 日。我们要在时间周期投影位前一天或后一天寻找可能的趋势改变。请注意图中的其他周期处不会发生有意义的改变。

作者建议

这些只是用单个的周期投影位来预先指示可能的趋势变化。当我们真正看到了这些时间周期的“簇”时，趋势改变或反转的概率会更大。

图 10–3 说明了在连续的原油日线图中从前期低点到低点波段投

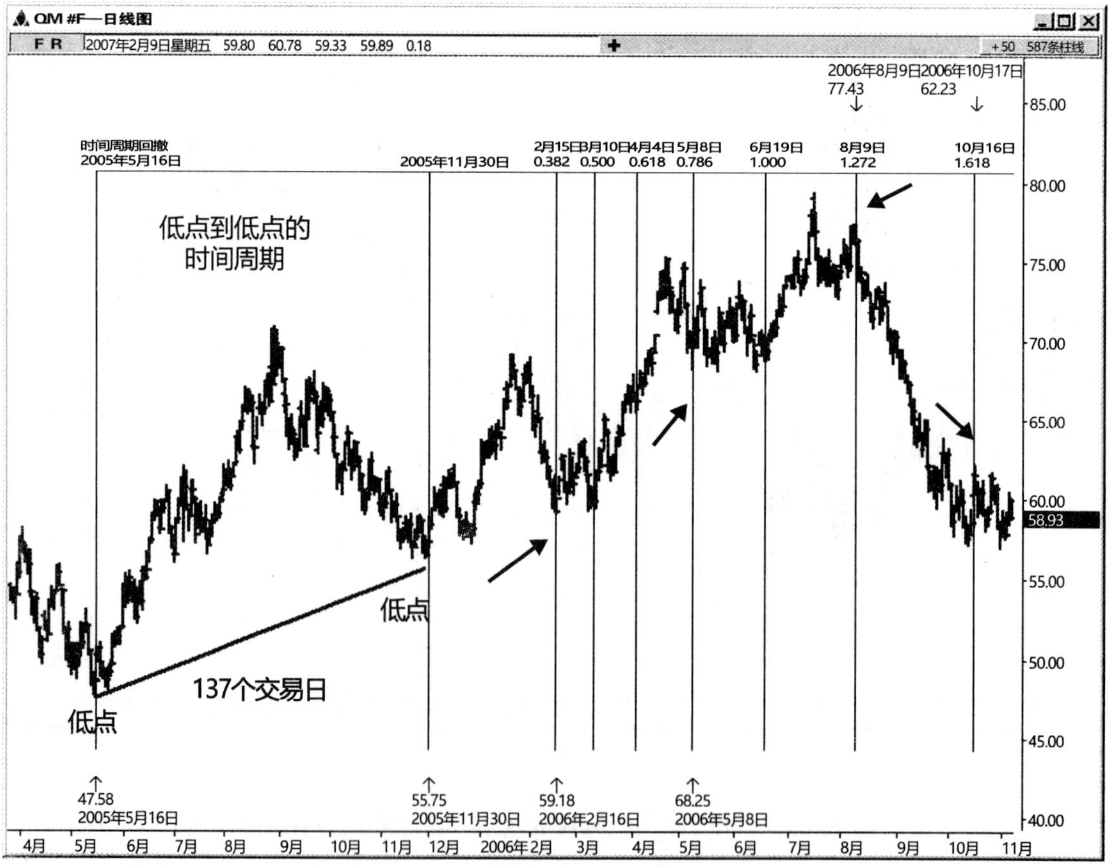

图 10–3

影出的时间周期。在此，我们测量了 2005 年 5 月 16 日低点到 2005 年 11 月 30 日低点的周期，其持续了 137 个交易日并以 0.382 ~ 1.618 为比率向前对周期进行投影。在本图中，我们看见在从前期低点到低点时间周期投影出的 0.382 周期、0.786 周期、1.272 周期和 1.618 周期处或附近发生了反转。在 0.382 周期后一天出现了一个低点，而在 0.786 周期处恰好出现了另一个低点。在 1.272 周期处出现了一个高点，而在 1.618 周期后一天出现了另一个高点（我们似乎在 0.500 周期处看见了一个反转，但对于一个完美主义者来讲，这似乎并不是一个完美的命中。我认为从周期投影位的前一天或后一天起就发生反转才是命中）。

下一个原油的例子显示了一个 2005 看 8 月 30 日高点到 2005 看 11 月 30 日低点波段的投影位，该波段持续了 63 个交易日（图 10–4）。所有相同的周期都是从这个波段投影出来的。在本图中，我们看见于 1.000 周期的一个交易日之内发生了反转；它发生在星期五，而

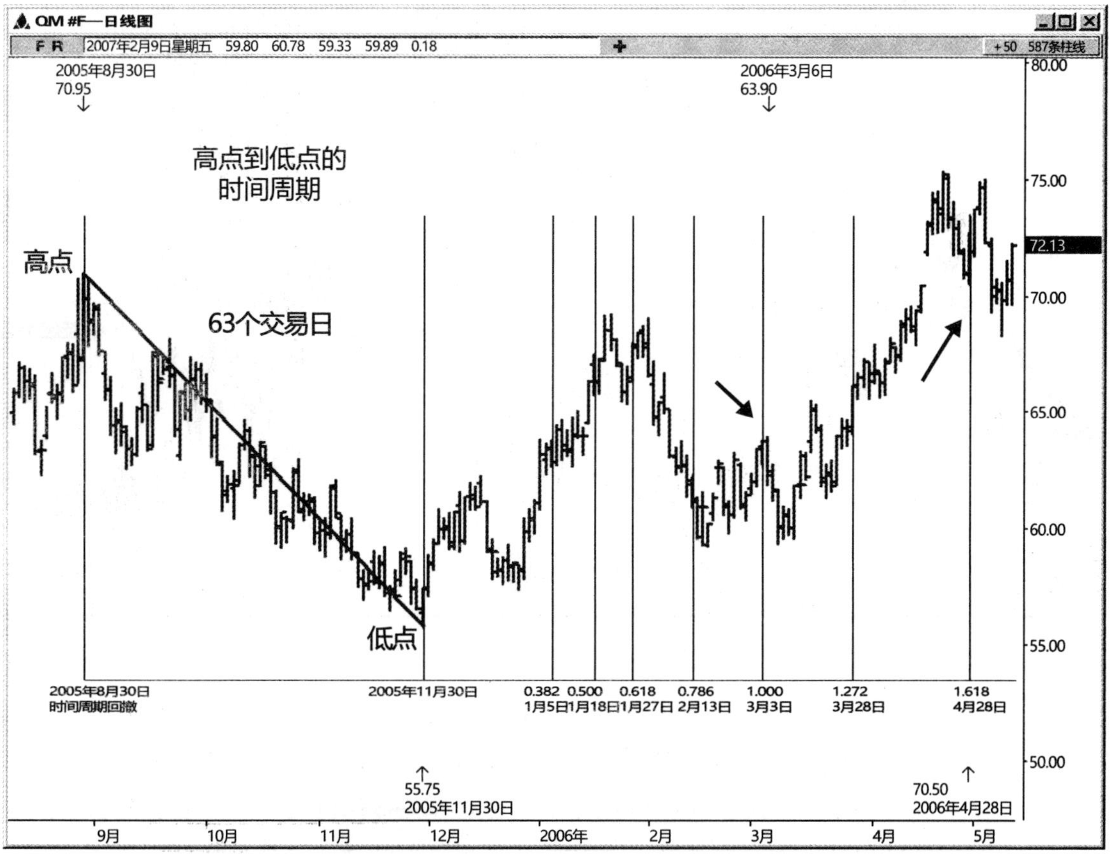

图 10–4

实际高点则出现在星期一。另一个可交易的反转恰好出现在 1.618 周期处。

下一个例子（图 10–5），标出了使用之前例子中应用的菲波纳奇比率计算出的 2005 年 11 月 30 日低点到 2006 年 4 月 21 日高点的投影位。当时间周期在投影位上时，我们看到了许多市价反转。在 0.382 时间周期处我们看到了一个低点。在 0.618 时间周期处出现了一个高点，在 0.786 时间周期处出现了另一个高点，而在 1.272 时间周期处出现了一个低点。最后但并非最不重要的一点是，我们看到恰好在 1.618 时间周期附近出现了一个小的反转。

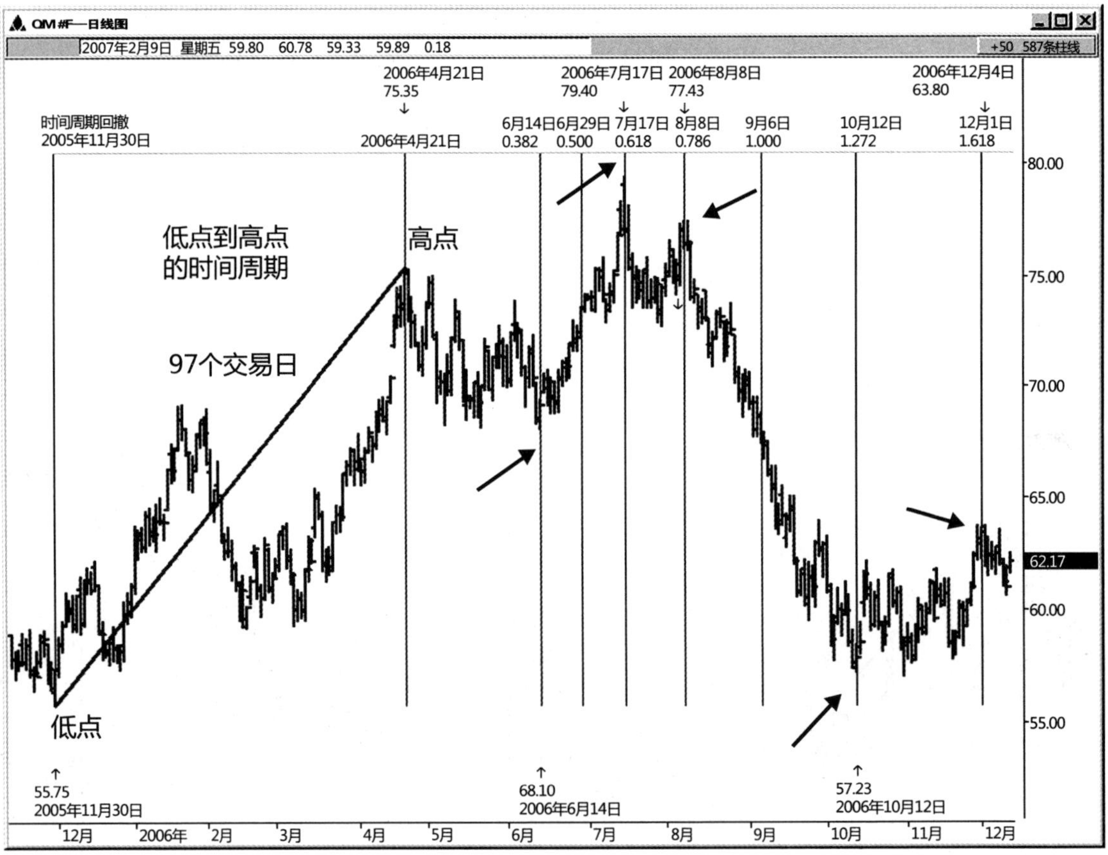

图 10–5

在使用时间分析工具从两个锚点计算了所有可能的时间周期后，我们还可以借助使用图上三个点的菲波纳奇时间分析工具比较同一时间方向上的波段，它也可以用于比较其他非连续波段。举个非连续波段的例子，你可以测量一个前期高点到高点的波段，然后从两个高点之间的一个波段低点向前进行周期投影。

从我最常用的三点投影出的时间关系如下：

从另一低点开始，计算低点到高点波段的投影位（比较相同方向上的波段）

从另一高点开始，计算高点到低点波段的投影位（比较相同方向上的波段）

从中间低点开始，计算高点到高点波段的投影位

从中间高点开始，计算低点到低点波段的投影位

从三点进行时间投影时，我主要使用比率 1.000、1.272 和 1.618。有时，我也会使用比率 0.618 进行确认。

如果使用 1.000 时间投影位比较同一时间方向上的波段，你会发现哪里有时间对称。我特别喜欢计算出前期修正性波段的 1.000 时间投影位，以帮助交易者在趋势方向进场。正如在市场价格轴上的对称投影位，我们也会经常发现修正性波动与前期的修正性波动会在对称的时间点结束。

图 10–6 展示了对动态交易者软件中使用三个点的时间投影工具进行的设置。

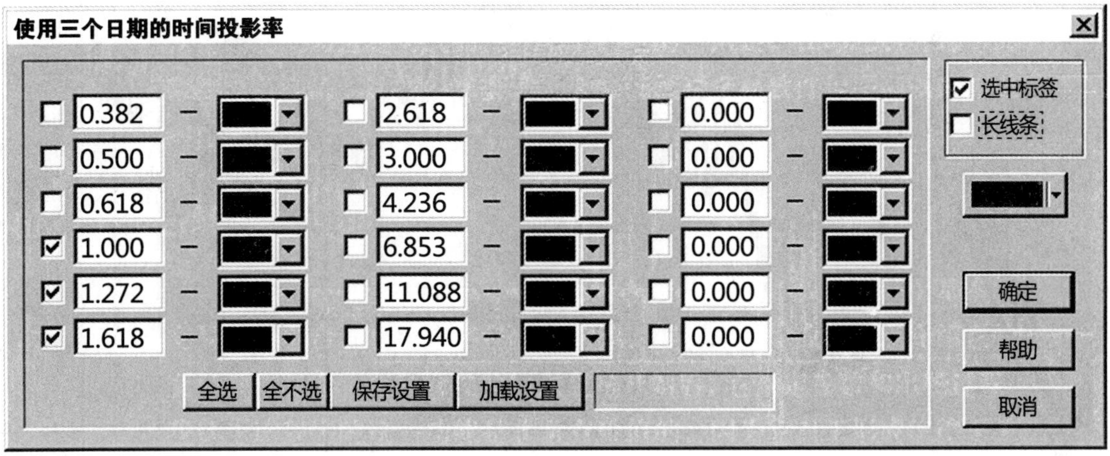

图 10–6

在图 10–7 所示的例子中，运用使用图中三个锚点的时间投影工具来比较同一时间方向上的波段。我的导师罗伯特·迈纳把这种投影叫作交替时间投影。图中的前两个锚点是 2005 年 2 月 9 日低点和 2005 年 4 月 4 日高点。由这两个锚点标出了一段 36 个交易日的反弹

波段。图中的第三个锚点是 2005 年 11 月 30 日低点，我们将从这一低点计算周期的投影位。使用三点工具进行周期投影时，使用的比率为 1.000、1.272 和 1.618。

第一周期（1.000）处发生了理想的趋势改变，且 1.000 周期出现在 2006 年 1 月 24 日。实际高点出现在 2006 年 1 月 23 日，恰好在 1.000 周期的前一天。第一段 36 个交易日的波段和这段开始于 11 月末的 35 个交易日的波段十分相似，所以这是一个很好的时间对称的例子。当你开始亲自研究市场时，你会发现很多时间波段与你正在分析的市场中的其他波段相似。

图 10-7

下一个图 10–8 所示的例子展示了从另一个高点计算的高点到低点波段的投影位。我们再一次使用三点时间分析工具比较同一方向上的波段。我们选择一个 30 个交易日的波段，从 2005 年 4 月 4 日高点到 2005 年 5 月 16 日低点的波段，然后从 2006 年 4 月 21 日高点开始，使用比率计算该波段的投影位。在本例中，我们在 1.272 周期的一天之内看到了反转，其预计出现在 2006 年 6 月 15 日。而实际低点出现在 2006 年 6 月 14 日。

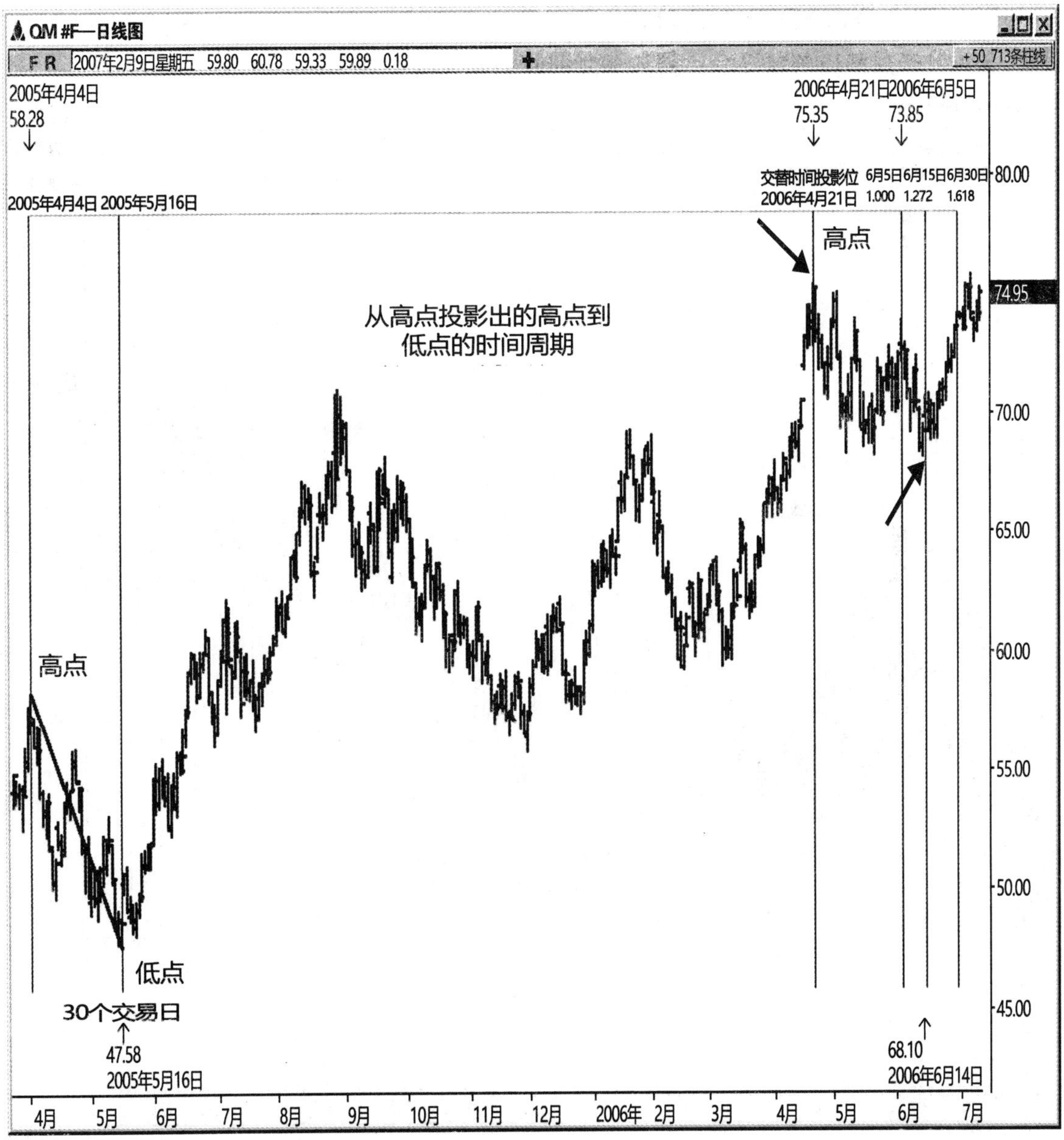

图 10–8

在下一个时间周期的例子中（图 10–9），我们测量一个高点到高点的时间周期的长度，然后使用菲波纳奇比率从这两个高点之间的一个关键低点计算这个周期的投影位。本例中的前两个锚点是 2005 年 8 月 30 日高点和 2006 年 1 月 23 日高点，它们构成一个 98 天的周期。然后，我们使用比率 1.000、1.272 和 1.618 从 2005 年 11 月 30 日低点向前计算投影位。一个可交易高点出现在 2005 年 4 月 21 日，比 2005 年 4 月 24 日周期早了一个交易日。一个次低点出现在 1.272 周期的 2006 年 6 月 1 日。另一个可交易高点出现在 1.618 周期的两个交易日内（通常我不认为这是一个时间分析的命中，但是无论如何这些周期还是值得注意的，因为它们也许会迟一些生效）。

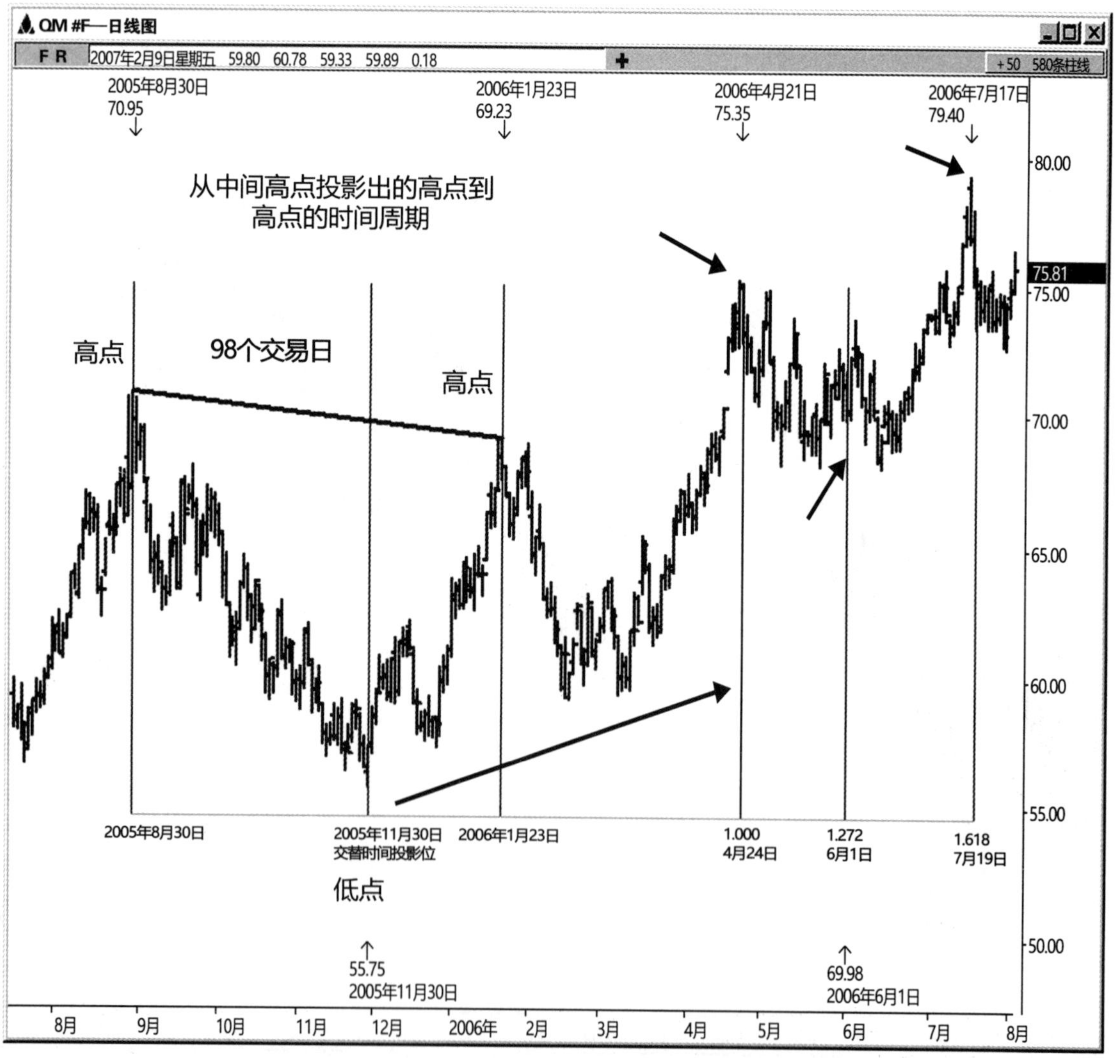

图 10–9

图 10-10 展示了使用比率从中间高点开始计算低点到低点的周期投影位。这个低点到低点周期是从 2005 年 2 月 9 日到 2005 年 5 月 16 日，其持续了 66 个交易日。开始投影的中间高点是 2005 年 4 月 4 日。还是使用比率 1.000、1.272 和 1.618 从 2005 年 4 月 4 日高点向前进行时间投影。在本例中，只有 1.000 周期有意义，一个可交易高点恰好在该周期出现。请注意 2005 年 2 月 9 日低点到 2005 年 5 月 16 日低点的波段与 2005 年 4 月 4 日高点到 2005 年 7 月 7 日高点的波段等长（66 个交易日）。

图 10-10

时间对称

就像价格对称一样，时间对称也是一个简单而又重要的交易工具。谷歌股票的以下例子正是我们在市场中应该寻找的。在图 10–11 中，我标出了在时间上相等或相似的三个修正性波段。第一个波段是从 2006 年 4 月 21 日高点到 2006 年 5 月 19 日低点，持续了 20 个交易日；第二个波段是从 2006 年 7 月 7 日高点到 2006 年 8 月 3 日低点，持续了 19 个交易日；最后一个波段也是一个 20 个交易日的波段，从 2006 年 11 月 22 日高点到 2006 年 12 月 21 日低点。

图 10–11

让我们看看下一个谷歌日线图（图 10–12），它为我们展示了一旦有了一个前期波段可以利用，你可以怎样进行时间对称投影。股价从 2006 年 5 月 19 日低点开始反弹后，无论何时当你看见从任何新高点开始的长期下跌是前期下跌的 100% 时，你就可以对其中一个周期进行投影。本例中，你应从 2006 年 7 月 7 日的新高点开始计算前期 20 个交易日的下跌的投影位。该周期出现在 2006 年 8 月 4 日，实际低点出现在 2006 年 8 月 3 日，恰好是该周期的前一个交易日。看一下 2006 年 8 月 3 日之后的大幅反弹。然后你可以从 2006 年 11 月 22 日高点开始计算两个前期下跌的投影位。投影位会给出两个日期，即 2006 年 12 月 20 日和 2006 年 12 月 21 日，你就可以从中寻找可能的低点。在本例中，一个可交易低点出现在 2006 年 12 月 21 日。

你可以从任何出现市场反转的高点开始计算这些周期的投影位。例如，如果我们从形成于 2006 年 11 月 22 日高点之前的一个高点开始计算这些时间周期的投影位，这些代表潜在反转的投影位在那时可

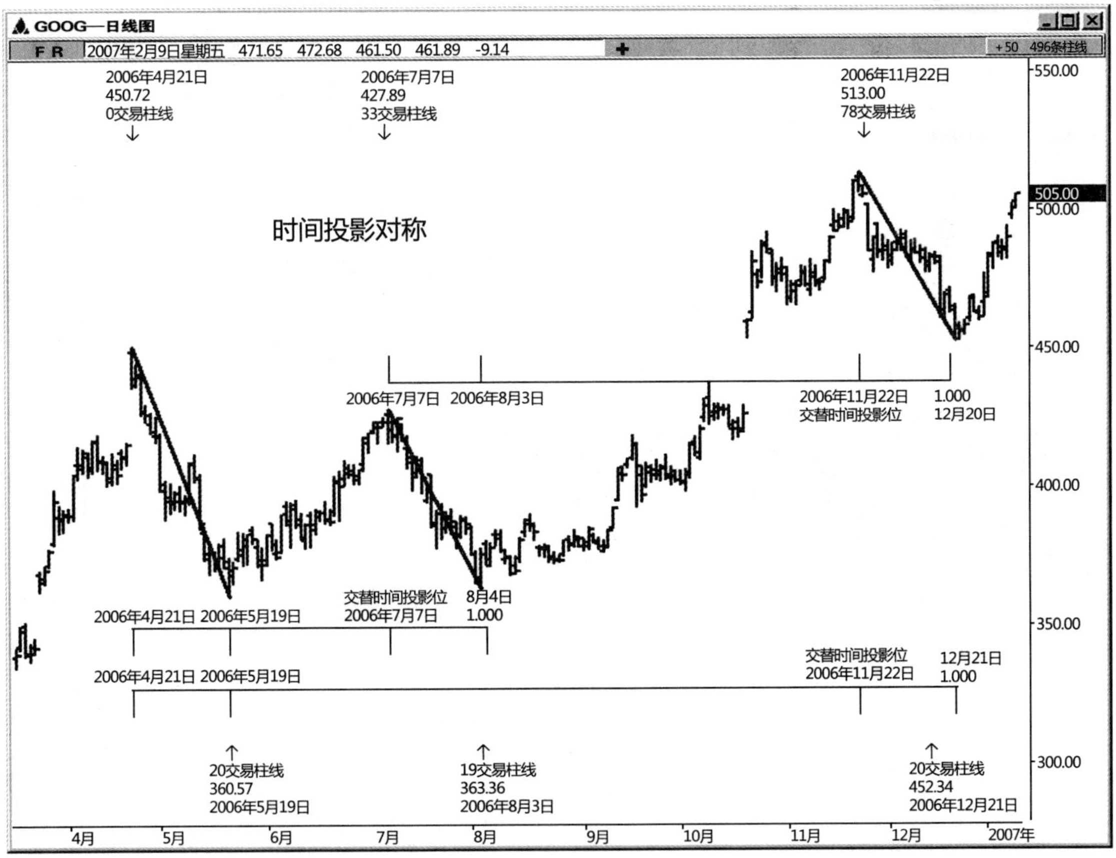

图 10–12

能有效。但是一旦有一个新的高点在你开始投影的高点上方形成，这些投影位就会无效。

作者建议

菲波纳奇学说中提到：每当有一个新的波段高点或低点出现时，就有机会建立新的价格和时间关系。

让我们进一步分析谷歌的例子。只对它进行时间分析可发现市场的趋势改变，但是当时间和价格参数“簇”的时候，则会出现高胜算交易结构。在谷歌日线图中计算了两次时间投影位，以在 2006 年 12 月 20—21 日附近寻找可能的低点，在 447.01—452.02 区域形成了一价格支撑“簇”。如果你预先知道存在用来寻找低点的价格支撑位和时间分析，一旦价格支撑位与主要时间参数很明显地保持在一起，你很可能已经成为多头。

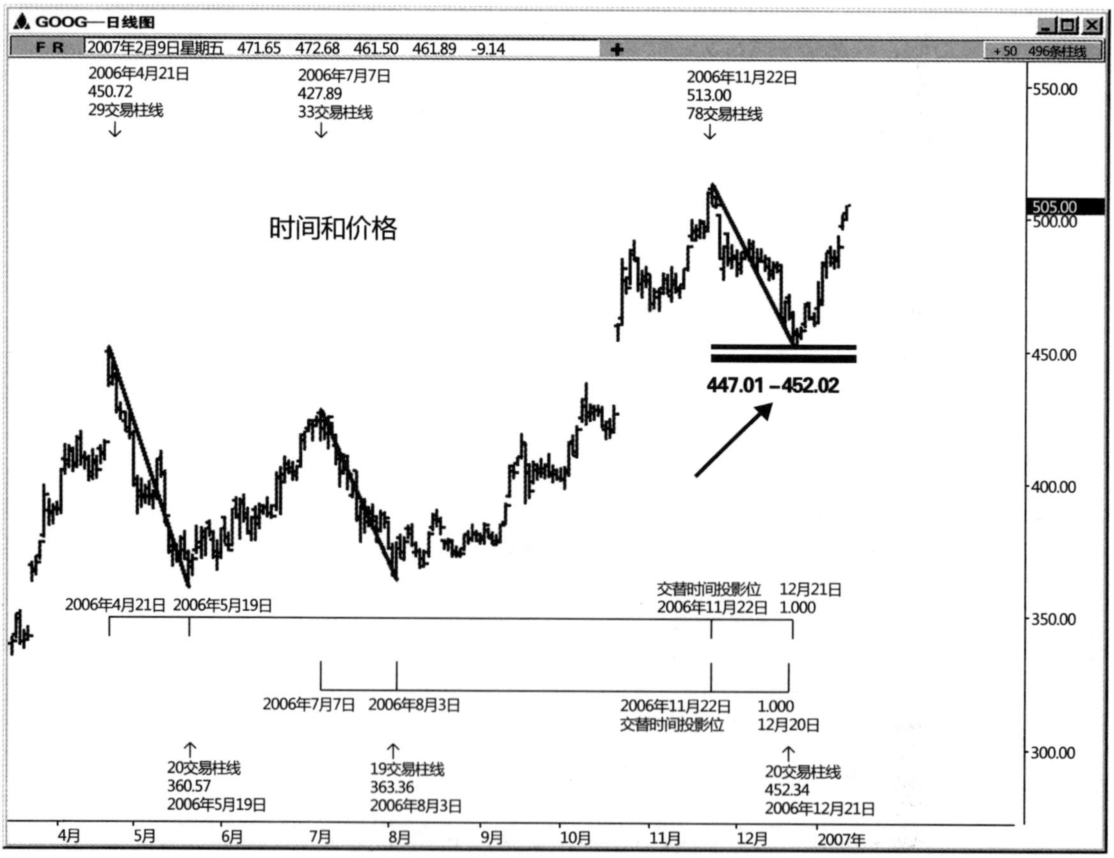

图 10-13

图 10–13 谷歌日线图是一个很好的时间和价格“簇”的例子。当时间和价格参数相对应时，市场反转的概率会比平常高很多。

本章中，我为大家列举了许多例子来演示怎样将菲波纳奇比率应用于市场时间轴上。请注意单一的时间周期本身可以产生趋势改变，但是只有当你发现时间周期聚集在一起时，它真正的魔力才会显现出来，就像菲波纳奇价格“簇”关系一样。下一章将重点介绍菲波纳奇时间“簇”。

第11章 菲波纳奇时间“簇”

既然你已经知道了用最基本的时间投影位来进行分析，那么你一定也想在一段相对紧密的时间区间内寻找至少三个这样的时间关系的重合或汇合。实质上这就是时间“簇”的定义。如果市价实际进入一个时间窗，那么这些周期会确定一个可能发生趋势反转的时间窗。例如，如果市价反弹入时间窗，我们可以寻找可能的高点和下跌反转，因为这时出现反转的概率会更高。如果市价下跌入时间窗，我们可以寻找可能的低点和上涨反转。让我们讨论一下“相对紧密的时间区间”和“时间窗”并为它们下定义。

关于日线图中“簇”的时间区间，我一般会使用1～3个交易日作为一个区间。在日内图中，它就是在你所使用的时间框架图中的1～3个交易柱线，更宽区间的预测能力可能就没那么好了。我说“可能”没那么好，是因为对于规则来讲总是会有一些例外。尽管如此，一般来讲，时间区间越紧密，效果越好。

时间窗的含义是：找出时间“簇”投影位，并在投影位前后各加一条柱线。这就形成了一个时间窗，在其内你可以寻找可能的趋势改变。例如，一组时间周期在日线图中的6月2—3日之间聚集，而我们用于寻找可能的趋势改变的时间窗会扩展为6月1—4日。

时间“簇”例子

让我们看一些时间“簇”的例子。图11-1为凯特皮勒的日线图。在这张图中，我们可以看见时间关系很好地汇合在2006年10月16日和2006年10月20日之间，而周期主要集中在2006年10月17日和2006年10月19日之间。

计算2006年9月6日高点到2006年9月22日低点波段的1.618投影位

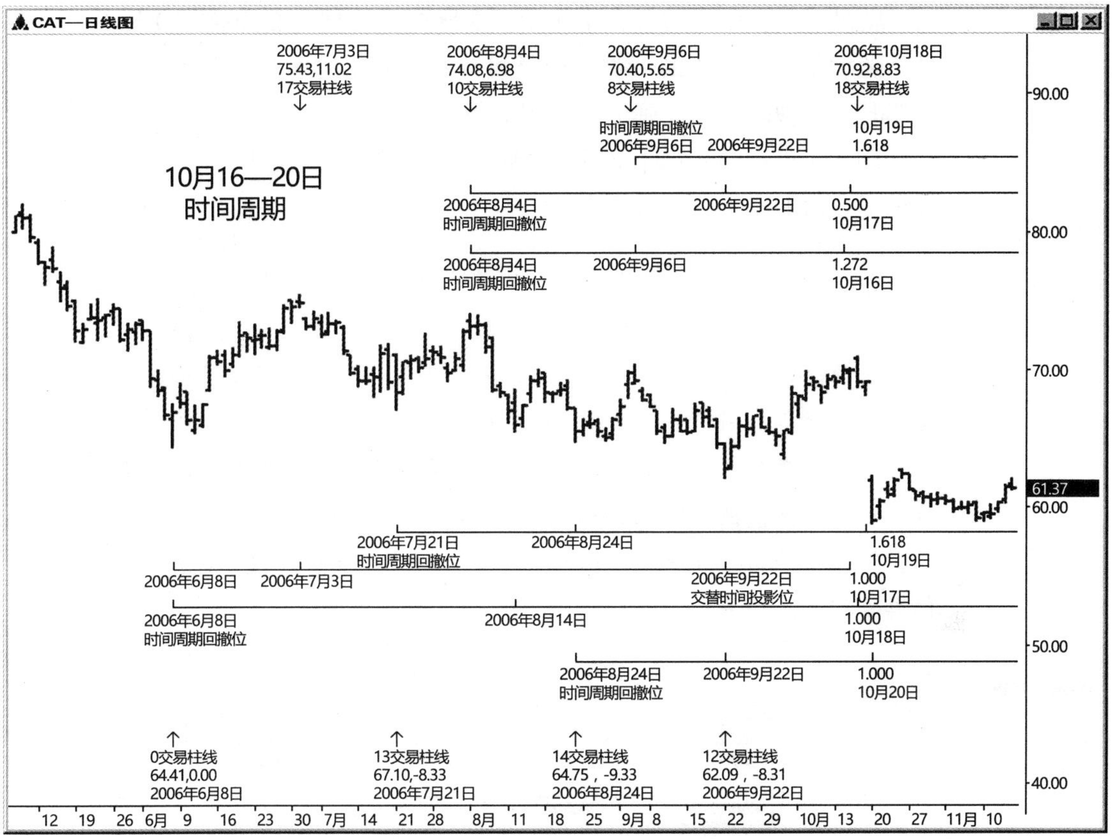

图 11-1

得到2006年10月19日

计算2006年8月4日高点到2006年9月22日低点波段的0.500投影位得到2006年10月17日

计算2006年8月4日高点到2006年9月6日高点波段的1.272投影位得到2006年10月16日

计算2006年7月21日低点到2006年8月24日低点波段的1.618投影位得到2006年10月19日

从2006年9月22日低点开始，计算2006年6月8日低点到2006年7月3日高点波段的1.000投影位得到2006年10月17日

计算2006年6月8日低点到2006年8月14日低点波段的1.000投影位得到2006年10月18日

计算2006年8月24日低点到2006年9月22日低点波段的1.000投影位得到2006年10月20日

随着CAT反弹入这个时间周期“簇”，我们寻找一个可能的高点，

其后就是一个下跌反转。在本例中，实际高点出现在 2006 年 10 月 18 日，随后是一个理想的下跌。如果我持有该股票的多头，我当然希望在那时会出现阻止该反弹的时间阻力位。

图 11-2 为下一个时间周期"簇"的例子，其是通用电气公司的日线图。由上至下，重叠周期为：

计算2006年10月5日高点到2006年11月1日低点波段的1.618投影位得到2006年12月19日

计算2006年10月5日高点到2006年11月20日高点波段的0.618投影位得到2006年12月19日

从2006年12月1日低点开始，计算2006年12月2日低点到2006年11月20日高点波段的1.000投影位得到2006年12月19日

计算2006年11月2日低点到2006年12月1日低点波段的0.618投影位得到2006年12月19日

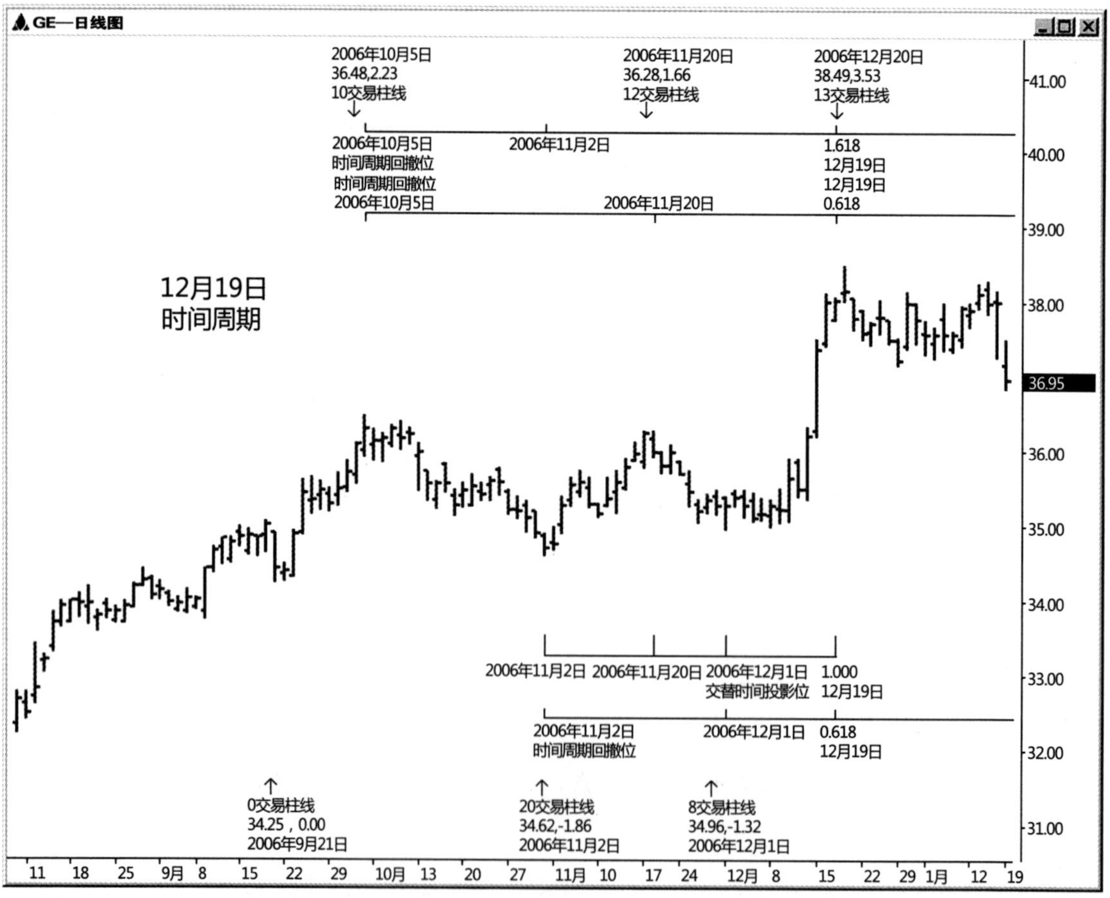

图 11-2

由于在进入该时间周期"簇"时，通用电气公司的股价正在上涨，所以我们想要找到一个可能的高点。实际高点出现在 2006 年 12 月 20 日。如果在任何市场的时间周期内发生可能的趋势改变，你一定要注意反转的迹象或信号。

近年来，黄金市场已成为一个很好的交易场所。图 11-3 标出了一个在 2007 年 2 月 27 日至 3 月 2 日之间的时间"簇"。在那时，如果你已经成为持有黄金的多头，图中所示的情况就是你希望看到的。周期为：

计算2006年9月5日高点到2006年12月1日高点波段的1.000投影位得到2007年3月1日

计算2006年7月17日高点到2006年12月1日高点波段的0.618投影位得到2007年2月28日

计算2006年12月1日高点到2007年1月5日低点波段的1.618投影位得到2007年2月28日

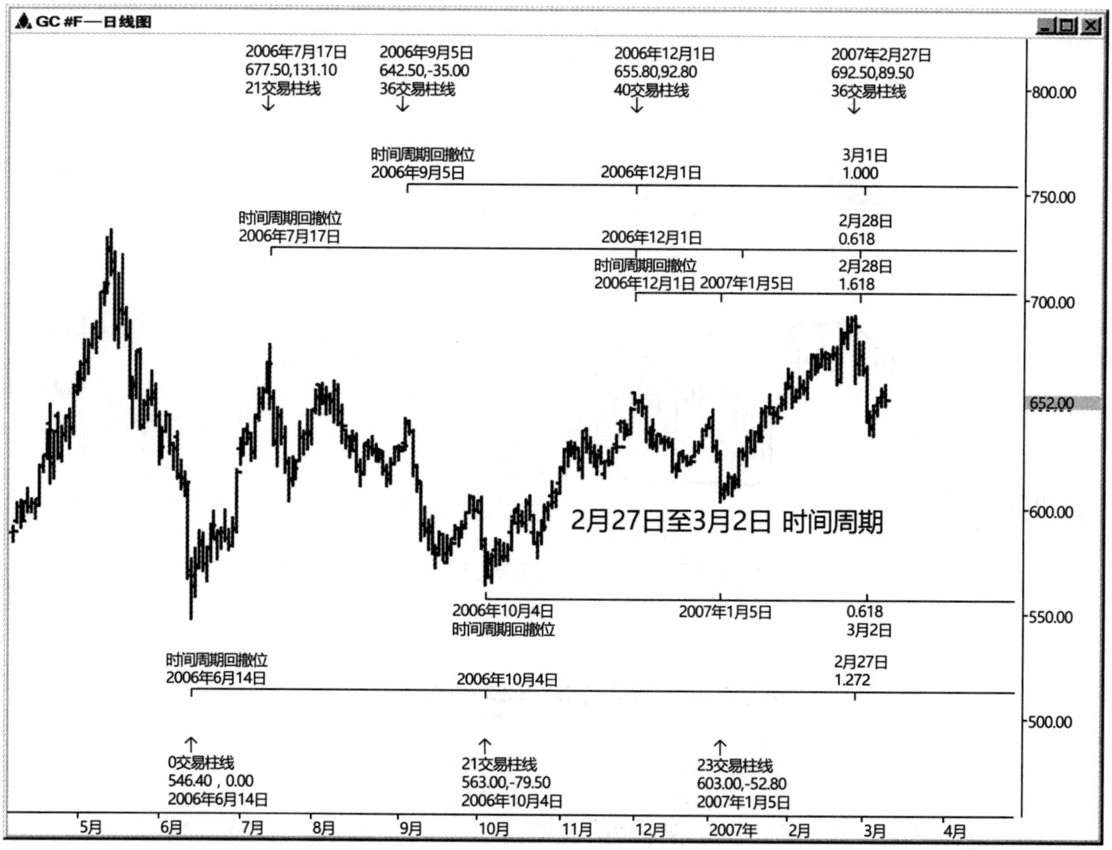

图 11-3

计算2006年10月4日低点到2007年5月1日低点波段的0.618投影位得到2007年3月2日

计算2006年6月14日低点到2006年10月4日低点波段的1.272投影位得到2007年2月27日

一个中间高点出现在 2007 年 2 月 27 日，随后出现一个持续了一个多星期的 58.00 美元的下跌。

在默克公司的股票中，我们在 2007 年 1 月 23—25 日区域看到了时间周期的汇合（图 11–4）。默克公司股价正反弹入这个时间窗，所以我们在这个时间窗中寻找一个可能的高点。周期为：

计算2006年10月27日高点到2006年12月4日高点波段的1.272投影位得到2007年1月23日

计算2006年12月4日高点到2006年12月26日低点波段的1.272投影位得到2007年1月25日

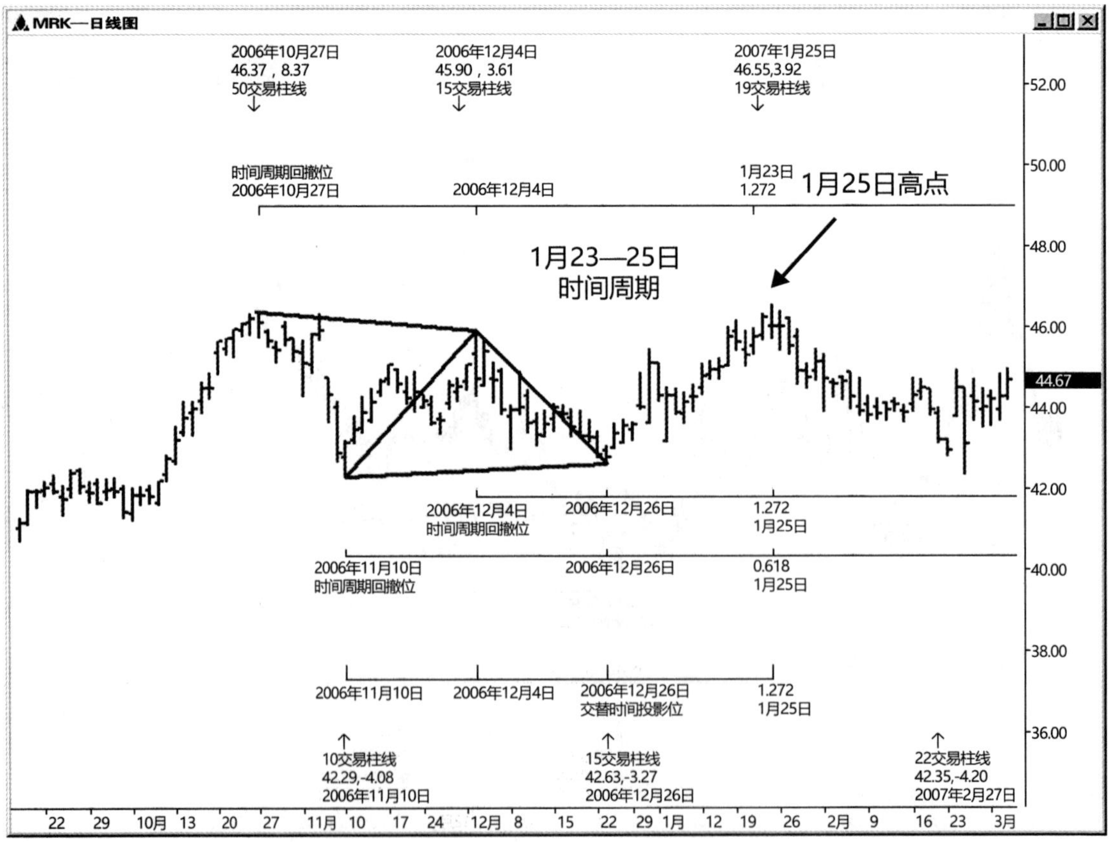

图 11–4

计算2006年11月10日低点到2006年12月26日低点波段的0.618投影位得到2007年1月25日

从2006年12月26日低点开始，计算2006年11月10日低点到2006年12月4日高点波段的1.272投影位得到2007年1月25日

实际高点出现在 2007 年 1 月 25 日，恰好在时间周期的顶部。可以看到，从这些周期开始出现一个持续至少 22 个交易日的理想下跌。请注意大部分周期仅是从图中的四个点投影出来的。很多时候，你只需要找出一个理想的周期汇合。通过找到最近的关键高点和低点来开始你的时间分析工作。

宝洁公司的情况怎么样呢（图 11–5）？股价也反弹进入一个时间窗，以在 2006 年 11 月 6 日和 2006 年 11 月 9 日区域寻找可能的高点。周期的重合告诉我们可能会出现一个高点。

计算2006年10月5日高点到2006年10月16日低点波段的2.618投影

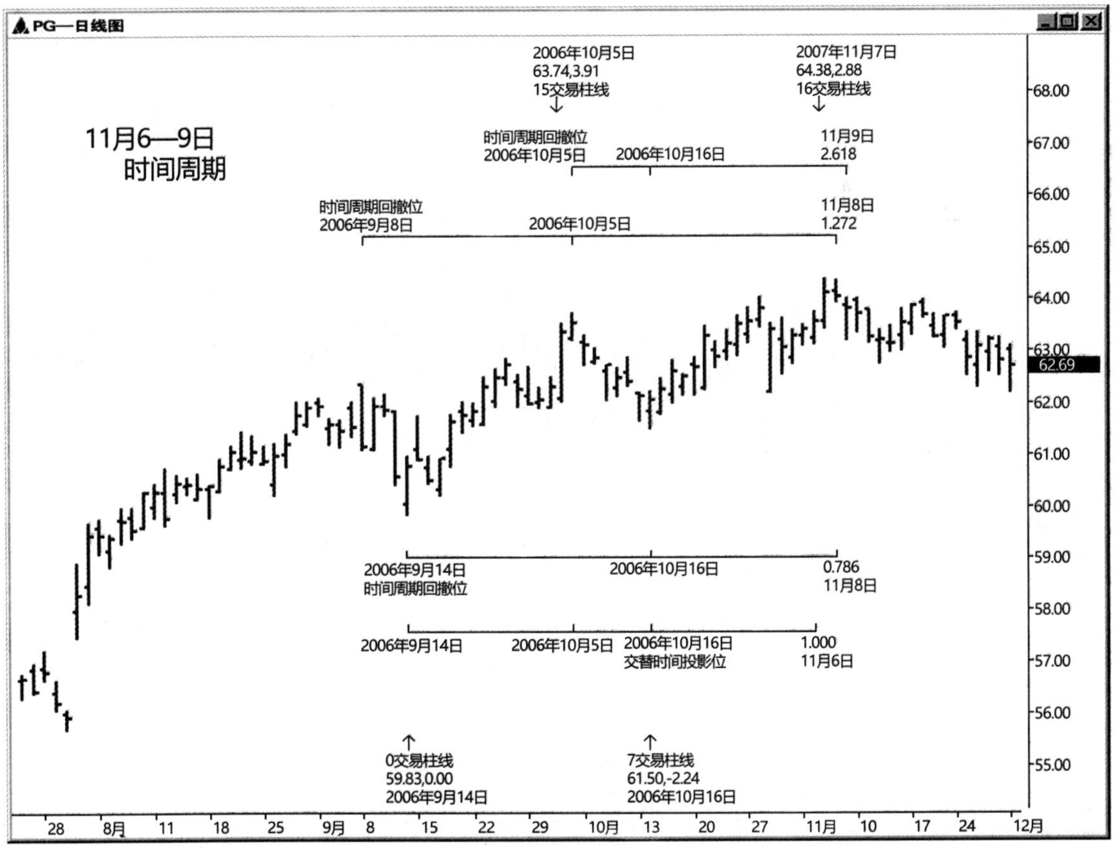

图 11–5

位得到2006年11月9日（周期很好确认）

计算2006年9月8日高点到2006年10月5日高点波段的1.272投影位得到2006年11月8日

计算2006年9月14日低点到2006年10月16日低点波段的0.786投影位得到2006年11月8日

从2006年10月16日低点开始，计算2006年9月14日低点到2006年10月5日高点波段的1.000投影位得到2006年11月6日

中间高点出现在2006年11月7日，随后是一个可交易下跌。请注意在图底端处的2006年11月6日的周期，这是前期反弹的一个交替时间投影位（这一术语是由我的导师罗伯特·迈纳提出的）。当我们计算这一类投影位时，我们比较相同时间方向上的波段。

在本例中，我要将持续15个交易日的前期反弹波段与一个开始于2006年10月16日低点并持续16个交易日的反弹波段进行比较。我发现在时间分析工作中1.000时间投影位非常有价值。在这些市场

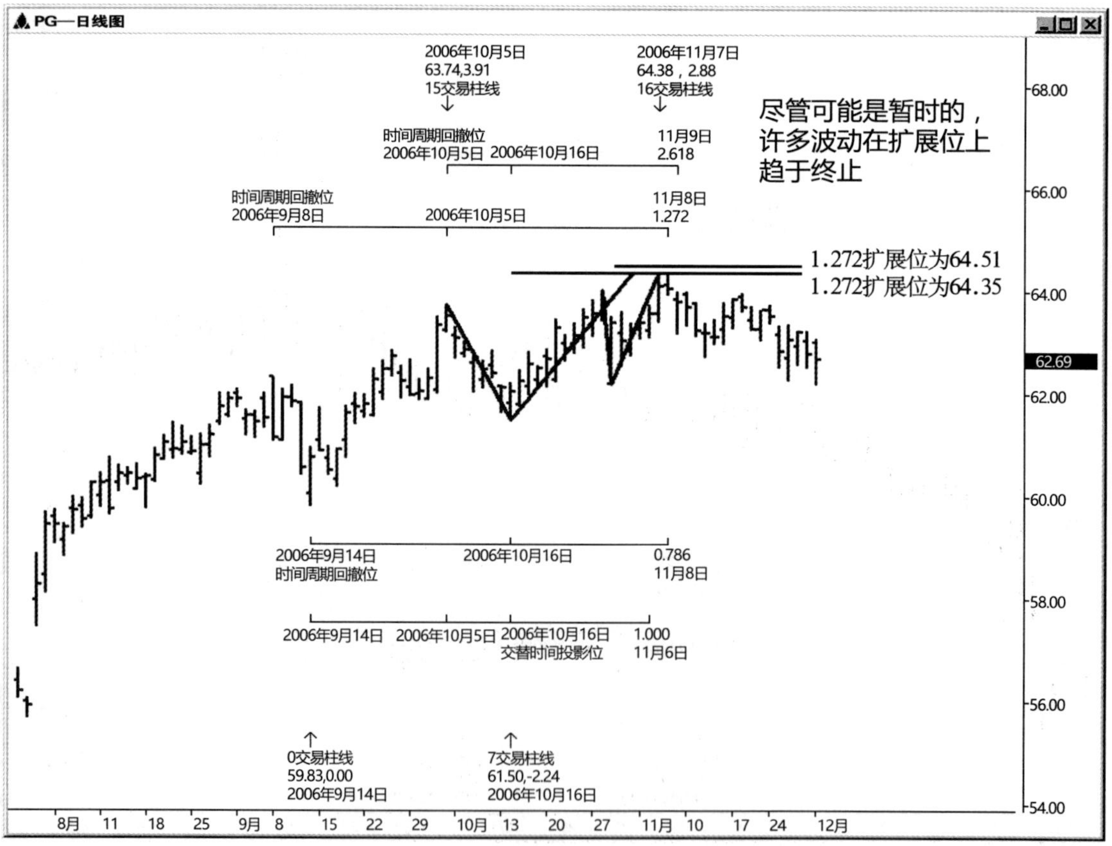

图11-6

时间轴上，投影位基本对称（相似或相同）。

在宝洁公司的图 11–6 中，除了图 11–5 所示的时间周期，菲波纳奇价格关系也表明在那时可能会出现高点，这是由于两个前期波段的价格扩展位相重叠。在价格分析的章节中，我已经提到你们应该留意波动可能在前期波段的哪个扩展位上终止，并先从 1.272 扩展位开始观察。如果你知道时间和价格关系会在 11 月初聚集，那么你就会在那时卖出宝洁公司的股票，以保护前期多仓位获得的利润。

图 11–7 展示了现金道琼斯工业平均指数，说明了一个理想的时间"簇"，该时间"簇"包括了在 2004 年 5 月 11—14 日区域的 5 个菲波纳奇时间关系的重合。周期为：

计算2003年9月30日低点到2004年2月19日高点（点1到点3）波段的0.618投影位得到2004年5月14日

计算2003年11月21日低点到2004年2月19日高点（点2到点3）波段的1.000投影位得到2004年5月13日

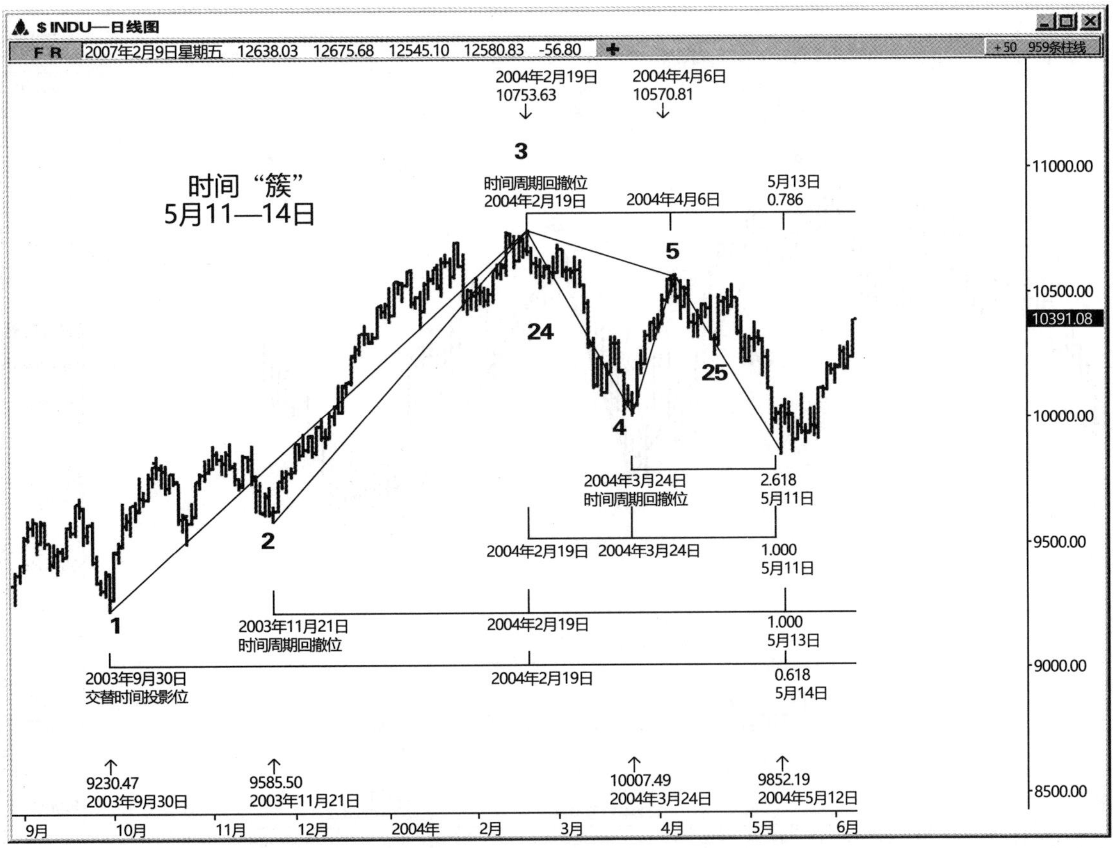

图 11–7

从2004年4月6日高点开始，计算2004年2月19日高点到2004年3月24日低点波段的1.000投影位（从点5开始，计算点3到点4的波段的投影位）得到2004年5月11日

计算2004年3月24日低点到2004年4月6日高点（点4到点5）波段的2.618投影位得到2004年5月11日

计算2004年2月19日高点到2004年4月6日高点（点3到点5）波段的0.786投影位得到2004年5月13日

在图 11-7 中，很难完全说明所列出的两个周期。图 11-8 的放大图展示了完整的时间周期投影位，它们分别是 2004 年 3 月 24 日低点到 2004 年 4 月 6 日高点波段的 2.618 时间周期投影位和从 2004 年 4 月 6 日高点开始计算的 2004 年 2 月 19 日高点到 2004 年 3 月 24 日低点波段的三点时间周期投影位。请注意时间对称，从点 3 到点 4 的波段是持续了 24 个交易日的下跌，从点 5 到 2004 年 5 月 12 日的实际周期低点的波段是从 2004 年 4 月 6 日高点开始的持续了 25 个交易日的下跌。

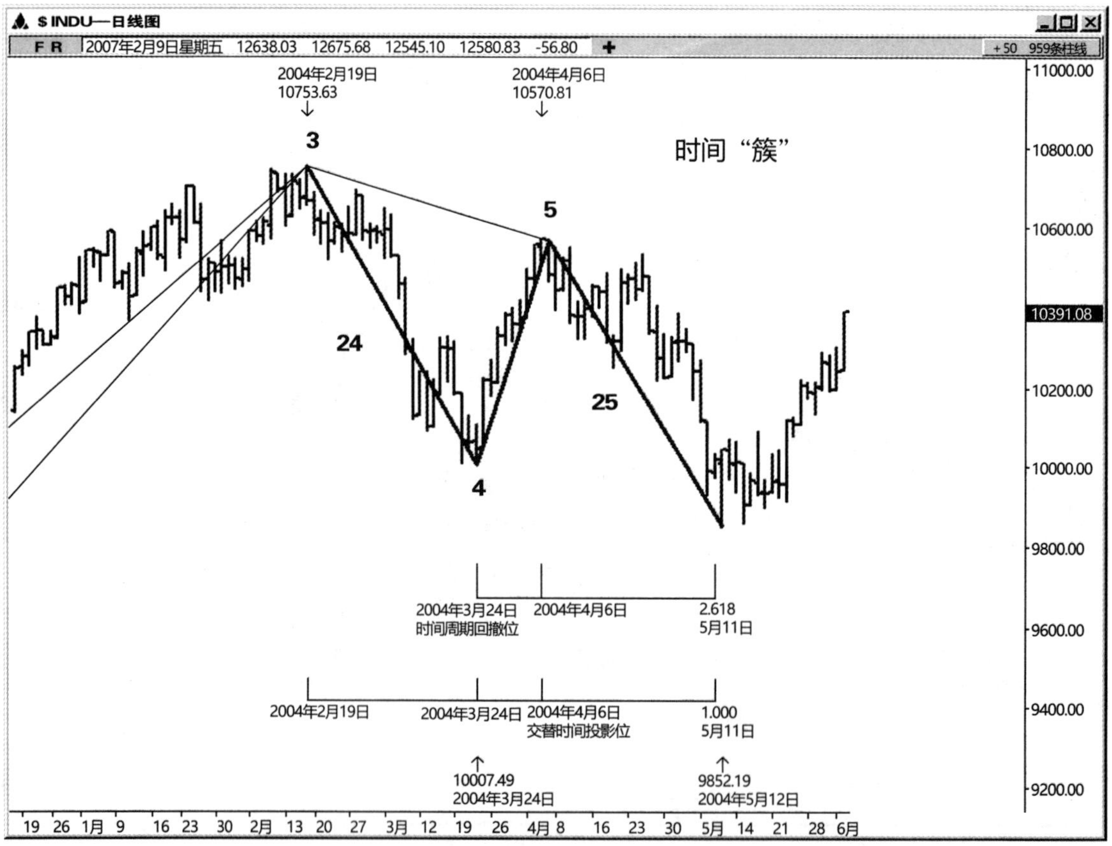

图 11-8

图 11-9 说明了菲波纳奇价格关系“簇”，它与道琼斯合约中最后的时间结构一致。随着市价跌入一个主要的价格支撑区，而时间参数也正指示可能会有一个低点出现，你当然会想要找到上涨反转的信号。终于从 2004 年 5 月 12 日的时间和价格低点开始出现了一个理想的反弹。

图 11-9

让我们看看另一个时间“簇”的例子（图 11-10）。这个例子是在现金标准普尔 500 指数日线图中阐述的，图中我们可以看到 2006 年的 5 月 9—10 日区域时间周期很好地汇合了。因为市场正反弹进入该时间周期，所以我们期待出现一个可能的中间高点。

时间“簇”中的周期为：

计算2006年3月21日高点到2006年4月7日高点波段的1.618投影位得到2006年5月9日

计算2006年4月7日高点到2006年4月20日高点波段的1.618投影位

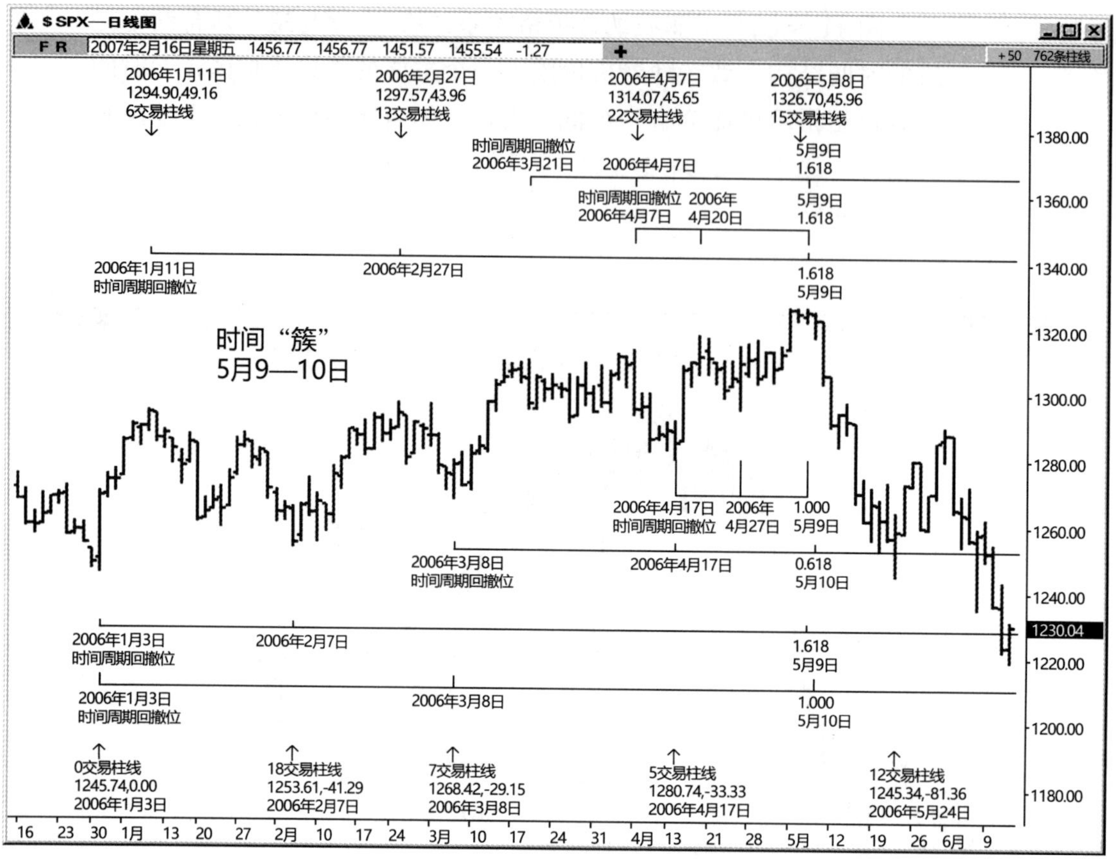

图 11-10

得到2006年5月9日（周期很好确认）

计算2006年1月11日高点到2006年2月27日高点波段的1.618投影位得到2006年5月9日

计算2006年4月17日高点到2006年4月27日低点波段的1.000投影位得到2006年5月9日（周期很好确认）

计算2006年3月8日低点到2006年4月17日低点波段的0.618投影位得到2006年5月10日

计算2006年1月3日低点到2006年2月7日低点波段的2.618投影位得到2006年5月9日（周期很好确认）

计算2006年1月3日低点到2006年3月8日低点波段的1.000投影位得到2006年5月10日

在本例中，实际高点出现在2006年5月8日，是周期之前的一个交易日。我们可以在时间窗内寻找高点。我们可以看到从这组时间周期开始出现一个相当明显的下跌。

我列出了一些确认周期。由于种种原因，这些周期本身并不重要。我总是把 2.618 周期看作是确认周期。其他列出的周期都是从较短的时间段投影出来的。与那些从较长的时间段投影出来的周期相比，这些周期就没那么重要了。

作者建议

单独进行价格分析肯定会在市场波动终止时给你提示。加入时间分析后，出现可能反转的概率显著提高了。当可以同时使用价格轴和时间轴的时候，你为什么还只使用一种呢？

下面，让我们看看另一个现金标准普尔 500 指数日线图（图 11-11）。这些时间分析信息只在实际高点出现之前对我的客户有用。我们要在 2007 年 2 月 22—23 日区域找到至少 4 个周期的重合。这些周期如下：

计算2007年1月25日高点到2007年2月7日高点波段的1.272投影位

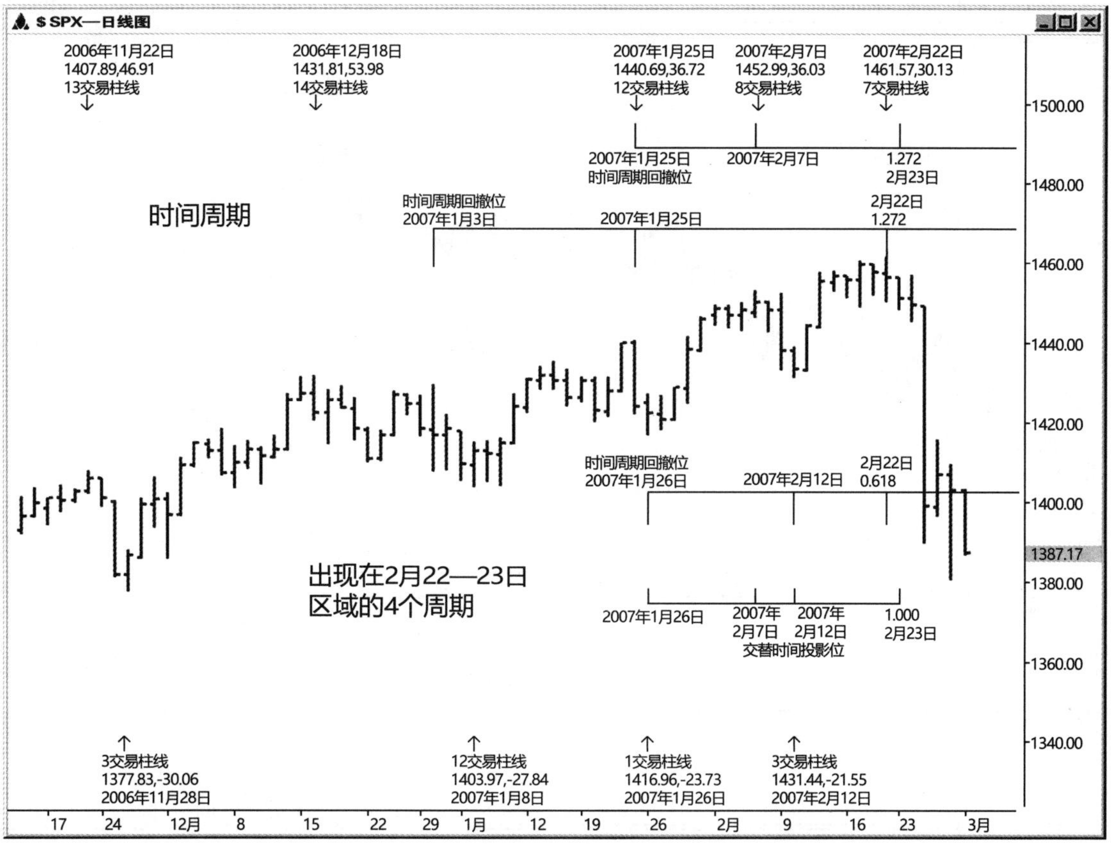

图 11-11

得到2007年2月23日

计算2007年1月3日高点到2007年1月25日高点波段的1.272投影位得到2007年2月22日

计算2007年1月26日低点到2007年2月12日低点波段的0.618投影位得到2007年2月22日

从2007年2月12日低点开始，计算2007年1月26日低点到2007年2月7日高点波段的1.000投影位得到2007年2月23日

主要高点出现在 2007 年 2 月 22 日的 1461.57。这个高点只是略高于 2007 年 2 月 7 日高点到 2007 年 2 月 12 日低点波段的 1.272 价格扩展位。在价格和时间参数之间，我们要注意反弹可能会终止并且在那时会出现中间高点。如果在那时你是多头，这当然是你想要看到的信息。

图 11–12 为你预演了怎样用动态交易者中的时间模块投影出时间周期（这项技术会在下一章中讲到）。继续以上次分析用的现金标准

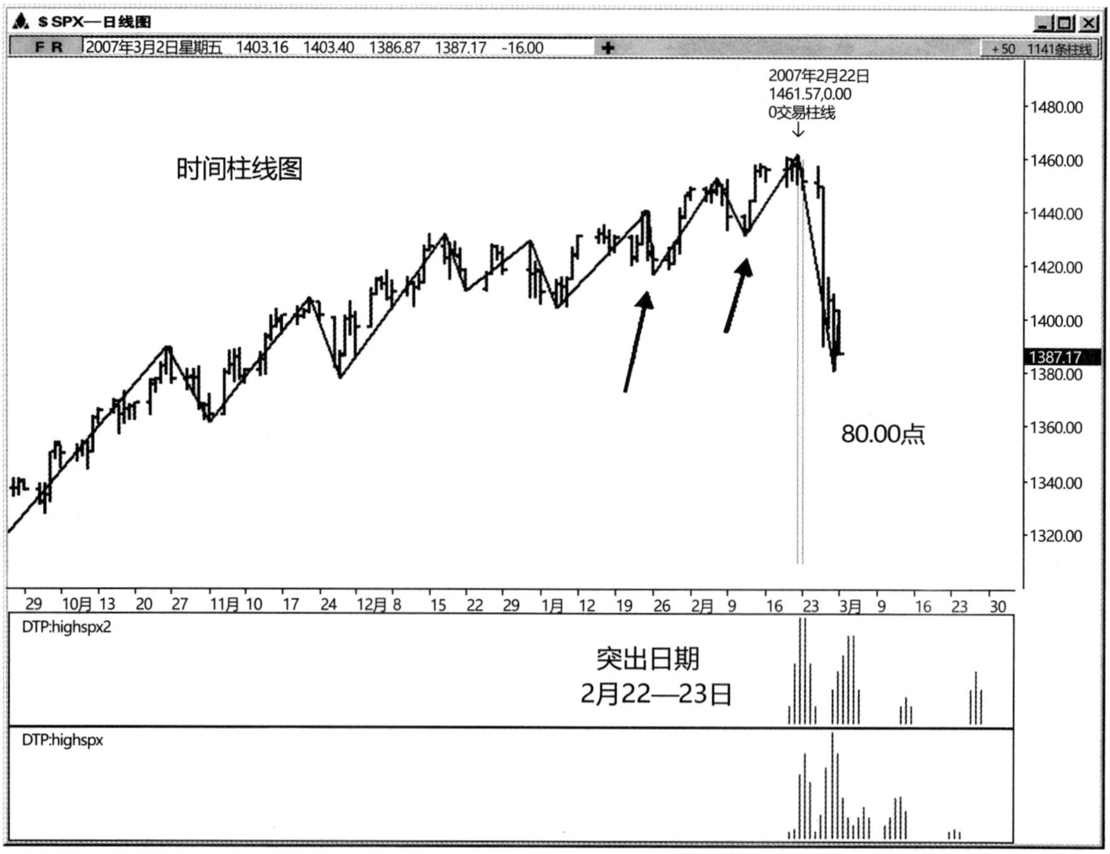

图 11–12

普尔日线图为例，从图中两个前期低点计算动态时间投影位。两个时间投影位显示时间“簇”就在 2007 年 2 月 22—23 日区域附近。有时，时间周期“簇”在图的正下方看起来会更方便。在上一个例子中已经进行了说明，高点出现在 2007 年 2 月 22 日。看该图那时的瞬态图，标准普尔已经下跌了 80 多点。

用于分析时，谷歌一直是一只很有趣的股票（图 11-13）。我们看一看这只股票的日线图，图中有 5 个菲波纳奇时间关系在 2007 年 2 月 22—23 日区域汇合。我已经为图例中的高点和低点进行了编号，所以你可以很容易就找到它们。所有关键的高点和低点也同样被标出来了。

计算2007年2月1日高点到2007年2月12日低点（点3到点4）波段的1.000投影位得到2007年2月22日

计算2007年1月16日高点到2007年2月1日高点（点1到点3）波段的1.272投影位得到2007年2月23日

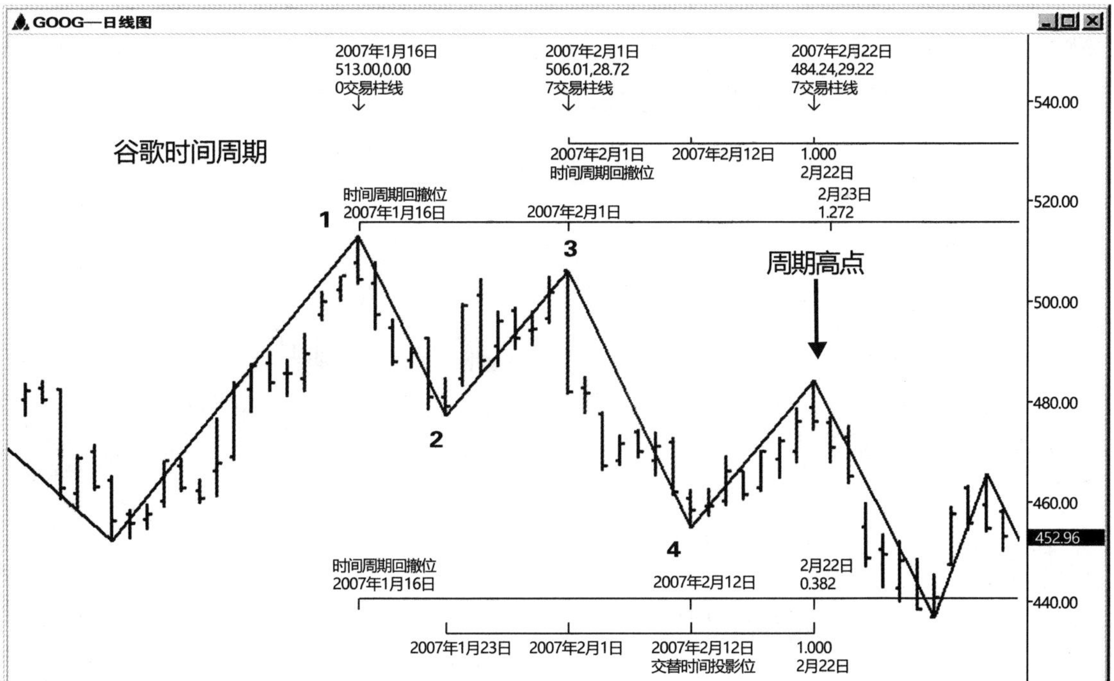

图 11-13

计算2007年1月16日高点到2007年2月12日低点（点1到点4）波段的0.382投影位得到2007年2月22日

从2007年2月12日低点开始，计算2007年1月23日低点到2007年2月1日高点波段的1.000投影位（从点4开始，计算点2到点3波段的投影位）得到2007年2月22日

计算2007年1月23日低点到2007年2月12日低点（点2到点4）波段的0.500投影位得到2007年2月22日（周期很好确认）

虽然我喜欢将0.500时间周期作为确认周期，但我一般不认为单独的0.500时间周期足够有用。高点直接出现在时间窗内的2007年2月22日处。

图11–14为英特尔公司的股价日线图。在图中，我们可以看到一个完美的时间周期“簇”，所有的周期都出现在2004年1月9日。由上至下，周期为：

计算2003年11月7日高点到2003年12月2日高点波段的1.618投影

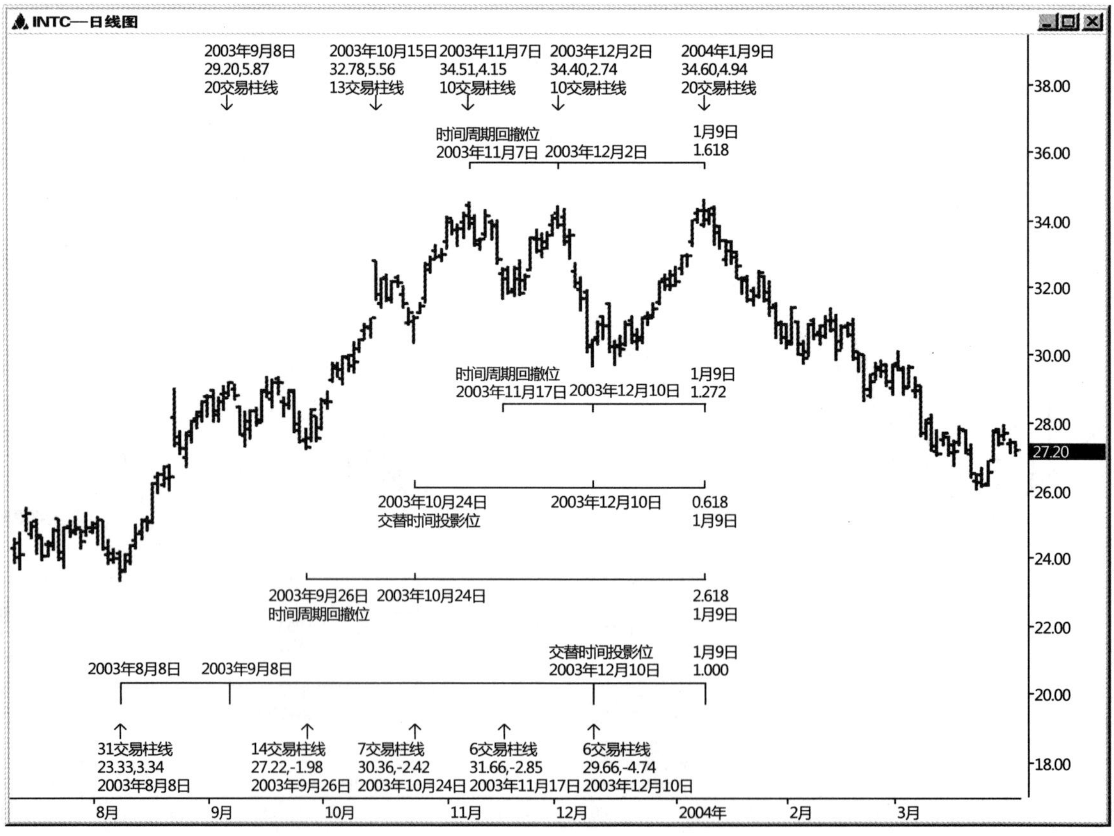

图11–14

位得到2004年1月9日

计算2003年11月17日低点到2003年12月10日低点波段的1.272投影位得到2004年1月9日

计算2003年10月24日低点到2003年12月10日低点波段的0.618投影位得到2004年1月9日

计算2003年9月26日低点到2003年10月24日低点波段的2.618投影位得到2004年1月9日（周期很好确认）

从2003年12月10日低点开始，计算2003年8月8日低点到2003年9月8日高点波段的1.000投影位得到2004年1月9日

在本例中，实际高点出现在2004年1月9日，随后是一个相对理想的下跌。如果到2004年1月9日你是INTC的多头，这当然是你想要看到的信息。

菲波纳奇时间“簇”是一个极有用的交易工具，你可以将它加入到你的交易者工具箱中。虽然菲波纳奇价格分析本身已经可以作为一种取胜方法，但本章中的例子却可以教会你如何使用菲波纳奇时间周期来强化你的交易方法。下一章中，我们会重点讨论菲波纳奇时间柱线图，每天在我的聊天室我都会将其用在日内图中。

第 12 章 使用动态交易者时间投影报告和柱线图

在交易日内，我要将大约 16 张图更新为 3 分钟图，我其实没有时间用时间周期工具将每个时间周期转变为 15 分钟图。这也是我为什么要在动态交易者软件中使用时间投影报告的原因。在我创建波段文件并确定我想要在时间分析中使用的关键波段高点和低点之后，我会从图中的最后一个高点或低点计算时间投影位来寻找下一个可能的低点或高点。程序会在图的下方产生一个柱线图，它会直观地为我展示出现时间周期“簇”的位置。当我看到柱线图中的突出时，如果我所分析的市场进入柱线图指示的时间周期，那么我就要为一个可能的趋势反转做好准备，这正是我要寻找趋势反转信号的时候。如果我看到了任何的反转指示，我就有理由出场或在某些情况下寻找反转。

让我们看几个在动态交易者软件中使用动态时间投影报告的例子。为了使用报告，你需要在动态交易者程序中创建一个波段文件来确定关键的波段高点和低点。之后，你只需要在向前进行投影的低点或高点处设置程序标记，就可以运行报告了。如果你从最后的低点开始计算投影位，你就要在任何一个在柱线图中突出的时间“簇”附近寻找一个可能的高点。如果你从最后的高点开始计算投影位，你就要在任何一个在柱线图中突出的时间“簇”附近寻找一个可能的低点。

作者建议

请注意许多这样的时间“簇”中根本不会发生趋势改变，就像不是在所有的价格“簇”区内趋势都会保持不变或发生改变一样。然而，有一件事需要注意，与仅考虑时间关系相比，当市场进入一个与价格参数相匹配的时间“簇”时，发生反转的概率会更高。

图 12–1 中，我们看到一个电子迷你罗素合约的 15 分钟图。通

过使用程序，我创建了一个定义我认为在时间分析中有价值的关键高点和低点的波段文件。在本例中，我打算从图中最近的低点（813.50）计算时间周期投影位。

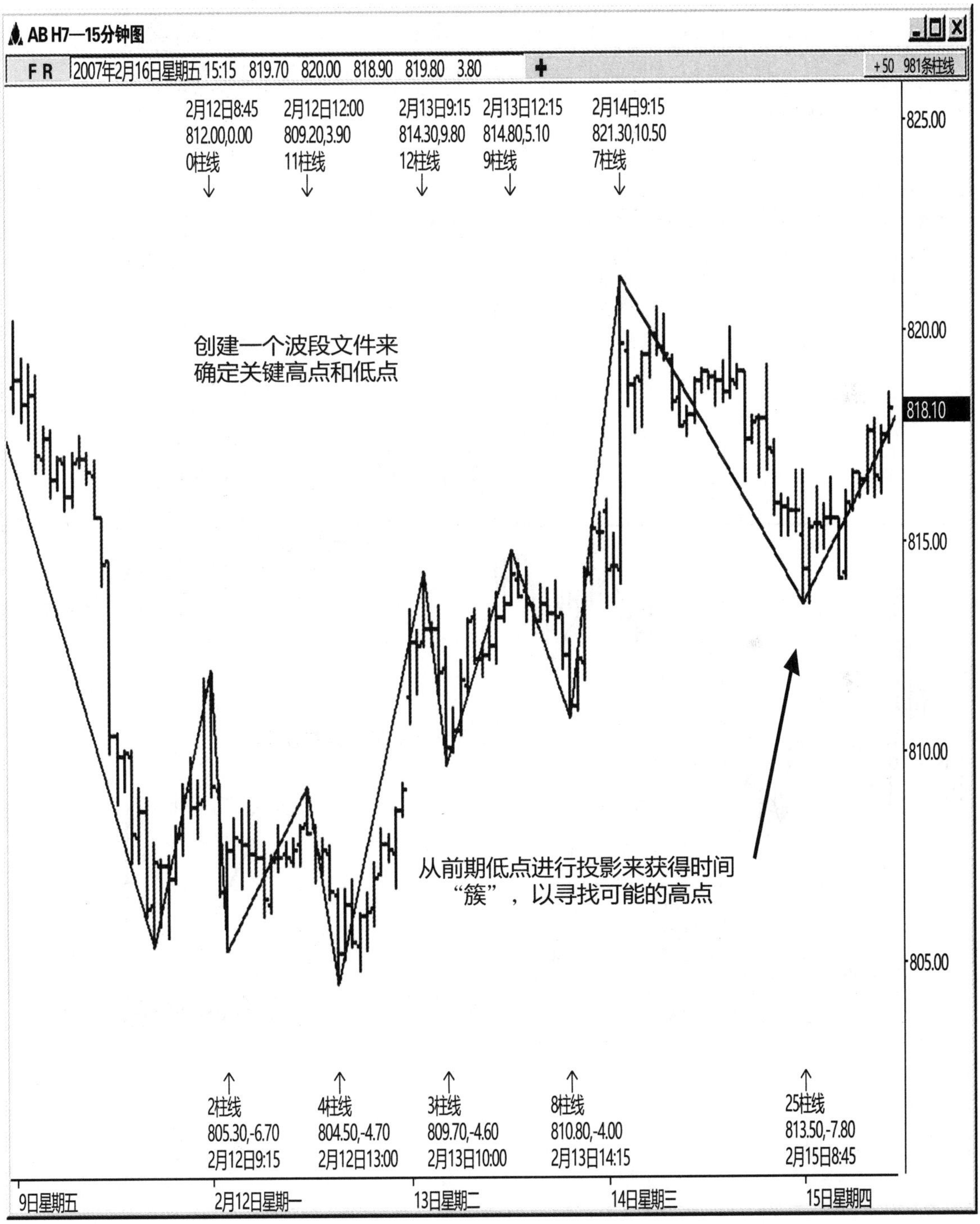

图 12-1

在图 12-2 中，你能看见由时间投影报告生成的柱线图。有两个分开的突出周期“簇”，其内可能会有高点。在图中的第一个时间“簇”中看到一个实际高点和反转。市价从 820.00 新高点开始下跌后，我会从这个新高点运行新的时间投影报告来确定时间周期，在其内我们更有可能找到低点和上涨反转。随着市价出现了新的波段高点和低点，我们可以计算新的投影位来确定下一个时间窗，以寻找可能的市场反转。

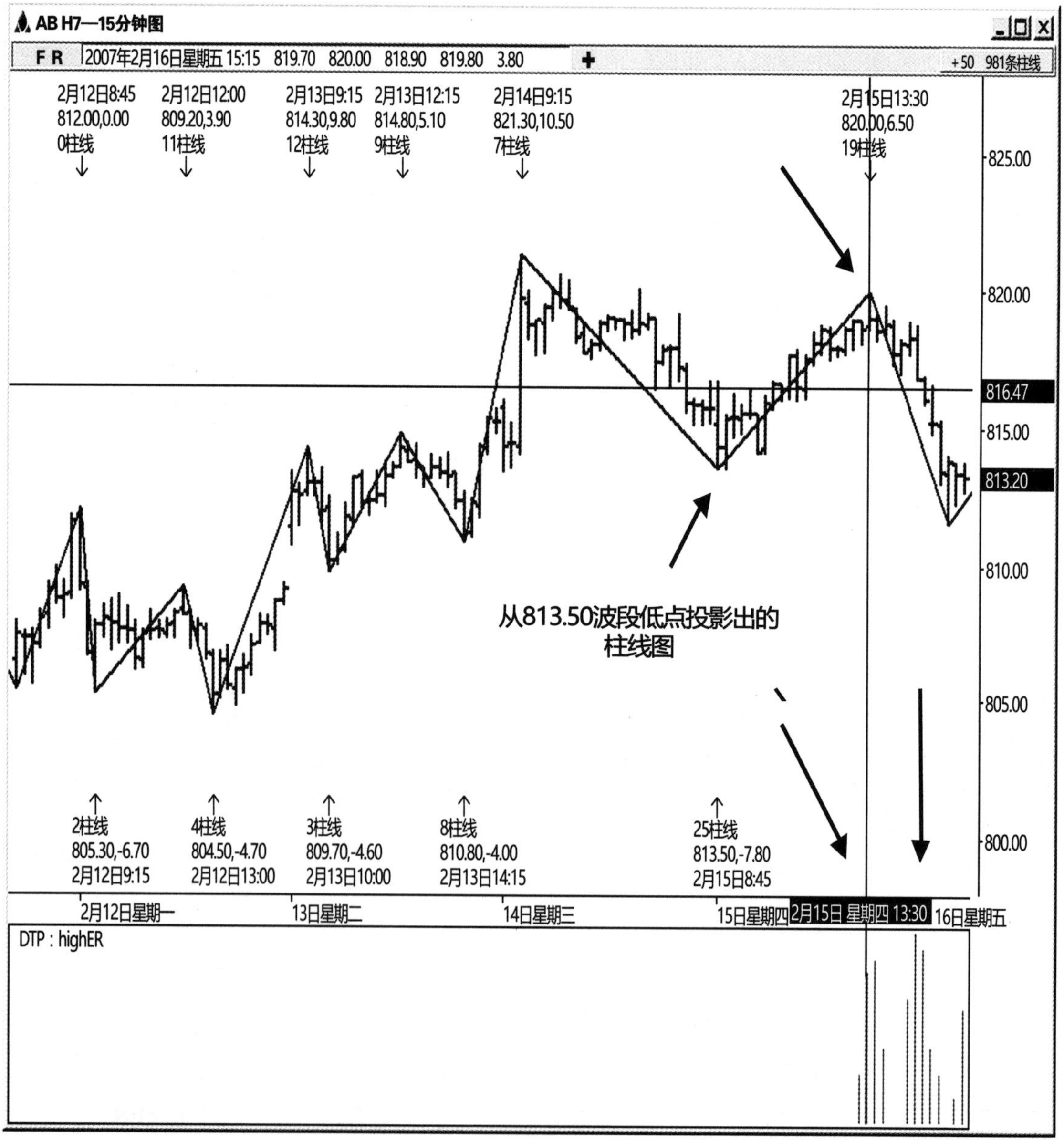

图 12-2

图 12-3 为谷歌股价日线图中的时间分析例子。该股价的一般趋势为上涨。一旦看到一个反趋势的下跌，我们就会想要寻找时间和价格参数来帮助我们在谷歌大体趋势的方向上重新进场。从 2006 年 11 月 22 日高点投影出时间周期报告，以找到时间窗，在时间窗内可能出现低点的概率会更高。柱线图中显示的是 2006 年 12 月 18—21 日，而 2006 年 12 月 19 日是柱线图中最高的柱线。实际低点出现在 2006 年 12 月 21 日的 452.34。你可能已经认出这是之前使用时间周期工具分析过的一个图例。时间分析有助于确定时间窗以寻找谷歌股价中可能的低点和反转。正如之前例子中说明的那样，这个低点之后是一个理想的反弹。

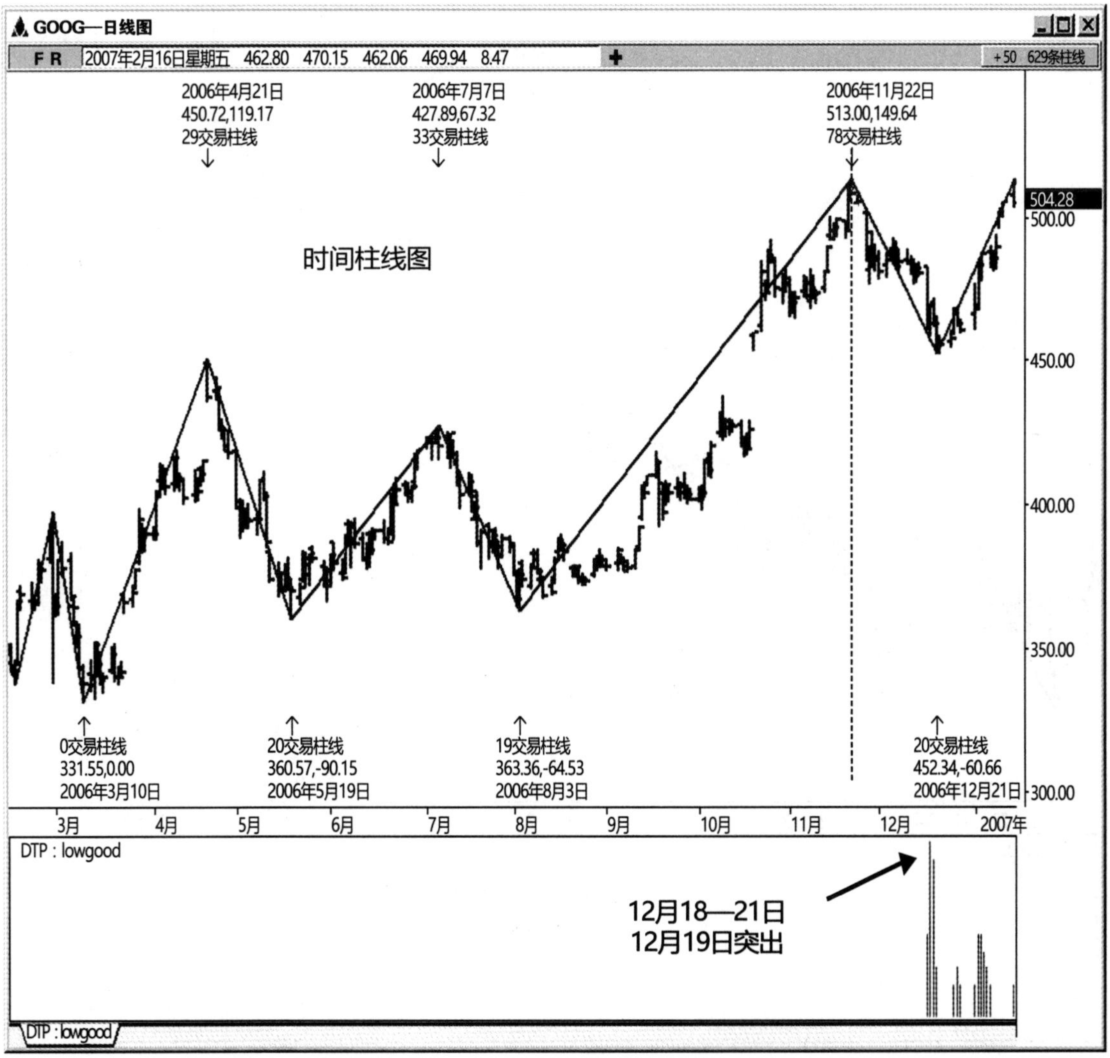

图 12-3

图 12-4 中展示了现金标准普尔 500 指数日线图中的时间投影报告。我们从 2006 年 10 月 26 日高点计算投影位，以寻找可能的低点。正如你在图下方的柱线图中所见的，在 2006 年 11 月 5 日星期日，有一个突出的投影位。实际低点出现在星期五，正好在该突出周期之前。从周期低点开始的初始反弹超过 46 点。

请记住时间投影报告不适用于日历日投影。因此，时间周期会在周末或非交易日显现出来。

图 12-4

图 12–5 是另一个使用了同一个标准普尔 500 指数日线图的例子，但这次是从 2006 年 11 月 28 日低点计算时间投影位来寻找可能的高点。时间柱线图中的一个高点出现在 2006 年 12 月 15—18 日之间。在这段时间里，我们可以为开始于 2006 年 11 月 28 日的最后低点的反弹寻找可能的终点。一个中间高点出现在 2006 年 12 月 18 日，随后是一个可交易的修正性下跌。

图 12–5

图 12–6 是英特尔的股价日线图。在该图中，我从 2006 年 10 月 16 日高点计算时间投影位，以寻找可能的低点。2006 年 11 月 3 日星期五在时间柱线图中突出，所以在当天可能会出现低点。一个可交易低点出现在 11 月 6 日星期一，正好是柱线图中突出日期之后的一个交易日。该低点之后是一个 2.18 美元的反弹。

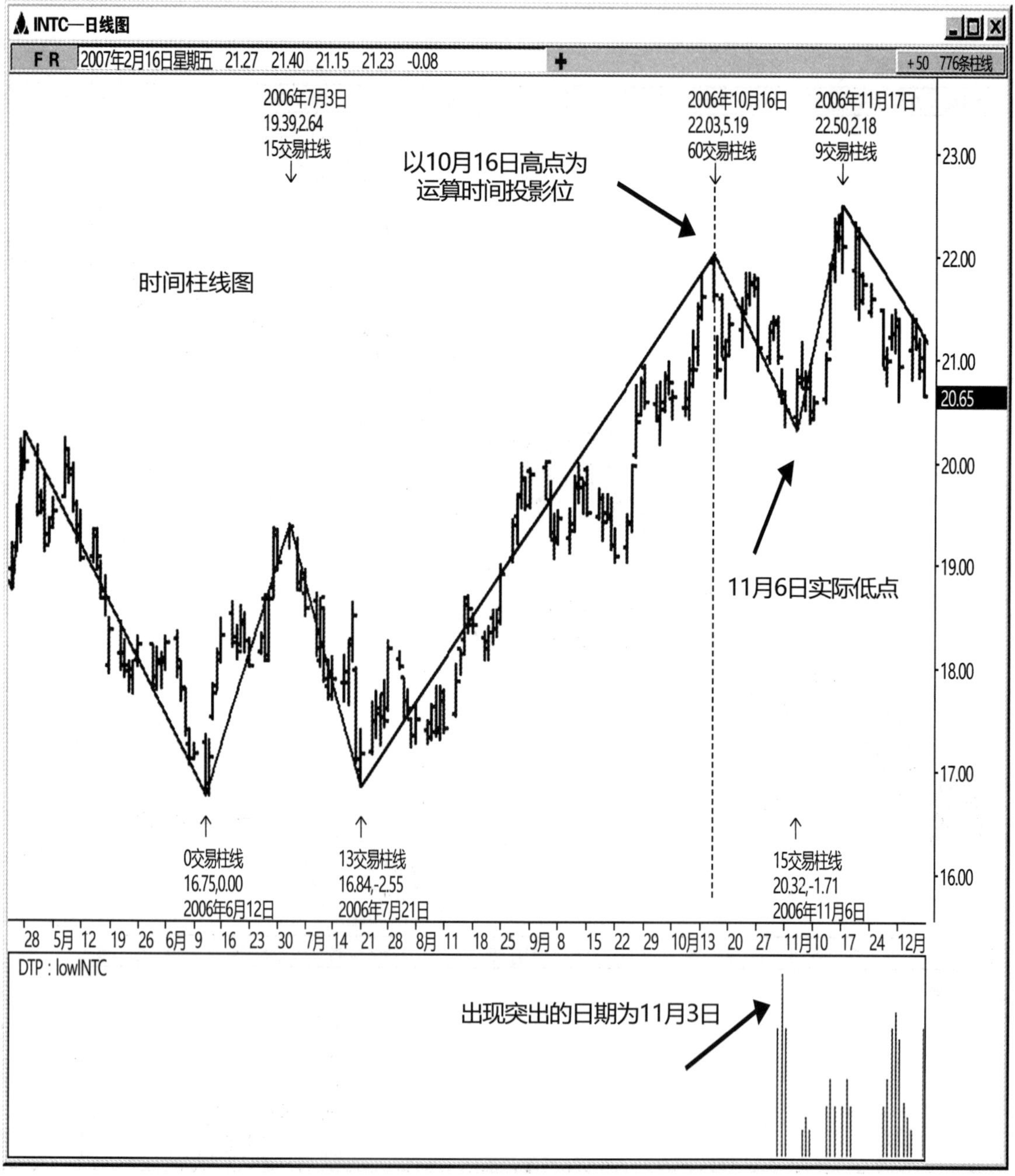

图 12–6

让我们看一个电子迷你罗素合约的 15 分钟图中的例子。在图 12–7 中，我从 822.70 低点运行时间报告，以寻找阻止从该低点开始的反弹的时间阻力位以及可能的高点和反转。你会注意到在图下方的柱线图中有两个突出的“簇”。第一个“簇”几乎指出了高点，该时间高点之后是一个 8.30 美元的下跌。

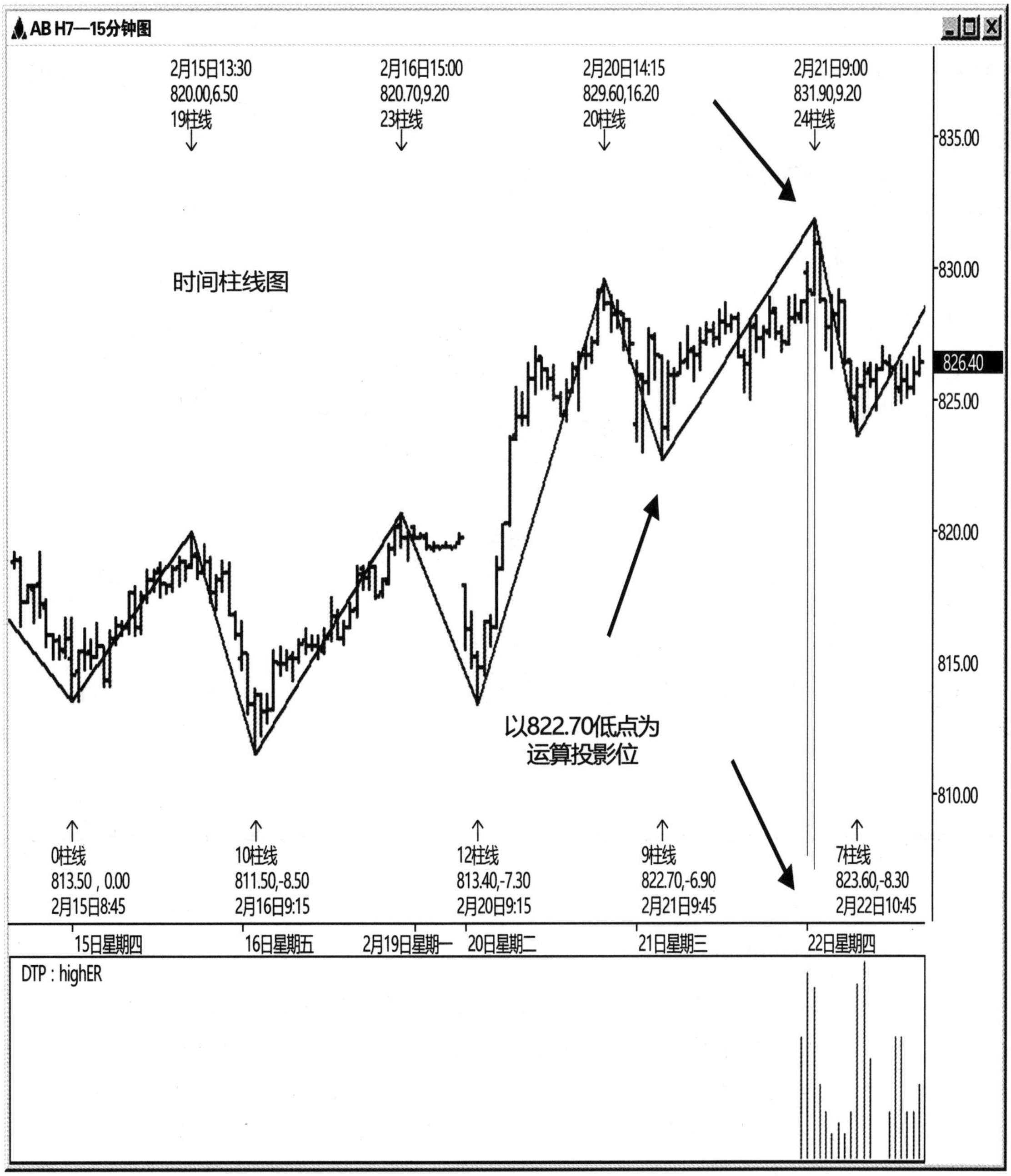

图 12–7

图 12–8 展示了迷你道琼斯合约 2007 年 3 月的 15 分钟图。请注意图下方柱线图的高点。当我在柱线图中看到一个比其他时间周期高的显著高位时，我会非常留意那时的市场。在本例中，该 15 分钟图中的一个重要高点出现在与柱线图高点相差一个柱线的位置（如果你在交易中遇到了从 2007 年 2 月 23 日开始的反向趋势反弹，那么这个高点就适时地提醒你这个反弹可能很快就会结束！）。

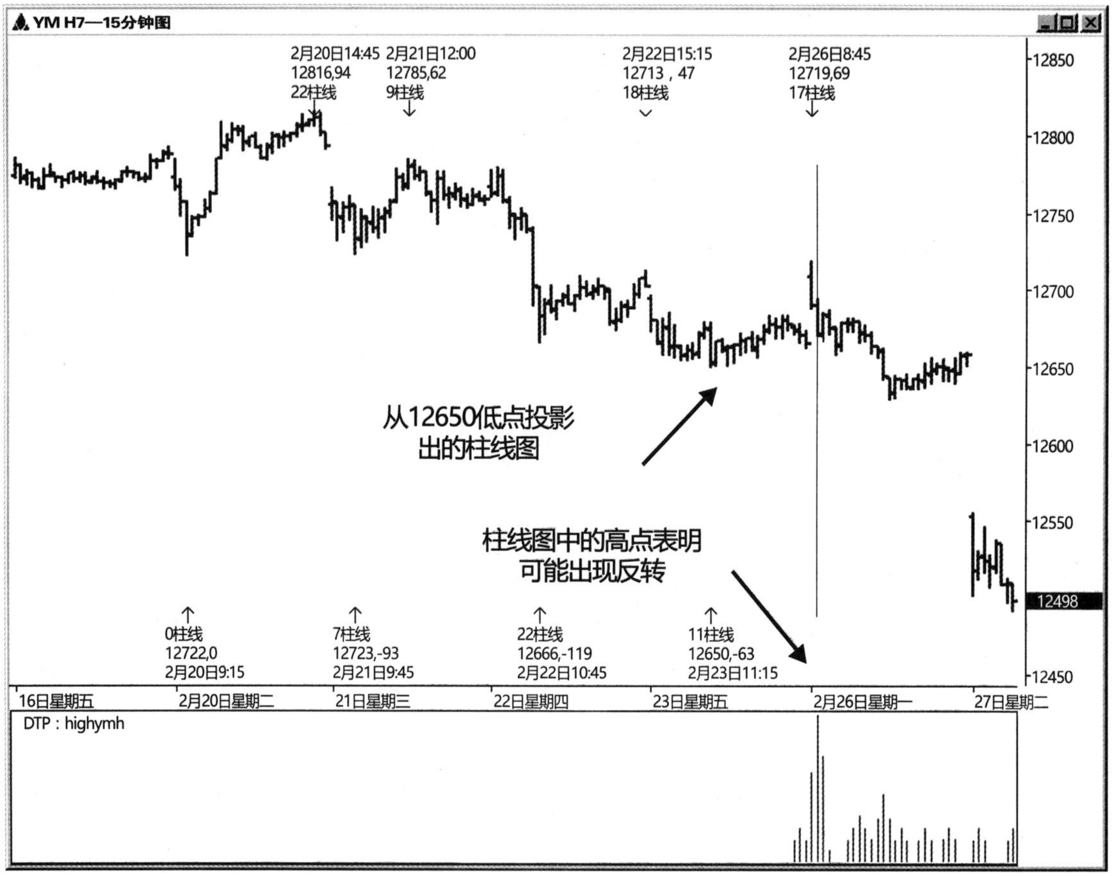

图 12–8

作者建议

这些年来，我已经告诉过我的交易者们这种交易方法可以用于任何时间架构。例如，我曾经在 1 分钟图中甚至是在即时图中见过完美的“之”字形态或对称结构。进行时间分析时，你想要使用的最短时间是多少？就个人而言，除了偶尔为了“娱乐”，我不会使用少于 15 分钟的图。

下一个例子就是在一张为了“娱乐”而使用的电子迷你罗素合约的 5 分钟图中阐述的。如图 12–9 所示，一个低点出现在与柱线图高点相差 5 分钟柱线的位置。我想一个人在交易中如果只对几张图进行更新，他才能在这样的时间架构上计算周期。如果要完成更多的图，则很难有那样的精力。

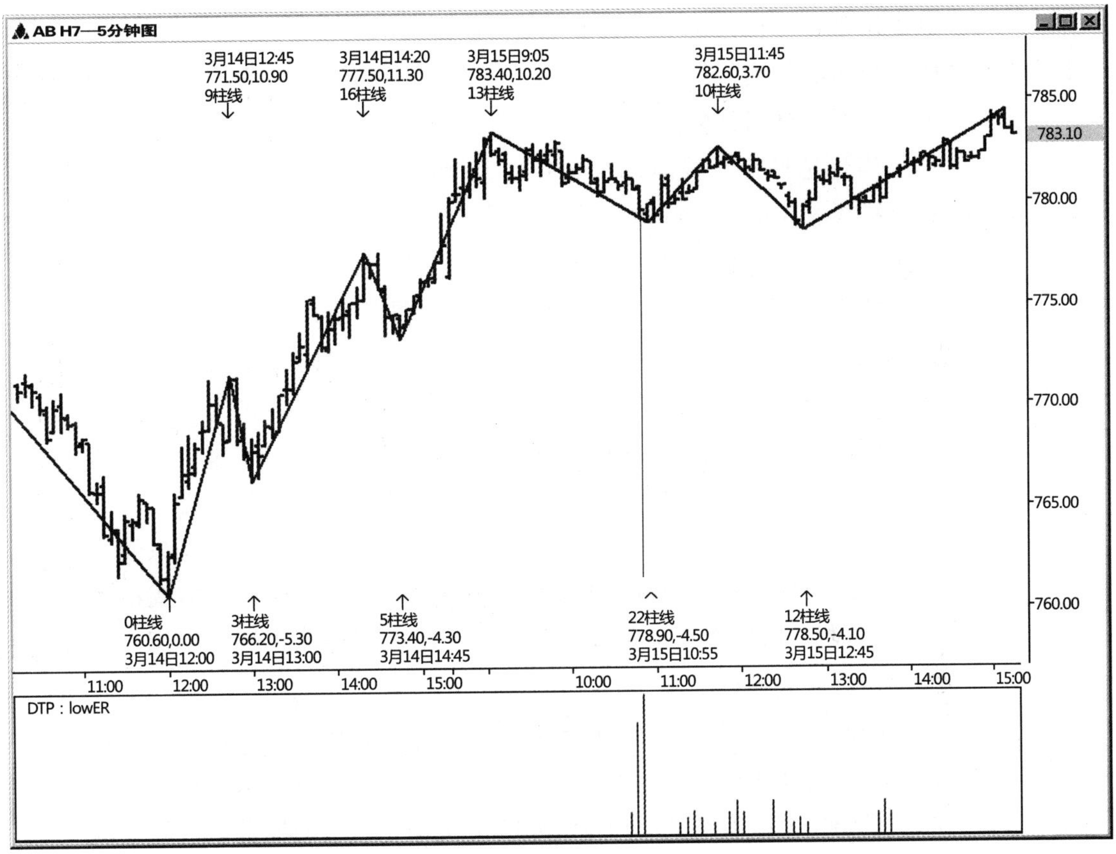

图 12–9

时间分析的微妙之处

无论你是否按照第 11 章所说的那样计算时间周期投影位或者使用动态交易者柱线图来分析时间“簇”，你都需要明白时间分析的一些微妙之处。不要认为有一个理想的时间周期“簇”，市场就会出现反转。破坏时间“簇”的方式与破坏价格“簇”的方式相同。如果你在一个可能发生反转的时间窗内没有看见价格反转的指示，市场会在原来趋势的方向上继续发展下去。然而，如果你开始看见反转的指示，那么你就可以在市场上采取行动。这是因为你知道只要继续进行时间分析，交易成功的概率就会很高。

如果市场震荡进入时间周期，时间“簇”几乎就失去了它的预测价值。我曾经见过市场震荡进入时间“簇”，然而，周期／投影位的力量可能会结束市场的震荡并使市场再次以某种趋势发展。

如果你的时间分析与价格分析所表现出来的结果一致，那么时间分析产生可交易趋势改变的概率较高。例如，如果时间分析指示会有高点出现，并且你正处于趋于终止的前期波段的价格扩展位上，这样时间分析的预测价值就提高了。另一个价格分析支持时间分析的例子就是，通过时间分析找到了提供支撑和阻力的价格“簇”。

当你选择点计算时间投影位时，你应考虑的一件事就是：你选择计算投影位的时间应该足够长。例如，如果你要计算高点到高点周期的投影位，并且高点之间有100个交易日，则你可以计算之前讨论过的所有时间投影位。如果高点到高点周期只有10个交易日，那么计算这些投影位就没有什么意义了，这是因为周期中的每条柱线都会被击穿。在这种时间波段不是很长的情况下，你也能做几件事：首先，你可以使用一张短期图。例如，如果日线图看起来不适合进行时间分析，可以将它转变为60分钟图，这样会在波段间显示更多的时间柱线。你的另一个选择就是继续在日线图中进行分析，但是只使用最重要的周期。对我来讲，重要的周期就是0.618周期、1.000周期和1.618周期。这项工作会需要一些常识。随着对时间周期的使用，你就会知道什么更重要。

时间分析可以在任何时间架构图中进行。那么我们的问题就变为：什么样的时间架构图是实用的？在我的聊天室中，我一般会计算每日时间投影位，接着在45分钟图或15分钟图中进行时间分析，以微调当日的交易进场。虽然我曾在少于15分钟的时间架构图中进行过时间分析，但是一般情况下，这样的图中做出的时间分析并不实用。你很可能会因为过分忙于计算时间投影位而错过交易结构。

作者建议

因为即时图或成交量图中柱线的时间并不相等，所以用即时图或成交量图做不出准确的时间分析。

如果你打算在日内图中进行时间分析，如有可能，要选择能划分成平均或接近平均的交易期的时间架构图。例如，指数交易时间为

405 分钟，从 8：30 到 15：15（中部标准时间），我只要分析时间数据，就可以将 405 分钟在 135 分钟图中分成 3 个柱线、45 分钟图中 9 个柱线，或 15 分钟图中 27 个柱线。这些时间图都很好地划分了 405 分钟的时间段。如果你使用的时间周期没有很好地划分为时间段，那么你日内时间分析的结果就会被当日最后柱线的不一致所影响。

在最后的几章中，我会讲解如何使用菲波纳奇时间周期对市场时间轴进行菲波纳奇分析，这些内容可以在不少市场分析程序中找到，同时也会讲解使用动态交易者软件自动投影出的报告。然而，虽然很多制图软件允许从两点计算时间周期投影位，却只有很少的软件允许从三点计算时间周期投影位。我在本章中所讨论的自动时间柱线图报告只可在动态交易者程序中找到。

第 13 章
时间和价格汇合

你能够单独使用菲波纳奇价格分析来制订一个盈利的交易计划。然而，如果在你的市场分析中加入时间元素，则一定可以提高你成功的概率。比起只听从我的建议，我倒更加希望你至少在日线图中进行时间分析，然后通过市场证明这项技术的价值。市场中时间轴的加入有时可以使你的交易底线发生巨大的变化。时间分析可以提醒你收紧现有仓位的止损，也可以帮助你保持住盈利的局面。当时间分析与价

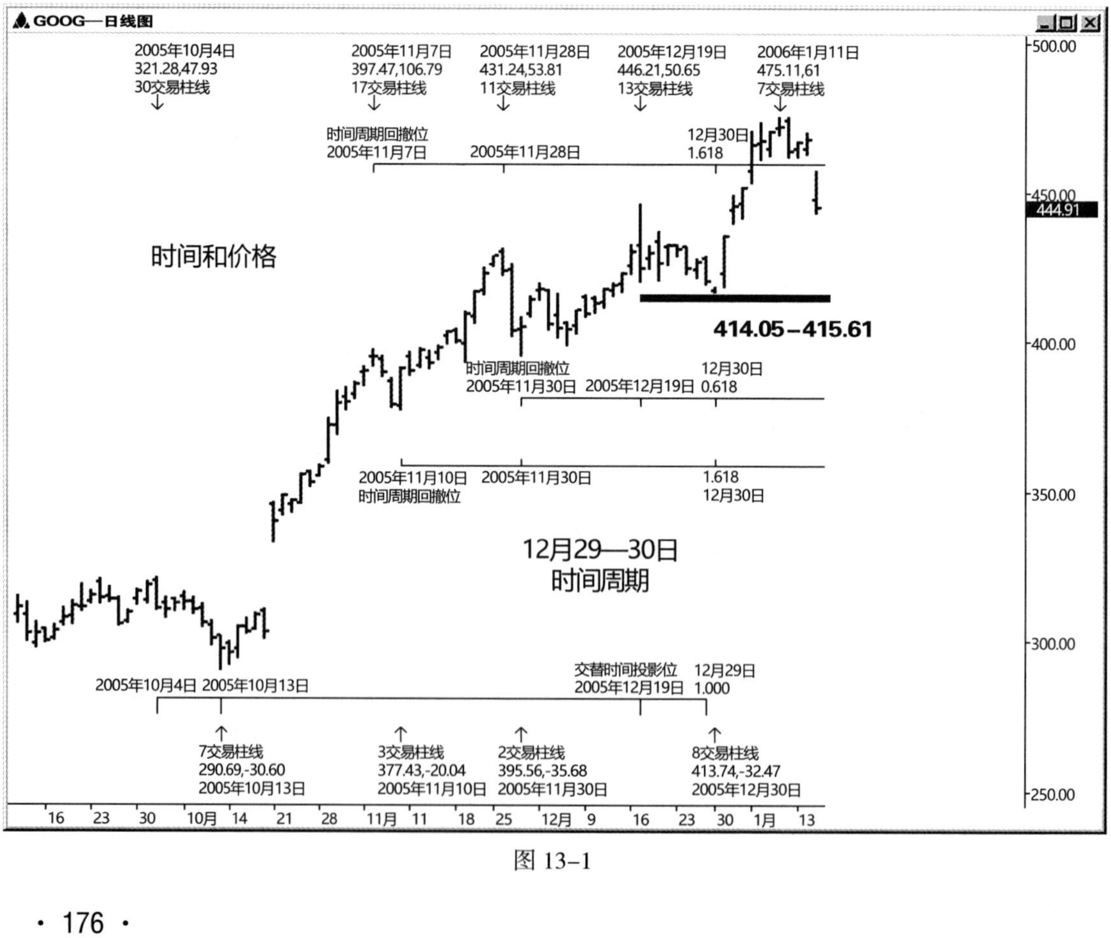

图 13-1

格分析相一致时，它可以帮助你确定好的进场机会。当你在任何时间架构下看见时间和价格“簇”时，出现趋势改变或反转的概率就会更高。使用交易进场触发器会进一步提高你的成功概率。让我们看一些时间和价格“簇”的例子，然后我们会了解一下交易触发器和指标。

时间和价格例子

第一个时间和价格“簇”的例子是在谷歌日线图中阐述的（图 13–1）。在测试 414.05 ~ 415.61 区域的主要价格支撑“簇”时，我们发现其与 2005 年 12 月 29—30 日区域的时间周期汇合。由于时间和价格关系聚集在一起，所以我们要注意可能的低点和上涨反转。在本例中，实际低点正好出现在比“簇”区最低位略低的 413.74 位。我们看见从这个时间 / 价格低点处较快地出现了一个至少 61.00 美元的反弹。

让我们看一个在芝加哥商品交易所进行的迷你黄金合约交易中出

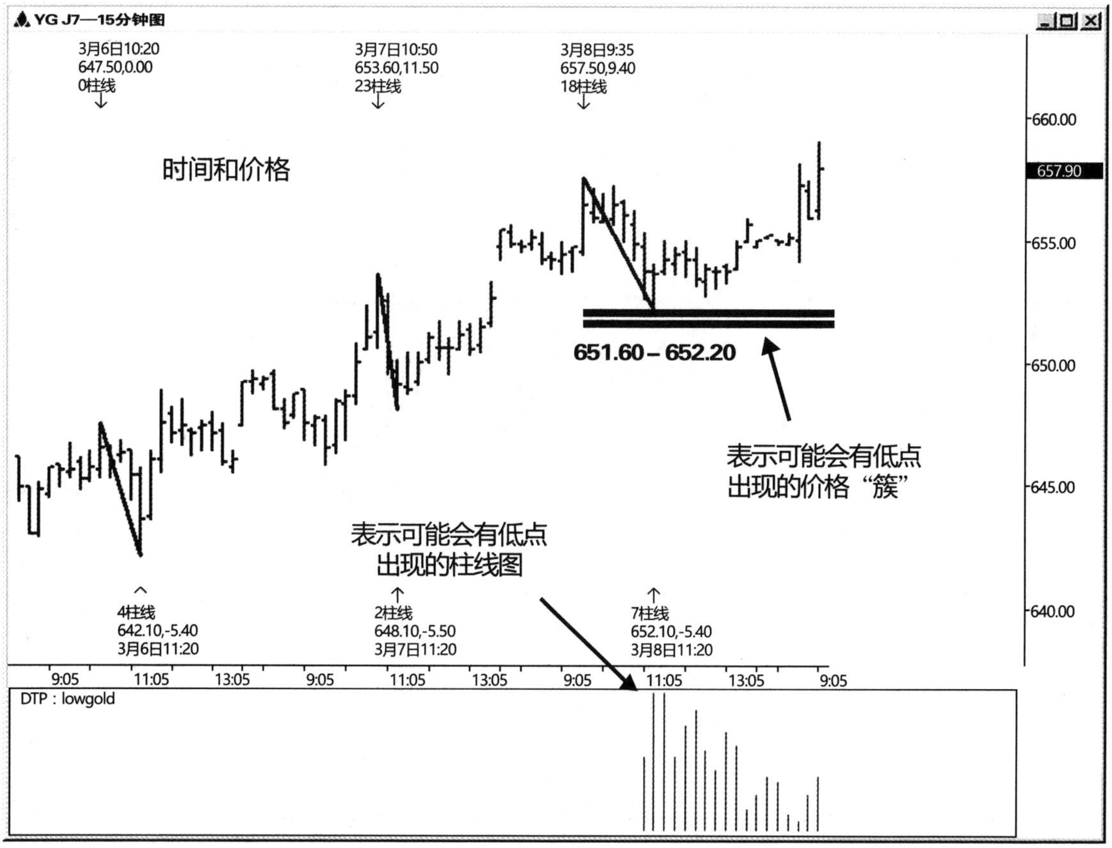

图 13–2

现的时间和价格参数"簇"的例子(图 13-2)。让我们在一张 15 分钟图中看一下这个例子。请注意随着黄金从 3 月 8 日的 657.50 高点开始下跌,在图下方的时间分析柱线图中出现了几条突出的柱线。与此同时,在 651.60 ~ 652.20 区域测试一个关键的价格支撑决策。将 652.10 低点设为关键的时间和价格参数。低点之后出现了一个可交易的反弹。

当依靠时间限制进行市场分析时,比起实际时间周期,我更喜欢使用时间柱线图,因为一般情况下前者更费时。在下一个时间和价格"簇"的例子中,我会以两种方式进行分析。在第一个 MO 图中(图 13-3),你可以看到在时间柱线图中有一条突出的柱线,是从前期的 2006 年 3 月 3 日低点投影出来的。当我们从市场反弹时的最后低点计算投影位时,从柱线图中投影出一个可能的高点。你可以看到这个突出的柱线与一个"之"字形态和 74.47 ~ 74.62 区域的价格"簇"是如何完美重合的。实际高点出现在 74.53。这个清晰的时间和价格重

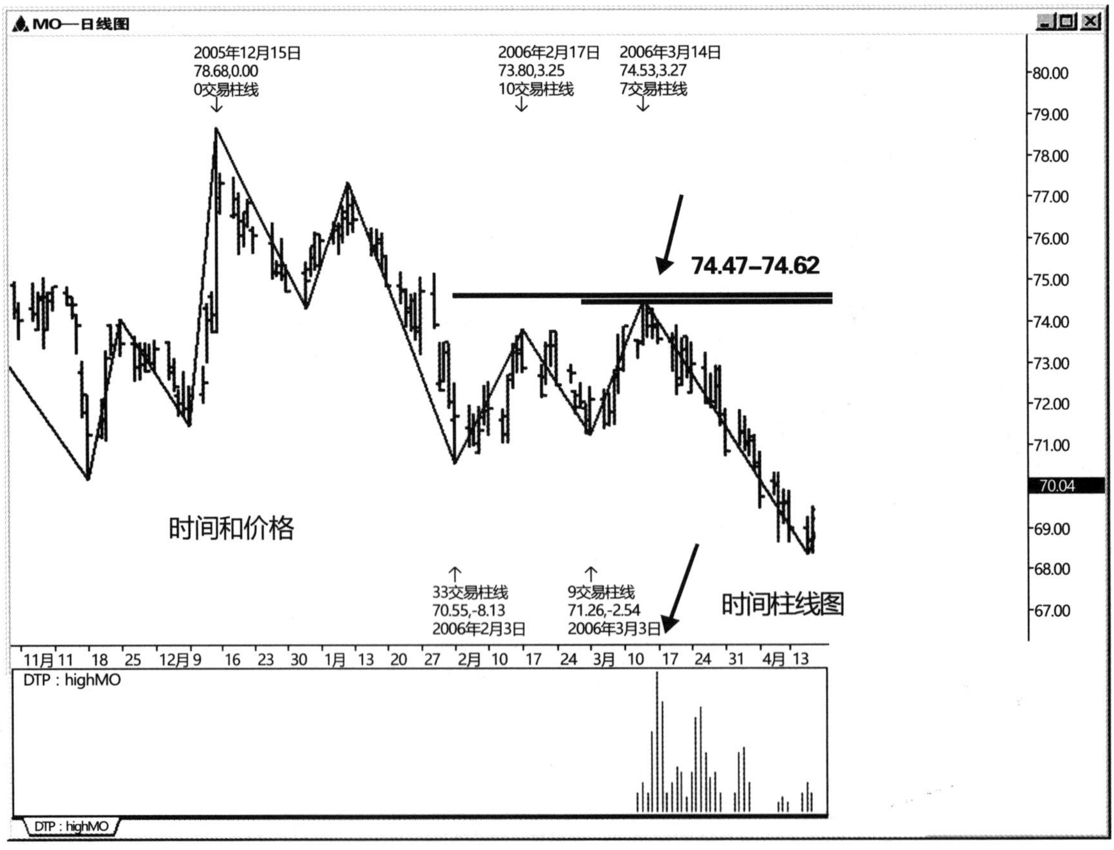

图 13-3

合（我喜欢叫它同步）之后是一个理想的下跌。同步的简单定义就是有意义的重合。

作者建议

当我看到一个有意义的时间和价格参数重合时，我会寻找一个可能的趋势改变。

图 13-4 说明了相同的交易结构，但它显示了图 13-3 下方柱线图所表示的实际时间周期。

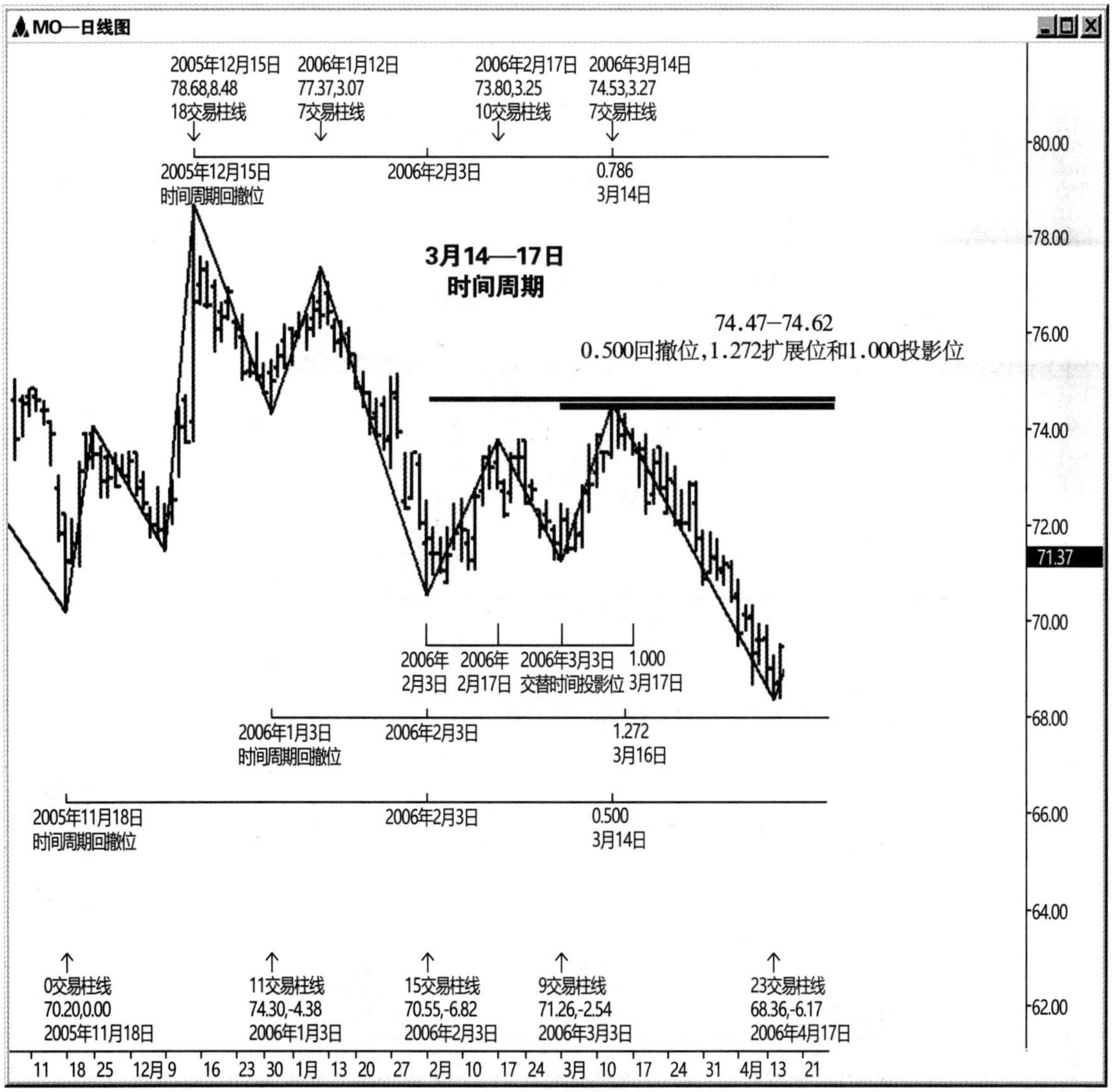

图 13-4

图 13-5 为谷歌股价图。图中正像在第 11 章中所说明的，我们进行时间分析以在 2007 年 2 月 22—23 日区域的时间“簇”中寻找可能的高点，除此之外，我们还在相同的时间对一个很好的价格“簇”进行了测试。该“簇”出现在 483.74 ~ 486.53 区域。这是一个说明时间和价格“簇”能够提高市场反转概率的好例子。谷歌股价在 484.24 出现了高点，这时在图中出现了一个 45 美元的下跌（知道该股票的时间和价格参数“簇”的位置会为做空做好准备）。

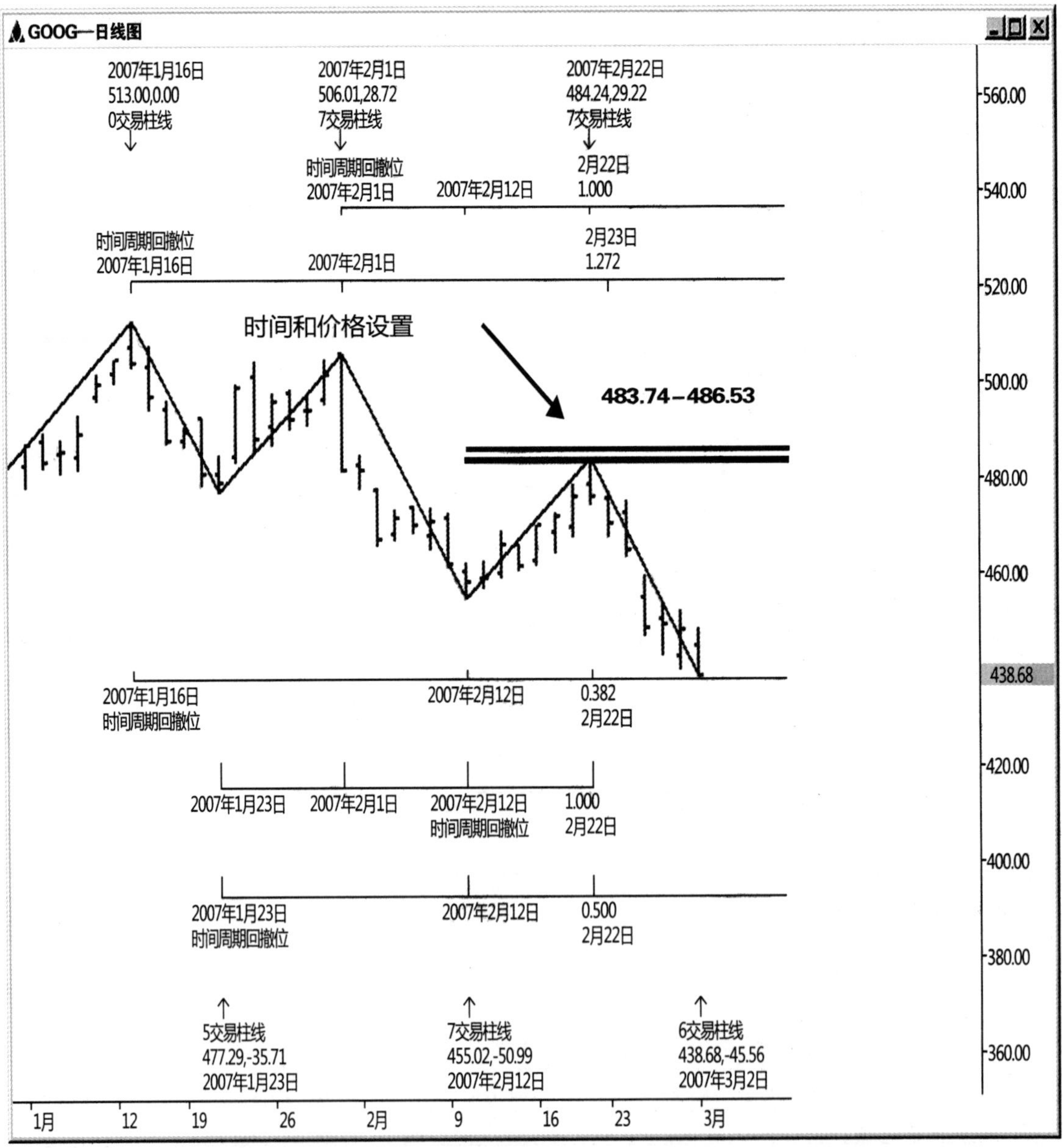

图 13-5

易趣是一个很好的时间和价格“簇”的例子，在时间分析中使用“之”字形态（图 13-6）。锯齿形态在 42.07 ~ 42.41 区域内创造了一个价格“簇”。该“簇”包括 2005 年 10 月 25 日低点到 2005 年 11 月 23 日高点波段的 0.500 回撤位、2005 年 12 月 9 日低点到 2005 年 12 月 16 日高点波段的 1.272 扩展位和从 2005 年 12 月 16 日高点开始计算 2005 年 11 月 23 日高点到 2005 年 12 月 9 日低点波段的 1.000 投影位。

关于时间分析，在 2006 年 1 月 3—4 日区域我们有四个周期：

计算2005年11月23日高点到2005年12月16日高点波段的0.618投影位得到2006年1月3日

计算2005年11月16日低点到2005年12月9日低点波段的1.000投影位得到2006年1月4日

从2005年12月16日高点开始，计算2005年11月23日高点到2005年12月9日低点波段的1.000投影位得到2006年1月4日

计算2005年10月25日低点到2005年11月23日高点波段的1.272投

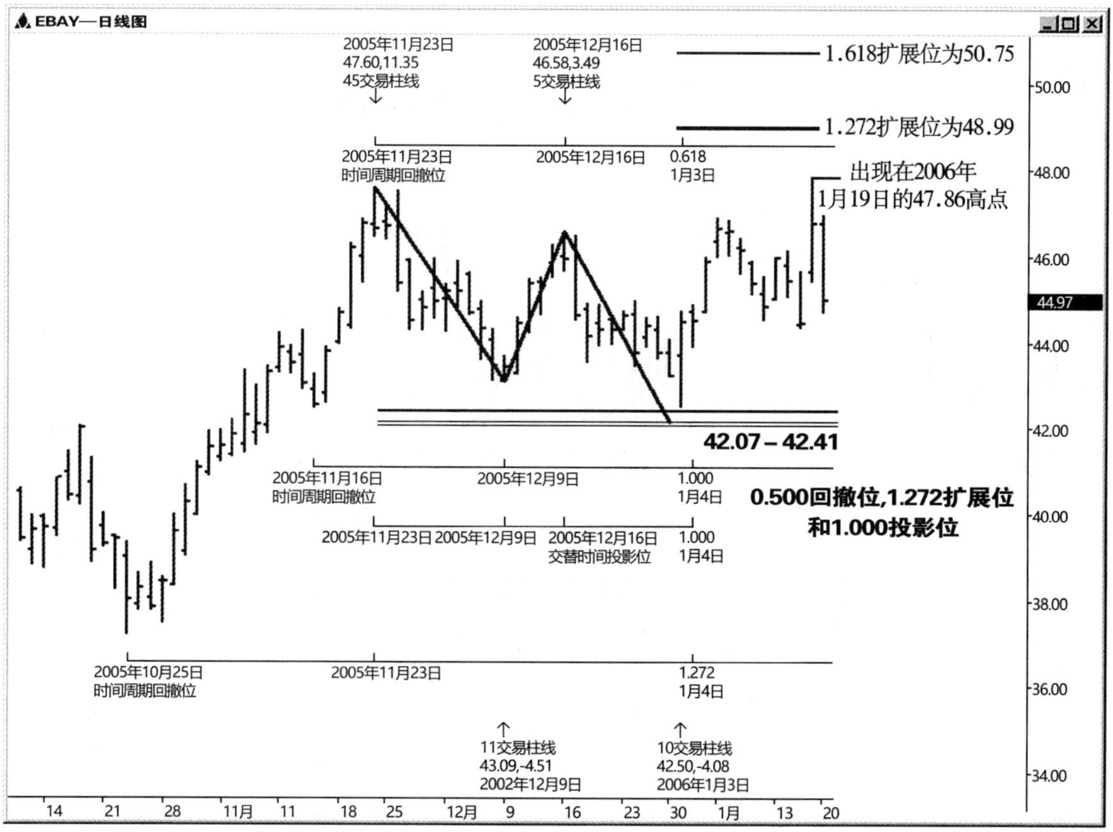

图 13-6

影位得到2006年1月4日

本例中实际低点出现在2006年1月3日的42.50，只高于关键价格支撑“簇”几美分。48.99初始上涨目标并没有实现，然而，我们至少看见了从42.50低点开始的47.86的反弹。

谷歌股价似乎大部分时间会遵循市场几何学。在图13-7所示的例子中，时间和价格“簇”并在2007年3月5日出现了一个可交易的低点。在谷歌的日线图中，我们可以看见三个价格关系在433.25～436.96区域内重合。这三个价格关系包括2007年2月12日低点到2007年2月22日高点波段的1.618扩展位、2006年12月21日低点到2007年1月16日高点波段的1.272扩展位和从2007年2月22日高点计算的2007年2月1日高点到2007年2月12日低点波段的1.000价格投影位。图下方的时间柱线图显示当这个关键价格支撑区被测试时，其与时间周期汇合。低点出现在2007年3月5日的437.00（恰好比支撑区最高位高出4美分），紧接着是一个上升到

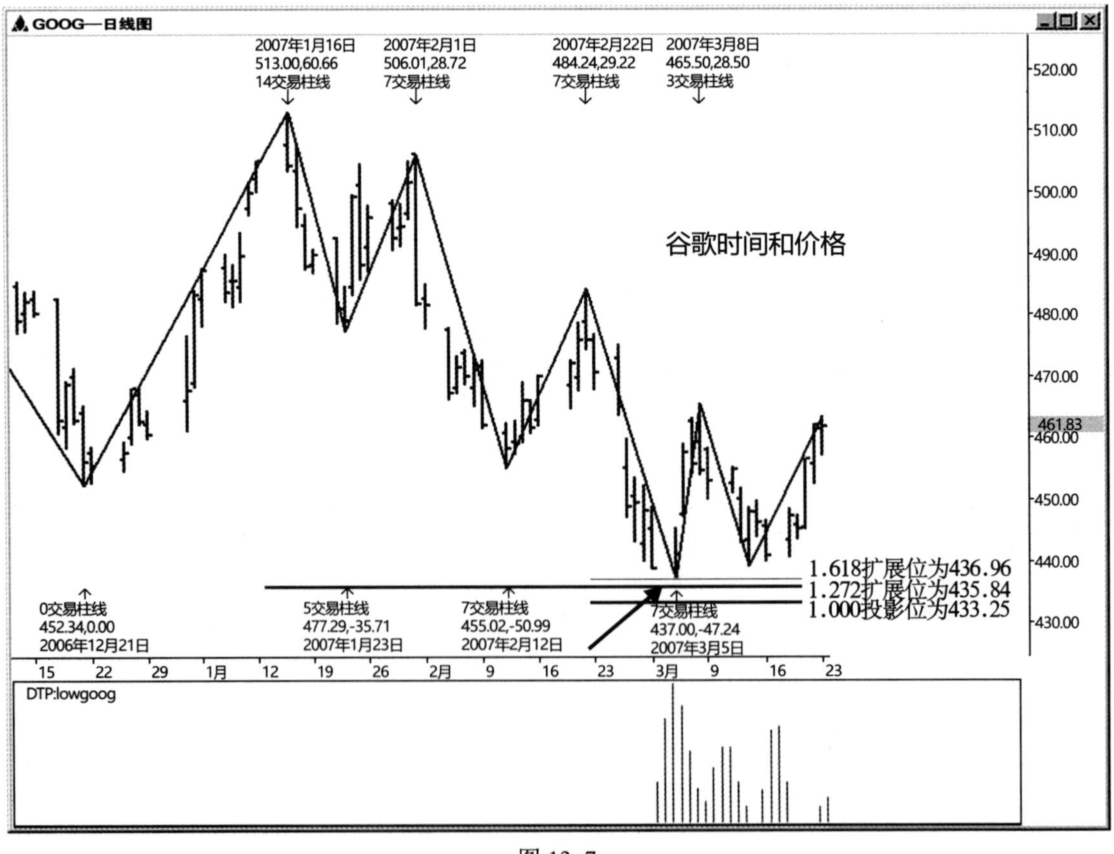

图13-7

2007年3月8日高点的28.50美元的反弹。还要注意重新测试2007年3月5日低点后，出现了另一个反弹。

图13-8说明了图13-7中时间柱线图包含的最重要的周期之一。它是从2007年2月22日高点投影出的2007年2月1日高点到2007年2月12日低点波段的1.000周期，该周期持续7个交易日。请注意2007年3月5日低点恰好出现在2007年2月22日高点后的第七个交易日。这是另一个很好的时间对称的例子。

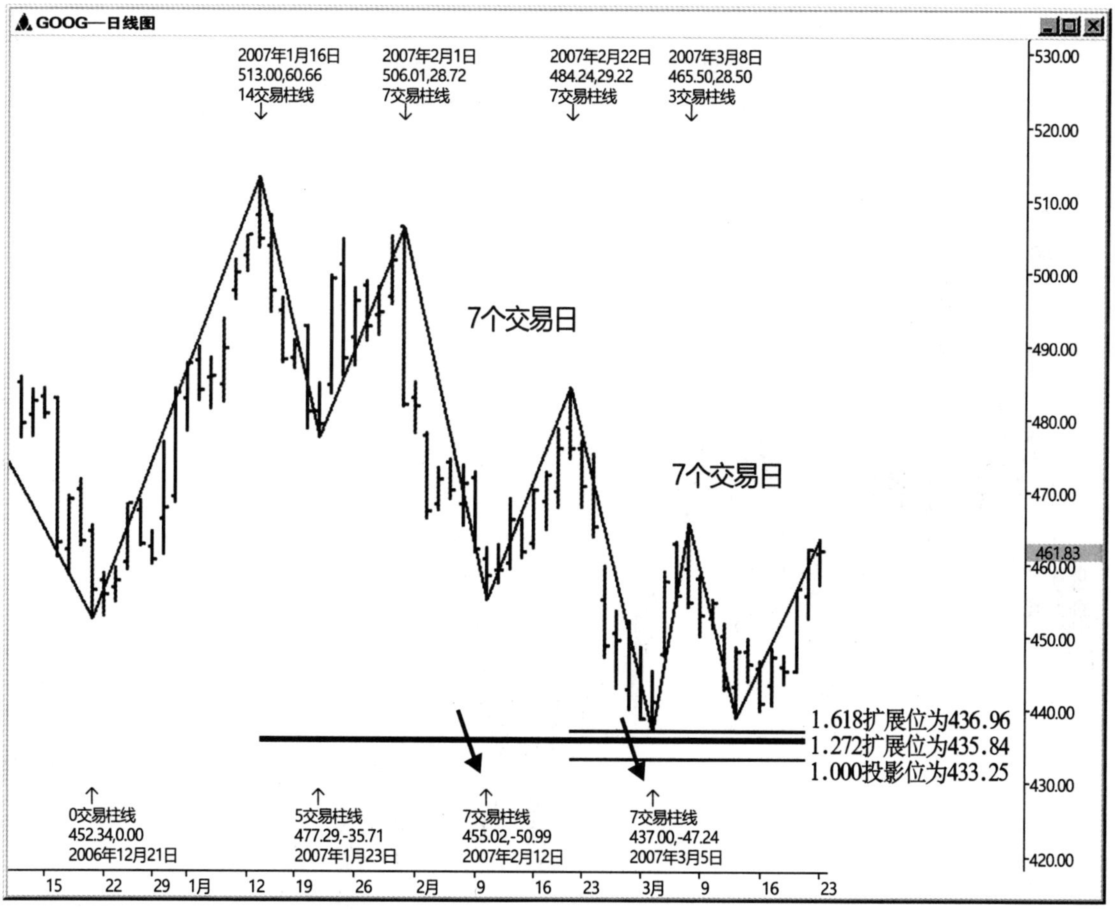

图13-8

作者建议

当我们讨论时间和价格聚集时，它不总是价格“簇”结构和时间“簇”结构，它也可以是价格和时间对称。只要我们有一个与关键时间决策一致的关键价格决策，我们就说时间和价格聚集，这时我们就要注意一个可能的市场反转。

下一个耐克股票的图例很好地说明了时间和价格的对称（图 13-9）。随着耐克图中整体趋势的下降，你会想要等待一个卖出结构以在该股票下跌时进场做空。图中展示了从 2006 年 5 月 22 日低点计算出的 2006 年 1 月 30 日低点到 2006 年 3 月 6 日高点的前期反弹波段的对称投影位，该波段为 7.44 美元。结果指示在 84.83 位附近可能会出现阻力位。这并不是一个完美的命中，因为实际高点比投影位高 14 美分。

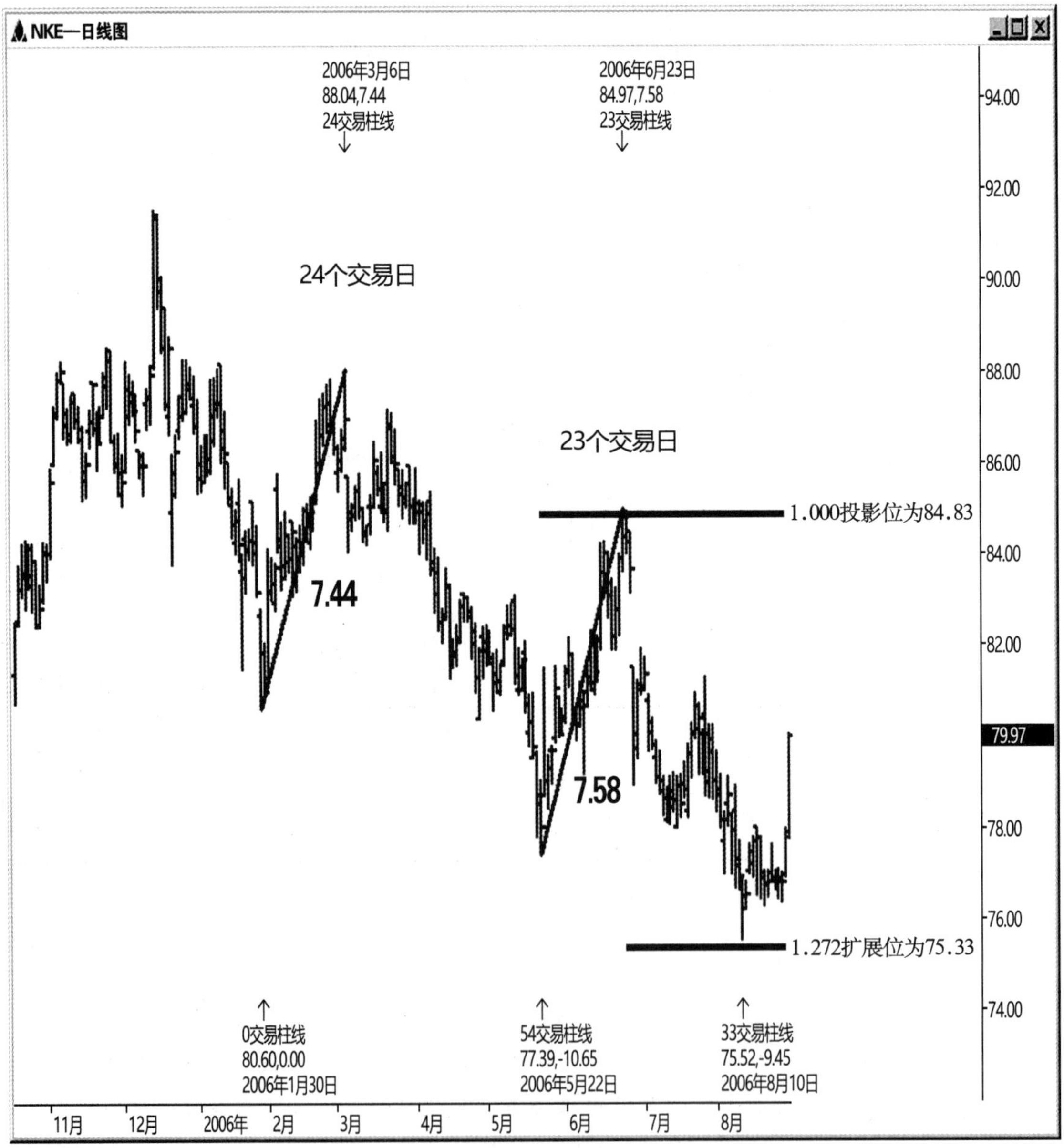

图 13-9

在耐克股价接近阻力位的同时，也出现了非常明显的时间对称。前期反弹波段已经持续了24个交易日。当股价反弹入相同波段的价格阻力区域时，反弹已经持续了23个交易日。随着这些时间和价格参数聚集，一个可交易的高点出现在2006年6月23日的84.97。最后，我们看到了一个从该时间和价格高点开始的9.45美元的下跌。

本章的例子说明了在你分析的市场中，是怎样通过时间和价格关系的汇合进一步确定出重要决策点的。当市场的时间和价格汇合时，成功完成交易结构的概率会明显提高。

第 14 章 触发器和指标

在前几章中，我曾提到一些交易结构会被破坏。换句话说，市价既不会总是高于也不会总是低于第 6 章到第 8 章所设定的买入结构的价位或区域。尽管我们知道这些交易结构是很重要的市场决策，但是我们并不能事先知道它们是否会保持在一个特定区域。为了提高在交易中使用这些交易结构取得成功的概率，理想化的做法就是运用交易过滤器和交易触发器。

交易触发器一般是由技术指标和价格形态或二者的组合组成。通过交易触发器，我们能够根据交易结构采取行动或进场。

作者建议

应用交易触发器的好处就是许多可能会被破坏的交易结构不会被触发。当然，确实有些触发了的结构以失败告终并造成了损失，然而，通过触发器我们可以过滤掉不少这样失败的结构。

潜在的交易触发器

许多不同的方法可以用作交易触发器。

1. 找出前期波段高点或低点

这是一个相对简单的进场触发器。击穿前期波段高点或低点表明会出现反转或可以根据交易结构进场。虽然不像找出波段高点或低点那样有效，但是仍然可以找出前期高点或低点作为触发器。

2. 移动平均线（MA）

移动平均线可以用于两种不同的方法中。一些交易者把突破或接近移动平均线作为进场触发器；而其他交易者则使用多条平均线，并把较快平均线在上方或下方突破较慢平均线作为进场的信号。

3. 顺势指标（CCI）

很多交易者使用伍迪 CCI 俱乐部的伍迪传授的顺势指标。由这个指标组成的特定形态被看作是进场信号。通过使用与我聊天室里的交易结构一致的交易信号，我的一些交易者获得了成功（要获得更多信息，请登录 www.woodiescciclub.com）。

www.tradethemarkets.com 的约翰·卡特和休伯特·森特也有一套独特的进场方法，他们将这些方法传授给了他们的学生。在奥斯丁与他们共度的一段时间里，我开始观察他们使用的触发器和指标，这些触发器和指标根据价格“簇”或对称结构能很好地触发进场。事实上，考虑到我的交易结构与他们的触发器彼此很好地互补，所以我决定与他们合并聊天室。现在，我们拥有了一个聚焦多种不同交易进场方法和菲波纳奇交易结构的大型聊天室，其中的一些交易进场行为非常符合菲波纳奇学说。如果想在聊天室中得到确认，请登陆 www.fibonacciqueen.com。

作者建议

你可以考虑将很多不同的进场方法跟我与大家共享的交易结构共同使用。重要的是一旦你决定使用一种进场触发器，那么你要确定你使用这个触发器很顺手，并能容易地识别出它，同时它应符合你的交易个性。在测试过该触发器的可靠性后，应保证你的进场行为与其一致。

使用指标和触发器来过滤进场行为

让我们仔细看一些交易触发器的例子。首先，我们先看一个交易结构。一旦确定了一个结构，那么就应该立刻寻找触发器。图 14–1 展示了 3 分钟电子迷你罗素合约的一个对称交易结构。投影的对称阻力位出现在 782.10。

让我们看一个能够根据 782.10 阻力位进场的可能的卖出触发器。第一个触发器例子是在罗素合约的 2 分钟图中阐述的（图 14–2），其上可以比 3 分钟图更清晰地看出波段高点或低点。你也可以通过即时

图 14–1

图或成交量图找出波段低点或高点，以建立自己的触发器。就个人而言，当根据 3 分钟图中的罗素合约或迷你道琼斯设置触发交易时，我使用过 34 ~ 89 个基点作为阈值即时图。在其他市场中，你可能需要使用不同的报价单位或成交量图。

请注意本结构中的高点出现在 782.00，恰好低于实际对称投影位一个基点。在这个高点出现后（在本例中，我们实际上对阻力位进行两次测试），我们就想寻找市场中前期波段低点以给出进场信号。在本图中我确定的波段低点是 780.40。

当价格跌破这个波段低点时，我们就得到了进场做空的信号。在本例中，某些交易者刚好将进场止损指令设定在 780.30 点。先于反转信号出现的上述高点确定为最大风险。本例中的止损点可以设在仅高于 782.00 波段高点 1 ~ 2 个报价单位的位置。对于短线交易者而言，这个风险可能太大了。还有一些其他的方法能把风险降至最低。

要降低原始交易结构的风险，你实际上可以做三件事：

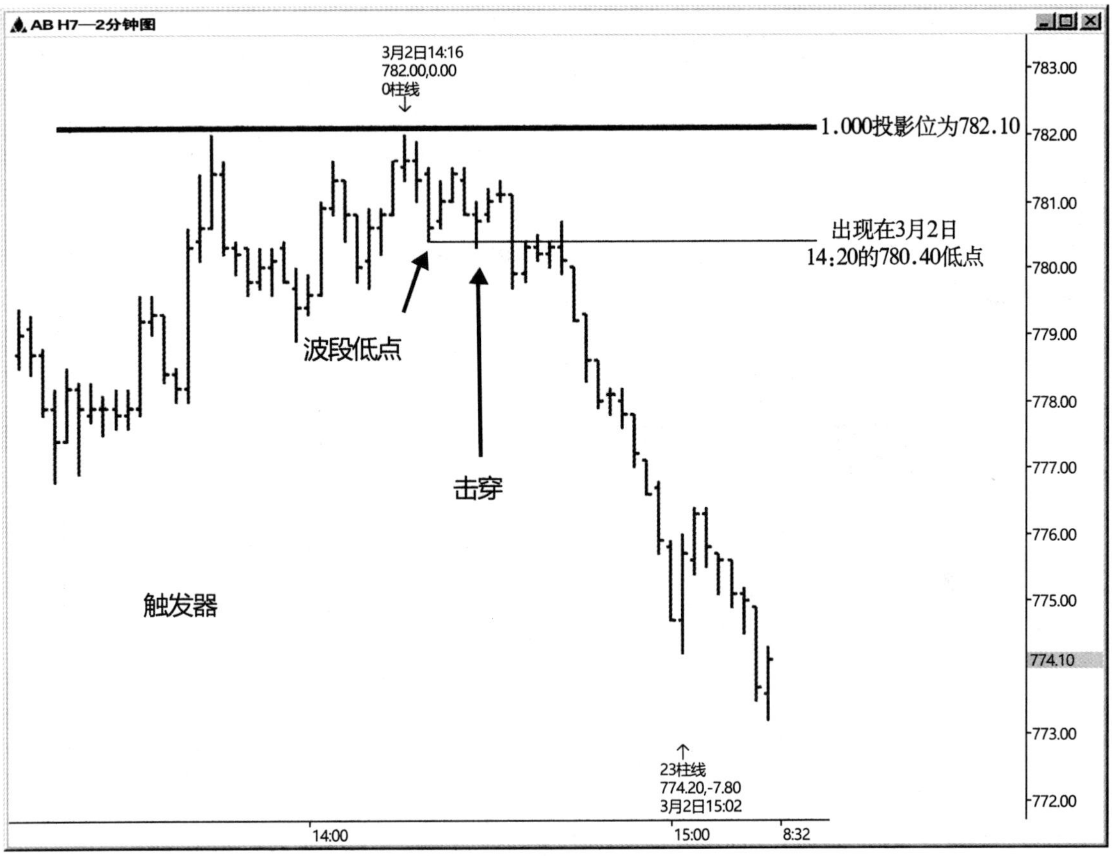

图 14-2

（1）你可以只使用标准的价格止损点。例如，在所有交易中只使用 10 ~ 15 个基点止损。如果交易快要结束时，理想的情况是：在下跌恢复之前不会出现那么多的回调。在本例中，尽管你仍可凭借 15 个基点止损在市场中继续存活，但是如果想在 780.30 点平仓，你最好选择 10 个基点止损。

（2）在本例中你可以把出现在 781.50 点的下一个较低的波段高点用于止损。

（3）与其在突破波段低点后卖出，不如等待击穿前期波段低点后的回调或回撤。第三个方法的唯一不足就是你有可能永远都等不到所要的回调，而如果那样的话，你将彻底失去这次交易机会。有些交易者看来对此并不在乎，并且更不愿意放弃任何在市场中占据优势的机会。

当在突破后的回调过程中进场时，一般我会寻找从最后波段回退的 0.500 ~ 0.786 回撤位；理想化的情况是：其中的一个回撤位会与前期波段的 1.000 投影位重叠。在这个特殊的例子中，回调刚好在与回退到原始高点的 0.618 回撤位和前期较小波段的 0.786 回撤位的重叠处附近结束，其中，该 0.786 回撤位与从点 c 计算的点 a 到点 b 波段的 1.000 投影位重叠（图 14–3）（在接近 781.20 ~ 781.40 区域附近进场的风险会比在 780.30 止损点进场的风险低得多）。

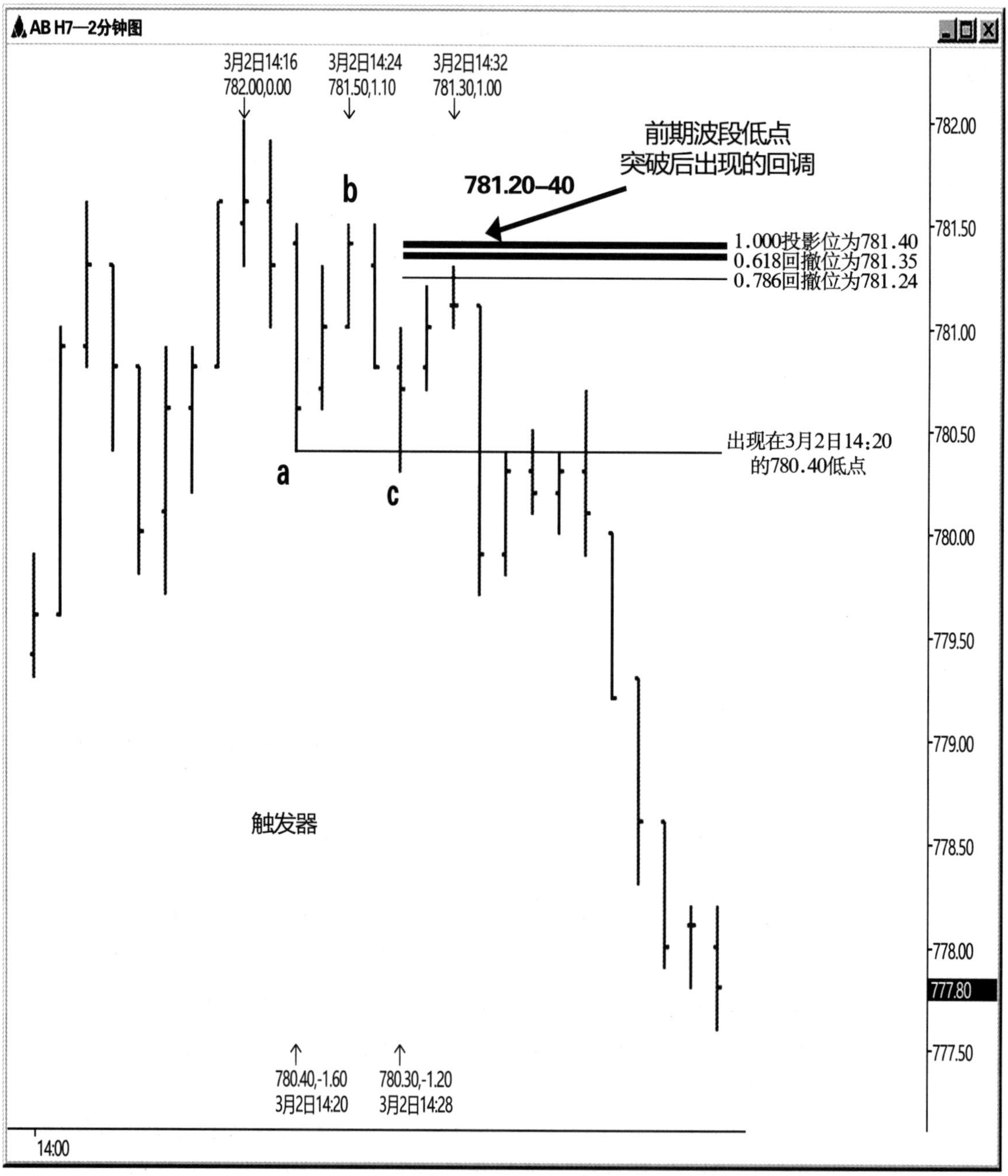

图 14–3

让我们用一个不同类型的触发器来看一下图 14–4 中的同一个结构。我们仍然观察在 782.10 区域的同一个阻力位，但是我们这次要找的是短期平均线和长期平均线的交叉点以触发卖出进场。在本例中，我使用了 8MA 和 13MA（8MA 是指简单移动 8 根柱线的平均和；13MA 是指简单移动 13 根柱线的平均和），并标注了它们的交叉点。其中某一个即根据 782.10 阻力位得到的卖出触发器。

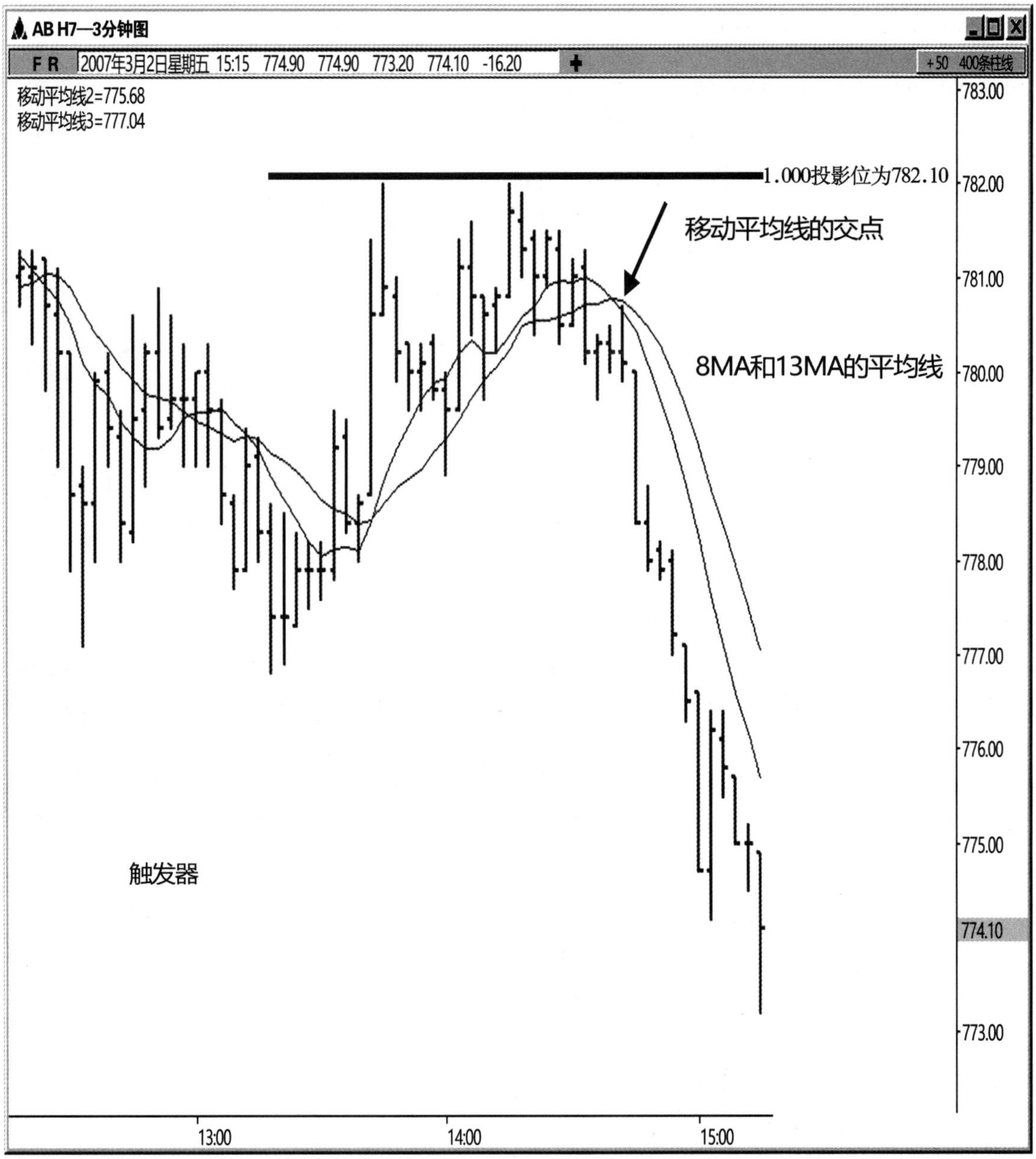

图 14–4

在图 14–5 中，让我们看一下如何根据上一个电子迷你罗素合约中的对称结构（782.10 阻力位），使用一种 TTM 进场方法触发交易，这种方法被 TTM（tradethemarkets.com）称为紧缩指标。在此我使用了一个含有该紧缩指标的 500 成交量图。在图中画箭头的位置就是指标开火（TTM 的说法）位置，而这个特殊图中该位置正是你要卖空的位置。

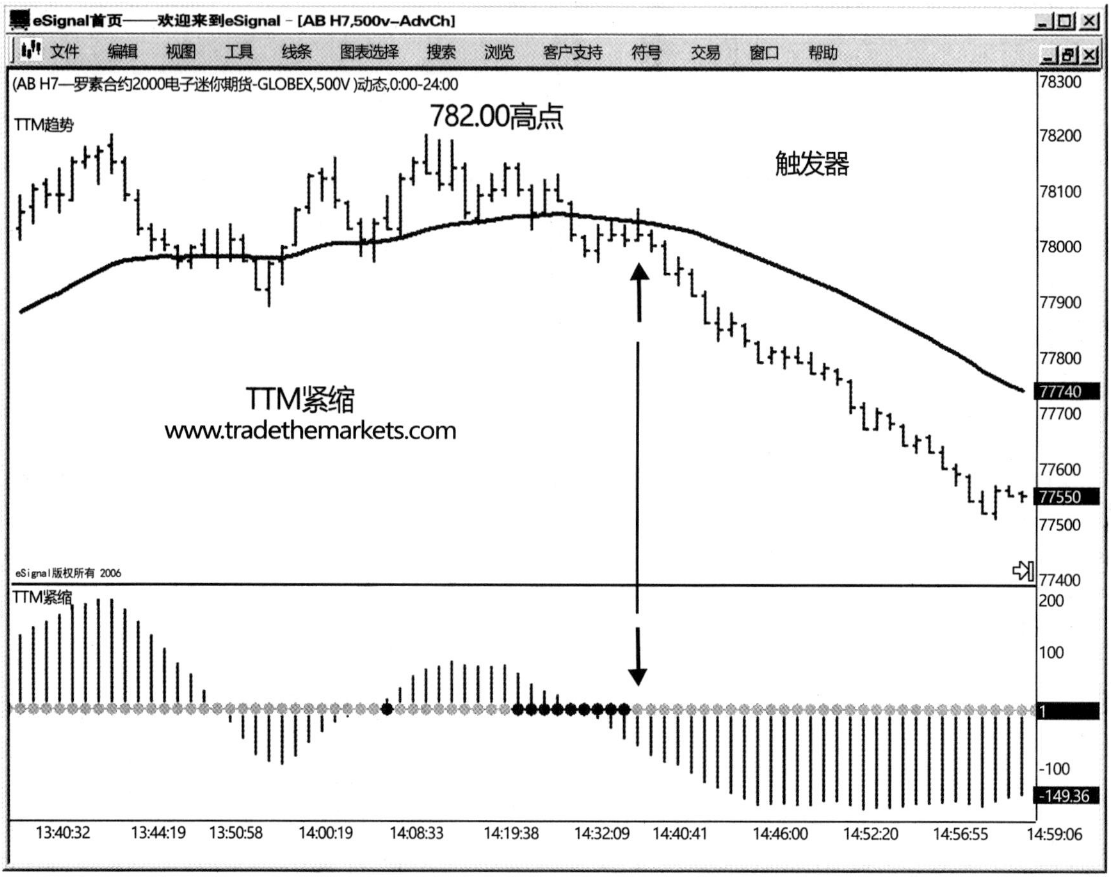

图 14–5

在成交量图、即时图或分钟图中也可使用该指标。为了决定使用哪张或哪几张图，应该对它们进行测试，并观察哪个结果是你想要的。

有时看更多的图对于寻找可能的进场信号是有所帮助的。我倾向同时使用 TTM 趋势指标和紧缩指标。我喜欢看到线条的颜色随着趋势的改变而改变（因为本书中的图表是灰色的，所以你不能真正地看清本图中的趋势指标）。

让我们再看几个使用前期波段高低点确定进场的例子。请注意：

一旦你确定了一个结构，而此结构也在你的价格决策区内，那么就开始寻找前期波段低点或高点以触发进场。如果你准备实施一个买入结构，那么就寻找波段高点；如果你准备实施一个卖出结构，那么就寻找波段低点。波段高点或低点也许会出现在达到交易结构区域之前或之后，无论哪种情况都可以建立有效的触发器。

图 14–6 通过在一个迷你道琼斯合约的 1 分钟图中简单地找出前期波段高点向我们展示了一个买入触发器。进场的第一选择应是一个高于 12145 波段高点的突破。你可以在 12146 买入止损点处进场。初始止损点应低于前期波段低点 12127。由于其与止损进场成交额相差 20 点左右，所以这是一次相当冒险的进场。

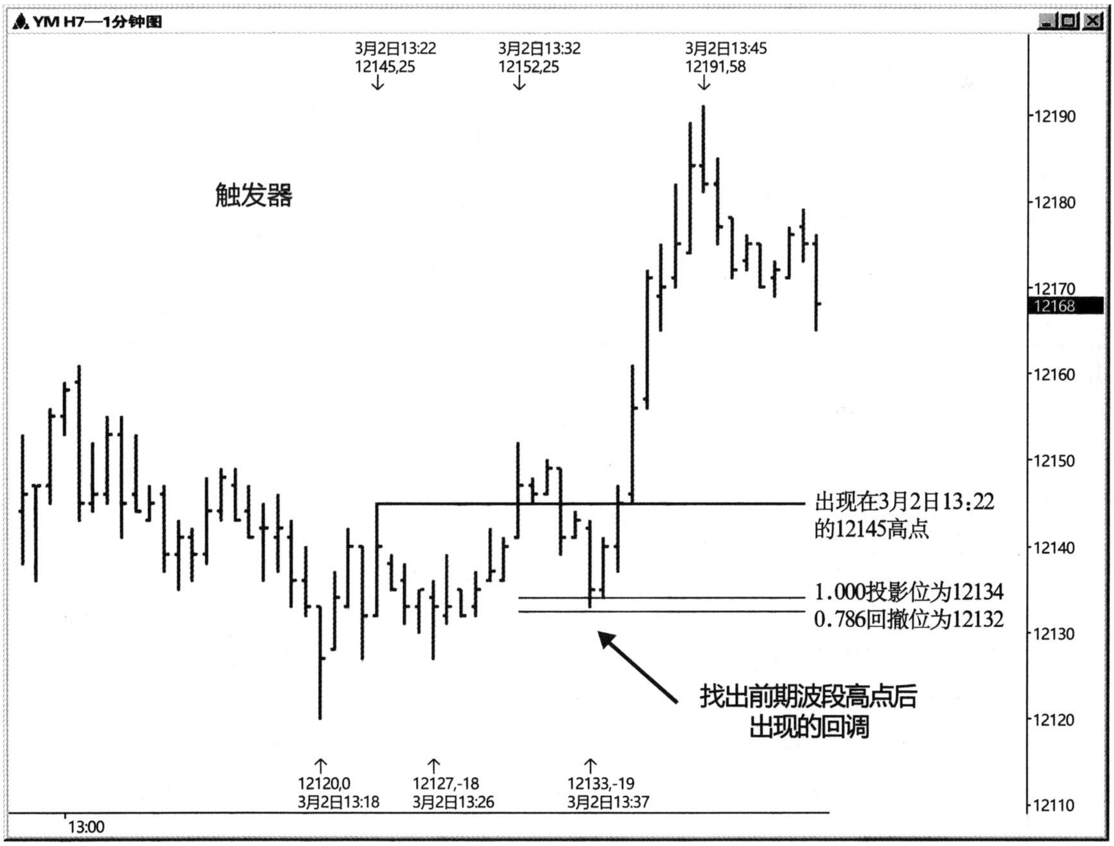

图 14–6

进场的第二选择是找出 12145 波段高点后出现的第一次回调。在本例中，道琼斯合约回调并保持在 12132 ~ 12134 区域中从前期低点回退的 0.786 回撤位和下跌的前期波段的 1.000 投影位的重叠处附近。0.500 回撤位与 0.786 回撤位之间的任意处都适合进场。本例中的初始止损点可设定在刚好低于12127波段低点的位置。如果你在回退至12137前期低点的0.618回撤位附近进场，而止损点是12126，那么初始风险会出现在11点附近，或者大约是第一次进场选择的一半。请注意我们并不总是在精确的价位上进行止损，因此实际风险可能会稍高。

图14–7中，通过3分钟电子迷你罗素合约描述了使用波段高点寻找进场触发器的例子。在此，高于829.80波段高点的交易触发了买方进场。

图14–7

先前的电子迷你罗素图中的交替进场应在回调过程中进行（图 14–8）。最初突破 829.80 波段高点后，当你开始看到回调时，你会想要在开始于前期波段的 0.500 回撤位到 0.786 回撤位之间的任意回调处进场。同时也可以看到前期波段的 1.000 对称投影位是否与其中一个回撤位重叠（就个人而言，我青睐任何与对称投影位重叠的回撤位）。在本例中，前期低点到高点的波段的 0.500 回撤位出现在 829.85，这就有可能与从 829.90 点下跌的前期波段的 1.000 投影位重叠。从图中可以看到对称，其中第一个标记的波段下跌了 1.10 点，而第二次标记的波段下跌了 1.20 点。这两个波段很对称 / 相似。在反弹恢复之前，回调最后在 829.80 点终止。

图 14–8

图 14-9 是波段高点触发器的另一个例子，是在 3 分钟迷你道琼斯合约中阐述的。在本例中，高于 12830 波段高点的反弹可以触发进场。

图 14-9

反之，如果你想等待回调再进场，那么你就可以计算出前期低点到高点波段的回撤位，并寻找任意对称投影位（图 14–10）。在本例中，从 12865 高点计算出前期波段（15 点）的 1.000 对称投影位，该对称投影位出现在 12832，并与前期低点到高点波段的 0.500 回撤位完美重叠，该回撤位出现在 12831。回调刚好在 12832 点结束。

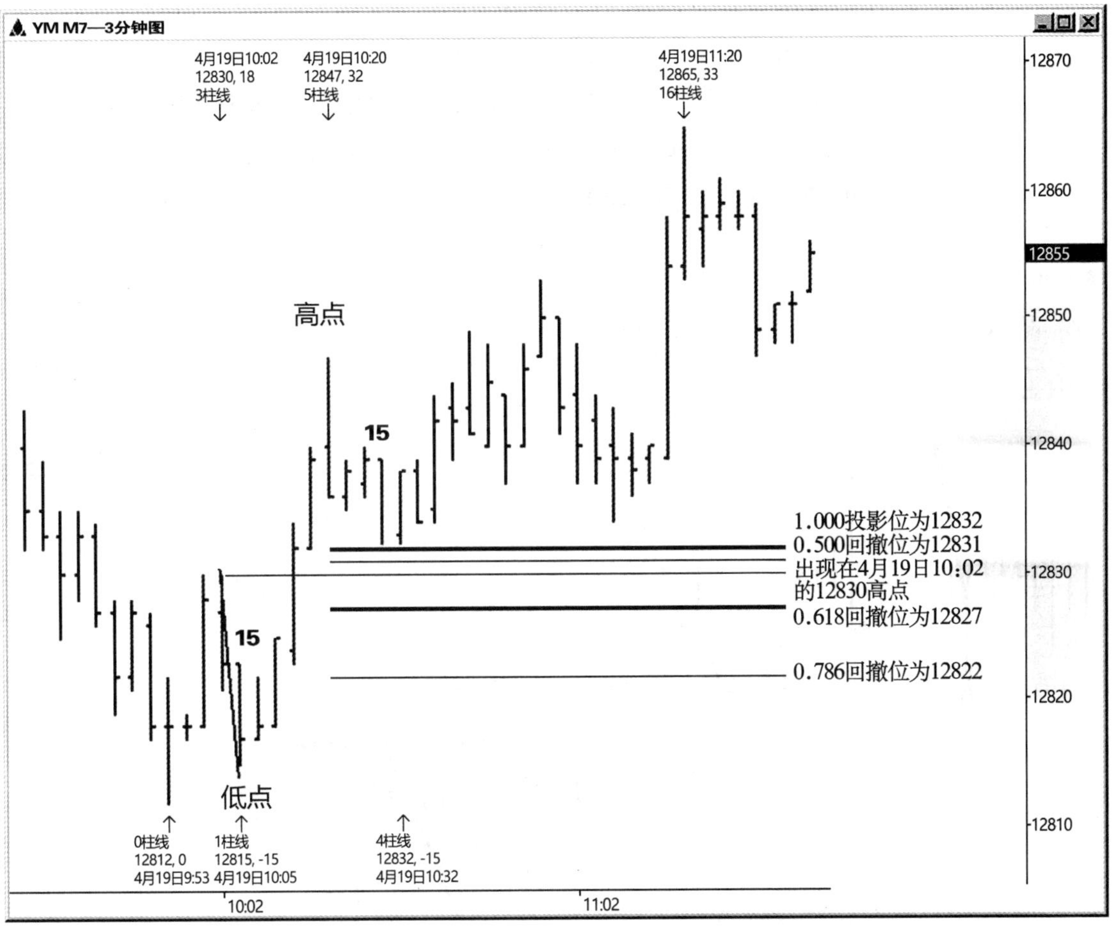

图 14–10

到此为止，大部分的触发器例子都是在短期图中阐述的。这是因为我基本上整天都与日内交易者一起工作，而他们不愿意每个交易结构都承担亏损的风险。

然而，同样的这些触发器也可以用在长期图中。例如，如果你在日线图中建立了价格“簇”结构，那么你可能会想使用一张 15 分钟图作为应对每日工作的进场触发器。如果你正在看一个 45 分钟图中的结构，那么你可能想要使用 5 分钟图进场。

作者建议

牢记，你并不想要单独地使用这些交易触发器，你总是想从一个交易结构开始。没有菲波纳奇学说支持的进场方法论一般都不会是高胜算的结构。

下一个例子让我们从15分钟电子迷你标准普尔图中的价格“簇”结构开始（图14–11）。价格决策区是1396.50～1397.00区域，当然，这也是一个不完美的例子。本例中的实际高点低于1396.00价格“簇”区2个基点。只要你不是一个绝对的完美主义者，这用来找到一个交易进场的触发器就已经足够了。

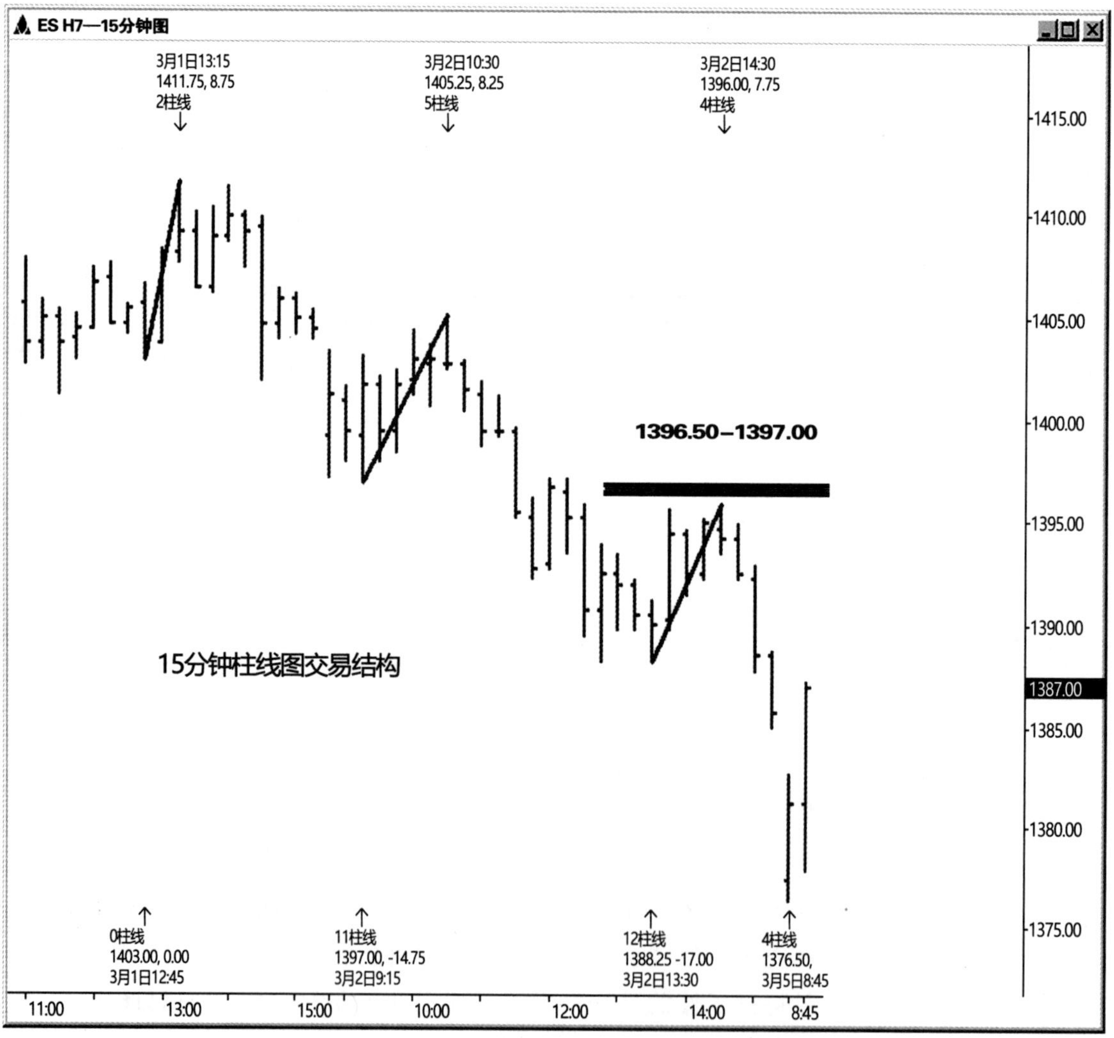

图14–11

在图 14–12 中，我们根据图 14–11 中的 15 分钟结构在 3 分钟图中寻找卖出进场。我们想使用一个短期图寻找触发器，以便能够找到相对接近实际价位的进场，我们将价位作为交易的基础。这个触发器一般能降低交易进场的风险。当两个波段低点被击穿时，它们可以用于进场。请注意此时我们不会看见有利于交替进场的回调。如果你不是刚好在击穿一个波段低点时进场，那么你就会因为等待回调而错过了本次交易机会（当然了，总是会有另一个交易结构出现的！）。

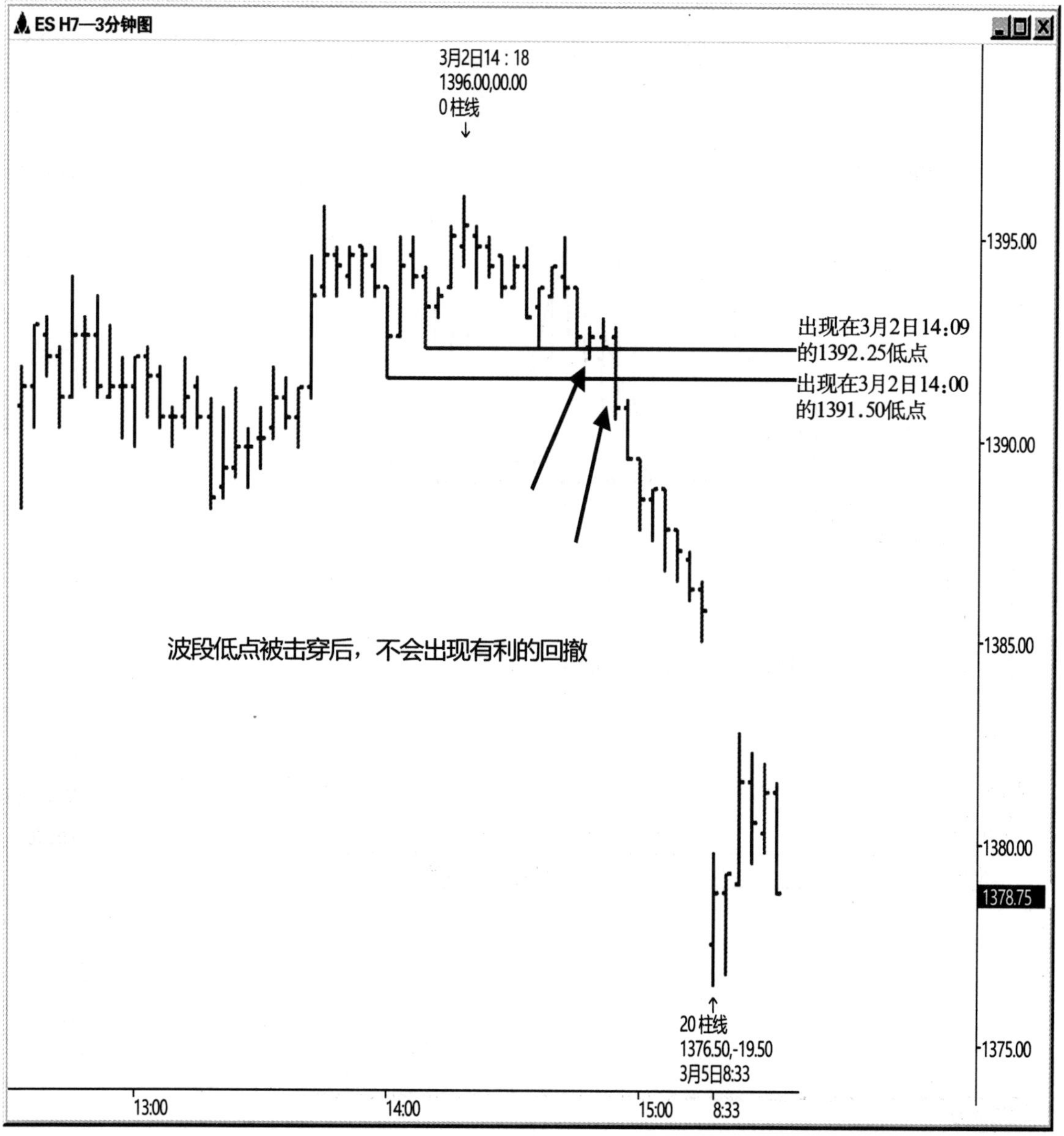

图 14–12

在下一个例子中，我们从电子迷你标准普尔合约的 15 分钟图中的另一个价格“簇”结构开始（图 14–13）。在 1391.00 ~ 1391.75 区域内我们找到了一个关键的支撑决策。另外，当对这个关键的支撑决策进行测试时，时间柱线图可以指导我们去寻找有上升趋势的可能反转。当时间和价格汇合时，找到反转的概率比单独观察时间参数或价格参数要高得多。让我们看一下可以用于本例的可能的触发器。

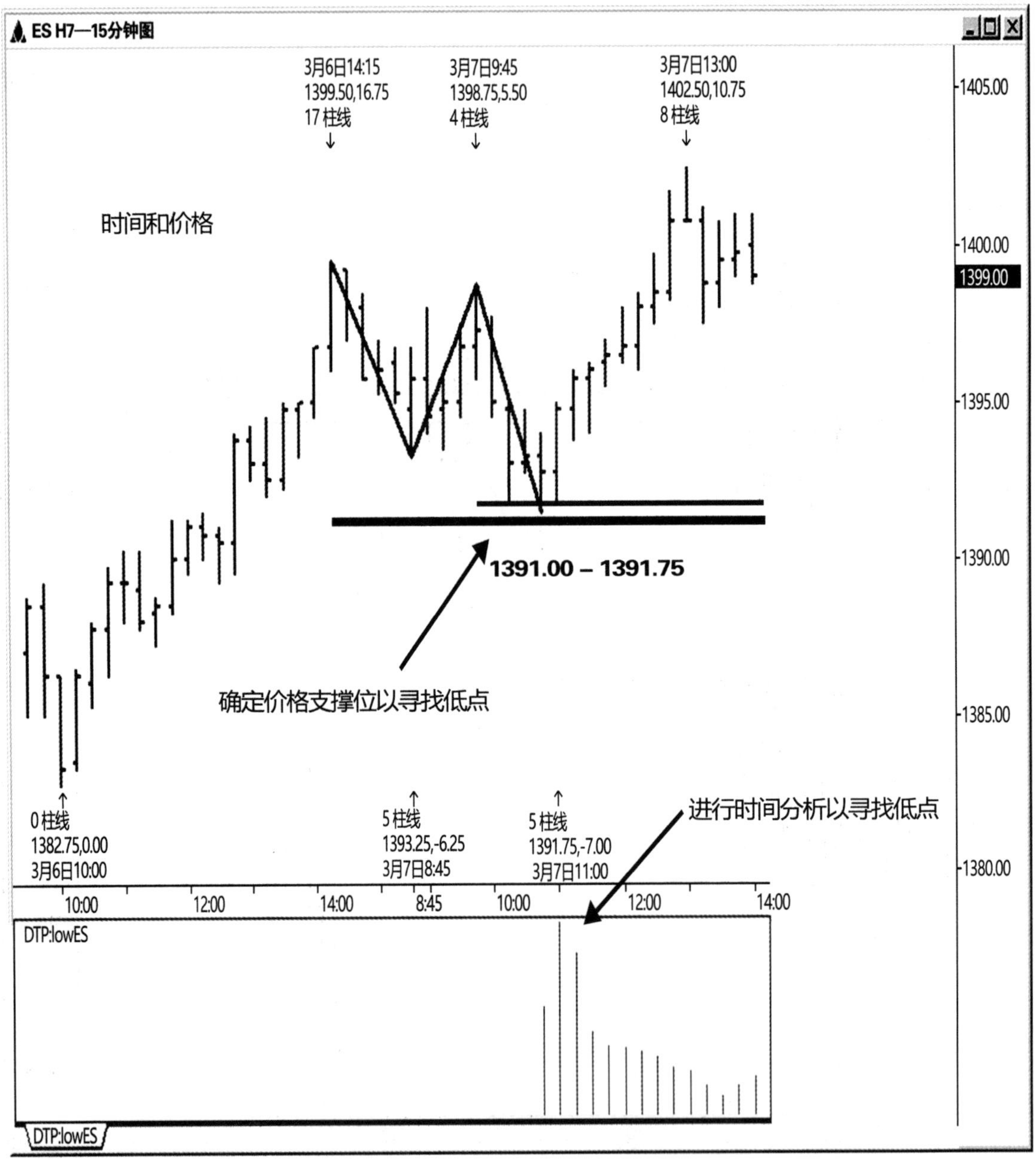

图 14–13

在图 14–14 中，我们通过观察 3 分钟图来寻找波段触发进场，它能够引领我们进入相对接近价格“簇”支撑区的市场。在此，一旦 ES 在 1394.25 点（高于图中标记的前期波段高点 1 个基点）交易，那么就可以进场了。

图 14–14

如果你想在找出波段高点后在回调过程中买入，那么图 14–15 中的 1394.00 点附近可以找到机会——1.000 投影位与前期波段的 0.500 回撤位重叠的位置。当然，你也不必等到出现确切的回调时再进场，因为在本例中，如果你试图等待价位准确回调至支撑位的话，你就可能错过进场的时机了（做出决策时要运用一些常识）。

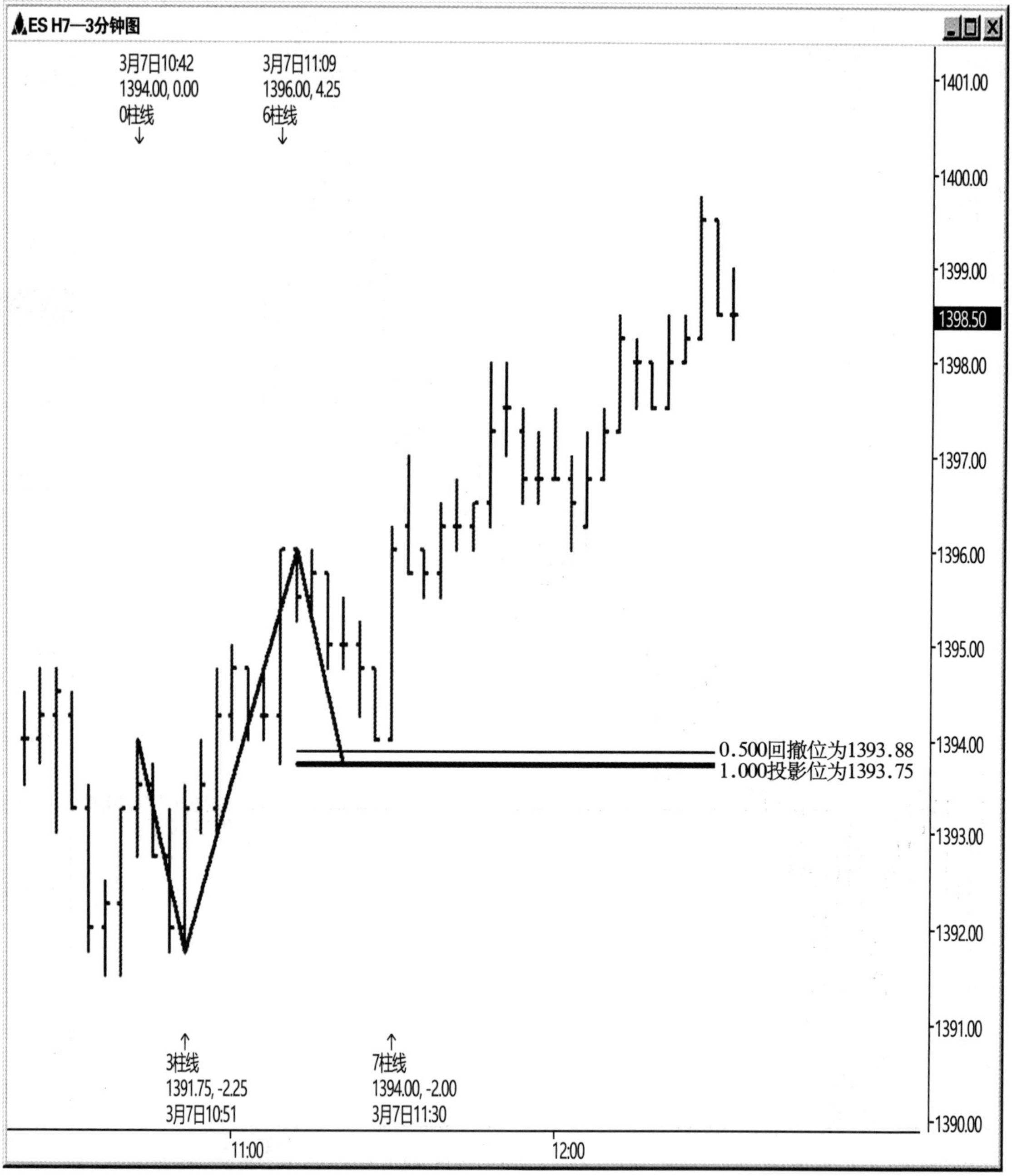

图 14–15

在下一个电子迷你标准普尔合约的 3 分钟图中（图 14–16），我要寻找一个对称卖出结构。只要简单地在图中找出几个前期修正性反弹并从那时新低点（出现在 2007 年 3 月 29 日 12：24 的 1425.50 波段低点）计算出投影位，这样就可以在 1429.50 ~ 1430.00 区域内建立卖出结构了。

图 14–16

现在我们需要的就是一个引领我们进场的触发器。第一个触发器的例子使用了已经收录在 www.genesisft.com 的金铂交易导航程序中的指标（图 14–17）（一般情况下，在观察指标的时候我都是观察彩色的柱线，但是因为本书不采用彩印，所以我改变了程序——用标记替代彩色的柱线来表示这个信号）。1429.50 高点出现在交易结构区后，标记变成三角形向下指向的柱线可以根据结构作为卖出触发器。卖出进场的初始止损点刚好高于 1429.50 高点一个基点。此后，你可以使用跟踪止损点或同样类型的用于进场的触发器出场。请注意三角形颠倒的时间，即出现在下跌过程中跌破 1.272 扩展位之后。我在图中标出了出场柱线。

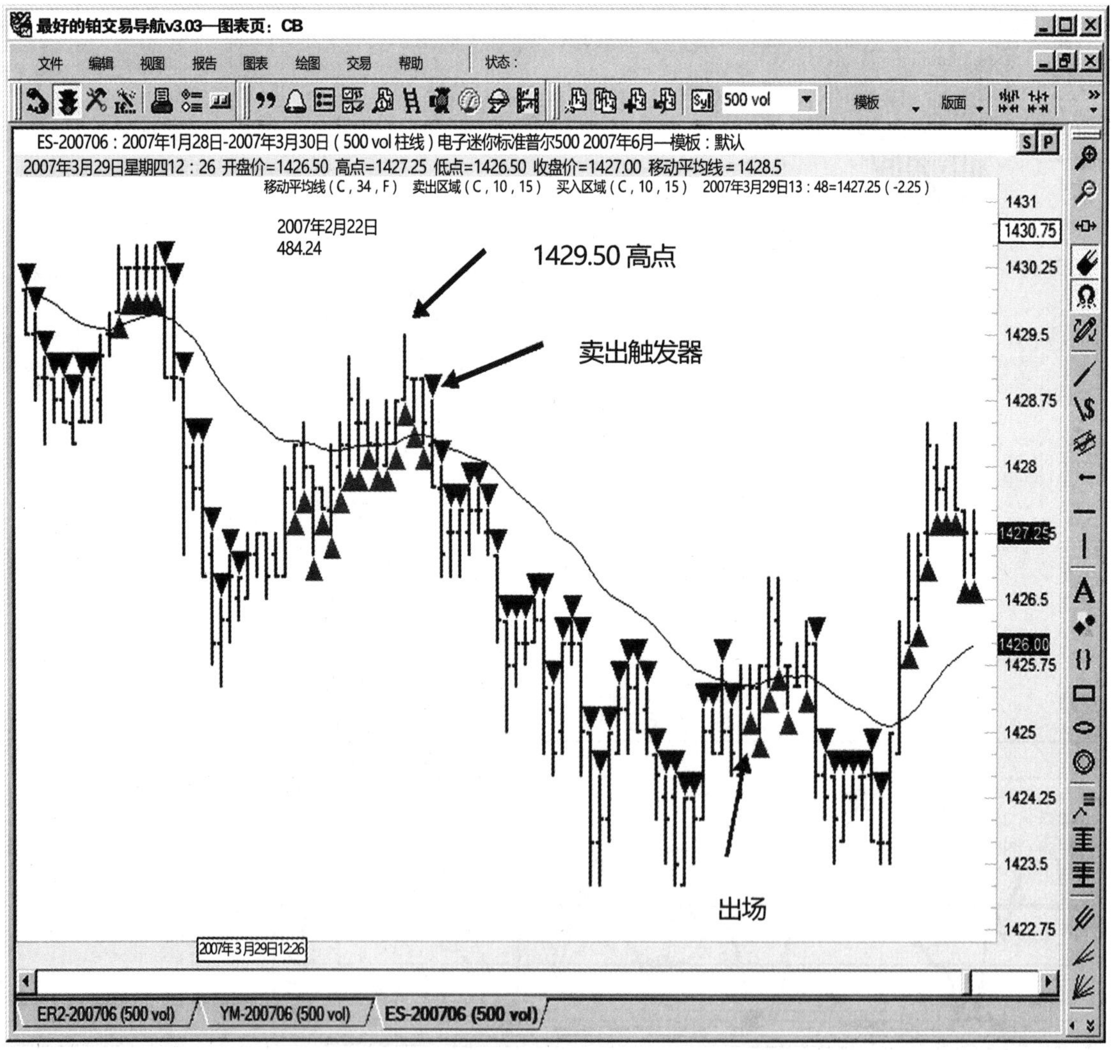

图 14–17

如何在 1 分钟图中使用波段低点触发器呢？从前几章的讨论不难看出我喜欢把前期的波段低点和高点作为进场触发器（图 14–18）。一旦 1427.75 点击穿了 1428.00 波段低点，那么进场触发器就出现了。你可以将初始止损点定在比 1429.50 波段高点高的位置，也可以选择使用价格止损点。使用高于前期高点的止损点是一次相对安全的赌博。相对于在目标出场，我更喜欢在跟踪止损点出场。在走势看好的情况下，市场往往会给你比在第一目标出场时更多的回报。在持续获利交易时所获得的超额利润将成为你在市场波动时期强有力的后盾。

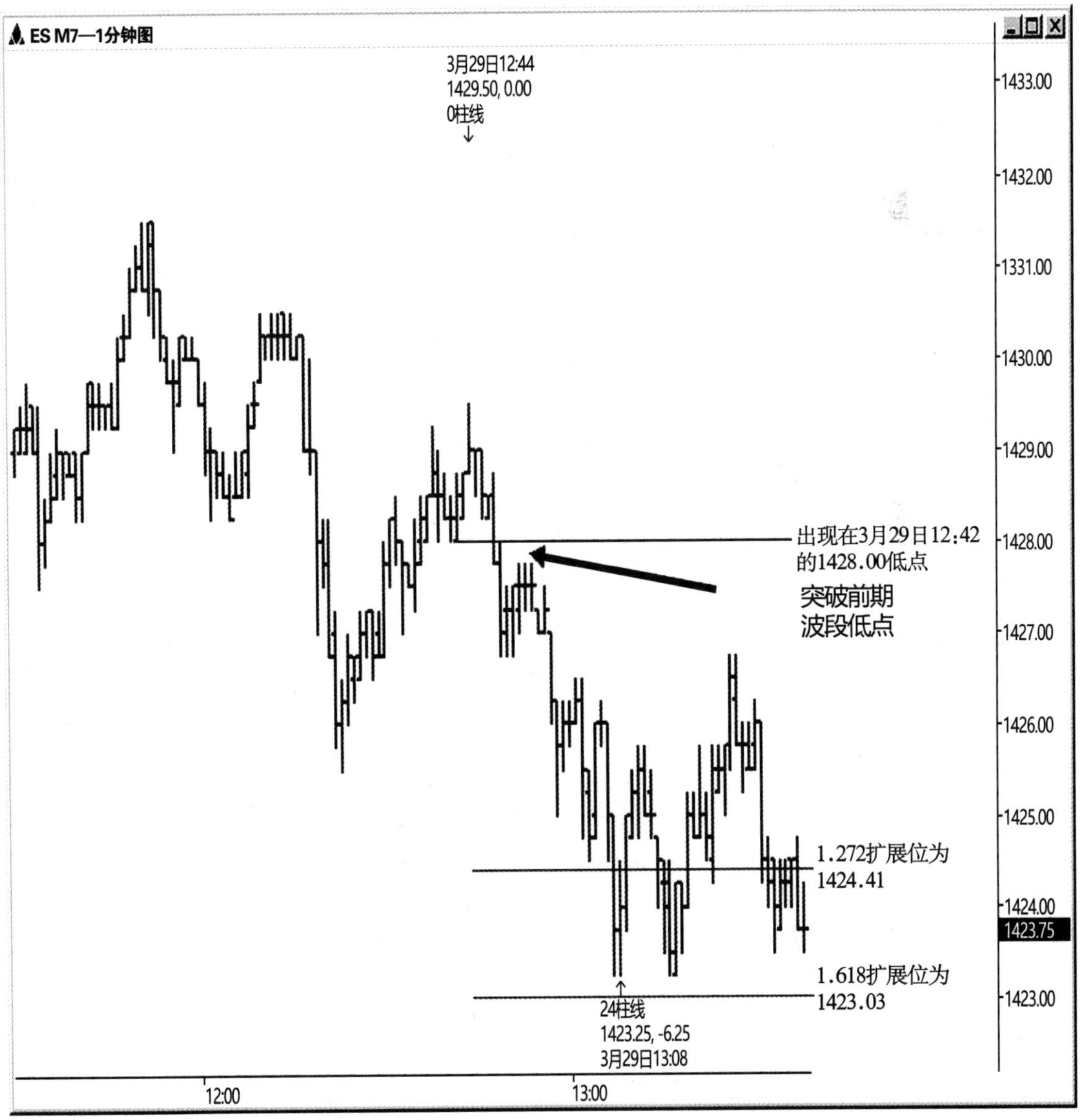

图 14–18

我聊天室中的交易者使用的一种流行的CCI卖出触发器是在14期CCI回落交叉于零线之下，并与零线下面的50期CCI相交的点。实际上，你可以在描述结构进行的同一图中看见这个触发器（图14-19）。观察14期CCI（颜色深的指标）是在哪里回落至零线以下的，这点就是卖空的信号。同样地，理想的情况是初始止损点应刚好处在1429.50波段高点之上，而跟踪止损点可以用于出场。

图 14-19

让我们看一下另一个在谷歌股票中形成的价格“簇”结构。实际上，在第 13 章我们已经看过这个例子了，但是这次我们要看一些可以使用的进场触发器（图 14–20）。三大关键价格关系在 435.84—438.18 区域的重叠形成了价格“簇”。

计算2006年8月3日低点到2007年1月16日高点波段的0.500回撤位得到438.18

计算2006年12月21日低点到2007年1月16日高点波段的1.272扩展位得到435.84

计算2007年2月12日低点到2007年2月22日高点波段的1.618扩展位得到436.96

这种情况与时间柱线图中描述的情况完全一致，在时间柱状图中出现了 2007 年 3 月 5 日突出，这样就可以找到可能的低点了。将时间与价格聚集在一起后，接下来要做的就是寻找进场触发器。

图 14–20

当然，有很多不同的方法可以触发交易结构。图 14-21 是一个简单的谷歌 15 分钟图。在结合关键的时间参数和价格参数找出 2007 年 3 月 5 日的低点后，本图中高于前期波段高点的反弹就是第一个进场触发器。如果你不想在高于前期波段的突破处买入，那么你可以在突破之后的回调过程中买入。任何一种进场方法的初始止损点都刚好低于 2007 年 3 月 5 日的 437.00 低点。从这个时间和价格低点可以看到超过 26.00 美元的反弹。

图 14-21

让我们在迷你道琼斯合约的 10 分钟图中看看下一个交易结构（图 14–22）。在本合约的一次明显的反弹出现后，道琼斯合约开始震荡向下移动，在趋势恢复之前很可能会暂停一段时间。有时，在图中你不能找到很多能够使用的数据点。在本例中，只要简单地计算出点 1 到点 5 的价格扩展位或 1.000 价格投影位，就可形成两个价格“簇”区。其中一个价格“簇”区形成于 12492 ~ 12494 区域，包含三个价格关系；另一个则形成于 12479 ~ 12485 区域，也包含三个价格关系。我们试图从任意支撑区中找出潜在低点和上升反转。

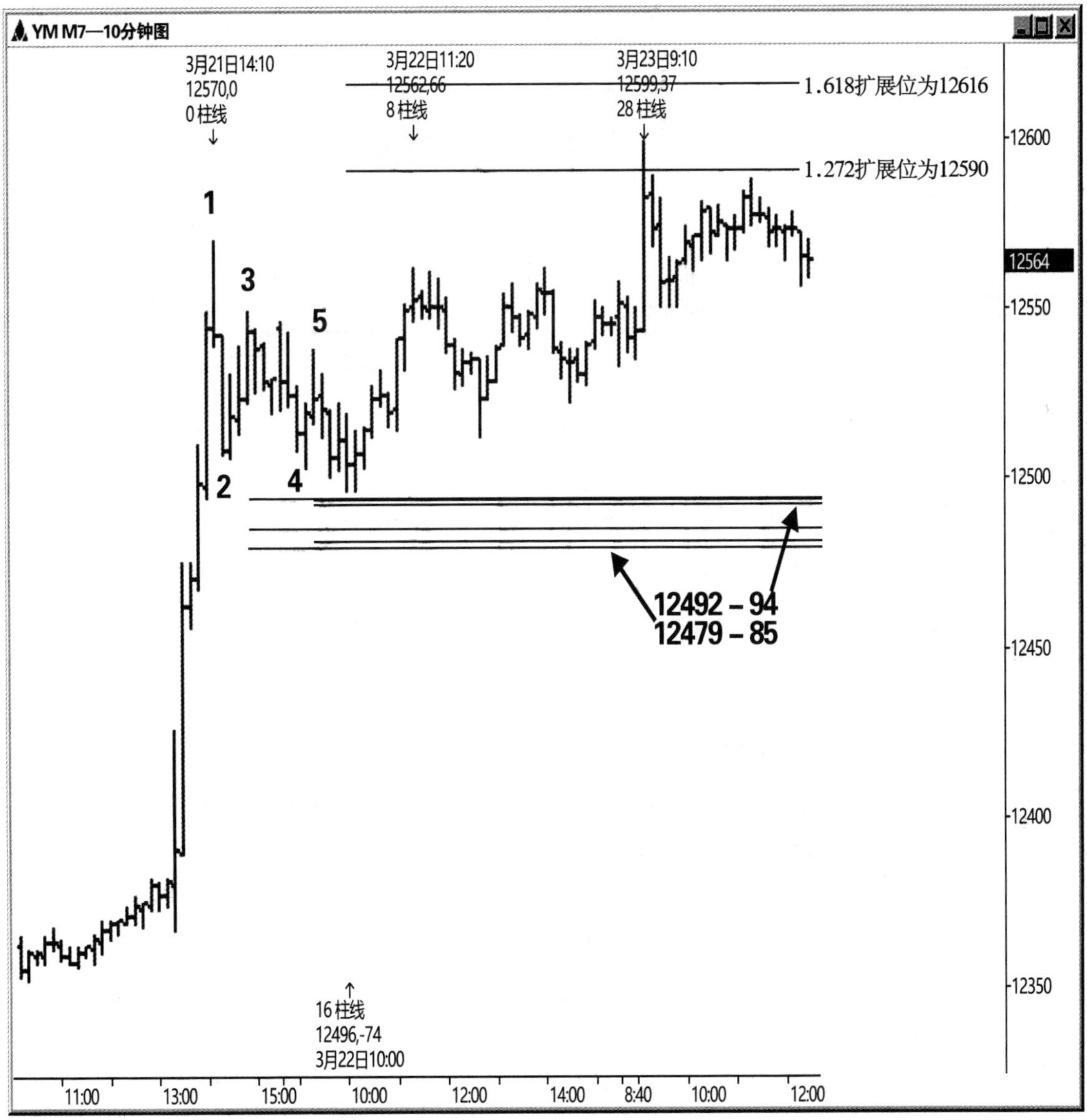

图 14–22

一低点出现在 12496，高于第一个价格“簇”支撑区 2 个基点（图 14–23）。这一点足够接近我们要找的买入触发器。当在本合约的 12519 位找出前期的波段高点后，即可简单地触发进场。例如，交易者可以在高于前期波段高点的 12520 买入止损点进场。本例中的最大风险确定在 12496 波段低点以下。

图 14–23

对于某些日内交易者，最大风险可能会高一点，而你可选择使用价格止损点。你可以只使用 11 ~ 20 初始止损点，这完全取决于交易者的经济实力。你很可能不想使用高于 11 点的止损，否则你允许自己施展的空间就不够将交易进行到底。尽管我们最终看见的价格比初始低点高，但是从 12496 波段低点开始的初始反弹移动了 66 个基点。

本章中我所阐述的触发器例子只是一个基于菲波纳奇时间和价格分析的可以用于进场的例子。就个人而言，这些例子只是交易进场准则中的一部分，在根据交易结构进场之前，我需要再考虑一些其他的因素。我使用两个过滤器——34EMA（34根柱线的指数移动平均线）和14CCI与50CCI，在找出波段触发器的同时，这两个过滤器应设在适当的位置。我在一个3分钟图中观察这两个过滤器：要想买入，我必须看到当市场触发器和两个CCI读数都大于零时，价格高于34EMA；要想卖出，我必须看到当市场触发器和两个CCI读数低于零时，价格低于34EMA。

理想的交易结构就是这样产生的。如果你是一个日内交易者，而你只使用在下一个更高时间架构中形成的理想交易结构，那么你就会一直在市场中赚钱。也就是说，只要你使用好的触发器和理性的止损，你就能赚到钱并具有很好的资金管理能力。这一点，我将在第17章与大家进行进一步的讨论，第17章涉及如何使用交易计划。那么，什么才是理想结构呢？我将用一整章阐述这个高胜算交易结构。

第 15 章
理想交易结构

一个可以与大家分享的高胜算日内交易结构，一个我每天都尝试在我的聊天室建立的结构，我将它称之为理想结构。大部分时间里，在我分析的每个市场中的每个交易段都会至少出现几次这样的机会。

让我们给理想交易结构下个定义：

理想结构就是在任何一个 3 分钟图或 5 分钟图中出现的基本对称结构。一个“理想”结构的形成还需要加入特定的指标。可以遵循的结构主要由四个要素构成，即形态、对称、34EMA（指数移动平均线）和 CCI（顺势指标）。由于我只是在 15 分钟图或更长期图中进行时间分析，所以在本结构中不包含时间参数。

●首先，让我们看一下 3 分钟图或 5 分钟图，并确定形态。如果该形态下能够产生较高高点和较高低点，那么我们就在图中寻找一个买入结构。如果该形态下能够产生较低低点和较低高点，那么我们也在图中寻找一个卖出结构。如果市场呈现震荡走势，那么我们就在一旁观望。

●其次，为了在趋势方向上买入，我们根据趋势寻找对称投影位，以此来确认修正性支撑位或阻力位。我们比较相同方向的波段，这些波段在本例中表现为趋势方向上的修正性波段。我们使用 1.000 投影工具寻找波段的相似或相同之处。如果我们在观察较高高点和较高低点的上涨形态，那么我们可以选择在上升趋势方向上的任意修正性下跌，并从任何新高点计算投影位，这样就可以形成用于可能的买入进场的对称投影位。如果我们在观察较低低点和较低高点的下跌形态，那么我们可以选择在下降趋势内的任意修正性反弹，并从任何新低点计算投影位，这样就可以形成用于可能的卖出进场的对称投影位。

作者建议

如果你从一个新高点或新低点计算投影位，然后找出高点或低点，那么你一定要再次计算投影位，并不断地随着市场的发展重新计算投影位。这就是交易者选择我在聊天室里做这个工作的原因之一——这项工作会变得很乏味，而他们宁愿专注于交易，却绝不愿意整天进行分析。

●再次，我们希望对称投影位的价格处于 34EMA 恰当一侧。如果要买入的话，那么价格就应该高于 34EMA；而如果要卖出的话，那么价格就应该低于 34EMA。

●最后，我们希望在零线的恰当一侧看见 CCI 读数变动。为此，让我们观察一下 14 期 CCI 和 50 期 CCI。我希望看到 14 期 CCI 和 15 期 CCI 都在零线之上，这样就可以得到一个理想的买入结构；当然我也希望看到 14 期 CCI 和 15 期 CCI 都在零线之下，那么就可以得到一个理想的卖出结构。

当你在一个短期图中看到这四大因素集中在一起时，你就可以得到一个相对高胜算的结构。如果结构与 15 分钟图中的形态一致的话，那么概率就会提高。我所说的一致是指 15 分钟图中的价格形态与你在 3 分钟图中看到的相匹配。例如，如果 3 分钟图显示较高高点和较高低点的形态，那么你也希望在 15 分钟图中看见同样的较高高点和较高低点的形态。

当两个时间架构的形态一致时，长期趋势就是确定的。这样不仅能实现我们通常期待的最小目标，还可以提高设置完成的概率。当趋势持续了几天，并一般超过了结构的最小目标后，这个结构便与长期趋势一致。当 15 分钟图中出现趋于终止的前期波段的关键价格扩展位时，此一般规则就出现了例外情况。在本例中，尽管总体形态仍然上涨，但是由于出现了这样的扩展位，所以大家就会看到上涨趋势在长期图中停止。如果你尚未在 15 分钟图中看到初始目标，那么这种情况就没有任何争议。

在下述例子中，大家将看到时间架构中的一致情况。如果 15 分钟图与 3 分钟图的结构不一致，那么 15 分钟图中的情况将与你的意愿相悖，这样就会降低设置成功的概率。这并不是说 3 分钟图的结构无效，只是成功概率比时间架构中的设置一致时的降低了。

对于我所有的交易结构，我都推荐使用进场触发器。使用触发器就像从一个 34 即时图中找出前期的波段高点或低点一样简单。我的一些交易者更愿意使用成交量图，还有一些交易者愿意使用 1 分钟图。我们想使用能够较快向我们显示一个接近于对称支撑区或阻力区的触发器的图，以便我们不放弃交易结构中的“任何优势”。

我相信即使你只使用 15 分钟图中的这些理想结构进行交易，你也能拥有成功交易的基础，并从市场获取相当多的利润。你所使用的进场触发器、止损点以及交易中的资金管理都是变量。

交易者所犯的能够影响交易结果的典型错误有：

（1）使用的触发器使得你在过度远离支撑区或阻力区时进行交易（这样你就放弃了优势）。

（2）如果止损点太紧密的话，那么就没有完成交易的空间了；或者，如果止损点过于稀松，那么风险要比你在交易中可能获得的利润高。

（3）与其错过交易，不如尽快获取短期利润。这些初始风险被降低到最小程度的结构真的可以为你服务。例如，在迷你道琼斯合约的交易中你可以承担 11 ~ 20 点的风险，之后你将看见在有趋势的交易日内出现 70 点反弹。原本可以从市场获得如此多的利润，但你却只得到了 20 点的利润，这当然很可惜了（当你的某个结构无效时，通过获利交易获得的额外收入可以用来弥补必要小额损失）！

理想交易结构的例子

让我们研究一下理想交易结构的例子。只要对称投影位经过测试并不被击穿，那么我们就可以根据结构进行交易。我们不能总是期待市场上出现完美的对称，因此交易结构应该灵活一些。例如，在电子迷你标准普尔合约中，我仍然认为对称内交易结构上升或下降 2 个基点也是有效的。在电子迷你罗素合约和迷你道琼斯合约中，只要我们在该区域的 2 ~ 3 个基点内，那么我还是认为这个结构可以接受并寻找进场触发器。

在第一个例子中（图 15–1），我们观察的是迷你道琼斯合约的 3 分钟图。因为交易的所有因素都聚到了一起，所以这个结构是理想的。让我们看一下较高高点和较高低点的形态。

计算两次前期下跌的对称投影位。当我们选中支撑位时，出现在 12686 ~ 12687 区域的投影位高于 34 指数移动平均线。同样地，14 期顺势指标和 50 期顺势指标也都高于零线。在本例中，实际低点出

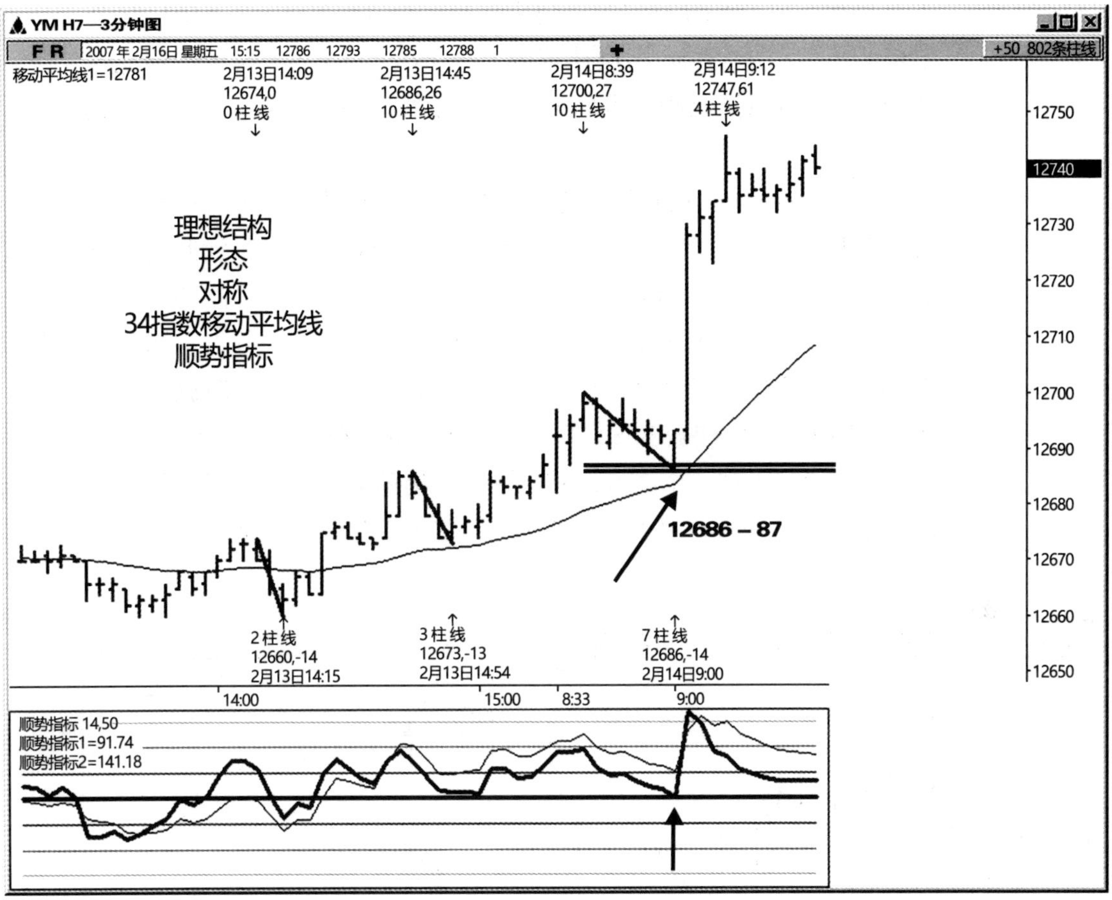

图 15–1

现在 12686，而从该低点开始的初始反弹是 61 点或 61 基点。

在本例子中，我希望你能注意一件事情：在测试中，对称支撑位非常接近 34 指数移动平均线。同样也要注意 14 期顺势指标（图表下面指标上的粗线）几乎触碰了零线，然后开始远离零线，伍迪 CCI 俱乐部称之为零线拒绝（我不能提供关于这点的反馈数据，当你在 15 分钟图中理想结构的参数内同时看见接近 43 指数移动平均线和 14 期零线拒绝时，结构完成的概率似乎比往常更高。这是 5 年来我在聊天室里进行设置观察到的）。

作者建议

关键问题是，除非你亲自测试并证明过，否则不能使用这个方法。如果你观察市场一段时间，并知道该结构出现和完成的次数，那么你就有信心找出进场触发器并从市场获利。

现在，仔细看图 15–1，你将发现另一个理想结构——12673 低点出现的地方。从 12686 高点计算第一个 14 点下跌的投影位，你应该处于与 12673 低点相距 1 点的位置，而此处具备了构成一个理想结构的所有因素。

在图 15–2 中，让我们在电子迷你罗素合约的 3 分钟图中看一下另一个理想结构。首先看一下本例中的拥有较低低点和较低高点的形态。在本图中两次前期反弹的 816.60 投影位形成了可能的卖出进场区域。请注意我计算投影位的两次前期反弹都是 1.90 点。当我们在 816.60 区域测试阻力位时，价格投影位低于 34 指数移动平均线，而 14 期顺势指标读数和 50 期顺势指标读数都低于零线。结果是在 816.60 投影位出现一个高点，其后是一个稍稍多于 5.00 点的下跌。本图也是一个对称的好例子。在本例中，三个反弹波段都是 1.90 点。

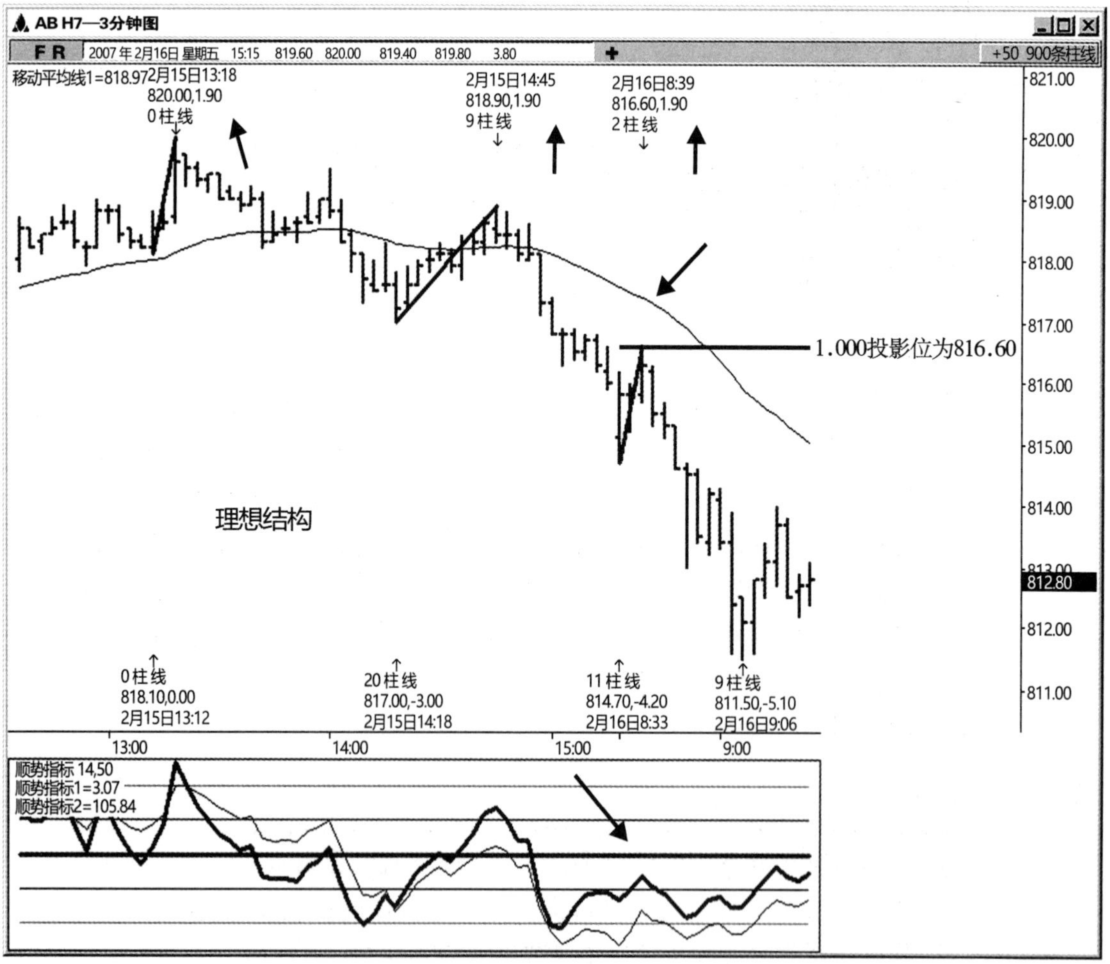

图 15–2

下一个例子是 3 分钟电子迷你罗素合约中的一个不是很理想的对称结构（图 15–3）。至少，当开始测试该区域时，参数并不理想。但是如果你遵守几个规则 / 指导的话，那么你仍然可以提高成功的概率。请注意当测试对称投影位时，价格稍稍高于 34 指数移动平均线，而 14 期顺势指标高于零线。这些并不是一个对称交易结构的理想参数。

当价格回落至 34 指数移动平均线以下，而 14 期顺势指标回落至零线以下时，你仍然可以寻找卖出触发器。请注意最终出现在对称投影位 817.60 的高点之后的下跌，它稍稍多于 12.00 全额，即每合约 1200 美元（这是一种很简单的技术，但是如果使用正确的话，它却非常有效）。

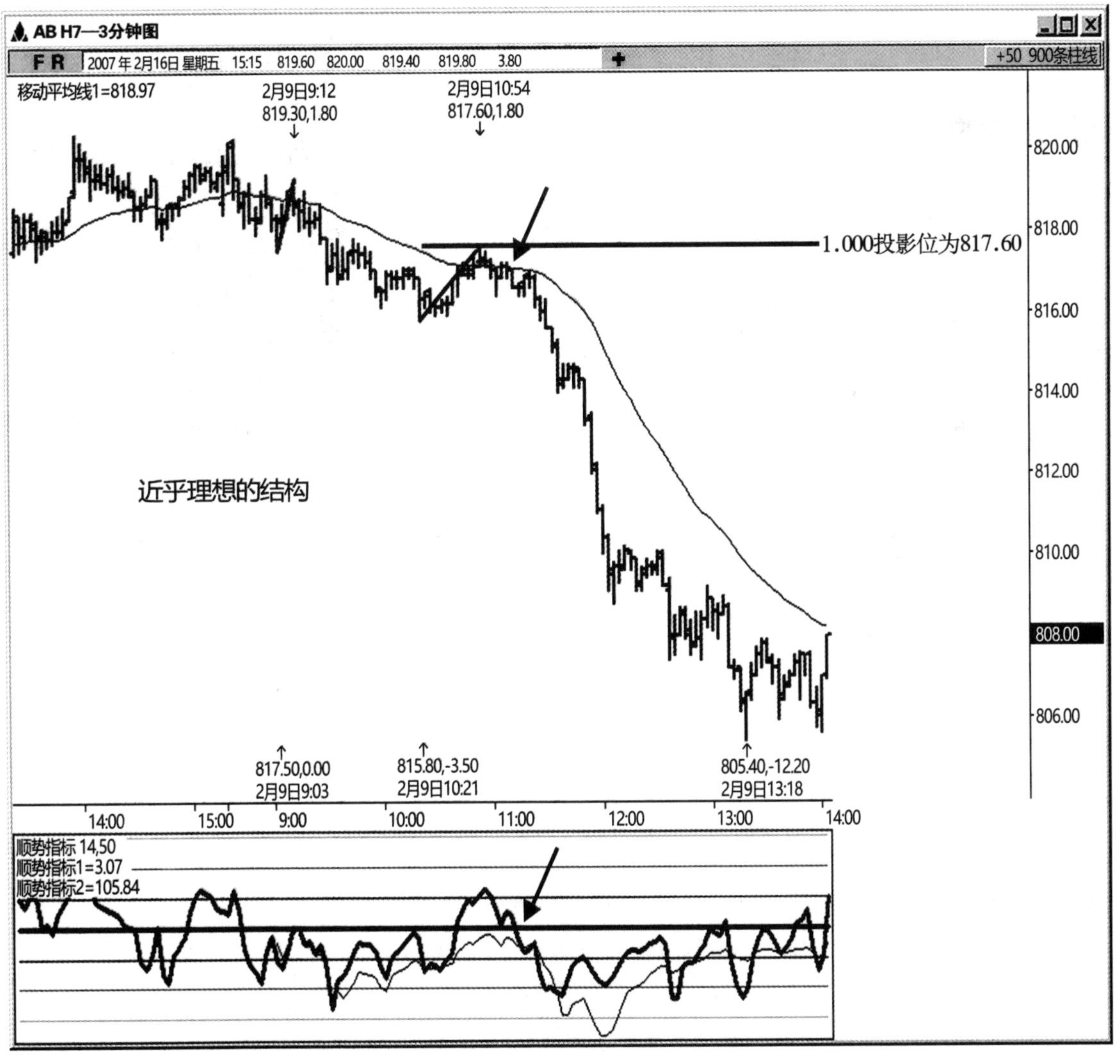

图 15–3

图 15–4 是另一个测试对称支撑位时并不理想的对称交易结构。图中，当我们测试对称支撑位时，价格最初稍微低于 34 指数移动平均线，而 14CCI 最初低于零线。请注意当 14CCI 回落交叉于零线之上时，价格也回落至 34 指数移动平均线之上。这时你就可以选择使用买入触发器了。在低点出现之后，最终可以看见 5.00 点的反弹。

图 15–4

在图 15-5 中，我们看一下电子迷你罗素合约中的另一个理想结构。在聊天室中，我倾向于使用类似“微对称”的结构，这是因为与市场中典型的修正性波段比较时，本结构中要计算投影位的修正性波段相对较小。在本例中，计算一个 20 点或 12 个基点波段的投影位。我从 820.00 新高点计算前期较小修正性下跌的投影位，这样我们就可以在 818.80 找到一个对称投影位。价格高于 34 指数移动平均线，而两个顺势指标读数都大于零。低点出现在 818.90——与投影位相差一个基点。这个微对称结构之后，出现一个 8.10 点的反弹。

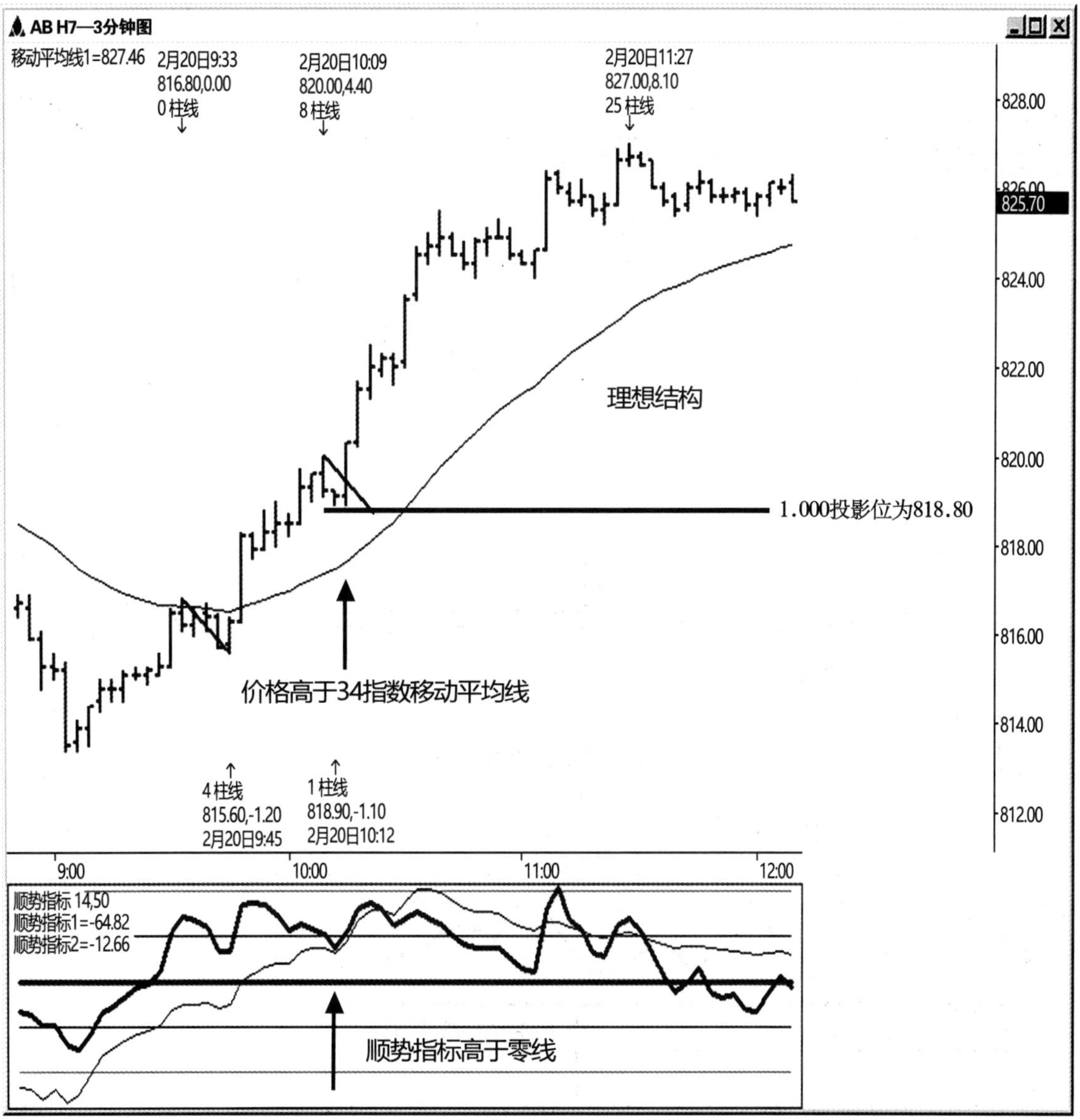

图 15-5

在图 15-6 中，让我们看一下电子迷你标准普尔合约的 3 分钟图中的理想结构。在本例子中，我找出两次前期修正性下跌，并从 1457.00 波段高点计算出它们的投影位。这样在 1455.50 和 1455.75 就有了两条对称支撑投影位。当在市场中测试 1455.75 第一支撑位时，价格高于 34 指数移动平均线，并且顺势指标读数都大于零。让我们谈一下测试 1455.50 支撑位时的情况。该支撑位比 34 指数移动平均线低一基点，事实上这一基点的距离并不足以否定这个理想结构。通过这点我们可以找到完美结构，并过滤出最好的交易结构。本例中的实际低点出现在 1455.75。在这个低点之后，将会出现一个相对理想的反弹。

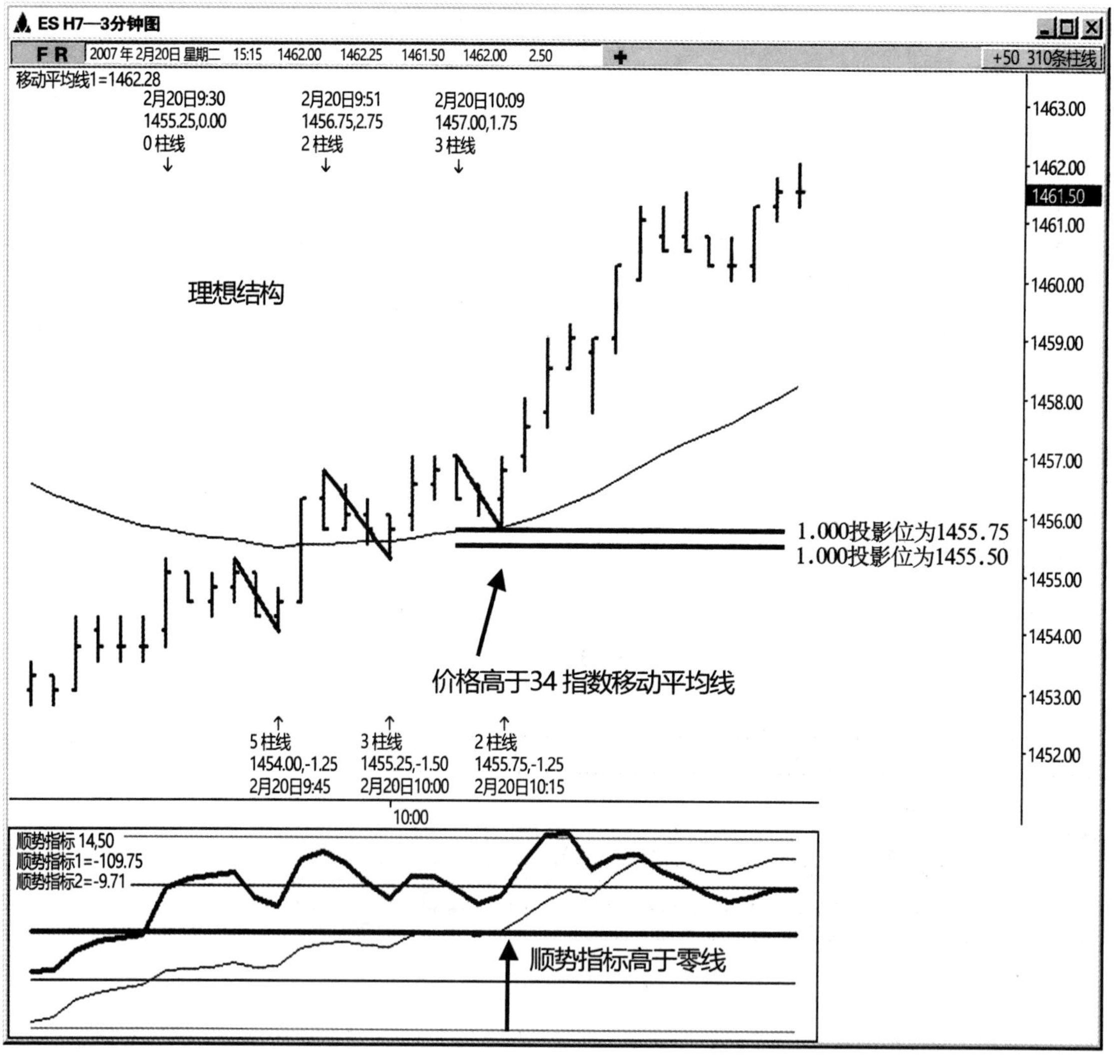

图 15-6

在图 15-7 中，让我们看一下迷你原油合约中的另一个对称结构，可能提供支撑的对称投影位出现在 58.40。当测试这个价格支撑位时，34 指数移动平均线正好轻触支撑位。另一方面，在支撑位初始测试中，14CCI 仍然处于零线之下。请注意当 14CCI 回落至零线之上时，合约从形成对称的低点处反弹了 93 点。

图 15-7

在图 15–8 中，我们看一下电子迷你标准普尔合约中的另一个理想结构的例子。注意本图中标记的每次下跌都是 1.25 点。当我从 1458.75 高点计算前期下跌的投影位时，可能的支撑位应在 1457.50 区域。当测试这个支撑位时，价格高于 34 指数移动平均线，而两个顺势指标读数都大于零（在这个结构中我们至少能看见 1.272 目标。当你习惯于定期计算价格关系时，那么你最终就能预见价格关系形成的位置）。

作者建议

你可以用数学测试价格关系。用 1.25 点下跌（下跌到 1457.50 低点）乘以 1.272，结果是 1.59。只要从低点开始反弹了 1.50 点，那么你基本上就达到了最小 1.272 目标。

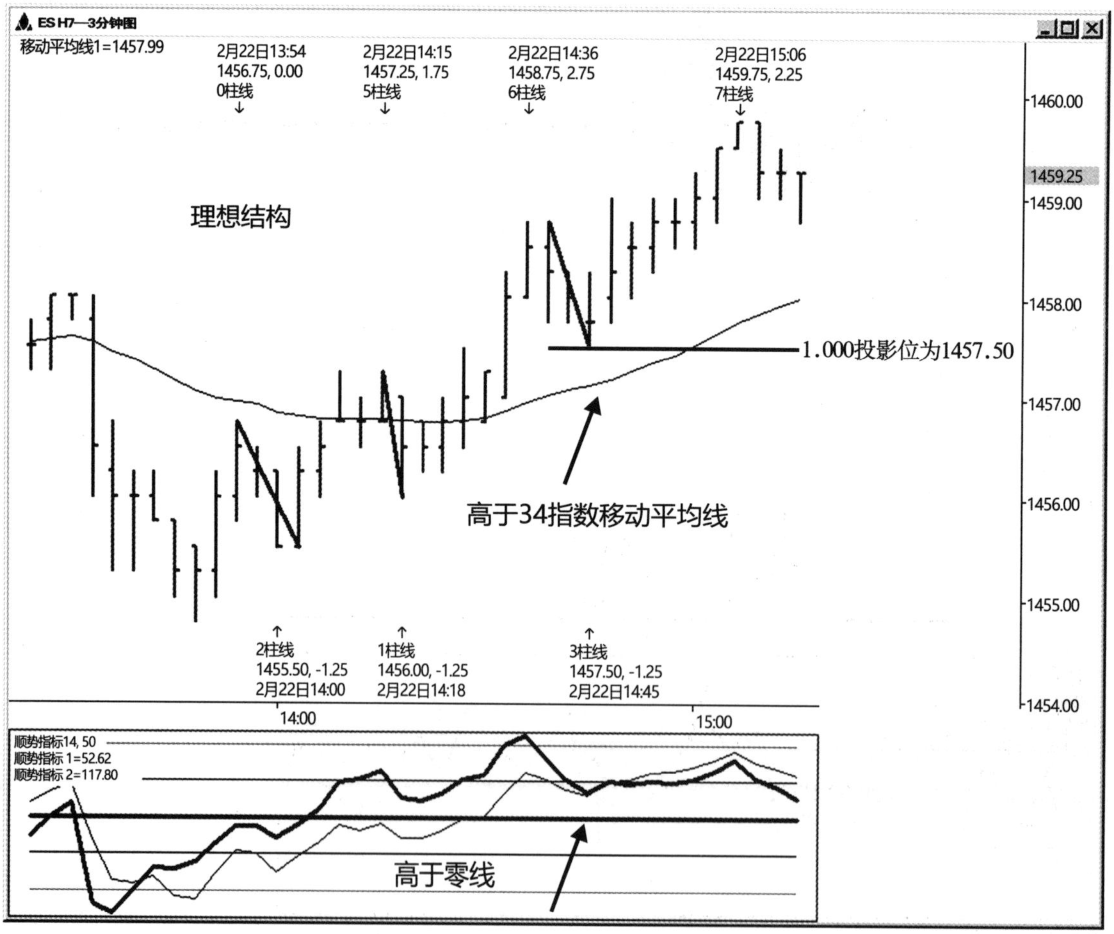

图 15–8

图 15–9 是电子迷你标准普尔合约中的另一个对称结构的例子。可能提供支撑的投影位形成于 1458.75 ~ 1459.00 区域。当在市场中测试这个支撑位时，价格高于 34 指数移动平均线；然而，14CCI 读数则稍稍小于零。一旦 14CCI 回落交叉至零线之上，那么你就可以安全地在即时图中找到进场触发器（有些交易者实际上把 14CCI 回落至零线之上看作进场触发器）。

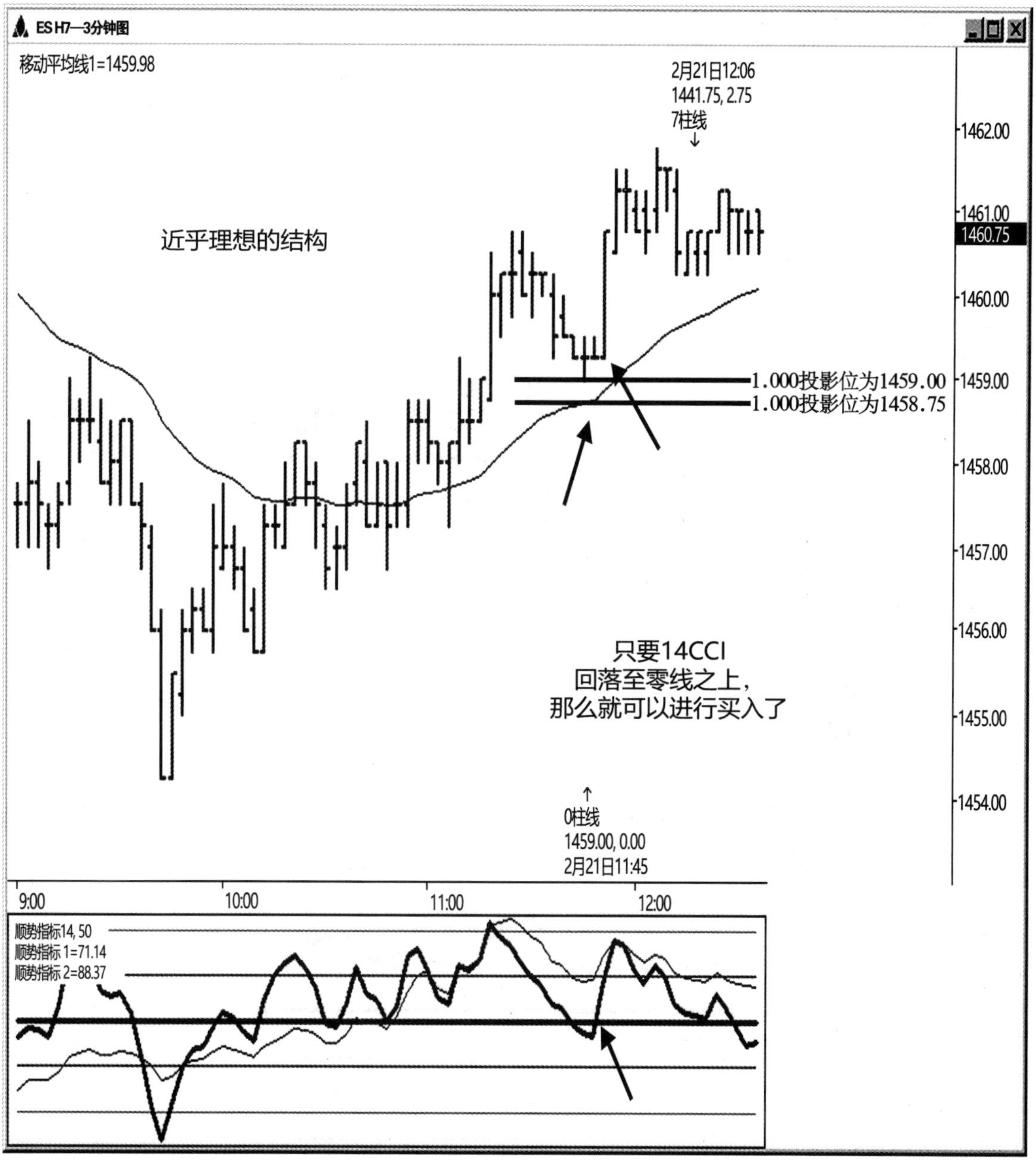

图 15–9

在图 15-10 中，让我们看一下迷你道琼斯合约中的一个理想结构。看一下图中标记的 12 点、10 点和 9 点的前期下跌。从 12704 波段高点计算这些下跌的投影位。当测试出 12692 ~ 12695 区域内的支撑位没有被击穿时，价格高于 34 指数移动平均线，而两个顺势指标读数都大于零。在 12695 低点后出现了一个 18 点的反弹。

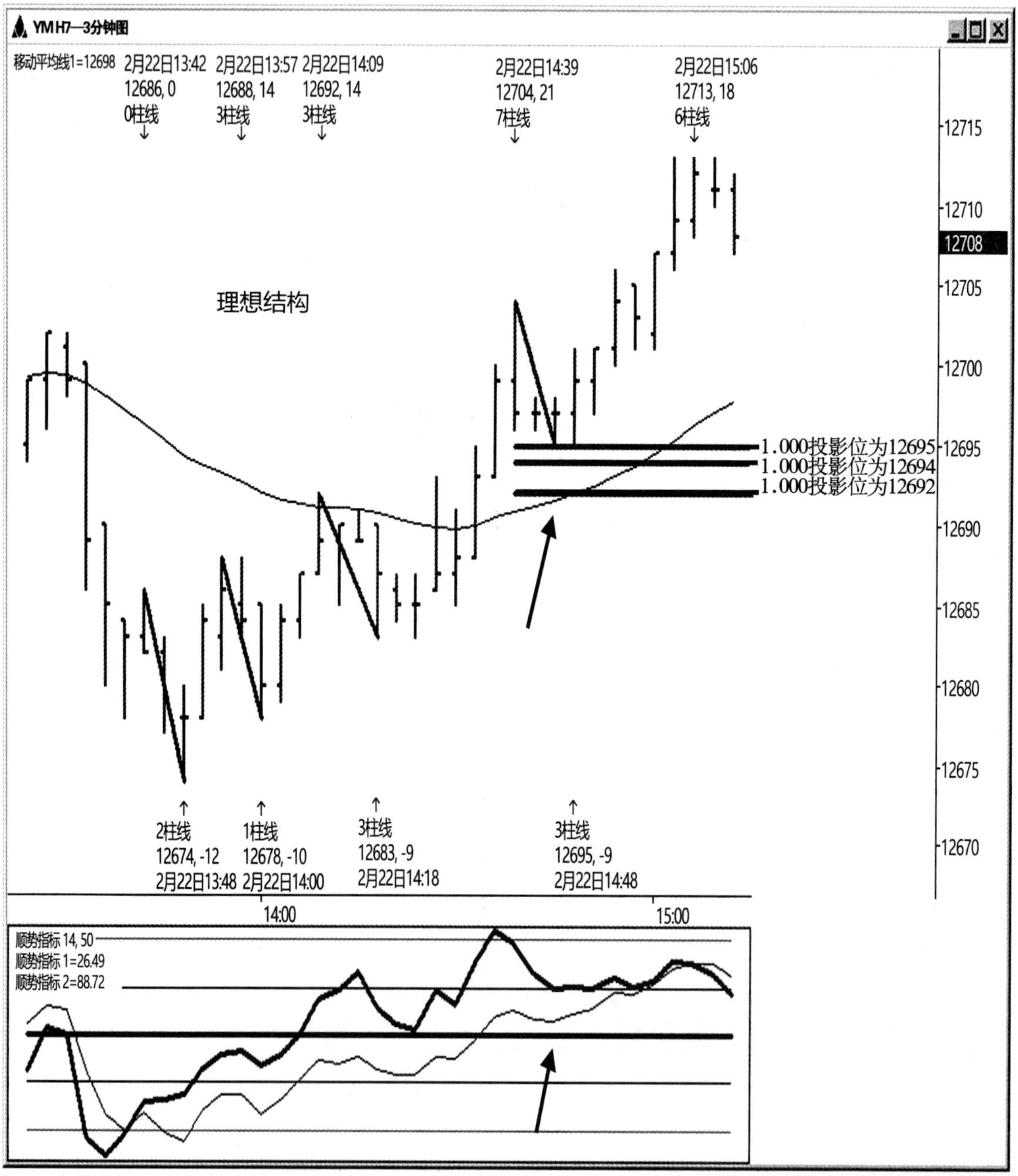

图 15-10

图 15-11 是迷你道琼斯合约中的另一个理想结构。从 12779 波段高点可以得到几个对称投影位，以寻找可能的支撑位。我对没有被价格击穿的重要投影位做了标记。请注意当测试支撑位时，34 指数移动平均线和顺势指标读数都处于适当的位置。可以看见一个从 12765 低点开始的 20 点的反弹，其刚好出现于高于关键对称支撑投影位 1 个基点的位置。

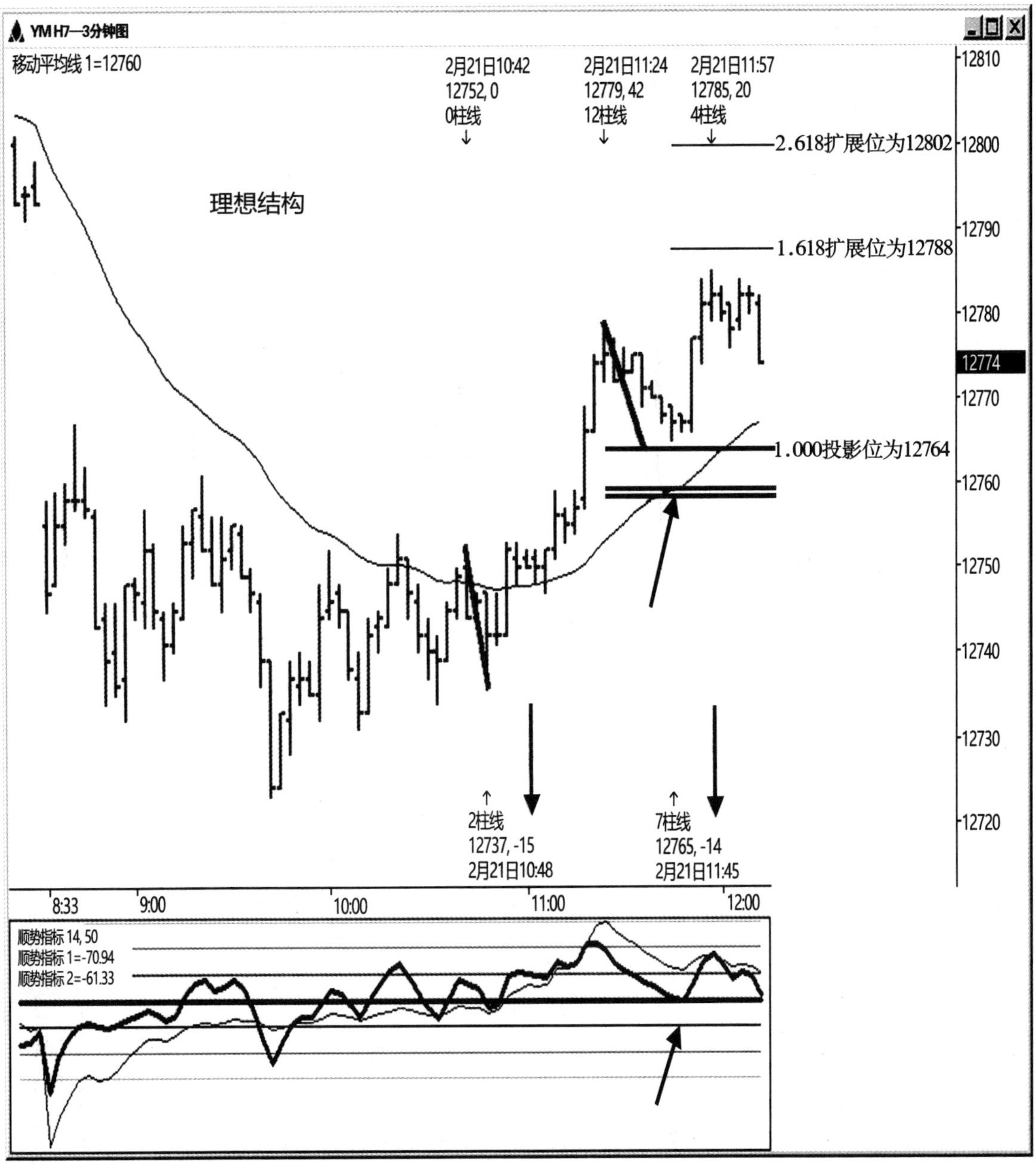

图 15-11

让我们看一下 15 分钟图结构的一致性是如何帮助你捕捉一些大的趋势波动。在图 15-12 中，让我们看一下迷你道琼斯合约的 15 分钟图。当 2007 年 2 月 21 日波段低点被超越时，15 分钟图的 2007 年 2 月 22 日形态从较高高点和较高低点转变为较低低点和较低高点。当形态转变为下跌时，我们就要集中精力于 3 分钟图中的理想卖出结构。

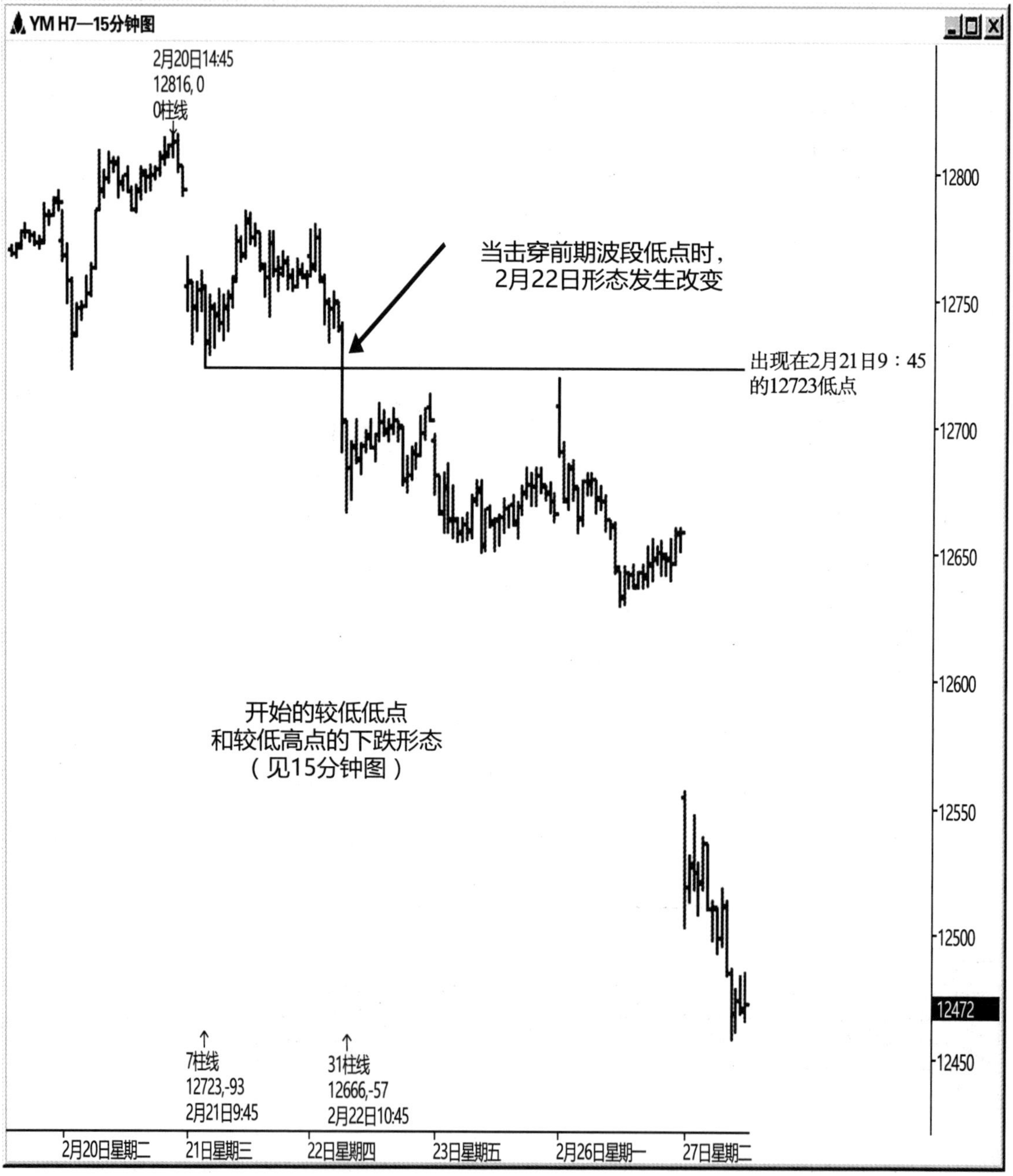

图 15-12

图 15–13 向我们展示了 3 分钟迷你道琼斯图。在 2007 年 2 月 27 日，我们看一下与图 15–12 中下跌形态一致的理想结构。前期修正性反弹的价格投影位向我们展示了在 12484 ~ 12489 区域内的可能阻力位。当在市场中测试这个关键阻力位时，价格低于 34 指数移动平均线，而顺势指标读数也都小于零。在这个结构中，最终可以看见一个从 12485 高点开始的 383 点的下跌。

尽管还有机会，但是我相信大部分交易者很难长期维持该仓位以获得全额利润。出现这次下跌比达到交易结构的初始下跌目标更有效。从高点计算 27 点波段的 1.272 扩展位，以达到初始目标。如果用 27 乘以 1.272 得到 34，那么初始目标会发生改变。如果你在初始目标处出场，那么你只损失了一点点。这正是你想要平仓了结多份合约并留下其中一部分未平仓的原因。

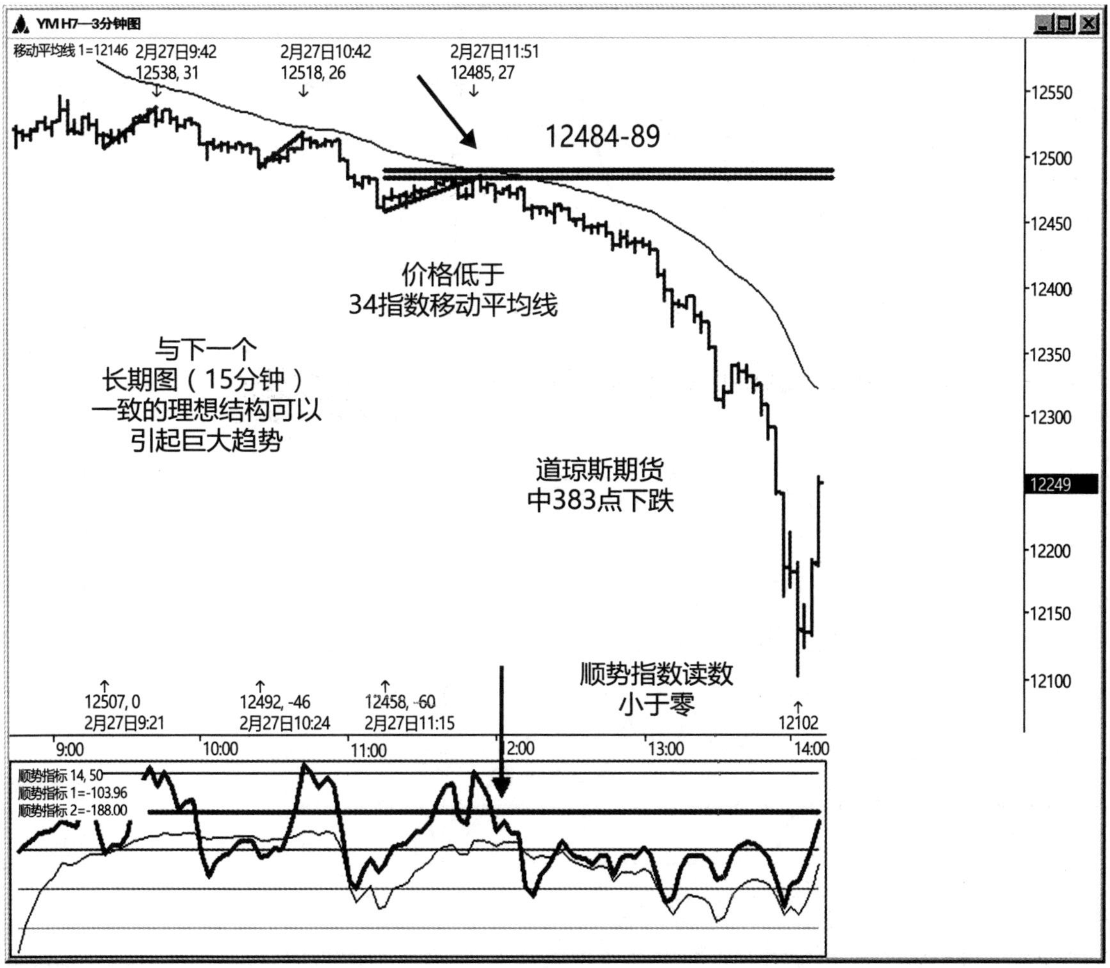

图 15–13

图 15–14 是迷你道琼斯合约中 3 分钟图的理想结构的例子。当测试 12298 关键价格支撑位时，价格高于 34 指数移动平均线，而两个顺势指标读数都大于零。不管怎样，从该支撑位开始初始反弹（40 点）后，交易不可能再达到初始上涨目标。这正是我们需要了解长期图的原因（它们并非真正的与上涨的交易结构一致）。

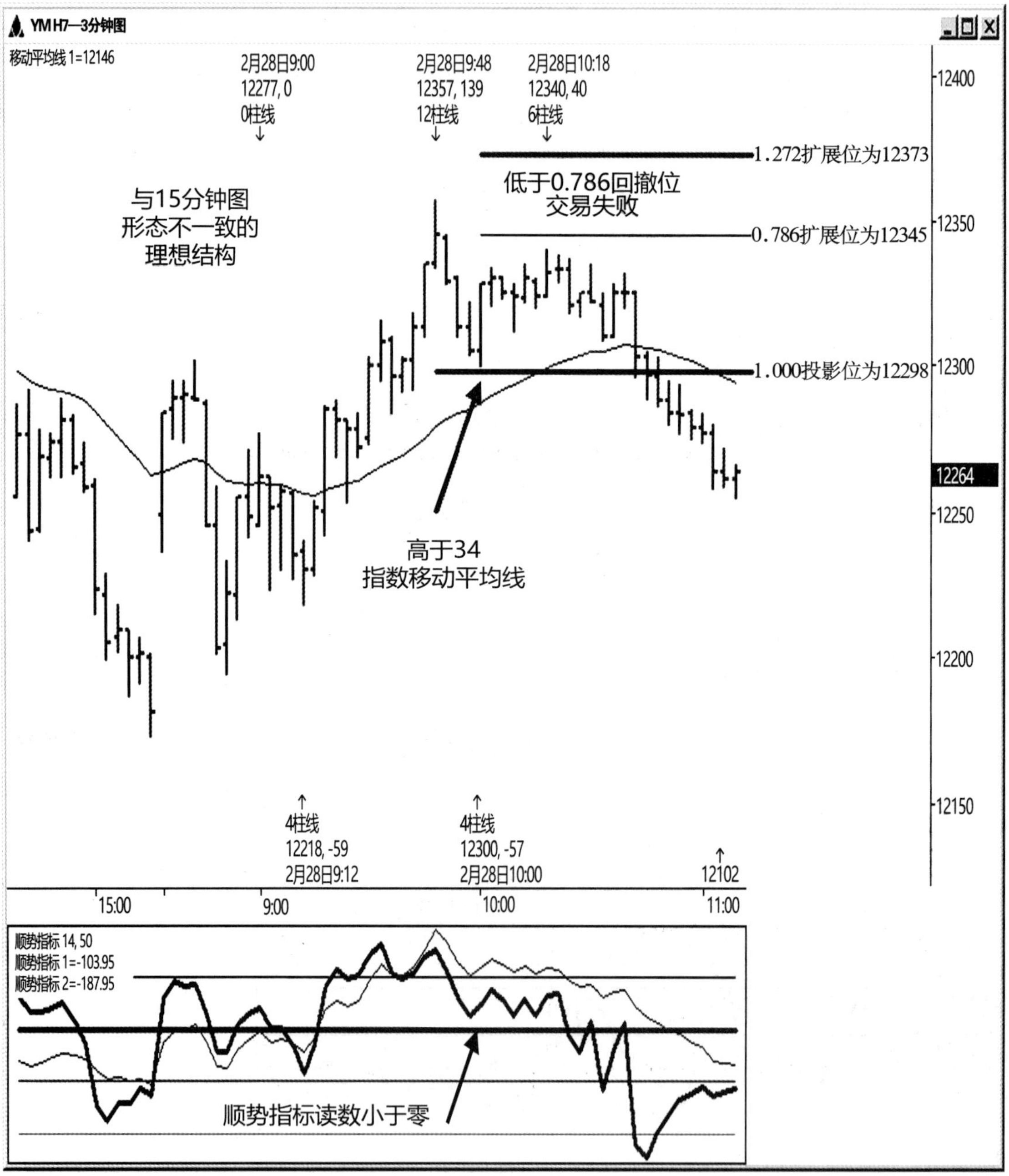

图 15–14

在支持交易结构方面，图 15–14 中迷你道琼斯的理想结构并非真的与 15 分钟图中的结构一致。首先，你可以看一下在 15 分钟图中价格低于 34 指数移动平均线，而 15CCI 低于零线。本图的一般形态就是较低低点和较低高点。你试图进行买入的位置正是找到从 2007 年 2 月 27 日低点开始的拥有较高高点和较高低点的较小形态的位置。尽管如此，还是让我们看一下另一个道琼斯图并运用一些常识（图 15–15）。

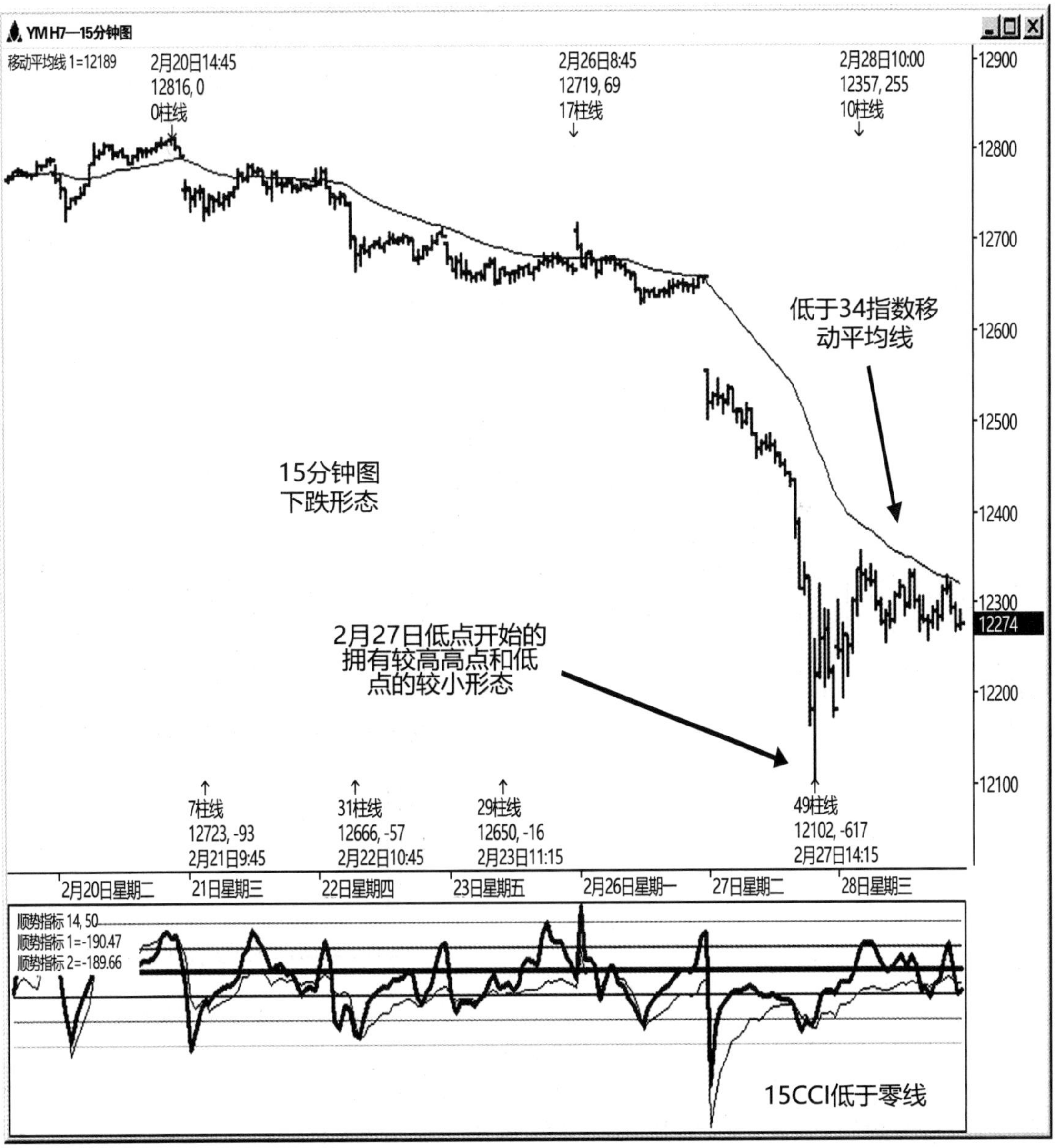

图 15–15

图 15-16 用一张大图向我们展示了我们看到的市场的种类。看一下迷你道琼斯中的日线图，你可以看见自 2007 年 2 月 27 日高点出现以后市场被严重扰乱了。在日线图中的 12561 前期波段低点被超越后，扰乱在 2007 年 2 月 27 日变得更加明显。2007 年 2 月 27 日后，前两张图中描述的理想结构的例子不会出现了。

作者建议

你真的认为在这种扰乱持续了一段时间之后，你仍然想要进行买入吗？我知道有些人的答案是肯定的。反向趋势交易是留给头脑敏锐的人的，但是当成功的概率很低的时候，为什么还要进行交易呢？

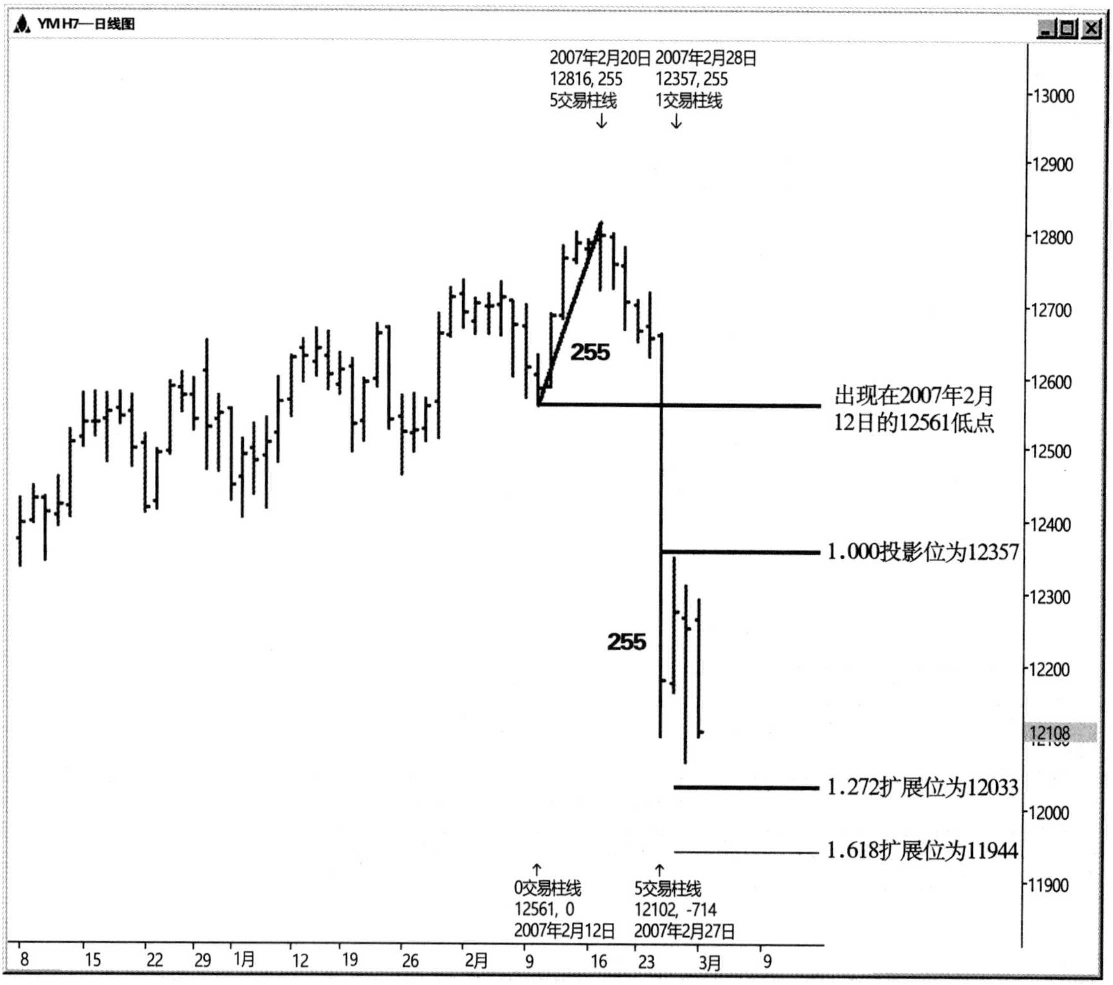

图 15-16

下一个理想交易结构也出现在 2007 年 2 月 20 日后（图 15-17）。这个迷你道琼斯结构看起来确实很理想。这里有你喜欢的短期形态，价格高于 34 指数移动平均线，并且顺势指标读数大于零。在 3 分钟图中，这似乎是一个很好的结构。

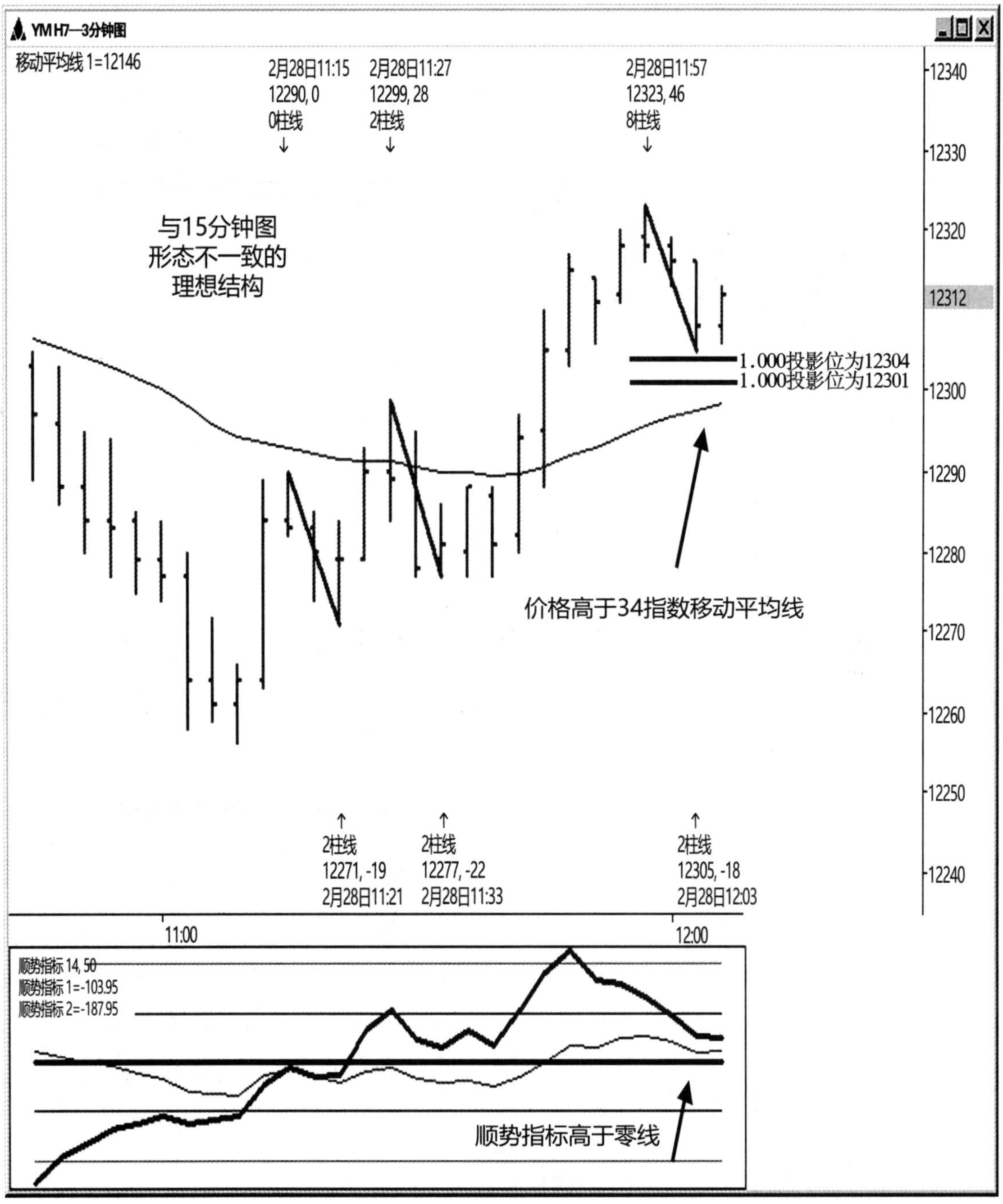

图 15-17

这个结构好得让人难以相信，但是，长期图中的结构基本上不与买入结构一致。关键的支撑位被击穿后，结构也就不能完成了（图15–18）。

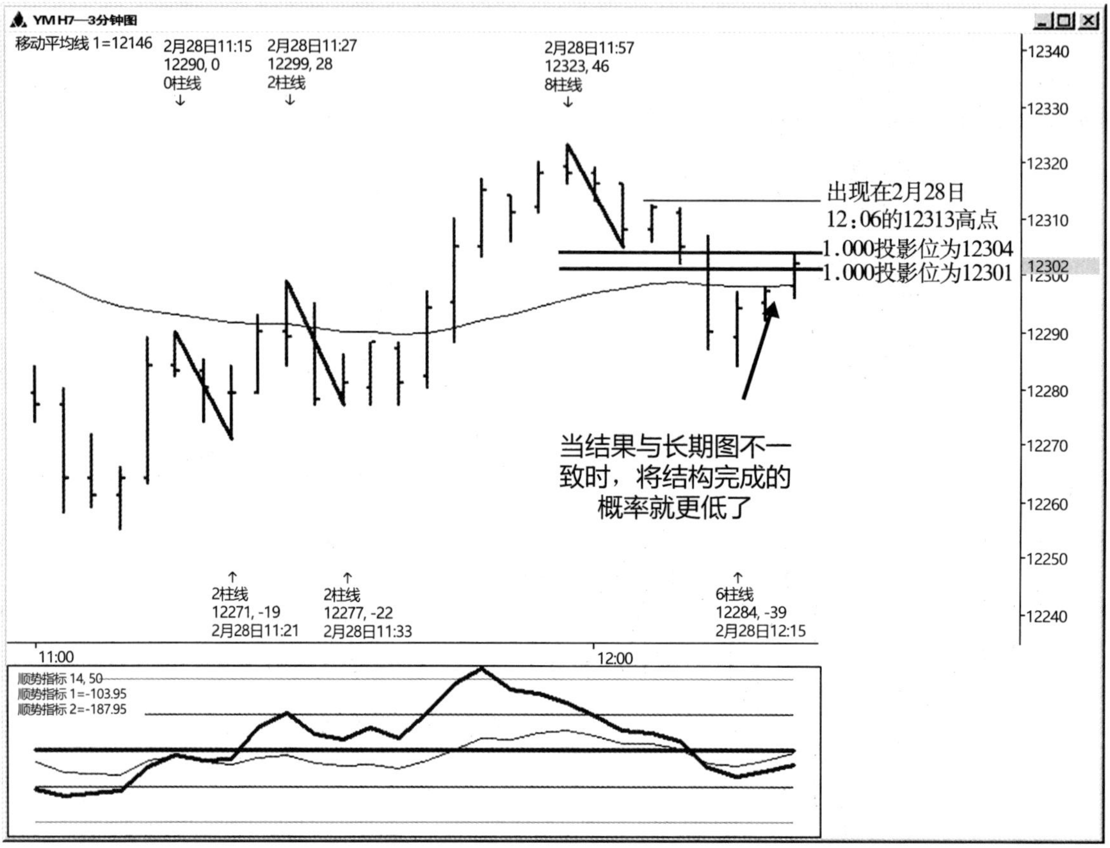

图 15–18

本章解释了我所谓的理想结构，它是由日内交易者专用的对称交易结构变化而来的。这些参数只对3分钟图和5分钟图有效。因为"理想结构"参数的一致性使得该结构成为一个相对高胜算的结构，所以作为一个较保守的日内交易者或剥头皮交易者，等待市场出现理想结构是值得的。不要忘记在使用结构之前要等待你所需的进场触发器啊！

第 16 章
从分析到交易进场——将二者相结合

本章我将向大家介绍从交易结构到进场的整个过程。在此我会试着引领各位了解我的整个思维过程。首先，让我们复习一下找出或确定交易结构的步骤。

确定交易结构的步骤

（1）确定你所分析的图中的关键高点和低点。

（2）计算所有可能的菲波纳奇价格关系。

（3）观察以确定交易结构。

（4）通过菲波纳奇时间关系进行额外确认（任选）。

（5）如果已经确定了结构，那么就开始寻找进场触发器。

让我们分别谈一下这些步骤：

1. 确定用来获得价格和时间关系的关键高点和低点

2. 使用步骤（1）中确定的关键高点和低点来计算所有菲波纳奇价格关系，以寻找可能的支撑位和阻力位

为可能买入结构建立支撑位：

计算低点到高点波段的所有可能的价格回撤位（0.382、0.500、0.618和0.786）

计算低点到高点波段的所有可能的价格扩展位（1.272和1.618）

从另一个高点开始，计算高点到低点波段的所有可能的价格投影位（1.000和1.618）

为可能的买入结构建立阻力位：计算高点到低点波段的所有可能的价格回撤位（0.382、0.500、0.618和0.786）

计算高点到低点波段的所有可能的价格扩展位（1.272和1.618）

从另一个低点开始，计算低点到高点波段的所有可能的价格投影

位（1.000和1.618）

作者建议

理想的情况是：你想在趋势方向上设置交易进场。你也能使用与趋势相反的菲波纳奇价格关系帮助出场。我知道有些交易者想使用菲波纳奇时间和价格分析建立反向趋势交易，只是要牢记使用反向趋势结构的成功概率会低于使用顺向趋势结构的成功概率。如果你是个新手，那么还是把反向趋势交易留给专家吧！

如果市场发生震荡，尽管成功概率不像在趋势明确的市场中那样高，但是你仍然可以从两方面计算出价格关系，并观察交易结构是否明显。在震荡的市场中，在牛市和熊市之间一般都会有一场良性的战争。在这种环境下趋势很容易发生突变，最好是等待一个在开始交易前就远离这次震荡的明确决策。

3. 一旦计算出了所有可能的价格关系，那么就可以寻找下列交易结构中的一个

价格“簇”结构

对称结构

“之”字形态结构

如果你愿意的话，也可以停止于此。当与测试过的进场触发器一致时，菲波纳奇价格结构本身就很有效。如果你希望多获得一些优势的话，那么无论如何都要在市场时间轴的分析上多投入些时间。

4. 计算菲波纳奇时间关系

你会很乐意根据价格分析过程中确定的关键高点和低点计算出时间周期。在进行时间分析时要运用一些常识，并牢记时间分析章节中的细节讨论。

从两点计算的时间周期（0.382、0.500、0.618、0.786、1.000、1.272 和 1.618）：

高点到高点

低点到低点

高点到低点

低点到高点

从三点（1.000、1.272 和 1.618）计算的时间周期：

从另一低点开始，计算低点到高点波段的投影位，比较同一方向上的波段（交替时间投影位）

从另一高点开始，计算高点到低点波段的投影位，比较同一方向上的波段（交替时间投影位）

从一中间低点开始，计算高点到高点波段的投影位

从一中间高点开始，计算低点到低点波段的投影位

寻找时间周期关系的"簇"，并看其是否支持你的价格分析工作。即使不被时间分析结果所支持，交易结构仍然有效。如果时间分析的结果与结构相符，那么出现反转的概率会更高。如果你拥有动态交易者软件，那么你可以使用时间柱线图来代替时间周期投影。

就个人而言，我喜欢使用周线图、日线图和几个日内图来进行全面的市场分析。在股票指数期货中，我一般会使用 135 分钟图或 45 分钟图、15 分钟图和 3 分钟图。通过周线图我可以看清楚大图中的信

图 16–1

息；通过日线图我可以看清楚稍大的趋势，而我也正是主要通过日线图来进行时间分析的；日内图可以帮助我建立一个风险相对较低并理想的与长期时间分析一致的交易进场结构。

日内图例子

正如第 12 章讨论的那样，时间框架平均地分成交易段，所以我选择股票指数期货的特殊日内图，这样我的日内时间分析就会更加准确。对于其他市场，你可能想在日内图中使用不同的时间框架。例如，你可以使用 120 分钟图和 60 分钟图分析外汇。我一直主要专注于股票指数市场，所以我很少关心不使用日内时间分析的其他市场的时间周期图。运用一些常识，并选择一个合适的图，在图中你能够清楚地看到想要使用的波段。

看电子迷你标准普尔合约中的 15 分钟图时（图 16–1），我首先关注的就是形态。我们正在看的是从 1506.50 低点开始的拥有较高高

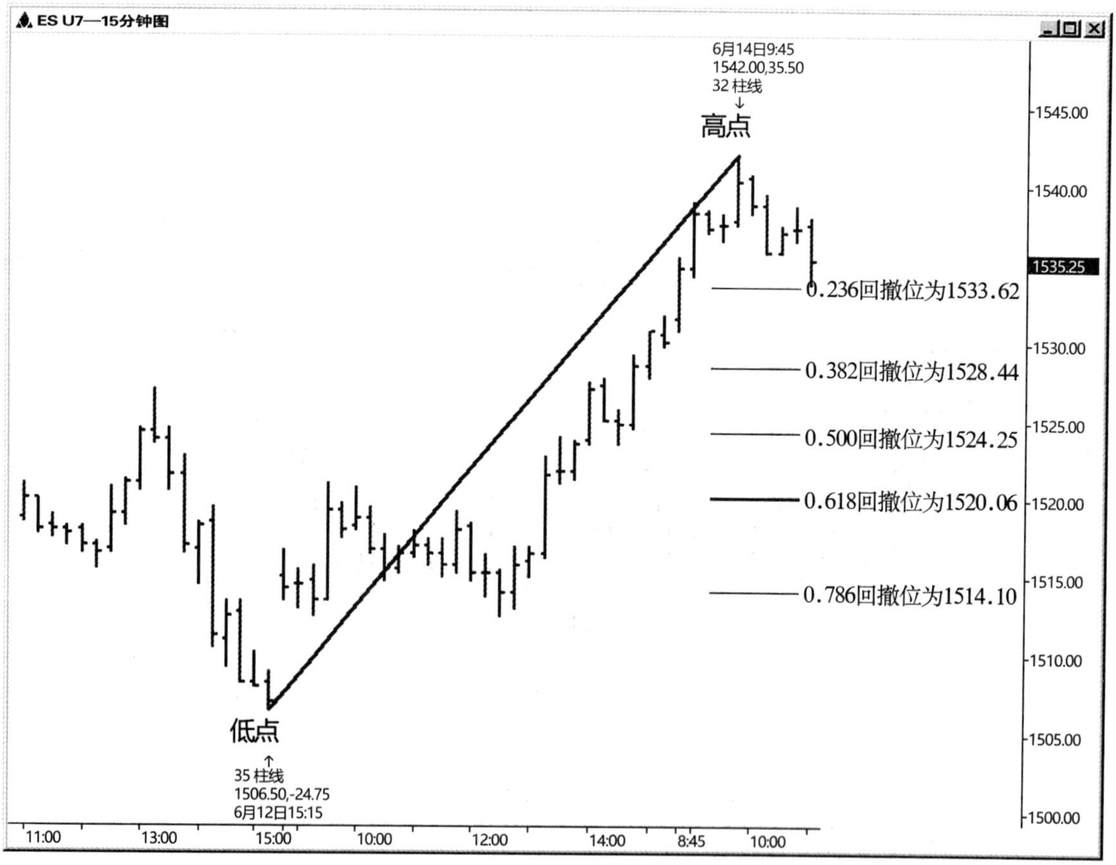

图 16–2

点和较高低点的上涨形态。因为我更喜欢在主趋势上开始进场，所以我想做的第一件事就是通过计算所有可能的价格回撤位、扩展位和投影位来寻找可能的支撑位并进场做多。这样我就能在回调过程中的主趋势方向上进场。

让我们从明显的回撤位开始吧！首先，正如图 16-2 描述的，我会计算 1506.50 低点到 1542 高点波段的回撤位，以寻找可能的支撑位。

在图 16-3 中，我计算另一个低点到高点波段（1512.50 低点到 1542.00 高点）的回撤位，以寻找重叠的价格关系和可能的支撑位。虽然这是很重要的分析步骤，但是价格关系不会在我将要描述的价格"簇"中终止。

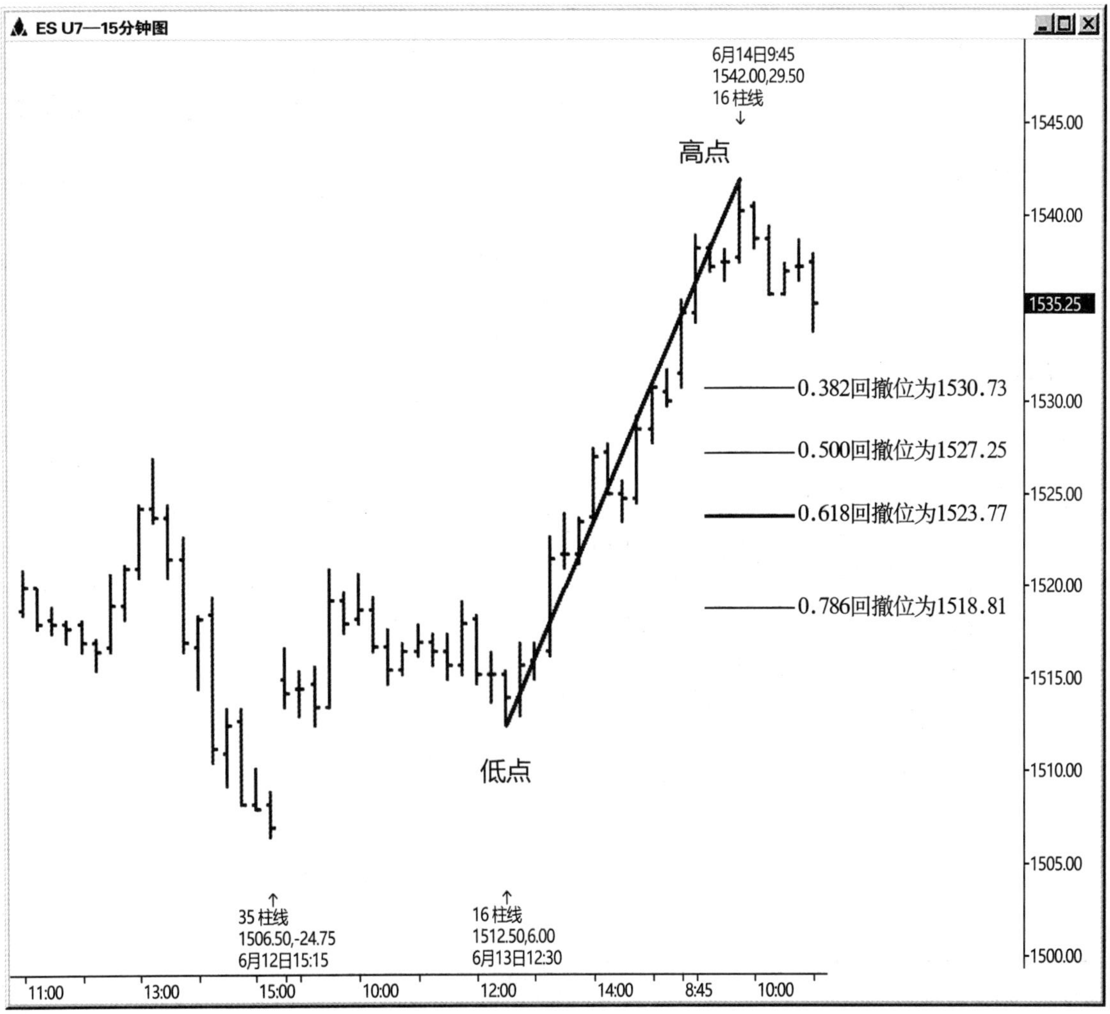

图 16-3

接下来，计算前期低点到高点波段的任意价格扩展位，以寻找可能的支撑位（图 16–4）。在此，我计算了 1535.75 低点到 1538.75 高点波段的扩展位。请注意因为在分析时，价格已经击穿了 1.272 扩展位，所以并未显示出该扩展位。一旦扩展位被击穿一定幅度，那么我就会把它删除。

图 16–4

下一个图可能有点难分析（图 16–5），但是我却看到了这样一个机会：通过计算 1536.50 低点到 1542.00 高点波段的价格扩展位，以寻找可能的支撑位。在本例中，因为价格已低于 1.272 扩展位，所以你仍然不能看到该扩展位。

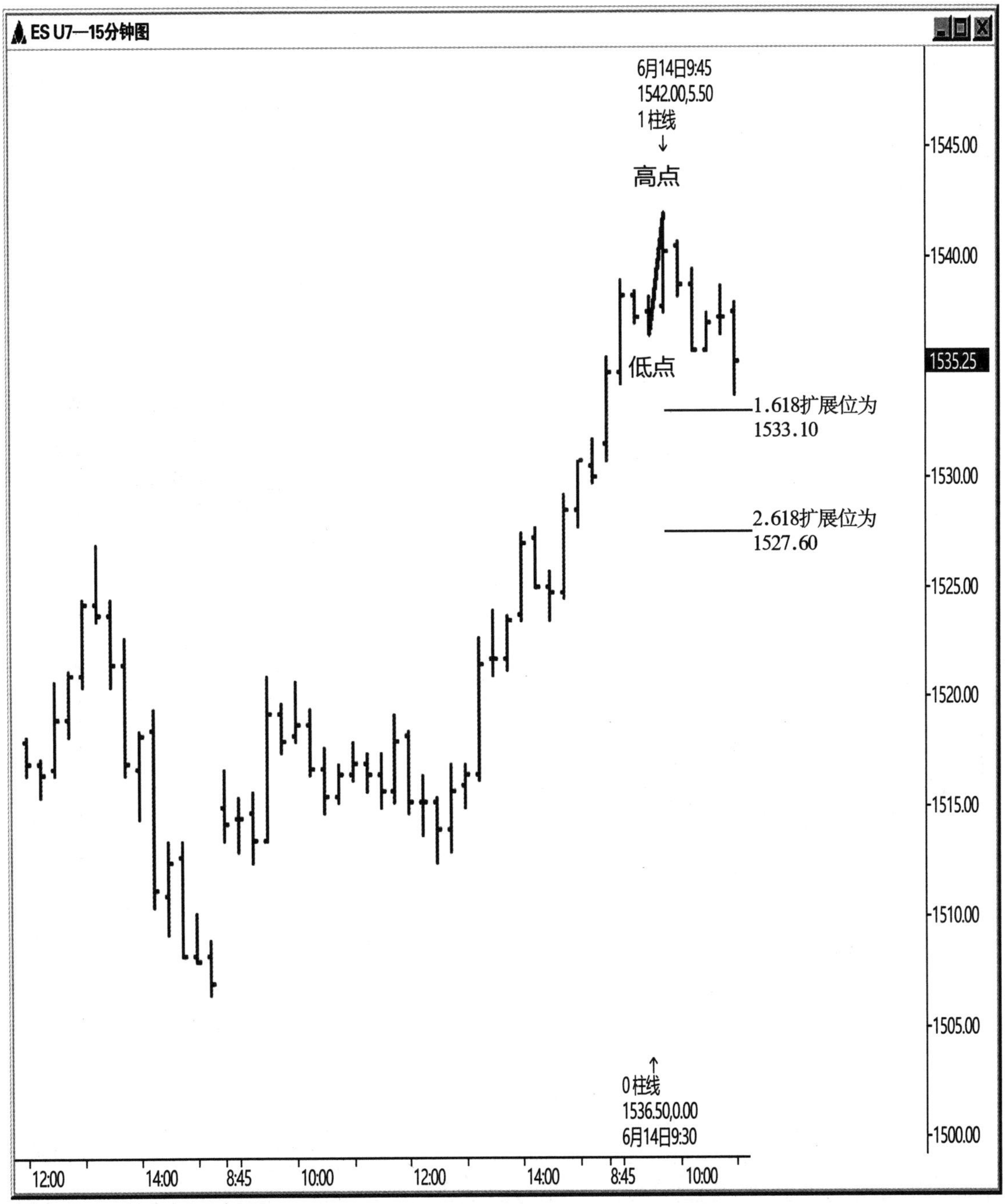

图 16–5

当我计算出了回撤位和价格扩展位后，就可以寻找有意义的投影位了。在图 16-6 中，我将向你展示我是从何处计算前期修正性下跌的 1.000 投影位，以寻找可能支撑位的。在此，要从 1542.00 高点开始计算 1521.00 高点到 1512.50 低点波段（8.50 美元的波段）的 1.000 投影位。在本例中我之所以只使用 1.000 投影位，是因为当尝试在回调过程中的主趋势方向上进场时，我一般只使用对称投影位。在寻找波动终止的过程中，我会更多地使用 1.618 投影位。

图 16-6

因为我也开始稍微观察了一下锯齿形态和可能的“之”字形态，所以我也从 1538.75 高点计算了 1542.00 高点到 1535.75 低点波段的 1.000 投影位，以寻找可能的支撑位（图 16–7）。

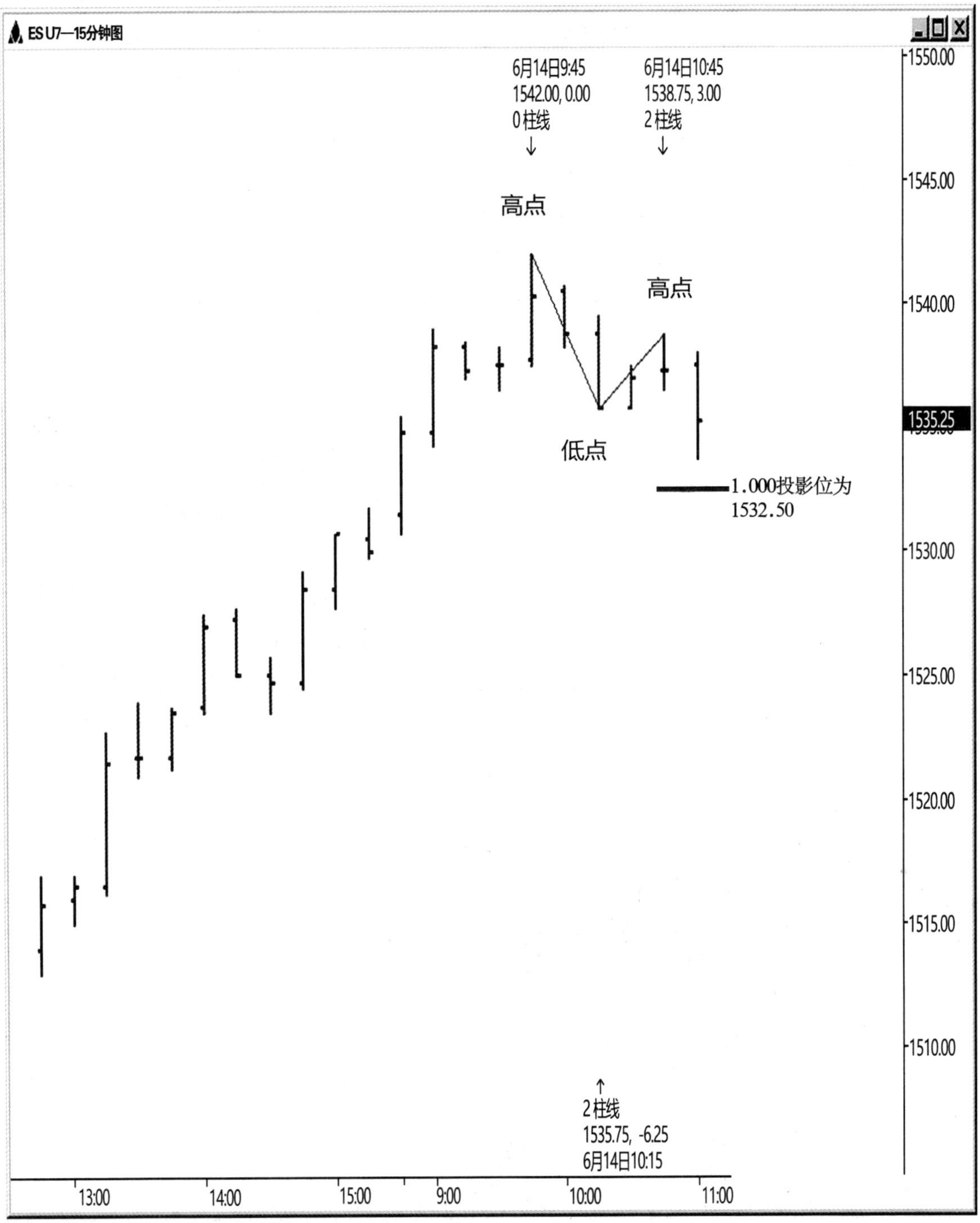

图 16–7

所有价格分析的最终结果其实就是“之”字形态“簇”以及从其他一些有用波段得到的理想的确定关系。图 16-8 的 15 分钟图描述的价格支撑区出现于 1532.50 ~ 1533.90 区域。在我的聊天室中，我一般都将数字精确到最小的基点。因为标准普尔基点为 0.25，所以我将它写成 1532.50 ~ 1534.00。价格关系是：

计算1506.50低点到1542.00高点的0.236回撤位得到1533.62

计算1535.75低点到1538.75高点的1.618扩展位得到1533.90

计算1536.50低点到1542.00高点的1.618回撤位得到1533.10

从1542.00高点开始，计算1521.00高点到1512.50低点波段的1.000投影位得到1533.50

从1538.75高点开始，计算1542.00高点到1535.75低点波段的1.000投影位得到1532.50

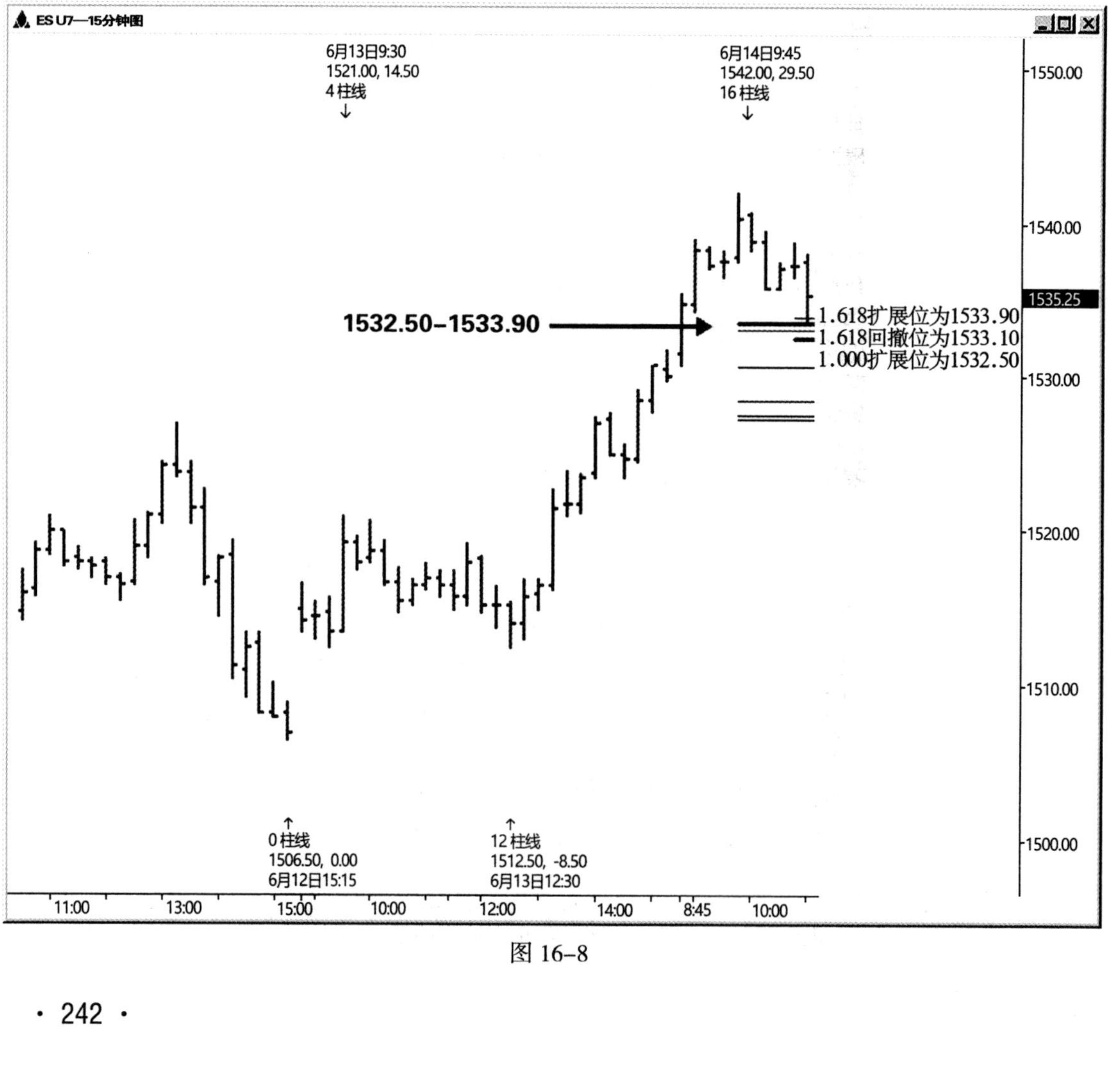

图 16-8

在图 16–9 中，我在程序中使用动态时间投影工具，并从最近的 1542.00 高点投影菲波纳奇时间周期。图中有两个可以通过观察价格区以下的柱线图找到可能低点的突出时间区。柱线图中的第一个突出与关键价格支撑位的测试结果完全一致。实际低点出现在 1533.75，与柱线图中的突出柱线相距一条 15 分钟柱线。

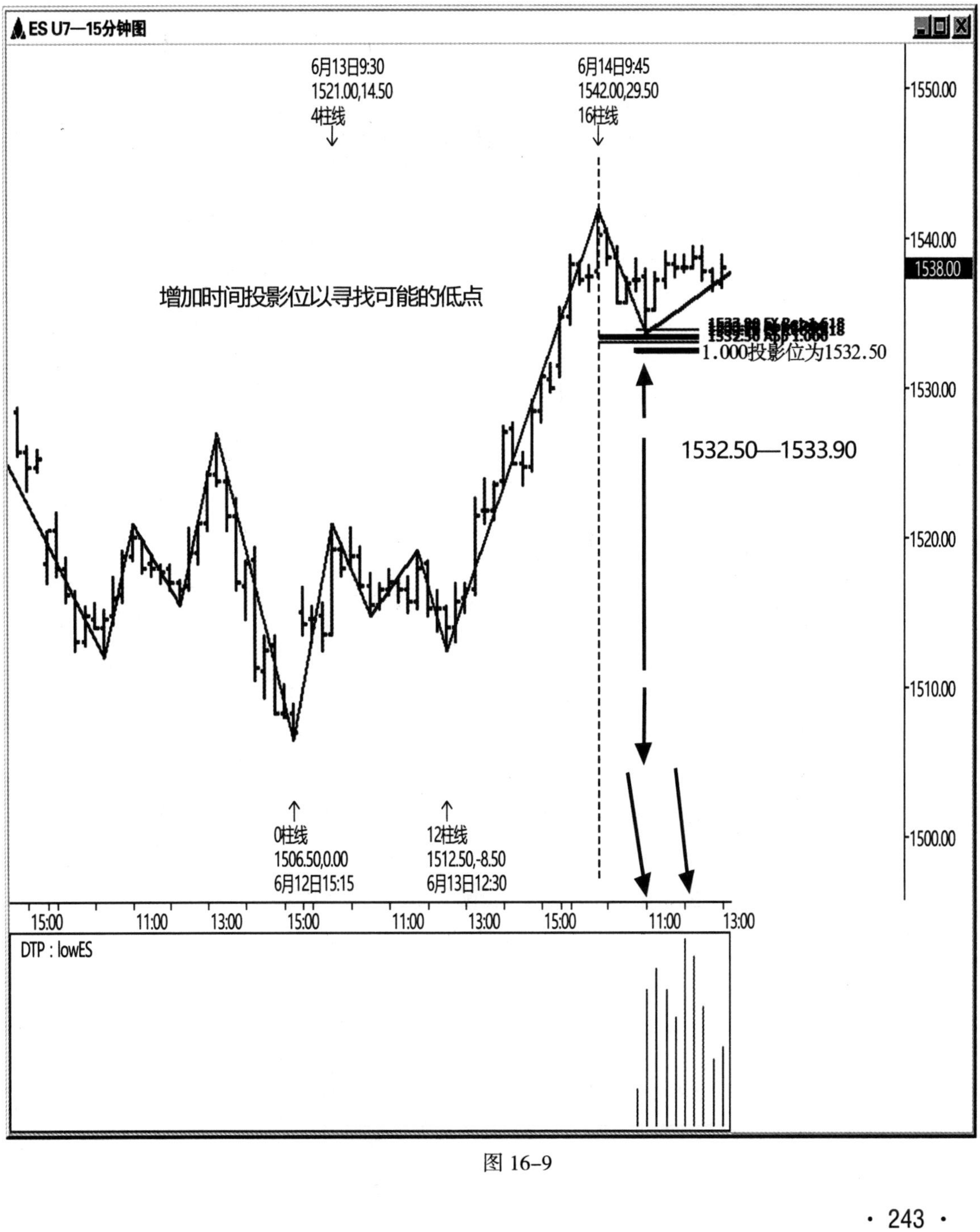

图 16–9

图 16–10 向我们展示了从这个日内时间和价格结构看到的初始反弹，这次初始反弹是 5.75 点。

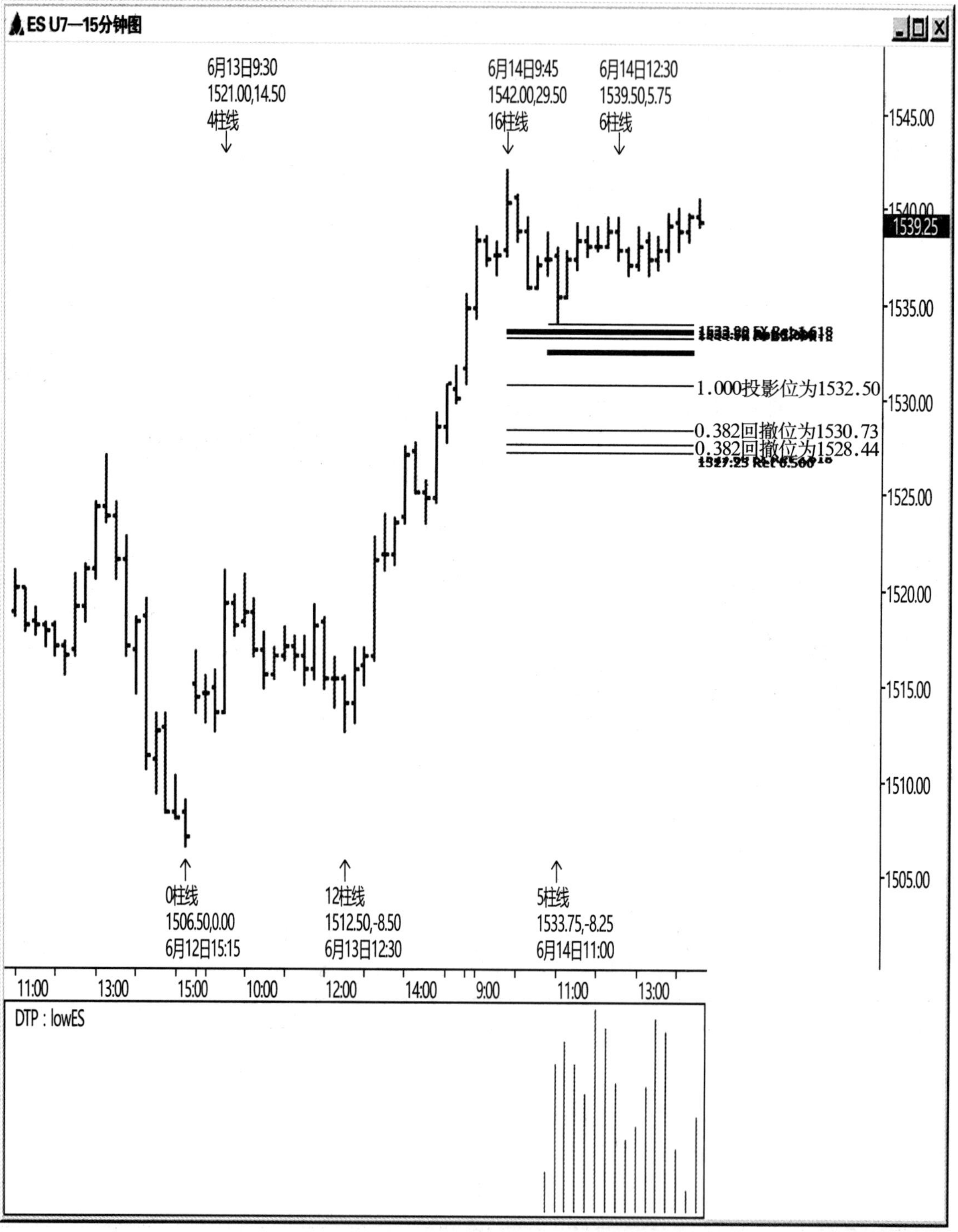

图 16–10

向“簇”低点略微回调之后，在时间和价格结构中，电子迷你标准普尔合约最终反弹了 20.25 点（图 16-11）。

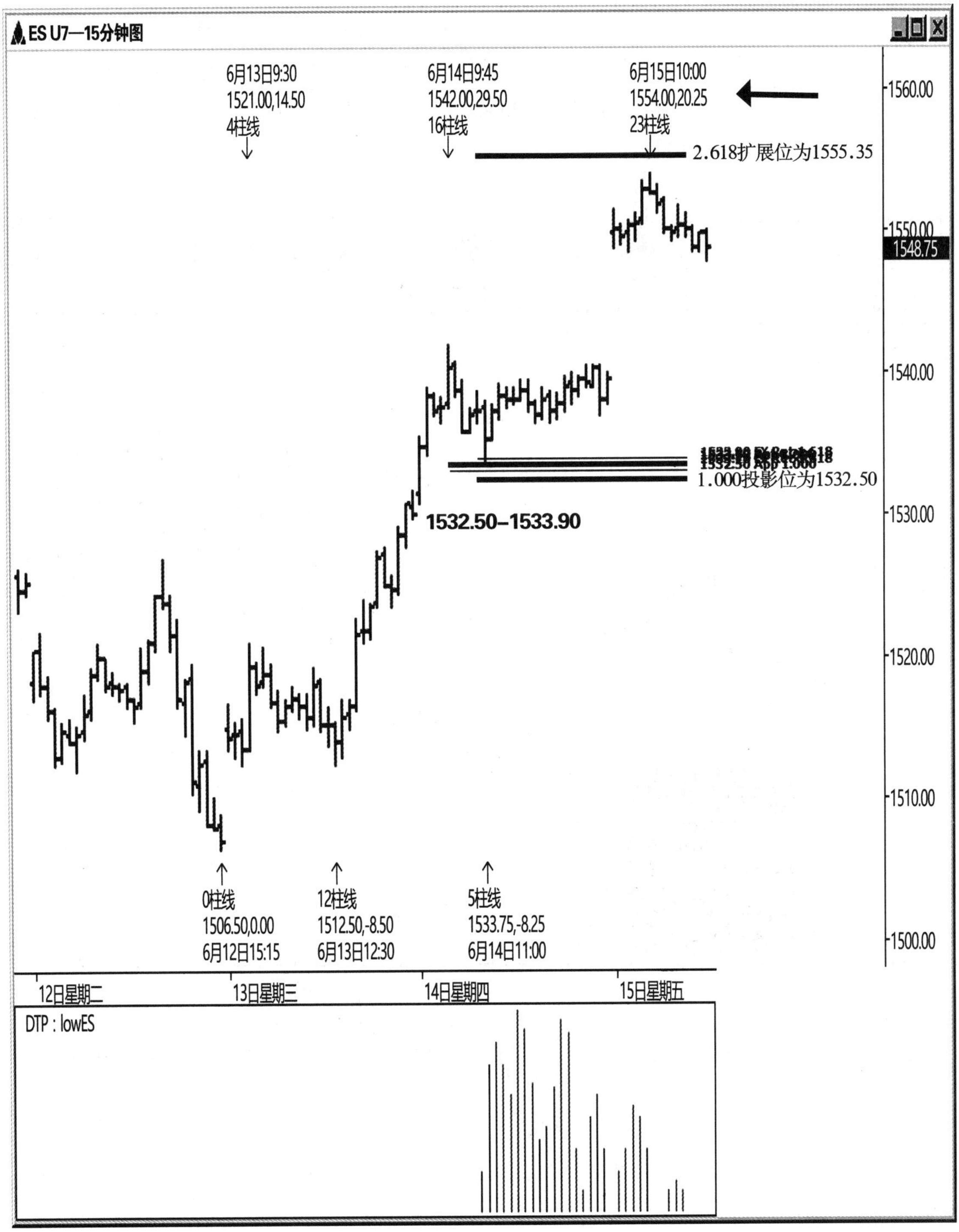

图 16-11

我们知道可以通过时间和价格支撑位考虑买入进场。要想按照我的交易计划开始交易，我需要的就是一个价格触发器。图 16-12 是一个我喜欢使用的价格触发器的例子，它就是我从约翰·卡特和休伯特·森特斯那里学到的，他们把它叫作紧缩触发器。当我从一张 15 分钟图的交易结构中寻找进场机会时，我喜欢使用电子迷你标准普尔合约中的 144 报价单位或 233 报价单位。图底部的箭头指出了使用紧缩触发器的位置。

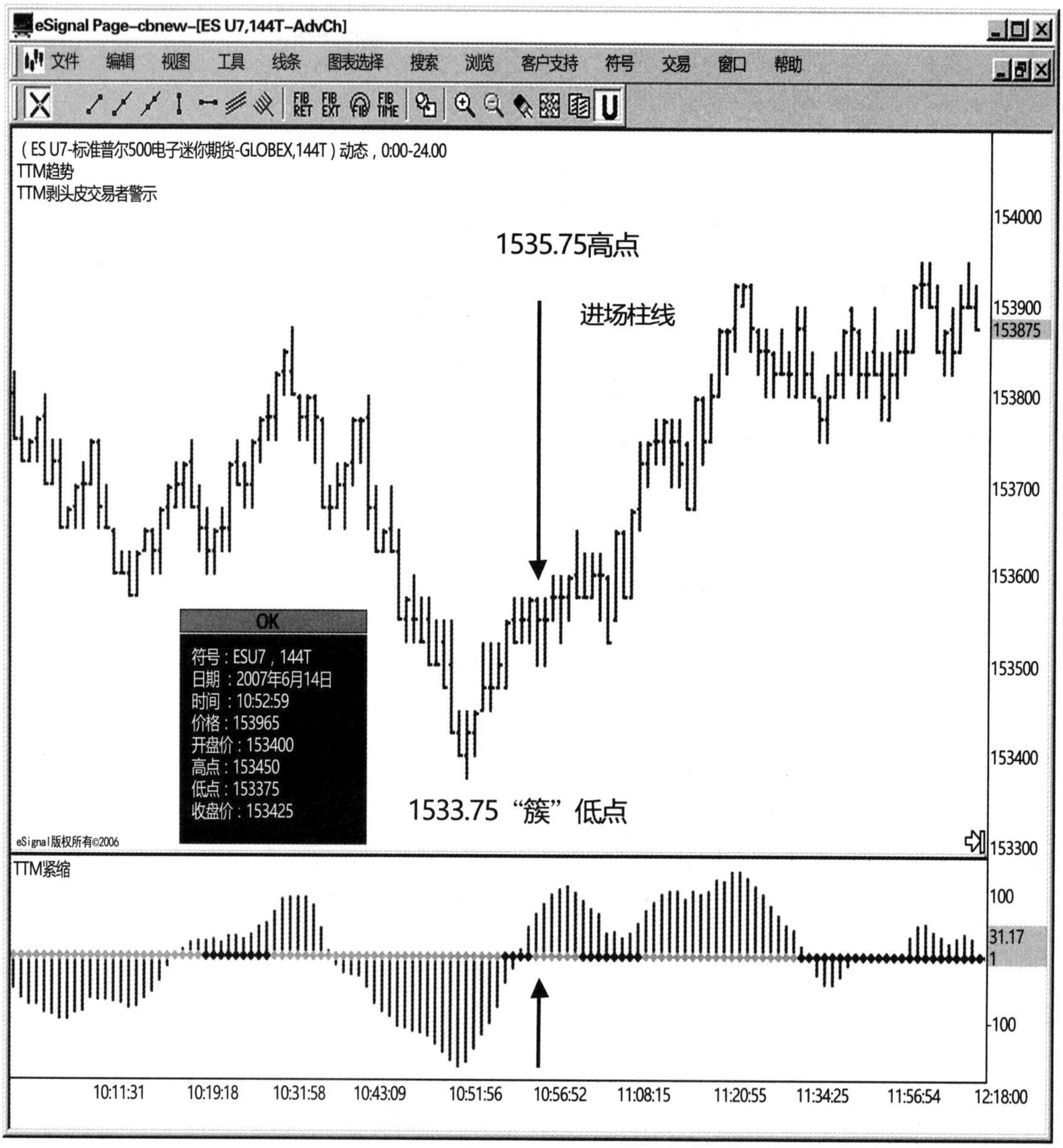

图 16-12

在本例中，在 1535.75 柱线高点进场时，就会出现最坏的成交结果。这次进场位置距离价格“簇”低点整整 2 点。因为我知道初始的上涨目标离 1533.75 低点至少 10 点，所以我认为这与可以进场的价格“簇”支撑位非常接近了，可以进场。

既然我们已经从头至尾地看过了建立和使用交易结构的例子，那么下一个问题就是一旦开始使用一个结构，你会如何管理它呢？下一章包括交易开始后的管理建议，同时也强调了书面交易计划的重要性。

第 17 章
用交易计划提高概率

许多经纪人朋友告诉我：他们的大部分客户在市场中都会赔钱。有些朋友估计 85% ~ 95% 的顾客在一年之内就会在交易中亏本。虽然我不知道从何找到能证实这种说法的统计资料，但是近年来我总是能听到类似的百分比和估算。

我们假设这个信息基本是真实的，那么对于一个新手而言，交易失败的概率是如此之高，你需要怎样提高交易成功的概率呢?

这个问题让我想到了我最近很喜欢的一种扑克游戏——得州扑克。在这种扑克牌游戏中，玩家通过分析和以适当概率叫注赢得游戏。很多职业玩家以这项因世界扑克锦标赛节目而闻名的游戏为生。学习扑克牌时，我学的第一课就是起手牌的重要性。起手牌就是在第一轮游戏开始之前在牌桌上分给每个人的两张牌。如果你有一手好的起手牌，那么你赢牌的概率就会很高，这样你就有了下注的理由。如果你没有好的起手牌，那么你应该不跟或放弃。

得州扑克与交易的关系就是：你有一个好的交易结构，就如同在玩扑克牌的时候有一手好的起手牌一样。这样你就有理由考虑在市场中搏一回。如果你还没有一个好的交易结构，那么你就应该在一旁观望并一直等到你拥有了好的交易结构后再参与其中。在聊天室里，我有时会提醒我的交易者：在没有好的结构的情况下开始交易就如同在没有好的起手牌的情况下玩了一圈扑克牌——成功的概率当然不会如你所愿了！

设计交易计划

如果你真的想开始一次交易，你首先需要的就是拥有一个高胜算的交易计划。

交易计划主要包括三个因素——①交易结构；②交易触发器和过

滤器；③资金管理规则和技术。

1.交易结构

交易结构是基于你对市场潜在机会的认知。如果使用我的方法，这个结构应该是价格“簇”结构、对称结构或“之”字形态结构。你的计划应该对你的结构做出解释。

2.交易触发器

交易触发器能够告诉你运用一个特定结构采取行动（进场）。第 14 章论述了在交易计划中可以使用多种不同类型的交易触发器。你需要选择一种顺手并能容易识别的交易进场方法。同样地，如果你也使用技术过滤器来根据计划判定是否可以进场，那么该技术过滤器也包括于此。过滤器与判断你的选择是否高于或低于 34 指数移动平均线一样简单。

3.资金管理

计划中的资金管理部分应包括：

●仓位大小。保证仓位的规模适合你进行交易的账户资金（对此，一个好的经纪人也许能给你一些忠告，要是你仍然不知道仓位大小的意义，就可以找一些这方面的书籍）。

●初始止损指令。你需要限定每项交易的风险。在开始交易后应立即通过电子交易平台或前端软件技术确立初始止损指令，或者如果可能的话二者同时进行。

作者建议

有些交易者相信“心理止损”或干脆不使用止损，但这只适用于极少数幸运的人，我决不会将它推荐给大多数交易者，因为对大多数交易者而言，这是潜藏的灾难。

●跟踪止损。跟踪止损可以用来保障利润或者用作交易出场策略。如果要使用跟踪止损，你需要明确何时移动初始止损、移动多少或移动到何处以及为何移动。一旦市价开始进入他中意的趋势——一般至少比原始的进场价格高几个万分位点或百分位点，交易者一般会向上移动到平衡止损（只要在程序中定义了参数，那么你的交易平台或前端软件包就能自动地为你做大部分的事情）。

●交易目标和出场策略。你应该一直清楚自己想从交易中得到什么。尽管不能总是达到目标，但是它却能让你知道交易的风险/回报率是否令人满意。一般情况下交易者会告诉你他们想获得初始止损所承担风险的3倍或4倍的利润，而这正是你想得到的最小利润。如果你承担太多风险却得到太少利润，那么你最后就会把你全部的交易资本都捐赠给市场。因此至少从使用第一目标开始来帮助你限定风险/回报率。很多交易者不只有一个目标。在我的交易中，我有3个目标（1.272、1.618和2.618）。

作者建议

有些交易者会在达到他们所要的目标后就轻易地出场；其他的交易者则在接近目标时收紧跟踪止损，并把是否能获取更多利润的决定权交给了市场。如果你进行不只一项交易，那么你可能会成为一个初级的理财行家。有些交易者在指定的资金目标或第一个交易目标出现时卖出一部分头寸，剩余头寸他们会在平衡点上使用跟踪止损，看看市场可以给他们多少利润。一定要确保你的出场策略适合你的交易个性。

微调计划

因为计划中会有很多不同的变量，例如当时所制定的资金管理决策，而要想取得更好的效果，有时候就要调整这些变量，所以一旦你制订了书面交易计划，那么就可能会稍微对此进行一定的调整。例如，你可能会发现使用即时图或成交量图中的交易进场触发器会比使用分钟图中的触发器更快占领市场，因此你就可能会改变你的计划以对此做出反应。另一个例子就是你可能会改变初始止损指令中的参数。有时候当交易者使用很紧的止损时，时常会得到平仓的结果。如果将本例的止损调整得更加理性，那么就会提高交易者成功的概率。

基本要点就是：如果你发现使用现行的计划不能得到你想要的结果，那么你就应该找找看问题出在哪里，然后着重处理这些问题，并考虑可以做出怎样的调整。

你可以问自己这样的问题：

- 我经常得到平仓的结果吗?
- 我出场太早了吗?
- 我的跟踪止损过紧了吗?
- 我进场晚了吗?
- 与我获得的利润相比，我的损失太大了吗?

最后但并非最不重要的一点是：在真正将资金投入到交易中之前一定要对你要使用的计划进行测试，并在出现变化的时候再次进行测试。你的经纪人能够为此给你建立一个交易模拟器，或者你可以在没有简单方法跟踪测试结果的情况下一直手动记录测试结果。

纪律

交易者须遵守一定的纪律来实施交易计划，否则这个计划就会失去价值。第一条纪律就是在交易结构被触发后，你必须识别并执行它们；第二条纪律就是遵守资金管理规则。如果你选择使用前端软件程序来辅助交易，那么计划中的大部分或全部资金管理都会由程序自动操作。

就个人而言，当我有时间进行日内交易的时候，我喜欢在初始的交易进场之后使用具有进阶交易管理特点的 Ninja Trader 来处理我所有的决策。因为我需要识别交易结构和能够告诉我进场的触发器，所以初始的交易进场对我而言并不是自动的。但是，在那之后的每个决策都是自动的。让我们来看看一个好的前端交易软件程序可以为你做些什么。

Ninja Trader软件

Ninja Trader 软件（www.ninjatrader.com）绝不仅仅是一个基本的交易进场平台，它有很多强大的功能，但是本书中我将重点介绍它的交易管理能力。交易管理发生在交易开始后，它指定参数和出场过程。我认为该程序的这一功能是非常有价值的，因为它对于形成纪律至关重要——一旦你开始了初始的交易进场，这个软件就会全程管理交易，这样就消除了情绪波动和潜在的人为误差。

进阶交易管理（ATM）允许在 ATM 模板中预先确定适合交易者的交易管理参数，这一功能使得 Ninja Trader 可以达到上述目的。具体地说，交易者可以在 ATM 模板中通过止损指令（风险）预先确定

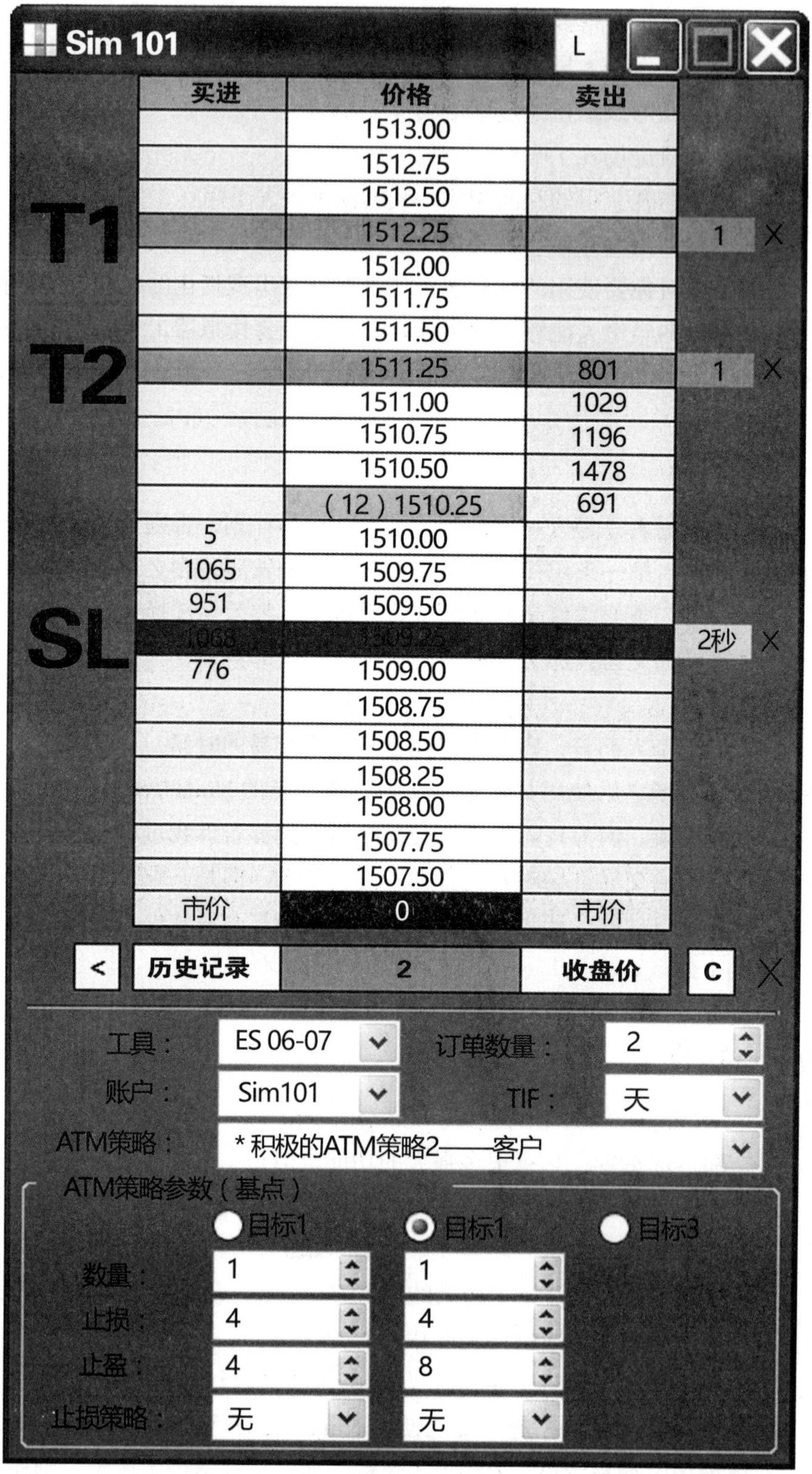
Sim 101
买进
价格
卖出
1513.00
1512.75
1512.50
T1
1512.25
1
1512.00
1511.75
1511.50
T2
1511.25
801
1
1511.00
1029
1510.75
1196
1510.50
1478
（12）1510.25
691
5
1510.00
1065
1509.75
951
1509.50
SL
2秒
776
1509.00
1508.75
1508.50
1508.25
1508.00
1507.75
1507.50
市价
0
市价
历史记录
2
收盘价
C
工具：
ES 06-07
订单数量：
2
账户：
Sim101
TIF：
天
ATM策略：
* 积极的ATM策略2——客户
ATM策略参数（基点）
目标1
目标1
目标3
数量：
1
1
止损：
4
4
止盈：
4
8
止损策略：
无
无

图 17-1

财务风险/回报率，一旦初始进场开始后，止损指令应立即与止盈指令（回报）同时确立，以支撑并保护持有的仓位。另外，交易者也可以在模板中预先确定用于出场交易的特定参数。

你可以制定带有一级或多级增长的进阶止损策略，并同时确定“跟踪止损”。当交易开始变得更有利润空间使得下跌风险降低，而潜在的利润增加到最大时，跟踪止损可以自动上调止损指令。Ninja Trader ATM 有很多的智能，它可以跟踪所有指令，并根据交易的发展自动调整价格或仓位大小。最为关键的是要想获得成功，交易者应该学会控制情绪并遵守纪律。Ninja Trader 正是为此设计的一种可以放入交易工具箱并在这些方面给你很大帮助的重要工具。由于 Ninja Trader 在解决情绪和纪律方面起着重要作用，所以是否使用 Ninja Trader，就决定了交易者会赚钱还是会亏钱了。

从 Super DOM（Super DOM 是整个进场屏幕）的 ATM 策略参数部分的图 17-1 的底部可以看到 Ninja Trader ATM 策略的一个例子。这个 ATM 进场策略非常简单易懂，在本例中它用于电子迷你标准普

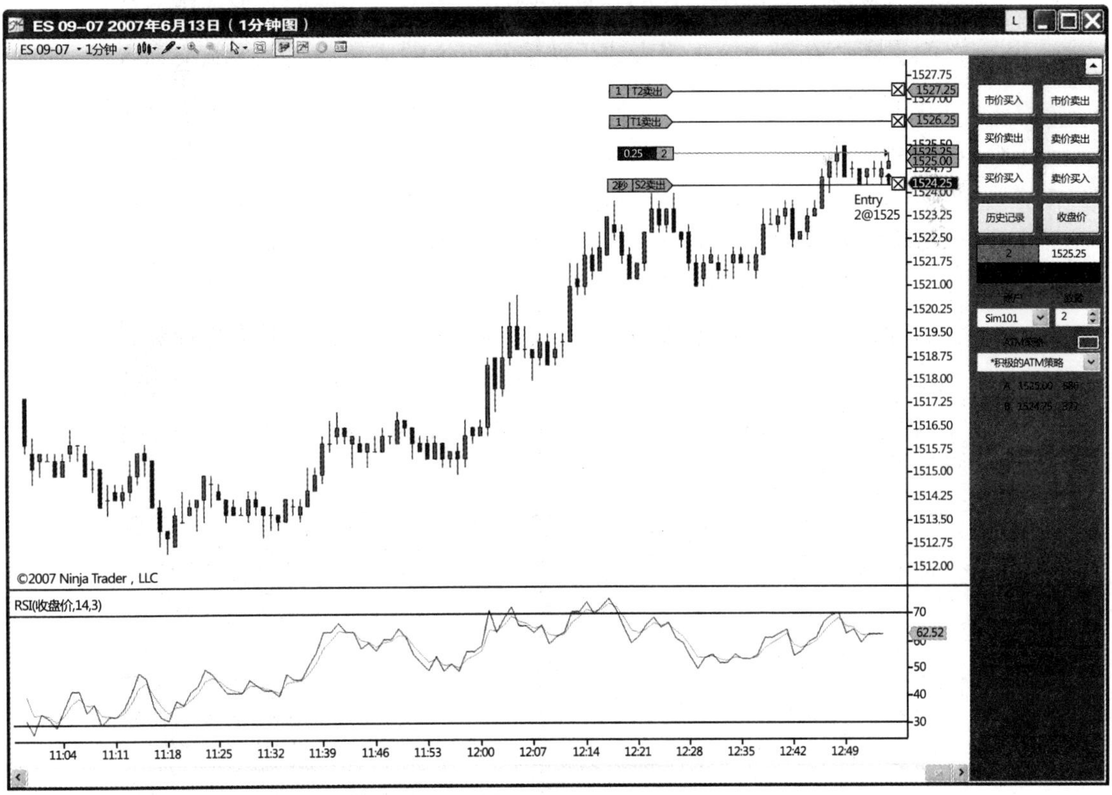

图 17-2

尔交易的进场。策略中指出：共有两个止盈指令，在进场之前它们处于高于平均进场价格 4 ~ 8 个基点的位置；同样共有两个止损指令，在本例中其处于低于平均进场价格 4 个基点的位置。

一旦交易开始执行，这些预先定义在 ATM 模板中的指令会立即按照显示开始运作。平均进场价格是 1510.25，而止盈指令和止损指令则按照 ATM 模板的规定正确地输入。你会注意到刚开始止损策略箱是空的，但是自动平衡、跟踪止损以及其他进阶出场参数却预定在了止损策略箱中。

图 17–2 中使用了同样的 ATM 进场策略，但是本例中则通过 Ninja Trader 图基指令盘输入屏进行交易。图基交易普遍都会获利，而 Ninja Trader 凭借强大的制图功能受到交易者的热烈欢迎。

交易心理学

我所谈论的交易心理学其实就是你内心的信念系统，以及藏于你内心深处能够积极或消极地影响交易结果的形态或程序。

许多本领域中成功的交易者曾经发表过关于他们心理或内心信念的文章。在努力减少损失或无法取得更大的成功后，大多数交易者最终都会体会到交易心理学的重要性。我相信心理学是在事业中取得成功的最重要因素。马克 · 道格拉斯写过大量关于交易心理学的著作，在此我推荐各位读一下《自律的交易者》和《交易心理分析》以加深对交易心理学的理解。

交易心理学还涉及了此类著作提到的能够帮助交易者的一些其他的方法和技术。在因特网上输入关键字“交易心理学”进行搜索，你就会在这方面得到帮助。就个人而言，我强烈推荐各位阅读卡罗尔（利比）· 亚当斯在 www.academyofselfknowlege.com 发表的 NLP 著作。

最后，我向大家提供一套用于提高概率的准则：

（1）稳固的**交易方法**：菲波纳奇时间和价格分析。该方法不仅清楚地界定了在市场中会遇到的风险，还给出了交易计划的目标和目的。在第 1 章到第 16 章中有关于该方法的详细论述。

（2）制订含有明确变量的**交易计划**是关键。如果拥有了书面交易计划，那么对于交易结构中应该考虑什么、何时进场或出场，甚至如何及何时使用跟踪止损就不会有疑问了。

（3）明白能够帮助你获得成功的**积极的交易心理**的重要性。许多成功的交易者告诉我心理因素在交易成功因素中至少占 85%。对于每个独立的交易者而言，发表心理著作是一次重要的个人旅行。

（4）明白**纪律**的重要性——遵守书面计划以获得成功。即按照计划的内容进行操作，只有遵守这样的纪律，好的方法和稳固的交易计划才具意义。

该准则的四大因素是在市场交易中取得成功和提高成功概率的窍门。我希望你们能够部分或全部应用我与你们分享的方法，并从中获利。不论是在商业会议还是在拉斯维加斯的得州扑克的牌桌上，我都希望能够尽快与各位见面！

希望各位能在市场交易的个人旅行中取得成功，祝好运！

作者简介

卡罗琳·伯罗登（Carolyn Boroden）是一位专攻菲波纳奇时间和价格分析的商品交易顾问和技术分析师，她致力于价格和时间关系的“同步”或汇合的研究，通过这一研究能够确定相对低风险、高胜算的交易结构。伯罗登女士1978年进入交易行业，曾就职于芝加哥商品交易所（Chicago Mercantile Exchange）、芝加哥期货交易所（Chicago Board of Trade）、纽约期货交易所（NYFE）和纽约商品交易所（COMEX）等主要交易场所。

4年来，伯罗登女士在部分芝加哥商品交易培训学院以菲波纳奇比率在市场的时间和价格轴中的应用为基础教授进阶交易技术。她也是市场技术分析师协会、在线交易展示会、TradingMarkets网站以及基础投资机构等组织机构中具有影响力的菲波纳奇分析发言人。

伯罗登女士目前正为交易者提供包括股票指数期货的日内交易咨询、聊天室服务（非交易时段的视频技术交流），她既指导个体交易者分析技术，也组织关于这一技术的团体研讨会。

你可以从www.fibonacciqueen.com中得到更多关于卡罗琳·伯罗登的信息。